Günter Mittag

UM JEDEN PREIS

Im Spannungsfeld zweier Systeme

DAS NEUE BERLIN

Inhalt

ZWEITER TEIL

Die DDR-Wirtschaft im Spannungsfeld äußerer Bedingungen und innerer Widersprüche

Geschichte und Gegenwart

Widersprüche zwischen Konsumtion und Akkumulation

Folgen veränderter außenwirtschaftlicher Bedingungen

Gerhard Schürer über Günter Mittag

Günter Mittag hat mein Schicksal wie kaum ein anderer beeinflusst. In seinem Buch »Um jeden Preis« beschreibt er unsere Zusammenarbeit und charakterisiert die Arbeit der Staatlichen Plankommission unter meiner Leitung. Einiges wird dabei sachlich richtig dargestellt, vieles jedoch entstellt und negativ wiedergegeben.

Dennoch will ich das Folgende nicht als eine Attacke auf sein Buch verstanden wissen, schon aus dem Grund, weil Günter Mittag sich nicht mehr wehren kann. Ich möchte jedoch auf eine ausführliche Charakteristik der Persönlichkeit Günter Mittags und seiner Handlungsweise nicht verzichten, da er viele Kapitel der DDR-Geschichte gravierend mitgeschrieben hat.

Mindestens zwei Drittel seines Buches halte ich für wertvoll, weil die Aussagen auf gründlichen Analysen beruhen und Materialien und Einschätzungen berücksichtigen, die von Wissenschaftlern und Praktikern sowie aus Berichten der Regierungsorgane und der Abteilungen des ZK der SED stammen, die offensichtlich von seinem langjährigen wissenschaftlichen Mitarbeiter, Professor Claus Krömke, mit verlässlicher Sachlichkeit zusammengestellt worden sind. Das betrifft z. B. die Darstellungen zur ungenügenden produktiven Akkumulation der Wirtschaft, zum Anspruchsdenken statt Leistungsforderungen, zu den Unwägbarkeiten der sogenannten zweiten Lohntüte, in der für jeden Bürger fast ein zweites Einkommen steckte, das kaum jemand als solches betrachte, und zu den ausufernden Subventionen, die sich unter Honecker fast auf das Achtfache erhöhten. All das kann ich bestätigen.

Wenn er jedoch von sich und seiner Arbeit auf der einen Seite und von der Betonfraktion Stoph und Co. im Politbüro auf der anderen Seite spricht, wenn er Egon Krenz als besonders machthungrig beschreibt, wie er nur selber war; wenn er, der Ulbricht und Honecker wie Götzen verehrte, nun ein »widersprüchliches Verhältnis« zu ihnen gehabt haben will, wenn er dabei den »sich weiter verschärfenden Mangel an Verständnis und Realitätssinn in Bezug auf die ökonomischen Tatsachen« bei seinem Idol Honecker bemängelt, und wenn er abschließend beklagt, dass die Wirtschaftskommission nichts zu sagen gehabt hätte und den inkompetenten Ministern nur mit »Ratschlägen« hatte helfen können, steht die Wahrheit auf dem Kopf und wird zur infamen Lüge.

Die Unterteilung des Politbüros und der Regierung in eine Fraktion von Betonköpfen: Stoph, Mielke, Krolikowski und Neumann; in eine ideologische: Krenz, Schabowski, Tisch und Naumann und in die der Inkompetenten und Bürokraten: Schürer, Junker und andere Minister, mag Mittag, als er das alles 1990 in verbitterter Stimmung aufschrieb, so empfunden haben. Als die DDR noch bestand, hat er darüber ganz anders gedacht, sonst hätte er sich schon damals anders verhalten. Seit Jahren hat Günter Mittag angeblich den Zusammenbruch der DDR vorhergesehen und schon frühzeitig über eine Konföderation der beiden deutschen Staaten nachgedacht. Warum hat er dann darüber nicht gesprochen, sondern im Gegenteil jeden »zusammengedonnert«, der sich auch nur vorsichtig mit diesem Gedanken befasste?

Über die komplizierte und einflussreiche Persönlichkeit Mittags, der 1926 in Stettin (Sczeczin) geboren wurde und der seit 1951 im Apparat des ZK tätig war, 1963 Kandidat und 1966 Mitglied des Politbüros wurde und von 1962 bis 1973 sowie von 1976 bis 1989 Wirtschaftssekretär des ZK war, habe ich schon berichtet. Dennoch fällt es mir schwer, diesen groß gewachsenen Mann mit seiner stattlichen Erscheinung, seinem schon mit 40 Jahren schlohweißen Haar und seiner Ausstrahlungskraft gerecht einzuschätzen. Er hatte mehrere Gesichter, taktierte ständig, verfasste in seiner Laufbahn nicht ein einziges Dokument selbst, deprimierte Menschen durch schärfste

Kritik und kannte persönlich mit einer Ausnahme keine Freundschaften. Geistig erreichte er nicht das Niveau Apels, war aber noch um ein Vielfaches ehrgeiziger als er und setzte Parteibeschlüsse rücksichtslos gegen jedermann durch. Er war geradezu besessen von dem Willen, als zweitmächtigster Mann in der DDR zu gelten und möglichst einmal im Leben auch die Nummer Eins zu werden.

Bei der sowjetischen Führung, die ihn zu Breshnews Zeiten für einen Agenten des Westens hielten, buhlte er um Anerkennung, und auch im Rat für Gegenseitige Wirtschaftshilfe wollte er eine »führende« Rolle spielen. Auf seinen vielen Auslandsreisen nahm er Container, gefüllt mit wertvollen Gastgeschenken, mit, um sich in eine gute Position zu bringen. Verhandlungen mit westlichen Politikern, Wirtschaftsmanagern und Industrieverbänden führte er stets im Auftrag Erich Honeckers, deshalb hielt man ihn nicht nur in der Bundesrepublik Deutschland für den kompetenten Wirtschaftsfachmann der DDR, dem auch der Ex-Bundeskanzler Helmut Schmidt, so seine Aussage, ein Ministeramt anvertraut hätte.

Mittag arbeitete von früh bis spät, wollte in jeder Frage konsultiert sein, und wenn eine Sache nicht vorher mit ihm abgestimmt war, wurde sie ohne Rücksicht auf Verluste kritisiert und abgelehnt. Jeden Abend und am Wochenende schleppte er Berge von Papier mit nach Hause, die er angeblich gründlich studierte, aber aufmerksame Beobachter registrierten auch, dass ein Teil der Akten am nächsten Morgen bzw. am folgenden Montag das unzerstörte Siegel trugen. Ich selbst brauchte sehr lange, bis ich merkte, dass er oft nur auf den ersten bzw. den weiter hinten folgenden Seiten einer längeren Ausarbeitung Notizen gemacht hatte und sich dazu detailliert äußerte, um zu dokumentieren, dass er das gesamte Material bis zum Schluss durchgearbeitet hatte. Sogar schwererkrankt an Diabetes, mehrfach an den Beinen operiert, hielt er die Krankheit streng geheim. Er ließ sich auch bei seinen Aufenthalten im Regierungskrankenhaus Materialien zur Abstimmung bringen, und selbst kurz nach den durchgeführten chirurgischen Eingriffen gab er Hinweise und Aufträge per Telefon oder durch den Kurier an seine Mitarbeiter weiter. Jede Andeutung auf seine schwere Erkrankung bestritt er energisch.

Bei Staatsbesuchen, Honecker reiste fast nie ohne Mittag, nahm er trotz der körperlichen Behinderung an allen, selbst für gesunde Menschen anstrengenden Veranstaltungen teil, als ginge nichts ohne ihn. Auch schleppte er sich stundenlang auf seinen in Japan hergestellten Prothesen, auf jede Gehhilfe verzichtend, über die Messen in Leipzig, Hannover, Brno oder Poznan und verzog dabei keine Miene, auch wenn ihn der Schmerz fast überwältigte. Man konnte nicht umhin, beeindruckt zu sein über den Kampf, den er mit sich selbst führte.

Er konnte aber auch Leute schikanieren, beleidigen, heruntermachen. Den bestehenden und übertriebenen Zentralismus trieb er auf die Spitze, weil er buchstäblich alles wissen wollte und jeden verurteilte, der die Zahlen und Fakten nicht gleich parat hatte, nach denen er fragte. Oft schrie er Menschen unflätig an und beschimpfte sie. Nach einer Kritik Erich Honeckers änderte sich sein Verhalten anderen gegenüber schlagartig. Statt die Leute zu beschimpfen, stellte er sich auf die ironische, tief verletzende, hintergründige Kritik um, die schlimmer sein konnte als ein herzhafter Krach.

Auf seine Schultern lud er Verantwortung, die den Einzelnen erdrückt hätte, aber selbst das reichte ihm nicht. Er mischte sich darüber hinaus noch in andere Bereiche ein, wie in die Außenpolitik, die Kunst und Kultur, die Arbeit der Bezirksleitungen, die Landwirtschaft. Mit Honecker hatte er gemeinsam ein System der Verständigung und Abstimmung entwickelt, damit beide nach Möglichkeit in den Politbürositzungen immer im Einklang blieben: So nickte Mittag, wenn Honecker sprach, in Abständen zustimmend bzw. blickte stur aus dem Fenster, wenn er mit ihm nicht einer Meinung war, und Honecker korrigierte nur in ganz seltenen Fällen seine Äußerungen. Wenn in den Sitzungen größere Probleme auftraten, wurden stets Arbeitsgruppen des Politbüros unter der Leitung oder zumindest unter Mitwirkung Mittags gebildet, wie die Arbeitsgruppe zur Unterstützung der Parteiarbeit im Bezirk Dresden, mit dem Ziel, Hans Modrow wieder auf die sogenannte Parteilinie zu bringen, wobei sich Mittag für die Abberufung Modrows aus der Funktion einsetzte, sich aber gegen Honecker nicht durchsetzen konnte.

In den letzten Jahren konzentrierte Mittag eine bedeutende Machtfülle auf sich. Er war Mitglied des Politbüros, Sekretär des Zentralkomitees für Wirtschaft, Stellvertreter des Vorsitzenden des Staatsrates, Mitglied der Volkskammer, Mitglied des Nationalen Verteidigungsrats der DDR, Vorsitzender des Ausschusses für Industrie, Bauwesen und Verkehr der Volkskammer und leitete eine Vielzahl ständiger Arbeitsgruppen des Politbüros, wie die zur materiellen Sicherung der Landesverteidigung, zur Koordinierung aller die Zusammenarbeit mit der Bundesrepublik betreffenden Fragen, zur Koordinierung der Hilfeleistungen an Entwicklungsländer und schließlich die schon genannte Arbeitsgruppe des Politbüros für die Zahlungsbilanz.

Seinem Wesen nach war Mittag ein intrigierendes Organisationsgenie, und ich musste oft an Goethes Mephisto oder noch besser an das boshafte Treiben des Jago in Shakespeares »Othello« denken, wenn er im politischen und wirtschaftlichen Alltag der DDR seine Fäden zog. Oft waren Mittags Ideen richtig, aber sein extremes Denken ließ diese sehr oft zum Unsinn verkommen. Drei Millionen Tonnen Heizöl im Verbrauch in der DDR einzusparen, war nach der Kürzung der sowjetischen Erdöllieferungen und bedingt durch die steigenden Rohölpreise auf dem Weltmarkt lebensnotwendig. Aber dann weitere drei Millionen Tonnen zu streichen, war blanker Unsinn und teurer als die eingesparte Erdölmenge, weil die ballastreiche Braunkohle, die nun als Energieträger eingesetzt wurde, bis nach Rügen und in das letzte Dorf des Thüringer Waldes geliefert werden musste. Kombinate zu bilden war richtig, aber die gesamte zentrale und örtliche Wirtschaft einheitlich in Kombinaten zusammenzuschließen, konnte nicht gut gehen.

Die Hochtechnologien und besonders die Mikroelektronik in der DDR zu entwickeln, war aufgrund der Lieferschwäche der UdSSR und wegen des westlichen Embargos notwendig, aber 40 bis 60 Prozent des gesamten Weltsortiments produzieren zu wollen und Chips mit höchstem Integrationsgrad in geringer Stückzahl zu fertigen, war für die DDR-Wirtschaft kommerzieller Wahnsinn.

Günter Mittag hat bis zu seinem frühem Tod, den ich bedauert habe, denn bei allen Differenzen, die wir hatten, haben wir mehr als 30 Jahre sehr eng zusammengearbeitet, klar denken können und hätte mit dazu beitragen können, gegen die pauschalisierenden Einschätzungen, dass die DDR ein verbrecherischer Staat mit einer maroden Wirtschaft gewesen sei, aufzutreten und damit das Land mit all seinen Widersprüchen so zu zeigen, wie es wirklich war. Denn kaum ein anderer aus der ehemaligen Partei- und Staatsführung hat so im Zentrum der Macht gestanden wie er, der sowohl unter Ulbricht wie auch unter Honecker an bi- und multilateralen Verhandlungen zwischen der DDR und anderen Staaten teilgenommen hatte.

Sich selbst sah er immer in »tiefer Bescheidenheit« als den berufenen und entscheidenden Menschen der DDR, der die wissenschaftlich-technische Revolution meistern wollte, der das Leitungssystem gegen den Widerstand der Bürokraten modernisieren wollte und der allen scheelen Blicken seiner Politbürokollegen zum Trotz die Kooperation und die Wirtschaftsbeziehungen mit den westlichen Industrieländern ankurbeln wollte. Selbst die mangelnden Spezialisierungs- und Kooperationsbeziehungen im RGW, die in ihrer Gesamtheit nicht funktionierten, konnten nach seiner Meinung wenigstens zwischen der DDR und der ČSSR nur funktionieren, weil er selbst diesem Wirtschaftsausschuss vorstand. Leider wurde er nach seinen eigenen Worten jedoch daran gehindert, seine kühnen Ideen in die Tat umzusetzen, weil die Wirtschaftskommission »keinerlei Entscheidungsbefugnisse« hatte. Formal stimmt das sogar, denn sie war eine »Kommission des Politbüros« und kein Beschlussorgan. In Wirklichkeit aber hat sie den Ministerrat durch das Primat der Politik aus seiner durch Sachwissen begründeten Verantwortung gedrängt. Wehe, einer der anwesenden Minister hätte etwas anderes als von Mittag vorgegeben getan, es wäre ihm nicht gut bekommen.

Als Hauptschuldige für die Katastrophe benannte Mittag letztlich in seinem Buch Willi Stoph, Alfred Neumann, Gerhard Schürer und Wolfgang Junker, und fügte dann noch Egon Krenz hinzu, der die Krise der DDR geschürt hätte, um »ihr Beendiger« sein zu können. Damit verpasste Günter Mittag leider die Chance, Bleibendes zur Aufarbeitung der DDR-Geschichte beizutragen. Nur den Titel des Buches hat er treffend ausgewählt, denn »Um jeden Preis« hat er die Verantwortung, die er selbst hatte, auf andere abgewälzt.

Aus: Gerhard Schürer, Gewagt und verloren. Eine deutsche Biografie, edition ost, Berlin 2014, S. 220ff.

Vorwort

Lange habe ich überlegt, ob ich der Öffentlichkeit die Bearbeitung meiner Aufzeichnungen seit den Oktobertagen des Jahres 1989 vorlegen soll. Ich habe mich trotz mancher Bedenken dazu entschlossen.

Vor allem möchte ich damit einen, wenn auch nur bescheidenen, Beitrag zur Aufarbeitung der Vergangenheit leisten. Die DDR, für die ich gelebt habe, für die ich alle meine Energie und Kraft einsetzte – sie gibt es nicht mehr.

Der Sozialismus in seiner bisherigen Gestalt auf deutschem Boden ist gescheitert. Eine Gesellschaftsperiode ist zu Ende gegangen. Am 3. Oktober 1990 wurde das vereinigte Deutschland politische Realität. Die Geschichte hat ihr Urteil gesprochen. Die Spaltung Deutschlands, Folge des Zweiten Weltkrieges, ist überwunden. Nun gilt das Grundgesetz der Bundesrepublik auch für das Gebiet der ehemaligen Deutschen Demokratischen Republik. Die Einheit und die Herstellung voller Souveränität ist ein historisches Ereignis nicht nur für Deutschland, nicht nur für Europa. Sie hat globale Dimension.

Die Entscheidung fiel auf unerwartetem Wege, auf dem der unblutigen Revolution im November 1989. Sie eröffnet den Menschen in der DDR die Perspektive, an der Weltentwicklung auf dem Niveau eines modernen Industrielandes teilzunehmen, wenngleich auch das keine glatte Straße sein wird.

Eine objektive Analyse über die ehemalige DDR gibt es bisher nicht. Vielleicht ist die Zeit dafür noch nicht reif. Trotzdem besteht jetzt schon für mich das Bedürfnis zur Auseinandersetzung mit dem, was geschehen ist, vor allem auch, weil ich auf verantwortlichem Posten politische Verantwortung getragen habe.

Die Abrechnung mit der Vergangenheit ist Gegenstand öffentlicher Aufmerksamkeit. Dabei wird das Handeln von

Personen zum Ausgangspunkt genommen. Mir sollte nach der Wende in der ehemaligen DDR, wie anderen auch, ein Hochverratsprozess gemacht werden. Schließlich erkannte man, dass politische Fehler und natürlich auch historisch bedingte Abläufe sich schlecht juristisch beurteilen lassen.

Angesichts der schweren politischen und ökonomischen Krise, in die die DDR 1989 geriet, spüre ich die Schwere der Verantwortung, der ich mich zu stellen habe. Ich kann und will ihr nicht ausweichen. In manchen Situationen habe ich auch opportunistisch gehandelt, weil ich immer wieder glaubte, dass sich Vernunft und Realitätssinn schließlich durchsetzen werden. Dahingehend versuchte ich zu wirken. Das ist mir leider nur bedingt gelungen.

Ich habe auch zuweilen, wo es um politisches Sein oder Nichtsein ging, öffentlich Positionen vertreten, die im Grunde gegen meine innerste Überzeugung waren. Das mag manch Widersprüchliches in meinem Verhalten zu bestimmten Fragen erklären, aber nicht entschuldigen.

Ich habe die Funktion des Wirtschaftssekretärs des ZK der SED von Juli 1962 bis 1973 und von 1976 bis Oktober 1989 ausgeübt. In den drei dazwischenliegenden Jahren war ich Erster Stellvertreter des Vorsitzenden des Ministerrates der DDR. Insofern ist mein Wirken eng mit der Entwicklung der Volkswirtschaft der DDR verbunden, insbesondere im Bereich der Industrie, des Bauwesens und des Transport- und Nachrichtenwesens.

Ich verstehe, dass die Frage nach den Ursachen für die eingetretene Entwicklung viele Menschen tief bewegt, auch die Frage nach der persönlichen Verantwortung. Gerade sie stand in einer sich als sozialistisch verstehenden Gesellschaft viel schärfer noch als anderswo. Also müssen wir uns am Ergebnis messen lassen – und das sehe ich so auch für meine Tätigkeit.

Diese ganze Situation zwang mich natürlich zum Nachdenken, zur selbstkritischen Einschätzung, aber auch zur sachlichen Aufarbeitung des Vergangenen, des eigenen Erlebens und Handelns.

In meiner gesamten Arbeit gibt es manches, was ich als subjektiven Fehler anerkennen muss, aber auch manches, was einer Erklärung der Umstände bedarf, die zu dieser oder jener Entscheidung führten. Einige Beschuldigungen müssen als unzutreffend oder sogar als Versuch anderer, Fehler und Unvermögen von sich selbst abzuwälzen, charakterisiert werden. Ich bin den Menschen Erklärung und Rechenschaft schuldig, die in der ehemaligen DDR mit Fleiß und Hingabe an ihrer wirtschaftlichen Entwicklung gearbeitet haben. Deshalb möchte ich Gelegenheit nehmen, mich zu den Geschehnissen, soweit ich sie zu überblicken vermag, öffentlich zu äußern.

Das fällt mir sehr schwer, auch aus gesundheitlichen Gründen. Einige Materialien und Notizen stammen noch aus der Zeit meiner Vorbereitungen auf ein Auftreten vor dem ehemaligen ZK der SED, andere waren für die Rechenschaftslegung vor der Zentralen Parteikontrollkommission gedacht. Allerdings war man damals an einer sachlichen Aufarbeitung der entstandenen Fragen nicht interessiert. Es ging vor allem um eine Vorverurteilung in der Öffentlichkeit und nicht um Klärung von Problemen.

Am 3. Dezember 1989 wurde ich verhaftet. Trotz schwerer körperlicher Behinderung und äußerst labilen Gesundheitszustandes wegen einer schweren, erblich bedingten Diabeteserkrankung war ich bis 2. August 1990 inhaftiert. In dieser Zeit habe ich in Hinsicht auf die Vorwürfe wegen angeblichen Hochverrats weitere Notizen angefertigt. Sie bilden zusammen mit anderen den Grundstock für die Bearbeitung der vorliegenden Aufzeichnungen.

Ich musste schreiben, um Beschuldigungen zurückzuweisen, um Legenden entgegenzutreten, aber auch, um mit mir selbst ins Reine zu kommen und meine Position klarer zu bestimmen. Die gedankliche Auseinandersetzung half mir zugleich zu vermeiden, dass ich mich der Krankheit ergebe.

ERSTER TEIL

Ablauf der Ereignisse – Rückblick und Reminiszenzen

Die Ereignisse im Oktober 1989

Mein politisches Aus

Mitte Oktober 1989 wurde ich als Mitglied des Politbüros und als Sekretär des ZK der SED abgelöst. Das war noch vor dem Höhepunkt der friedlichen Revolution. Im weiteren Verlauf der Ereignisse verlor ich auf Beschluss der 10. Tagung des Zentralkomitees die Mitgliedschaft in diesem Gremium. Die Volkskammer der DDR entband mich von der Funktion eines Stellvertreters des Vorsitzenden des Staatsrates. Die Fraktion der SED strich mich von der Liste der Abgeordneten. Durch die Zentrale Parteikontrollkommission wurde ich am 23. November aus der SED ausgeschlossen.

Obwohl mir bewusst war, dass ich einige geschworene Feinde im Politbüro hatte, trafen mich diese Entscheidungen unvorbereitet. Ich hatte meine Arbeit immer aus innerer Überzeugung, das Beste für die DDR und ihre Bewohner zu tun, geleistet und mich dabei wahrlich nicht geschont. Irgendwelche persönlichen weitergehenden politischen Ambitionen hatte ich nicht. Deshalb haben mich die Vorwürfe tief getroffen. Meine Überzeugung, in der Grundlinie richtig gehandelt zu haben, konnten sie nicht brechen. Damit will ich nicht sagen, dass es mir immer möglich war, solche Entscheidungen herbeizuführen, die notwendig gewesen wären. Dazu hätte es der Zustimmung des Generalsekretärs und der Mehrheit des Politbüros bedurft.

Tatsache ist, dass es nicht gelang, der Wirtschaft jenen Stellenwert in der Politik und konkret bei der Verteilung des erarbeiteten Nationaleinkommens zuzumessen, die den Erfordernissen ihrer ständigen Modernisierung nach dem neuesten Stand der Technik gerecht geworden wäre.

Leider wurden oftmals andere Prioritäten gesetzt. Ich bin mir aber heute – wie bereits schon seit längerer Zeit – bewusst, dass die DDR auf Grund der internationalen politischen wie ökonomischen Kräftekonstellation keine Überlebenschance mehr hatte. Mit dieser Erkenntnis jedoch fühlte ich mich alleingelassen. Die Hoffnung, irgendwann einmal doch noch die grundsätzlichen Fragen zu Gehör bringen zu können, ließ mich an meinem Platz. Eine letzte Möglichkeit sah ich in der Phase der Vorbereitung des XII. Parteitages der SED. Die Ereignisse waren schneller.

Bereits in einer Sitzung des Politbüros am 10. Oktober 1989 stellte Alfred Neumann[1] den Antrag, mich von meinen Funktionen abzulösen. Er richtete heftige Angriffe gegen meine Person. Es war ein ganzer Katalog, und er wies eine bemerkenswerte Spannweite auf. Diese reichte vom Lieblingsthema Neumanns, der angeblichen Unsinnigkeit der Entwicklung von Schlüsseltechnologien in der DDR, bis zu der Feststellung, dass ich während der kurzen Zeit, in der ich Erich Honecker bei der Leitung des Politbüros und des Sekretariats vertreten habe, nicht entschieden genug gegen die »konterrevolutionären Aktivitäten« vorgegangen wäre. Das war die Hauptbegründung. Günter Mittag habe zugelassen, dass sich die Konterrevolution und die feindlichen Kräfte in der DDR entwickeln konnten, und er habe die revolutionäre Wachsamkeit sträflich vernachlässigt.

Gegen diesen Angriff haben sich Mitglieder des Politbüros ausgesprochen. Heinz Keßler[2] fragte: Gibt es noch andere Fragen, die Mittag betreffen? Er schlug vor, diesen Beschluss nicht zu fassen. So wurde in jener Sitzung auch entschieden.

Der Angriff Neumanns fand an diesem Tag noch keine Mehrheit. Aber die Richtung für die Suche nach einem »Sündenbock« war bestimmt. Das schien vielen der einfachste Weg, glaubten sie doch, auf diese Weise selbst verschont zu werden – wie sich zeigte, eine absolute Fehleinschätzung der wirklichen Situation. Das politisch Entscheidende jedoch war, dass durch die scharfmacherische Rede Neumanns die Stimmung gegen mich angeheizt worden ist.

Es ist doch eigenartig, dass sowohl Krenz[3] als auch sein ehemaliger Freund Schabowski[4] in ihren Veröffentlichungen nicht auf diese Tatsachen eingehen. Sie haben die Beratung im Politbüro am 10. Oktober nur schemenhaft dargestellt und die Angriffe Neumanns auf mich einschließlich seiner Begründungen für die Forderung nach meiner Ablösung nicht dargestellt, weil ihnen dessen Argumente nicht in den Kram passten. Ich sollte doch als der »Scharfmacher« hingestellt werden – aber nach Ansicht Neumanns war ich gerade das eben nicht. Heinz Keßler hat die scharfmacherischen Argumente Neumanns zurückgewiesen.

Er unterstützte demgegenüber in keiner Weise dessen Forderungen nach härterem Durchgreifen und war bestrebt, ein Blutvergießen nicht zuzulassen. Zu dieser grundsätzlichen Diskussion in diesen so schicksalsträchtigen Tagen fehlt von Krenz und anderen jegliche Stellungnahme.

Das beweist, dass das Vorgehen gegen mich vorprogrammiert war und nichts mit meiner tatsächlichen Haltung in der damaligen kritischen Situation zu tun hatte.

Nach der Sitzung des Politbüros am 17. Oktober 1989, die einen so jähen Einschnitt in mein Leben als Politiker mit sich brachte, wurden am 18. Oktober auch Erich Honecker[5] als Generalsekretär und als Mitglied des Politbüros des ZK der SED sowie Joachim Herrmann[6], ebenfalls als Mitglied des Politbüros und Sekretär des ZK, auf Beschluss der 9. Tagung des ZK der SED abgelöst. Als neuer Generalsekretär wurde Egon Krenz gewählt.

Diese Tagung des ZK, auf der die Abwahl des langjährigen Generalsekretärs erfolgte, dauerte nur wenige Stunden; auf ausführlichere Begründungen wurde verzichtet. Den Angeschuldigten wurde erst gar nicht die Möglichkeit gegeben, sich zu äußern. Noch bevor die Tagung begann, hatte Krenz für 15.00 Uhr eine Mitarbeiterversammlung des ZK einberufen, um über sie zu berichten. Für ihn stand das Ergebnis der 9. ZK-Tagung schon vorher fest.

Im Politbüro – zehn Tage zuvor

Ich hatte an den beiden Gesprächen, die Gorbatschow[7] am 7. Oktober in Berlin führte – zunächst mit Erich Honecker, dann mit dem gesamten Politbüro –, teilgenommen. Als sein Ehrenbegleiter, zu dem ich durch Beschluss bestimmt worden war, nahm ich auch an dem Gespräch mit Erich Honecker teil. Gorbatschow erklärte, dass die DDR, die SED und deren Führung vorrangige, wichtige Verbündete seien. Das sei der Ausgangspunkt, der alles andere bestimme.

Gorbatschow sprach von »reifen Beziehungen« zwischen unseren Völkern und Staaten. Es freue ihn sehr, dass der Blick auch in die Zukunft gerichtet worden sei. Die SED, das sei seine Überzeugung, werde sich gerade mit diesen Fragen der Zukunft alsbald in Vorbereitung auf den XII. Parteitag befassen. Die Initiativen sollten die Partei und Erich Honecker ergreifen, sonst könnten Demagogen andere Ideen suggerieren. Aus eigener Erfahrung wisse er, dass man nicht zu spät kommen dürfe. Er warnte, dass Verspätungen die Niederlage bedeuten würden.

Er kam auf diese Fragen nochmals in dem anschließenden Gespräch mit dem gesamten Politbüro zurück, da ihm gerade deren Beantwortung im Sinne gründlicher und tiefgreifender Veränderungen in der Gesellschaft als sehr wichtig erschien.

Ich erwähne gerade das am Anfang meiner Aufzeichnungen, weil dieser Punkt in der Rede Erich Honeckers zum Jahrestag kaum angesprochen worden war. Das erschien mir damals als ein Mangel, und ich hatte versucht, ihm für seine Rede, deren Entwurf ich wie die anderen Mitglieder des Politbüros zuvor erhielt, noch einige Gedanken in dieser Richtung vorzuschlagen. Leider ohne Erfolg. Gorbatschow hob ausdrücklich hervor, dass man sich unmittelbar nach dem 7. Oktober den neuen Aufgaben widmen sollte.

Er war es, der zuerst von einer »Wende« in der Entwicklung des Landes sprach. Und genau daran anzuknüpfen sah ich meine Aufgabe und auch eine Chance, um jene grundsätzlichen Reformvorstellungen zu verwirklichen, die seit dem Beginn der Arbeiten am »Neuen Ökonomischen System«[8] vor nahezu dreißig Jahren mein ganzes politisches Wirken bestimmten.

Ich war mir sehr wohl des konzeptionellen Defizits in der Rede Honeckers bewusst und auch der Dringlichkeit, die offenen Fragen zu beantworten, um auf die Erfordernisse des Lebens zu reagieren. Bereits am 2. Oktober hatte ich in einem Vortrag vor einem größeren Kreis Diplomaten und leitender Mitarbeiter der UdSSR-Botschaft geäußert, dass Reformen in der DDR erforderlich seien. Ich erläuterte in dem Vortrag, wie dies in Vorbereitung auf den XII. Parteitag der SED geschehen solle. Wenige Wochen zuvor hatte ich während eines Gespräches mit den in der DDR weilenden Sekretären für ideologische Fragen der Bruderparteien erklärt, dass die Diskussion über Plan oder Markt nicht nach theoretischen Modellen geführt werden solle. Maßgeblich sei, was die Entwicklung der Produktivkräfte und die Effektivität der sozialistischen Wirtschaft erfordert; dass man also von den Erfordernissen der Praxis ausgehen müsse. Kurz: eine eindeutige Position für den Markt und gegen dogmatische Auffassungen in dieser Frage.

Das waren Vorstellungen, die ich bereits seit 1963 bei der Ausarbeitung des »Neuen Ökonomischen Systems« gemeinsam mit Erich Apel und gestützt auf Vorschläge vieler Wissenschaftler und Praktiker erarbeitet und bis 1970 weiter präzisiert hatte. Sie wurden zu wesentlichen Teilen in der Praxis erprobt. Obwohl 1971 mit dem VIII. Parteitag der Weg des »NÖS« de facto abgebrochen wurde, habe ich dieses Gedankengut und diese wertvollen Erkenntnisse und Erfahrungen niemals beiseite gelegt. So ermunterte ich gerade in den letzten Jahren erneut Praktiker und Wissenschaftler, die Ideen der Eigenverantwortung und der Eigenerwirtschaftung der Mittel durch die Betriebe und Kombinate durch konkrete Vorschläge wiederzubeleben und sie in der Praxis zu erproben.

Und zugleich war ich mir auch der Dringlichkeit von Reformen bewusst. Ohne sie war es nicht möglich, in Wissenschaft und Technik international mitzuhalten und so die Volkswirtschaft leistungsfähig zu erhalten. Ich hatte dazu umfassende Analysen und Vorschläge erarbeiten lassen.

Zugleich habe ich viele solcher Gedanken, die an mich herangetragen worden sind, wie zum Beispiel auf dem Gebiet der Mikroelektronik, aufgegriffen, prüfen lassen und versucht, deren Umsetzung zu fördern. Da ich relativ oft Gelegenheit hatte, im Ausland modernste Betriebe mit ihren Technologien kennenzulernen, war ich mir der Dringlichkeit der Lösung dieser Fragen für die Volkswirtschaft der DDR in hohem Maße bewusst. Leider waren die Widerstände zu groß, als dass es möglich gewesen wäre, die erforderlichen durchgreifenden Veränderungen in allen Bereichen des gesellschaftlichen Lebens zu erreichen.

Dazu hätte es Verbündeter bedurft. Von Seiten des Vorsitzenden des Ministerrates[9] gab es zu diesen ökonomische wie demokratische Reformen betreffenden Fragen überhaupt keine Ideen, geschweige denn auch nur den Ansatz zu einer konstruktiven kooperativen Arbeit. Im Gegenteil.

Auch durch den Vorsitzenden der Staatlichen Plankommission[10] wurden trotz vieler Diskussionen und Aufforderungen meinerseits keine auf gründlichen Analysen beruhenden Konzepte entwickelt. Es gab hier und da brauchbare Einzelvorschläge, die sich mit Undurchdachtem vermengten.

Ich hatte die damals von mir zu leitende Parteikommission zur Vorbereitung des XII. Parteitages der SED darauf orientiert, nicht das Leben in das bestehende Planungssystem einzupassen, sondern das Planungssystem ohne Tabus so zu gestalten, dass nur ein Kriterium, nämlich das der erforderlichen höheren Effektivität, ausgedrückt im Gewinn, erfüllt wird. Es gab dazu hoffnungsvolle Ansätze und Gedanken, auch Studien, die von einigen Wissenschaftlern des Instituts für Gesellschaftswissenschaften des ZK der SED vorlagen und zu denen ich weitere Vorschläge erbat.

Der Arbeit dieser Kommission lag auch ein Vorschlag zur Bildung von demokratisch gewählten Betriebsräten zugrunde.

Über diese und andere Fragen gab es Diskussionen mit Erich Honecker. Er wollte solch »heikle« Themen lieber vertagen. Die DDR könne sich keine Experimente leisten, hieß es.

Erich Honecker selbst hatte wohl zu diesem Zeitpunkt die Tragweite der anstehenden Fragen nicht verstanden, er ergriff, wahrscheinlich bedingt durch sein Leiden, selbst nicht mehr die Initiative. Man konnte mit ihm reden, aber er änderte nichts an den Dingen, auf die es angekommen wäre. Schon seit längerer Zeit war es schwer, irgend etwas zu diskutieren, was nicht seinem eingefahrenen Denkschema entsprach.

Was mich betrifft, so war ich entschlossen, soweit es die von mir erwarteten Vorschläge betraf, endlich Veränderungen grundsätzlicher Natur herbeizuführen, die ich schon seit den 60er Jahren anstrebte. Ich wollte den Kombinaten durch die Eigenerwirtschaftung der Mittel wirklich materiell und nicht nur dem Worte nach ökonomische Eigenverantwortung ermöglichen, das Leistungsprinzip endlich wirksam durchsetzen, Schluss machen mit der weiteren Aufblähung der Subventionswirtschaft, mehr tun für die Ökonomische Kooperation mit der BRD und anderen westlichen Industrieländern. Ansätze dazu gab es. Um so schmerzlicher empfand ich es, gerade mit dem Vorwurf einer angeblichen Reformfeindlichkeit ausgeschaltet zu werden.

Mit all dem will ich keineswegs den Eindruck erwecken, als ob die Entwicklung, wie sie eingetreten ist, überhaupt noch zu verhindern war bzw. ob es wünschenswert gewesen wäre, sie noch verhindern zu wollen. Was geschehen ist, ist geschehen. Hier haben sich objektive Erfordernisse auf dem Wege einer unblutigen Revolution durchgesetzt. Aus heutiger Sicht möchte ich an dieser Stelle bereits klar und eindeutig sagen, dass zu diesem Zeitpunkt solche Reformen, die im Sinne einer höheren Effektivität des ökonomischen Systems des Sozialismus hätten wirken können, bereits nicht mehr möglich waren.

Angesichts der unaufschiebbaren grundsätzlichen Veränderungen in der Woche vor dem 7. Oktober 1989 hatte ich begonnen, erste Vorschläge hinsichtlich notwendiger Reformen aufzuschreiben. Es handelt sich um die Vorbereitung des Entwurfs einer Erklärung des Politbüros nach dem 7. Oktober. Sie sollte dazu dienen, auf die drängenden Fragen eine erste Antwort zu geben.

Meine Vorschläge waren substantieller Natur. Sie machten meine Position zu notwendigen Veränderungen ebenso sichtbar wie die Haltung zu den gestellten Anträgen auf personelle Veränderungen im Politbüro. Die Vorschläge – es handelte sich um einen Teilentwurf – betrafen die Betonung von mehr lebendiger Demokratie, die höhere Verantwortung der Kombinate und Betriebe durch Eigenerwirtschaftung der Mittel, die Herstellung einer umfassenderen Verantwortung im kommunalen Bereich, natürlich auch bessere Versorgung, mehr Aufmerksamkeit für die Belange der Bürger, die weitere Förderung von Handwerk und Gewerbe, aber eben auch mehr Produktivität, zügigere Einführung moderner Technologien, die bessere Verwirklichung des Leistungsprinzips und anderes mehr. Sie gingen davon aus, die Leistungsfähigkeit der Industrie der DDR vor allem in qualitativer Hinsicht zu erhöhen.

Es waren Programmpunkte, denen eine umfassende Konzeption zugrunde lag. Sie sind dann danach falsch gewertet worden.

Meine Vorschläge gingen davon aus, grundsätzliche Veränderungen zu erreichen – Veränderungen, die seit langem herangereift und die substantieller Natur waren. Um das zu erreichen, insbesondere auch auf dem Gebiet der Volkswirtschaft, waren Schlussfolgerungen auf diesem Gebiet, aber auch für alle anderen gesellschaftlichen Bereiche erforderlich geworden. Die Forderungen der anderen »gesellschaftlichen Bedarfsträger«, wie es damals hieß, an die Volkswirtschaft mussten in entscheidendem Maße reduziert werden. Es ging nicht um eine »Wende« à la Krenz, sondern um eine grundsätzliche Neuorientierung der gesamten gesellschaftlichen Entwicklung mit entsprechenden neuen Aufgabenstellungen. In Worten gewendet und gedreht wurde in der Vergangenheit schon genug.

Diese Vorschläge im Umfange von etwa zehn Seiten wurden Honecker am Montag dem 9. Oktober 1989 übermittelt. Von ihm wurde bewusst »übersehen‹, dass sie im Grunde aus jenen Reformpositionen erwuchsen, die ich seit dem »Neuen Ökonomischen System« verfocht. Aber die Ironie bestand eben darin, dass diese Gedanken von Leuten abgelehnt worden sind, die schon immer auf Distanz zu den aus den 60er Jahren stammenden Reformideen gegangen waren, oder die sich nie die Mühe gemacht hatten, sie zu verstehen.

Er verkannte leider ihre Bedeutung als einen möglichen konstruktiven Ansatz. Auf die Tagesordnung der Sitzung am 10. Oktober gelangte das Papier von Krenz.

Meine Vorschläge gab Honecker am Abend durch einen Beauftragten an die auf seinen Vorschlag gebildete Arbeitsgruppe – bestehend aus Krenz, Schabowski, Mittag und Herrmann. Das Papier von Krenz wurde als Grundlage genommen, einige Sätze aus meinem Entwurf hinzugefügt, und man verblieb dann so, dass der von mir unterbreitete Entwurf in den Aufruf der Nationalen Front[11] verarbeitet werden sollte. Schabowski schlug vor, die von mir ausgearbeiteten Materialien für das später auf dem Plenum des ZK zu haltende Referat zu verwenden, was sich alsbald als ein taktischer Schachzug erwies, um mich aus der Diskussion auszuschalten. Man wollte nur den Entwurf von Krenz gelten lassen, der diesen in die Sitzung des Politbüros lanciert hatte. Mein Fehler war, dass ich nicht den Versuch unternommen hatte, meine Vorschläge direkt im Politbüro zur Diskussion zu stellen.

Dann kam die Sitzung des Politbüros am 16. und 17. Oktober. Hier gab es zu Beginn den Antrag von Stoph[12] auf Ablösung Erich Honeckers, Joachim Herrmanns und von mir.

Während dieser Sitzun sprach ich als sechster in der Diskussion – im übrigen nur dieses eine Mal und nicht des Öfteren, wie Krenz in der Öffentlichkeit später fälschlicherweise behauptete. Zuvor hatte ich zum Antrag auf Ablösung Erich Honeckers erklärt, dass ich damit einverstanden sei, ohne eine Wertung vorzunehmen.

Die zurückliegenden Tage und Wochen hatten mir ganz deutlich vor Augen geführt, dass sich bei ihm eine größer werdende Kluft zwischen seinem Wollen und dem Vermögen, es den politischen Erfordernissen entsprechend zu artikulieren, aufgetan hatte. Das zeigten die Diskussionen im Politbüro, die Beratung mit den 1. Bezirkssekretären und insbesondere die Vorbereitung und die Vorgeschichte seiner Rede zum 40. Jahrestag, auf die ja große Erwartungen gesetzt wurden. Wie schwer krank Erich Honecker zu dieser Zeit bereits wirklich war, wusste ich damals nicht.

Es hat einige verwundert, dass auch ich für die Ablösung Honeckers sprach. Das hängt mit der Legende über mein Verhältnis zu Erich Honecker zusammen. Es ist zutreffend, dass ich mit ihm manche Stunde der knappen Freizeit verbracht habe. Es ist aber ebenso zutreffend, dass es in einigen grundsätzlichen Fragen der Durchführung des Kurses der Einheit von Wirtschafts- und Sozialpolitik zwischen uns unüberbrückbare Differenzen gab.

So habe ich zum Zeitpunkt einer grundsätzlichen Entscheidung über das Verbleiben Erich Honeckers in der Funktion des Generalsekretärs auch unter Berücksichtigung dessen akuter Erkrankung in den vorhergehenden Monaten mein Verhalten nicht an einer in der Öffentlichkeit eher überschätzten Freundschaft, sondern an den Notwendigkeiten des weiter zu beschreitenden Weges orientiert, insbesondere auch in der Hoffnung, dass dann die Vorbereitung des XII. Parteitages in

Richtung auf längst herangereifte grundsätzliche Schlussfolgerungen zur Erhöhung der Leistungskraft der Volkswirtschaft der DDR und das Brechen mit alten Tabus erleichtert würde. Schließlich hatte ich oft genug erleben müssen, wie es gerade in entscheidenden Fragen bei Erich Honecker eine nicht zu durchbrechende Grenze gab. Sie war wohl vor allem bedingt durch seine jahrzehntelang verfestigten Auffassungen von dem, was Sozialismus ist.

Bei der Abstimmung über Honecker, Herrmann und Mittag war meine Position klar. Wer in den letzten Tagen zuvor das Auftreten von Erich Honecker, sein Verhalten und seine Darlegungen miterlebt hat, wusste: Das geht so nicht weiter! Das war wohl auch allen anderen mehr oder weniger klar. Mut jedenfalls gehörte nicht mehr dazu, einen solchen Entschluss gegen Honecker zu fassen. Einige täuschten diesen Mut vor, obwohl es keiner mehr war.

Mich bewegte in dieser Zeit vielmehr die Frage, wird Krenz wirklich in der Lage sein, die bevorstehenden Aufgaben zu meistern? Gerade hinsichtlich der längst überfälligen Reformen hatte ich kein Zutrauen zu Krenz. Er hatte schon früher zu diesen Dingen überhaupt keine Beziehung; für ihn waren ökonomische Zusammenhänge eher ein störender Faktor für sein auf äußere Effekte angelegtes Auftreten. Selbst wenige Tage zuvor, als es um die Erklärung des Politbüros ging, spürte ich ganz stark dieses konzeptionelle Defizit bei Krenz gegenüber ökonomischen und gesellschaftlichen Reformen. Er war zwar über einige Jahre hinweg als »Kronprinz« aufgebaut worden, hat aber niemals ernsthaft an sich gearbeitet, um dieser Rolle als Nachfolger gerecht werden zu können. Da ich jedoch in diesem kritischen Moment keinen anderen Kandidaten sah, habe ich seiner Wahl zum Generalsekretär zugestimmt. Das war ein Fehler. Ich muss allerdings feststellen, dass ich von dem Ausmaß der Wahlfälschungen und den weiteren Vorgängen zur Unterdrückung berechtigter Proteste erst im Nachhinein ein klares Bild erhielt.[13] Damals wusste ich um diese Dinge so gut wie nichts. Nach wenigen Tagen schwoll die Bürgerbewegung weiter an, und es stand für alle sichtbar fest: Krenz war der falsche Kandidat!

Und warum hatte ich meiner eigenen Ablösung zugestimmt?

Zum ersten, weil es zu diesem Zeitpunkt bereits Anzeichen dafür gab, die politische Verantwortung für die eingetretene Situation auf einige wenige Personen als »Hauptschuldige« abzuschieben. Zum zweiten, weil in Zusammenhang mit dem – wie es damals noch vorgesehen war – im Mai 1990 durchzuführenden XII. Parteitag der SED sich eine Entscheidung über meine weitere Arbeit auf Grund meines Gesundheitszustandes erforderlich gemacht hätte. Wie recht ich hatte, sollte sich in den dann folgenden Wochen und Monaten zeigen.

Die Vorentscheidung

Das 9. Plenum des ZK der SED folgte einen Tag nach der so schicksalhaften Sitzung des Politbüros. Krenz versprach, die Partei und die DDR aus der Krise herauszuführen, und stellte sich als den dafür vertrauenswürdigen Kandidaten dar. Ihm kam dabei zugute, dass er seit Jahren als der Nachfolger und »Kronprinz« Erich Honeckers angesehen wurde. Er war es doch, der den Generalsekretär während dessen Abwesenheit in steter Regelmäßigkeit vertrat. Auch das Prinzip, dass ehemalige FDJ-Funktionäre den Nachwuchs für führende Parteifunktionen auf den verschiedensten Ebenen bildeten, schürte solche Spekulationen. All das gab Krenz einen gewissen Vertrauensvorschuss, den er aber alsbald verspielte.

Unmittelbar nach der Tagung des Zentralkomitees stellte sich Krenz auf einer Versammlung aller Mitarbeiter des ZK als der neue Generalsekretär vor. Er leitete seine Ausführungen mit der Feststellung ein, dass sich die DDR in einer Krise befände. Dieser Hinweis erlaubte es ihm, auf ausführlichere Begründungen für den Wechsel an der Spitze zu verzichten. Wer von den Mitarbeitern, zu unbedingter Parteidisziplin erzogen, wollte schon angesichts dräuender Gefahren lange Erklärungen? Eventuellen Fragen zuvorkommend, erklärte Krenz auf dieser Versammlung, dass er sich nicht auf Kosten seines Vorgängers profilieren wolle. Das war, wie sich alsbald zeigen sollte, eine glatte Lüge, aber damit wollte er Vertrauen schaffen.

Auf meine Ablösung eingehend, sagte er, dass auf eine entsprechende Frage aus dem Kreise der ZK-Mitglieder Willi Stoph geantwortet hätte, Günter Mittag wäre seinen Aufgaben nicht gerecht geworden. Einen Dank für die geleistete Arbeit gab es nicht, obwohl das vom Politbüro so beschlossen worden ist und auch vor dem Zentralkomitee so gesagt wurde. Das wurde aber bereits im Protokoll verschwiegen.

Es hätte ja nicht in das Bild des »Buhmanns« gepasst, das von mir gemalt werden sollte. Schabowski sprach dann auch in Bezug auf meine Person von einem »Mephisto«, und Krenz ergänzte das später mit dem Wort »Diabolo«. So etwas bleibt haften, da der einzelne den Wahrheitsgehalt schlecht nachprüfen kann.

Die Beschuldigungen verschärften sich in der Folgezeit.

Bereits in der Sitzung der Volkskammer wurde Stoph deutlicher und versuchte in unsachlicher, ja verleumderischer Weise und in der ihm eigenen gallebitteren Diktion mir die ganze Schuld an den als wirtschaftliche Fehlentwicklungen charakterisierten Vorgängen zuzuweisen. Damit war der »Sündenbock« für all das, was es in der DDR ohne Zweifel an schwerwiegenden Problemen und Versäumnissen auf ökonomischem Gebiet gab, bestimmt. So waren Tür und Tor für all jene geöffnet, die Fehler und Versäumnisse von sich selbst wegwischen wollten, um diese einzig und allein mir anzulasten. Eine entsprechende Pressekampagne[14] begleitete das Ganze.

Vorverurteilung auf dem 10. Plenum

Der entscheidende politische Schlag gegen mich wurde auf der 10. Tagung des ZK der SED geführt. Hier, wie schon zuvor, erfolgte durch einseitige Darstellung der Wirtschaftspolitik und durch Legenden über meine angeblich besonders guten politischen Beziehungen zu Erich Honecker eine politische Vorverurteilung. Sie fiel durch eine geschickt inszenierte Pressekampagne auf fruchtbaren Boden, so dass zu diesem Zeitpunkt eine Entgegnung kaum mehr möglich war. Zudem befand ich mich zu dieser Zeit im Krankenhaus zu einer dringend notwendigen medizinisehen Behandlung. Ich hatte aber auch den Eindruck, dass das gar nicht erwünscht war, denn in einem Telefongespräch mit Krenz in den Tagen zuvor sagte er auf eine entsprechende Bemerkung meinerseits: »Willst du dich etwa verteidigen?«

Krenz erhob diese als Vorverurteilung auf dem 10. Plenum gedachten Anschuldigungen wohl auch in dem Bewusstsein, dass ich durch die bereits geführte Stimmungsmache gegen mich und wegen meines Gesundheitszustandes nicht in der Lage sein würde, die Wahrheit ans Licht zu bringen. Seine Behauptungen beruhten schließlich auf keiner objektiven Analyse. Sie dienten einzig und allein dem Zweck, mich in der Partei und vor der Öffentlichkeit zu diffamieren. Diese haltlosen Anschuldigungen sollten dann auch dazu herhalten, den Boden für einen beabsichtigten »Hochverratsprozess« zu bereiten.

Was gegen mich auf dem 10. Plenum behauptet wurde, diente den meisten Analytikern der Vergangenheit als Ausgangsposition. Wenn im Verlaufe der Abhandlung Stimmen nach dem November/Dezember 1989 zitiert werden, so um die Langlebigkeit von Vorurteilen zu belegen. Die Argumentationen und Fakten sind als unmittelbare Reaktion auf die Anschuldigungen des 10. Plenums zu verstehen.

Um welche hauptsächlichen Punkte handelte es sich bei diesen Anschuldigungen, die von Krenz im Stile eines Plädoyers eines selbsternannten Staatsanwalts vorgetragen wurden?

1. Ich hätte als derjenige, der das Vertrauen des Generalsekretärs besaß, diesem durch »manipulierte Fakten« falsche Einschätzungen gegeben.

Ich werde im weiteren Verlauf der Aufzeichnungen in den verschiedensten Zusammenhängen noch detailliert nachweisen, dass das eine glatte Lüge ist. Es gibt mehrere öffentliche und nichtöffentliche Dokumente, die zeigen, dass ich bereits seit Mitte der 70er Jahre auf den Ernst der ökonomischen Situation der DDR-Wirtschaft hingewiesen habe und klare Forderungen zur Erhöhung der Akkumulation stellte. Davor verschlossen nicht nur der Generalsekretär, sondern auch andere Mitglieder des Politbüros ihre Augen. Wie wenig ich bei Erich Honecker in grundsätzlichen Fragen, zum Beispiel der Notwendigkeit einer durchgreifenden Steigerung der Arbeitsproduktivität, einer ökonomisch begründeten Preispolitik, eines Subventionsabbaus, Gehör fand und finden konnte, beweist sein eigenes Credo zu einigen in seinem Denken seit den 30er Jahren fest verwurzelten Grundthesen.

2. In der Zeit der Urlaubsvertretung hätte es an der Spitze der Partei anstelle entschlossenen Handelns Sprachlosigkeit gegeben. So wäre die Destabilisierung im Lande begünstigt worden.

Was hier mit fehlendem »entschlossenen Handeln« gemeint war, hatte Neumann, der bereits vor dem 17. Oktober meine Ablösung forderte, deutlich gesagt. Gemeint war nämlich »Zurückweichen vor den konterrevolutionären Kräften«. Auch Krenz führte als eine Hauptursache für die eingetretene Krise die »von den westlichen Medien geschürten Psychosen« an.

Ich nehme für mich in Anspruch, in dieser schwierigen Zeit nicht panikartig gehandelt zu haben. Als ich die Vertretung hatte, in der ständig Kontakt zu dem Generalsekretär bestand – ohne seine Zustimmung ging kein Fernschreiben an die Bezirkssekretäre –, habe ich alles, was von meiner Seite möglich war, getan, um eine Zuspitzung der Lage zu vermeiden. Mit

Ungarn wurden bis zuletzt durch meine Einflussnahme alle diplomatischen Möglichkeiten ausgenutzt. Der Reiseverkehr dorthin wurde nicht gestoppt, wie einige forderten.

Im Übrigen ist hier noch Folgendes zu erwähnen: Nachdem Krenz aus seinem Urlaub zurückgekehrt war, hat er an den Sitzungen des Politbüros und des Sekretariats des ZK teilgenommen und allen Beschlüssen zugestimmt. Er sagte zu mir: »Günter, ich hätte genauso gehandelt.« Dann ist er Ende September nach China gereist.

Panikartiges Handeln begann erst zum Zeitpunkt der »Wende«. Ab dann bewegte sich die Wirtschaft »im freien Fall«. Von da ab überschlugen sich die Ereignisse. Die größte Fehleinschätzung war, dass der Sozialismus in der DDR angesichts der weltpolitischen Konstellationen noch zu retten sei. Dabei waren die Würfel spätestens im Frühjahr 1989 längst gefallen. Äußerungen von sowjetischen Außenpolitikern wie Schewardnadse[15] und Professor Daschitschew[16] belegen, dass in der sowjetischen Politik der unvermeidbare Weg zur deutschen Vereinigung bereits 1986/87 vorgedacht wurde. Der frühere Außenminister der UdSSR, Schewardnadse, war nach seinen Angaben schon 1986 von der Unvermeidbarkeit der deutschen Vereinigung überzeugt und sprach in dem Zusammenhang von einem »historischen Prozess«[17].

Wie problematisch und risikoreich eine solche Haltung war, verdeutlicht Schewardnadse ebenfalls. Man habe ziemlich aktiv zur Anwendung von Gewalt gedrängt.

Meine Haltung zu den Ereignissen im Herbst 1989, als ich zum Teil die Urlaubsvertretung hatte, bestand darin, nichts zuzuspitzen und jegliches Blutvergießen zu vermeiden. Es ist doch völlig irrig anzunehmen, dass ausgerechnet ich nach meinem jahrelangen Wirken für Kooperation mit der BRD nun der historischen Konsequenz zur möglichen Konföderation und der schließlichen Vereinigung ausgwichen wäre.

3. Zur Wirtschaftspolitik äußerte Krenz auf dem 10. Plenum, sie sei hinter den Realitäten zurückgeblieben. Neue An-

forderungen, auch wachsende außenwirtschaftliche Probleme, wie Erhöhung der Erdölpreise, seien nicht mit notwendigen Veränderungen in der Volkswirtschaft beantwortet worden.

Ich sehe einmal davon ab, dass seit 1977 mit Milliardenaufwendungen ein Programm der tieferen Spaltung von Erdöl mit modernsten technologischen Verfahren verwirklicht wurde, ohne das die DDR schon vorher mit wahrscheinlich katastrophaleren Folgen, als sich irgend jemand vorstellen kann, zusammengebrochen wäre. Wir haben es über nahezu ein Jahrzehnt geschafft, wirtschaftliches Wachsturn bei einer zurückgehenden Importmenge an Erdöl zu gewährleisten, und das bei einem Anteil der Chemie an der Industriestruktur von rund zwanzig Prozent.

Krenz und alle, die seine Thesen nachbeten, übersehen aber einen entscheidenden Umstand: Die Hauptursache für das hinter den Erfordernissen zurückbleibende Leistungswachstum der Volkswirtschaft lag nicht in den Prioritäten der Verteilung der Industrieinvestitionen, über die man streiten kann, sondern darin, dass seit 1971, mit einigen Ausnahmen, der Anteil der Akkumulation, insbesondere der produktiven Akkumulation, zurückging. Die Industrie allein hätte das Doppelte an Investitionen erhalten müssen, um durchgängig leistungsfähig zu bleiben. Innerhalb von zehn Jahren aber mussten für 220 Milliarden Mark Maschinenbauerzeugnisse allein zur Deckung der höheren Rohstoffpreisaufwendungen exportiert werden, so dass sie nicht für die Modernisierung der eigenen Volkswirtschaft zur Verfügung standen.

Es gab weder bei den Ausgaben für Verteidigung noch für Sicherheit auch nur nennenswerte Abstriche. Krenz organisierte munter seine Pfingsttreffen[18] und gigantische Sportfeste. Die Volkswirtschaft wurde durch zu hohe Ausgaben für andere Zwecke übermäßig belastet. Das ist die Wahrheit.

Auf dieser Tagung, und auch später, wurde nicht der geringste Versuch gemacht, zwischen objektiver Entwicklung und angeblichem subjektiven Verschulden zu differenzieren.

Es erschien allen die leichteste Methode, die Verantwortung für die eingetretene Situation, insbesondere auf ökonomischem Gebiet, auf einzelne Personen, oder richtiger, auf *eine* Person zu konzentrieren. Man hoffte, sich dadurch von eigener Verantwortung reinwaschen zu können.

Die Vorverurteilung erfolgte genau im Stil des Stalinismus, sowohl was den Inhalt als auch die Art und Weise anbelangt.

Aber es kann den damals handelnden Personen, die für sich in Anspruch nahmen, nunmehr wirklich die Interessen des Volkes zu vertreten, nicht der Vorwurf erspart bleiben, dass sie nun wirklich das Volk belogen haben. Sie haben so getan, als genüge es, einige wegzunehmen und die alten könnten dann bleiben. Indem vermieden wurde, die wahren Ursachen und Konstellationen aufzudecken, die zu der schwerwiegenden ökonomischen Situation der DDR geführt haben, wurden bei den Menschen erneut Illusionen geweckt – und um so größer musste dann die Enttäuschung sein.

Krenz, der nicht müde wurde, bei jeder Gelegenheit von der Wende zu reden, hat eine wirkliche Wende nicht herbeigeführt. Er hat sie auch nicht gewollt. Es war ein Scheinmanöver, das hier ausgeführt werden sollte. Krenz war, wie Honecker, im Grunde mit den alten Illusionen über die Weiterführung des in der DDR beschrittenen Weges des sozialistischen Gesellschaftsexperiments behaftet. Er wollte das System, wollte die bestehenden Machtstrukturen erhalten. Die angestrebten Veränderungen waren kosmetischer Natur. Auf ökonomischem Gebiet blieben sie weit hinter den Ansätzen des »Neuen Ökonomischen Systems« zurück. Vor allem glaubte er, dass eine Fortexistenz eines zweiten deutschen Staates unter sozialistischen Vorzeichen neben der Bundesrepublik noch möglich sein würde. Er hatte die Zeichen der Zeit überhaupt nicht verstanden. Er wollte die Krise der DDR beenden, hatte aber nicht begriffen, dass dies keine Krise der DDR, sondern eine Krise des sozialistischen Systems überhaupt ist. Es kann hinsichtlich verfestigter Auffassungen über den Sozialismus in seinen Grundzügen zwischen Honecker und Krenz ein Gleichheitszeichen gesetzt werden. Der Sturz Honeckers diente nur der Verschleierung dessen. Und so war der Sturz von Krenz zwei Monate später von annähernd gleicher Bedeutung wie der von Honecker. Erst danach war der Weg frei, den historischen Notwendigkeiten gerecht zu werden.

Führungswechsel nach »bewährtem« Muster

Heute wird es immer deutlicher: Krenz und die, die hinter ihm standen, verfolgten eine Taktik der Überrumpelung des ZK unter Ausnutzung der gärenden Emotionen. Sie wollten gar nicht so sehr die erforderliche Diskussion, sie wollten vor allem die Macht. Es schien ihnen günstig, die durch die Ereignisse, insbesondere durch die Massenausreisen und durch eine gezielte Stimmungsmache entstandene Situation, auszunutzen, um möglichst schnell und reibungslos einen Wechsel in der Führungsspitze zu ihren Gunsten zu vollziehen. Krenz griff den von Gorbatschow in dessen Ausführungen vor dem Politbüro am 7. Oktober geprägten Begriff einer »Wende« auf. Krenz aber konnte die »Wende« weder konzeptionell noch psychologisch glaubhaft deutlich machen. Von ihm jedenfalls ging die wirkliche Wende nicht aus. Im Gegenteil, es war der Versuch der Stabilisierung des alten Systems.

Hier handelte es sich um einen Führungswechsel innerhalb der SED nach altbewährtem Muster. Die Politik war verfahren. Der politische Kredit bei weiten Kreisen der Bevölkerung war dahin. Jetzt ging es denen, die den Wechsel innerhalb der Führung herbeiführten, nur noch um den reinen Machterhalt.

Um glaubhaft zu sein, brauchte man einige Schuldige, die der Partei und dem Volke präsentiert werden sollten, um zunächst Luft zu schaffen. Diese Methode sollte es ermöglichen, andere an die Spitze zu bringen und von der eigenen Verantwortung eines jeden in der Führung und von der eigenen Konzeptionslosigkeit abzulenken. Einige Vorgänge wurden aus ihrem historischen Zusammenhang gerissen und als fehlerhaftes Handeln einzelner Personen deklariert. Man brauche nur die Personen zu wechseln, dann würde es schon wieder vorangehen. Eine wirkliche Analyse der entstandenen Ursachen für die Krise, in die die DDR geraten war, erfolgte nicht. Durch dieses Vorgehen an einem entscheidenden Wendepunkt der Geschichte wurde die Parteimitgliedschaft getäuscht und belogen. Das stürzte die SED in tiefe Wirren und leitete einen Prozess des Niedergangs dieser Partei ein.

Es war das alte Muster, nach dem auch nach der ersten großen Krise der DDR mit dem 17. Juni 1953 als Markstein verfahren worden war. Um der Diskussion über die wirklichen Ursachen zu entgehen, konstruierte Ulbricht damals die »parteifeindliche Fraktion Herrnstadt-Zaisser«.

Die ganze Partei war in den darauffolgenden Monaten mit dem »Fall« Herrnstadt-Zaisser beschäftigt, und der damals zur Beruhigung der Bevölkerung kreierte »Neue Kurs« wurde seines eigentlichen Inhalts der Demokratisierung beraubt. Er diente nur noch als Mäntelchen für die Bewahrung der Macht Ulbrichts, die 1953 an einem seidenen Faden hing. Mit Betroffenheit habe ich die Darstellung dieser Vorgänge in der Veröffentlichung der Notizen Rudolf Herrnstadts gelesen, und das hat mich sehr nachdenklich gemacht.[19]

Auch damals ging es nach dem Schema: Dinge aus dem Zusammenhang reißen – die wirkliche Analyse umgehen – Schuldige finden – eine Vorverurteilung erreichen – Personen ins politische »Aus« schicken und so die eigene Macht erhalten. 1989 ging diese Rechnung nicht auf. Der angewandte Mechanismus, der in den stalinistischen Organisationsstrukturen und Erziehungsprinzipien der Partei seinen »Antrieb« hatte, dieser Mechanismus ließ jetzt alle handelnden Personen, die die Macht an sich reißen wollten, nacheinander selbst scheitern.

Durch die Veröffentlichung von Dokumenten[20] ist sichtbar geworden, wo die Quellen für die erhobenen Beschuldigungen zu suchen sind und worin die Motive dafür liegen.

Diese Dokumente – von Przybylski als »Notizen« Werner Krolikowskis[21] bezeichnet – belegen, dass es mindestens seit 1980 durch eine Gruppe im Politbüro beharrliche und ernst zu nehmende Versuche gab, Honecker, und bei der Gelegenheit auch mich, zu Fall zu bringen. Dazu wurde Breshnew[22] um Unterstützung ersucht. »Es wäre gut, wenn Genosse L. I. Breshnew mit EH spricht, um ihn zur Vernunft zu bringen.«[23]

Das erfolgte in Form einer als »Notiz« deklarierten Einschätzung der politischen Lage, in der dann auch der bezeichnende Satz steht: »Die näheren Argumente enthält unser Material.«[24] Die Notiz trug das Datum vom 16. Dezember 1980. Wer aber verbirgt sich hinter »unser«? Darüber gibt eine Information von Krolikowski über ein Gespräch zwischen Willi Stoph und Erich Mielke vom 13. November 1980 Aufschluss.[25] In diesem Gespräch, an dem also mindestens Stoph, Mielke[26] und Krolikowski teilnahmen, wurde von Mielke auch gesagt: »Nicht um ein Deut hat sich EH geändert. Das Gegenteil ist der Fall – er ist als noch gefährlicher einzuschätzen.« 1983 schreibt Krolikowski: »Es ist eben ein Paradoxum, dass ein eingefleischter Westdeutscher an der Spitze der DDR steht.«[27]

Politischer Kernpunkt all dieser Angriffe waren die Beziehungen der DDR zur BRD. »So kann man Außenpolitik gegenüber der BRD nicht machen, wie das EH tut«, schreibt Krolikowski. Weiter: »Wir schlagen der sowjetischen Seite vor, EH's Handlungen in der Außenpolitik gegenüber der BRD sorgfältig zu analysieren und mit ihm über die gemachten Fehler zu sprechen.«[28]

Hintergrund ist die Politik der wirtschaftlichen Zusammenarbeit mit westlichen Industriestaaten, die als »Westdrall über den Weg der Kompensationsgeschäfte« charakterisiert wird.[29]

Krolikowski und sein offensichtlicher Auftraggeber Stoph[30] hatten mit ihren »Notizen«, in denen Honecker angeschwärzt und Moskau aufgefordert wurde, gegen seine Politik zu intervenieren, offensichtlich den objektiven Gang der Dinge und die Entwicklungen in der sowjetischen Politik unterschätzt. Gorbatschow hatte 1985 einen grundlegenden Wandel in der Politik der UdSSR auch zur BRD eingeleitet und ihr eine völlig neue Dimension verliehen. Aber bis dahin waren solche »Informationen« an die Moskauer Adresse für die, die sie betrafen, nicht ganz ohne Brisanz.

Anschuldigungen wie »Verrat« oder »gefährlich für die Interessen der Sowjetunion und der sozialistischen Gemeinschaft« hätten zu Zeiten der Breshnew-Doktrin[31] ausgereicht, um diese so Gebrandmarkten aus dem politischen Leben zu eliminieren. Stoph und seine Vertrauten wollten das offenbar im September/Oktober 1989 nachholen, was ihnen zuvor in ihrer politischen Blindheit gegenüber den Realitäten nicht gelungen war. Das Schicksal hat sie selber ereilt. Aber es ist natürlich paradox, wenn diese Leute, die vor politischem Konservatismus strotzten, ausgerechnet die Wende im Zeichen Gorbatschows noch benutzen wollten, um alte Rechnungen zu begleichen.

Diese Informationen von Krolikowski werfen ein Schlaglicht auf die ganze Kompliziertheit der politischen Konstellationen für die DDR. Die Entwicklung des Verhältnisses zur Bundesrepublik war in der Tat vor dem Hintergrund der Sowjetunion als Bündnispartner die zentrale Frage. Es gab zwei Linien: die der dogmatischen Wahrung der als Klasseninteressen bezeichneten Bündnisinteressen und die der realistischen Einschätzung der Entwicklungsbedingungen der DDR als deutscher Teilstaat. Der Kampf zwischen beiden Linien erfolgte hinter den Kulissen. Er wurde erbittert geführt und verlief dramatisch. Er endete mit einer Ironie der Geschichte. Diejenigen, die auch mich des Verrats an den DDR- wie Bündnisinteressen beschuldigten, konnten doch noch zum lange beabsichtigten Schlag ausholen; das aber zu einem Zeitpunkt, als sich ihre eigene politische Konzeption, ihre jede Souveränität aufgebende Haltung zur Sowjetunion als völlig verfehlt gegenüber dem Weg Gorbatschows, um nicht zu sagen als würdelos, erwies. Dass es diese beiden Linien gab, ist eine Widerspiegelung des Spannungsverhältnisses zwischen den beiden Systemen, in dem sich jede DDR-Politik bewegen musste und dem sie unterworfen war.

Sie zeigt aber auch zugleich, wer für die Abschottung im Sinne »eigener Leistungen« und der »Zusammenarbeit mit der Sowjetunion und den anderen sozialistischen Ländern« eintrat. Nur so sei eine sichere Perspektive der DDR möglich! Es wird auf den Widerstand gegen meine Konzeption der Kooperation mit westlichen Industriestaaten, die ich jedoch niemals einseitig gegen die Zusammenarbeit mit der UdSSR verstand, selbst im Apparat des ZK verwiesen.

Das unterstreicht nur, wie tief das Unverständnis gegenüber den realen Erfordernissen der Entwicklung der DDR als einem nach Modernität strebenden Industrieland war.

Jeder Schritt in dieser Richtung war nur gegen schwersten Widerstand möglich – und das meiste wurde verhindert.[32]

Krolikowski versteigt sich sogar zu der Behauptung, Honecker habe »einen großen Plan der Westverschuldung der DDR gehabt«. Dies sei eine abenteuerliche Politik gewesen.[33]

Bei der Darstellung des Schuldenproblems werden oft Ursache und Wirkung verwechselt. Zum Teil geschieht dies auf Grund mangelnder Kenntnis der Zusammenhänge, zum Teil geschieht dies auch absichtlich in Kenntnis dieser Zusammenhänge.

Wann aber hatten die Schulden der DDR ein solches Ausmaß erreicht, dass ihre Höhe zu einem relevanten Faktor der ökonomischen Entwicklung wurde? Das war im Übergang von den 70er zu den 80er Jahren, als die Erdölpreise sich um das Acht- bis Zehnfache erhöht hatten und die Lieferungen sich von 19 auf 17,1 Millionen Tonnen jährlich verminderten[34]. Dadurch mussten große engen von Konsumgütern wie Ausrüstungen zusätzlich für den Export zur Verfügung gestellt werden.

Um mit dem gleichen Geld auszukommen, hätte die DDR ihre Erdölbezüge um ein Mehrfaches, vielleicht auf 5 Millionen Tonnen vermindern müssen. Das hätte zu einem drastischen Absinken der Produktion, zu einem Chaos in der Versorgung, zu einer Desorganisation der Wirtschaft geführt. Eine völlig absurde Variante. Schon die erzwungene Kürzung des bestehenden Niveaus hatte einen erheblichen Wachstumsverlust zur Folge.

Eine andere Variante wäre die Senkung des Konsums gewesen. Hier wäre es nicht um marginale, sondern um einschneidende Kürzungen gegangen. Das hätte mit Sicherheit zu sozialen Unruhen mit unabsehbaren Konsequenzen geführt – zum Zeitpunkt der Verschärfung der Spannungen vermutlich zu einer Katastrophe. Wirkliches Abenteurertum wäre gewesen, diese Zusammenhänge nicht ins Kalkül zu ziehen.

Ein weiterer Punkt bestand in der Notwendigkeit der Modernisierung der DDR-Volkswirtschaft. Die Summe der in zehn Jahren zusätzlich zu exportierenden Maschinen und Ausrüstungen machte in etwa soviel aus, wie in einem solchen Zeitraum für Ausrüstungen investiert wurde. All das bedeutete eine empfindliche Störung der Reproduktion.

Sollte die Volkswirtschaft funktionsfähig und wenigstens partiell konkurrenzfähig bleiben, mussten Wege gesucht werden, um eine gewisse Modernisierung zu ermöglichen. Dazu boten sich die Kompensationsgeschäfte an. Sie waren allerdings in ihrer Summe nicht der Hauptfaktor in der Schuldenbilanz. Vor allem waren sie nicht einfach Ausgaben, sondern sie waren eine echte Quelle der Leistungserhöhung.

Auch heute kann man sagen, dass, von einigen Ausnahmen abgesehen, der Hauptteil dieser Objekte zur Modernisierung beitrug. Vor allem aber konnte auf diese Weise technisches Knowhow aus dem Ausland gewonnen werden, was sonst nicht zu erlangen gewesen wäre. Das war ein konkreter Weg, die lähmende Abschottung zu überwinden. Richtig gewesen wäre, noch mehr solche Geschäfte durchzuführen; die Industrie stände heute anders da. Das aber wurde durch die Querschüsse von Stoph, Krolikowski und Neumann verhindert. Sie hatten die Illusion, dass sich die DDR das internationale Knowhow aus dem RGW[35] holen könne. Das war absolut unrealistisch und gefährlich.

Die Verschuldung war nicht die Ursache für den Zusammenbruch der DDR-Wirtschaft. Sie war das Symptom. Die Ursachen lagen woanders. Sie lagen vor allem darin, dass eine Gesellschaft, die sich als deutscher Teilstaat in Mitteleuropa mit der größten Exportmacht der Welt, der BRD, als Nachbarn täglich an westlichen Produktivitäts- und darauf beruhenden Konsumtionsmaßstäben messen lassen musste, international nicht wettbewerbsfähig sein konnte, wenn sie mit nahezu siebzig Prozent den Hauptteil ihres Handels mit dem RGW tätigen musste. Das dort herrschende technische Niveau ließ einen nennenswerten Transfer von Produktivität nicht zu. So musste versucht werden, Kapital aus dem Westen ins Land zu holen. Leider waren die Summen dafür, wie der heutige Nachholebedarf zeigt, viel zu gering.

Wie unrealistisch Krolikowski die Dinge beurteilte, zeigt sich in seiner im Januar 1990 (!) erhobenen Forderung, »die NSW-Abhängigkeit der DDR-Wirtschaft« zu analysieren. Für ihn ist das Hauptmotiv die »Ausbeutung durch das westliche Bankkapital«, nicht aber die Frage der Modernisierung der DDR-Wirtschaft.[36]

Die Dokumente über die »Notizen« Krolikowskis zeigen die Gefährlichkeit der Situation und die grundsätzlichen Widersprüche innerhalb der Führung in Zusammenhang mit Einwirkungen des internationalen Spannungsfeldes auf die DDR-Politik. Mielke, Stoph und Krolikowski bezogen eine Position der bedingungslosen Anbiederung an die damalige sowjetische Führung, ohne Rücksicht auf die Erfordernisse im eigenen Land, und einer abenteuerlichen Politik gegenüber der BRD. Die Berichte von Krolikowski belegen ein verschwörerisches Handeln, indem Mielke, Stoph und Krolikowski ihre gesonderten Informationen und Analysen auch mit Vorschlägen an die sowjetische Seite zur Einwirkung auf die DDR-Politik versahen. Das zeigt das ganze Ausmaß ihres unverantwortlichen Handelns.

Dabei wäre über die Exaktheit ihrer Analysen und Einschätzungen noch zu sprechen. Es ist damit deutlich geworden – zumindest zum Zeitpunkt 1980 und danach –, dass von Seiten dieser ehemaligen Mitglieder des Politbüros alles getan wurde, um die Atmosphäre zu vergiften und die Lage in der DDR zu verschärfen. Ihnen war es auch völlig egal, wie es im Handel mit der BRD weitergehen sollte. Er betrug zuletzt immerhin über fünfzehn Milliarden Mark. Er umfasste Tausende von Positionen für die Versorgung der Bevölkerung und für die Entwicklung der Volkswirtschaft einschließlich der Sicherung der Exportproduktion gegenüber der UdSSR. Diesen Handel zu zerstören wäre Selbstmord gleichgekommen.

Dabei ging es zu keinem Zeitpunkt darum, etwa die Handels- und Wirtschaftsbeziehungen zur UdSSR etwa einzuschränken oder gar abzubrechen. Ganz im Gegenteil; es bestand ja ein untrennbarer Zusammenhang zwischen dem Handel mit der BRD und der Erhöhung der Stabilität und Leistungsfähigkeit der DDR auch als interessanter Partner für die Sowjetunion. So ging es im Handel mit der UdSSR vor allem um wirtschaftlich vernünftige Lösungen, die den Interessen und spezifischen Möglichkeiten beider Seiten entsprachen. Dafür gab es bei der überwiegenden Mehrzahl der sowjetischen Partner auch große Aufgeschlossenheit und nicht wenig Verständnis, speziell auch bei Andropow[37]. Es offenbart die ganze Verlogenheit von Krolikowski, wenn er in seinen ominösen Informationen Andropow gegenüber Vorschläge unterbreitete, deren Verwirklichung die Unterminierung der Leistungsfähigkeit der DDR bedeutet hätten. Demgegenüber wurden durch die Staatliche Plankommission gemeinsam mit den wirtschaftspolitischen Abteilungen des ZK ein ganzes Programm von Maßnahmen zur Vertiefung der wirtschaftlichen und wissenschaftlich-technischen Zusammenarbeit mit der UdSSR an den damaligen Vorsitzenden des Ministerrates der UdSSR, Tichonow[38], übergeben.

Auch zu den Verhandlungen über menschliche Erleichterungen mit der BRD bestand eine einheitlich negative Meinung bei Mielke, Stoph und Krolikowski. Die nunmehr erfolgte Veröffentlichung interner und bislang unbekannter Dokumente zeigt zugleich, wie groß die inneren Hemmnisse in der Führung gegen eine Politik der Verständigung waren, und wie schwer es war, selbst die kleinsten Schritte in dieser Richtung durchzusetzen.

Ich kann mir ausmalen, was es bedeutet hätte, wenn ich entsprechend der Forderung Breshnews aus dem Politbüro entfernt worden wäre und die Positionen von Mielke, Stoph und Krolikowski zum Tragen gekommen wären. Es gab ja dann 1989 auch Vorschläge, wonach Stoph Vorsitzender des Staatsrates und Krolikowski Vorsitzender des Ministerrates werden wollten. Ich kann mir gut vorstellen, wie sich mein persönliches Schicksal damals gestaltet hätte. Dagegen wäre alles andere, was ich bislang erlebte, eine Kleinigkeit gewesen. Aber eine wichtige Quelle der Vorverurteilungen aus dem Herbst 1989 ist jetzt deutlich erkennbar geworden.

Ich hatte mit Breshnew persönlich, schon lange Zeit bevor er Generalsekretär des ZK der KPdSU wurde, des Öfteren zu tun. Kurz vor dem Sturz Chruschtschows[39], ich glaube es war 1964, begegnete ich Breshnew am Werbellinsee, als er dort mit Walter Ulbricht Gespräche führte. Bei diesem Treffen ging es um Wirtschaftsfragen. Erich Apel[40] und ich nahmen daran teil.[41] Es wurden Vorwürfe erhoben, wonach die DDR sich nicht genügend auf die Bedürfnisse der Sowjetunion einstelle. Aber Tatsache war, dass die sowjetischen Angebote für die erforderlichen Gegenlieferungen nicht ausreichten und so der Handel bei Weitem nicht bilanzierte. Im Verlaufe der dazu geführten Auseinandersetzungen trat ich ebenfalls auf, um die Interessen der DDR zu wahren. Vor allem aber war es Apel in seiner Eigenschaft als Vorsitzender der Staatlichen Plankommission, der hier unerschrocken den nationalen Standpunkt vertrat.

Die bekanntgewordenen Tatsachen zeigen aber auch: Spätestens seit 1980 war die Führung der SED gespalten durch Mielke, Stoph und Krolikowski, und es wurde der damalige Verteidigungsminister Hoffmann[42] dazu gerechnet.

Das war eine Fraktion mit einem Kurs, der zum beschleunigten Niedergang der DDR beigetragen hat. Wer noch dazugehörte, ist leider bisher nicht bekannt. Das waren die Vertreter der Konzeption der einseitigen, abgeschotteten und damit perspektivlosen Einbindung in den RGW. Es ist kaum vorstellbar, was es für einen Staat bedeutet, wenn der Regierungschef, der Minister für Staatssicherheit, der Erste Stellvertreter des Vorsitzenden des Ministerrats bzw. spätere Sekretär für Landwirtschaft des ZK verdeckt einen völlig anderen Kurs eingeschlagen haben.

Wenn ich hier auf Umstände und Hintergründe des Führungswechsels eingegangen bin, dann nicht, um dessen Notwendigkeit in Frage zu stellen, sondern um die Methode zu beleuchten. Sie nämlich enthält in sich einen Hinweis auf einen systembedingten Mechanismus, der bereits die Logik der weiteren Schritte enthielt.

Von diesem Wendepunkt Mitte Oktober 1989 ausgehend, möchte ich versuchen, einige der davor liegenden Ereignisse aus meiner Sicht darzustellen.

Die Zeit der Urlaubsvertretung

Besonnenheit statt Gewalt

Es war wie eine Ironie des Schicksals, dass es mir zufiel, Erich Honecker während seiner Krankheit bei der Leitung der Sitzungen des Politbüros bzw. des Sekretariats des ZK der SED von Mitte August bis Ende September zu vertreten. Damit es keine Missverständnisse gibt: Das bedeutete nicht die volle verantwortliche Vertretung in der Funktion des Generalsekretärs, sondern das war eine Art geschäftsführende Urlaubsvertretung.

Die Vertretung fiel in eine Zeit zunehmender politischer Spannungen im Land, die sich vor allem in der komplizierter werdenden Situation durch die Ausreisewelle über Ungarn in die Bundesrepublik ausdrückte. Dadurch entstand eine wachsende Verunsicherung in der Partei und in der gesamten Bevölkerung. Es kam vieles von dem zum Ausbruch, was sich in Jahren davor an ungelösten Fragen auf dem Gebiet der Reisemöglichkeiten, des demokratischen und geistigen Lebens und des wachsenden Widerspruchs zwischen den Ansprüchen an die Versorgung mit Konsumgütern und deren Realisierungsmöglichkeiten angesammelt hatte. Es war die Zeit der »Vorkrise«. Viele der aktuellen Probleme hatten sich auch in der Zeit angestaut, in der Krenz die Urlaubsvertretung hatte, das war von Juli bis Mitte August 1989.

Wer in einer solchen Situation auf die Brücke gestellt wird und die Wache übernehmen muss, bis das Schiff dann später strandet, hat von vornherein ausgesprochen schlechte Karten.

Ich versuchte mit den Gegebenheiten fertig zu werden, und das bedeutete in erster Linie, dafür zu sorgen, dass jeder Sekretär des ZK seine Verantwortung voll wahrnahm, dass eine kollektive Arbeit erfolgte, dass nichts ohne gegenseitige Abstimmung geschah. Mancher Leser dieser Zeilen wird sich wundern, dass ich das so hervorhebe, denn eigentlich sollte das eine Selbstverständlichkeit gewesen sein. Es war aber keine.

Es gab in dieser Zeit nicht wenige beunruhigende Meldungen. Meine Position war, Zuspitzungen zu vermeiden, zu verhindern, dass irgendwo die Dinge eskalieren und durch unbesonnenes Handeln Blut vergossen wird. Es hieß wirklich, klaren Kopf zu behalten. Die Situation in den Betrieben war trotz manch hitziger Diskussion über Versorgungsfragen und zunehmender Nervosität über die anschwellenden Zahlen derer, die ausreisten, relativ stabil. Die Produktion wurde trotz zunehmender Schwierigkeiten durchgeführt. Dazu trug wesentlich bei, dass de facto keinerlei repressive Maßnahmen gegen die Reisenden nach Ungarn unternommen wurden und Ausreiseanträge relativ großzügig, bei örtlichen Unterschieden, behandelt wurden, obwohl es Forderungen nach »schärferem Durchgreifen« gab.

Einige hatten hinsichtlich der künftigen Entwicklung der Dinge nur den Vergleich mit den Auseinandersetzungen am 17. Juni 1953 im Kopf. Mir wurde Anfang Oktober ein Bericht des damaligen, Egon Krenz unterstellten Leiters der Abteilung Jugend des ZK[43] über die Diskussionen im LEW Hennigsdorf zugesandt. In diesem Bericht wurde eingeschätzt, dass sich eine Situation wie zum 17. Juni 1953 entwickeln könnte. Irgendwelche brauchbaren Vorschläge, wie zu reagieren war, enthielt das Papier nicht. Es gab begründete Beschwerden, mehr aber enthielt die Information zu der von mir veranlassten Prüfung nicht. Ich ließ dafür Sorge tragen, dass festgestellte Mängel, beispielsweise hinsichtlich der Versorgung, beseitigt werden.

Aber ich kam von der in dem mir zugesandten Bericht enthaltenen Erwähnung des 17. Juni 1953 nicht los. Es klang wie eine Drohung. In der Tat widerspiegelte sich in dieser schwerwiegenden Feststellung ein bestimmtes Denkmuster, nach dem massiv auftretende soziale Forderungen der Arbeiter in den

Betrieben den Anstrich der »Konterrevolution« erhielten, die gewaltsam niederzuschlagen sei. Wollte man mich auf die Probe stellen, vielleicht gar zu bestimmten Handlungen nach diesem verbreiteten Denkschema provozieren? Denn was hätte man tun müssen bei einer Drohung mit dem 17. Juni? Nach dem traditionellen Verständnis die Kampfgruppen mobilisieren, nach Rädelsführern suchen lassen usw. – kurz alles zu tun, was die Lage zugespitzt und einen offenen Konflikt provoziert hätte? Wer weiß, welch ein Flächenbrand entstanden wäre. Das jedoch gerade wollte ich verhindern und legte das Papier nach Prüfung und Antworterteilung zu den Akten. Meine Konzeption war, die Dinge nicht zuzuspitzen, sondern mit Besonnenheit und Vernunft zu handeln.

Gemeinsam mit dem Außenminister Fischer versuchte ich, mit Ungarn zu einer Übereinkunft zur Regelung der entstandenen Probleme zu kommen. Ein Bruch mit Ungarn, der die Lage weiter kompliziert hätte, sollte trotz aller Irritationen verhindert werden. Ich wollte Zeit gewinnen, Zeit für eine vernünftige Regelung.

Zu lange war mein Denken bereits vom Geist europäischer Zusammenarbeit und vom Bestreben geformt, alle in den Beziehungen zwischen beiden deutschen Staaten entstehenden Fragen auf friedlichem Wege und im Geiste guter Nachbarschaft zu lösen. Da waren doch in den vergangenen Jahren nicht wenige positive Ergebnisse erreicht worden, auch bei der Lösung sehr heikler Fragen, wie eben der Beseitigung der Selbstschussanlagen, der Minen. Es gab die Weisung Erich Honeckers, an der Grenze nicht zu schießen. Sollte jetzt wieder damit angefangen werden? Das entsprach nicht meinen Intentionen. Hinterher wurde ich, wie bereits dargelegt, im Politbüro von Neumann dafür kritisiert, nicht genügend hart durchgegriffen zu haben.

Vorschnelle Reaktionen in der Öffentlichkeit galt es zugunsten überlegten Handelns in dieser äußerst komplizierten und in gewisser Weise auch unübersichtlichen Situation zu vermeiden. Auch um den Preis, dass es eine Zeitlang keine öffentliche Reaktion der Führung gab, was in der Partei zu Recht negativ empfunden wurde. Das hing natürlich auch mit der Abwesenheit Erich Honeckers zusammen, der es sich vorbehalten hatte, diesbezügliche Entscheidungen selbst zu treffen. So war es schwer, ein Schreiben des Generalsekretärs an die Parteiorganisationen zu erreichen und fertigzustellen. Ich hatte gemeinsam mit Horst Dohlus einen Entwurf erarbeitet. Er war vielleicht nicht exzellent, aber er gab zumindest einige Antworten und Orientierungen. Das dann von Erich Honecker unterzeichnete Telegramm an die 1. Bezirkssekretäre sah in seiner lakonischen Kürze allerdings ganz anders aus.

Als ich die Urlaubsvertretung übernahm, wurde mir zuvor nicht ein Dokument übergeben, weder von Erich Honecker noch von meinem Vorgänger in der Vertretungsarbeit, Egon Krenz. Für notwendige Informationen musste ich selber sorgen. In der Regel bekamen Informationen über die Ausreiseproblematik nur Erich Honecker und natürlich auch Egon Krenz und einige andere Personen. Ich erhielt Derartiges in den seltensten Fällen. Damals, im August, wurde von mir veranlasst, dass das gesamte Politbüro die vorhandenen relevanten Informationen zur Lage erhielt. Sie waren doch die Voraussetzung für eine gründliche Erörterung solcher Fragen. Verweisen möchte ich insbesondere auf die Information vom 19. August 1989, die sämtliche damals existierenden politischen Plattformen der Oppositionsbewegungen enthielt, wodurch sich das Politbüro erstmals mit deren Inhalt vertraut machen konnte. Das war ein Schritt vom Sicherheitsdenken zum politischen Reagieren, aber die Zeit war schon davongelaufen.

Den Entscheidungsvorschlag, die Züge mit den Ausreisenden von Prag über Dresden zu leiten, hatten Honecker und Stoph in der Sitzung des Politbüros gemacht. Mit der Organisation und der Durchführung des Beschlusses wurde der Minister für Staatssicherheit beauftragt. In der Nacht vor den bedauerlichen Auseinandersetzungen um den Dresdener Hauptbahnhof hatte Krenz die Leitung in der politischen Zentrale. Er stand in unmittelbarer Verbindung mit Modrow[44].

Mit den Problemen kam ich durch einen Anruf des Leiters der Abteilung Transport- und Nachrichtenwesen im ZK in Berührung, der zu meinem Verantwortungsbereich gehörte. Dieser teilte mir, wie es bei besonderen Vorkommnissen seine Pflicht war, auf Grund seiner Informationen von der Reichsbahn über die Lage im Verkehrswesen mit, dass auf und um den Hauptbahnhof Dresden Chaos sei und Menschen zusammengeschlagen würden. Es gäbe auch keine klaren Weisungen, wie Reisenden, vor allem auch solchen mit Kindern, geholfen werden könnte.

Daraufhin rief ich gegen 21.30 Uhr Krenz an und fragte ihn, ob er eine solche Meldung kenne und ob er Erich Honecker informiert habe. Krenz antwortete darauf barsch, dass er die Leitung habe, dass ihm diese Vorgänge wohlbekannt seien und der Generalsekretär informiert wäre. Sein barscher Ton war wohl eine Reaktion darauf, dass ihm während der paar Wochen im Spätsommer nicht die Leitung übertragen worden war.

Am nächsten Tage allerdings, es war während der Kranzniederlegung in Friedrichsfelde am 5. Oktober[45], entschuldigte er sich bei mir wegen seines Tones. Er stand mit Honecker, Mielke und Stoph zusammen; ich wurde dann dazugerufen. Generell hat Krenz, als Honecker wieder von seinem Genesungsaufenthalt zurückgekehrt war, die operative Arbeit gemacht.

An dieser Stelle ist es angebracht, aus der eigenen Erfahrung und Sicht einige Worte zu Egon Krenz und seinem Verhalten in der kritischen Zeit der Wende anzumerken. Schließlich sind die Ereignisse im Oktober/November 1989 mit seinem Handeln verbunden, und er hat sich ja faktisch als Retter in der Krise dargestellt.

Aber wie war denn die wirkliche Rolle von Krenz in Leipzig? Krenz begab sich mit einem NVA-Flugzeug am 13. Oktober zusammen mit Wolfgang Herger[46], damals Leiter der Abteilung Sicherheitsfragen des ZK, Generaloberst Fritz Streletz[47] von der NVA, Generaloberst Rudi Mittig[48] vom Ministerium für Staatssicherheit und Generaloberst Karl-Heinz Wagner[49] von der Deutschen Volkspolizei nach Leipzig. Er wollte, so seine Begründung, den Leipziger Bezirkssekretären den Rücken stärken. Aber angesichts der hochrangigen Begleitung von Generalobersten trug dieser Pakt, der sich in Leipzig wie ein Lauffeuer verbreitete, wohl eher zur Aufheizung der Stimmung denn zu ihrer Beruhigung bei. Zur politischen Klärung hätte es wohl feinere und klügere Mittel gegeben. Zudem hatte man sogar Kopfbögen des Vorsitzenden des Nationalen Verteidigungsrates für entsprechende Befehle mitgenommen.

Man muss es sich einmal im Nachhinein vorstellen, was der gewaltige Aufmarsch bewaffneter Kräfte und dazu noch die Ankunft einer solchen militärisch zusammengesetzten Führungsgruppe eigentlich bedeutete. Offen bleiben muss doch die Beantwortung der Frage, ob Krenz, wie er es darstellt, der Retter der Situation gewesen ist, oder ob von seinem Verhalten eher eine große Provokation ausging? Der Entschlossenheit und Besonnenheit der Demonstranten, mit denen Professor Masur[50] marschierte, ist es zu danken, dass es zu keiner Gewaltanwendung mit unabsehbaren Folgen kam.

Die Reise von Krenz und anderen nach Leipzig war mir und den meisten Mitgliedern und Kandidaten des Politbüros nicht bekannt. Wir erfuhren davon während der Beratung mit den befreundeten Parteien, die Erich Honecker an diesem Tag in Berlin durchführte.

Zu Recht wird im *Spiegel* vom 23. April 1990 von einer »später verbreiteten Legende« gesprochen, Honecker habe ein chinesisches Massaker anrichten wollen und sei von Krenz daran gehindert worden.

Nachdem Egon Krenz aus China zurückgekehrt war[51], wurde auf den verschiedensten Gebieten eine Verschärfung im Handeln spürbar. Zwischen seinem Urlaub im September 1989 und seiner Reise nach China nahm Krenz an der Sitzung des Politbüros bzw. des Sekretariats des ZK teil.

Das Informationsmonopol der Staatssicherheit

In dieser Zeit der »Urlaubsvertretung« und während des Nachdenkens über die Geschehnisse und deren Ursachen wurde mir die Bedeutung eines Umstandes, der die politischen Entscheidungen und die gesellschaftliche Atmosphäre im Land prägte, bedeutend klarer als je zuvor; ich begann ihn in einem anderen Licht zu sehen. Er betrifft das Informationsmonopol der Staatssicherheit, das von den verantwortlichen Personen geschaffen wurde. Es war letztlich systembedingt. Dieser Apparat wurde immer aufgeblähter und entwickelte sich zu einer Art parallelen Organisation zu allen Vorgängen im Staate. Damit legte er sich in gewissem Sinne selber lahm.

Ich gehöre nicht zu jenen, die die Staatssicherheit generell verdammen. Aber es ist eine Tatsache, dass sie sich immer mehr zu einem »Staat im Staate« entwickelte. Es gab hier ein gewisses Handlungsschema. Die eine Sache zog die andere nach sich. In dem Bestreben, alles zu wissen, gab es nach jedem Vorkommnis immer neue Festlegungen, wie Ähnliches künftig verhindert werden könnte. Zu den Aspekten der Arbeit der Sicherheitsorgane gab es im Politbüro keinerlei Beschlüsse oder

Einzelfestlegungen. Ich bin so auch nicht in der Lage, diesen gesamten Fragenkomplex umfassend einzuschätzen, weil ich zum Ministerium für Staatssicherheit keine unmittelbaren Verbindungen hatte.

Die Staatssicherheit hatte ein Informationsmonopol, aber Informationen sind nun einmal das Brot der Politik. Es war so, dass alle Informationen über das gesamte gesellschaftliche Leben in diese Kanäle floss und irgendwo ankamen oder auch nicht ankamen. Diese Informationsflut hatte nichts mehr mit einer geheimdienstlichen Tätigkeit im üblichen Sinne zu tun. Es war die Sucht, alles zu wissen.

Durch die Methode, alles an Information an sich zu reißen, wurde wissenschaftlichen Analysen über politische und wirtschaftliche Prozesse anderswo das Wasser abgegraben. So fehlte oftmals Material von kompetenter Seite. Das betraf auch die so wichtige Aufgabe, mögliche Szenarien zur Vorbereitung auf diese oder jene Entwicklungsvariante in der Politik auszuarbeiten. Es fällt mir schwer, so etwas feststellen zu müssen, denn es ist ein Armutszeugnis für die geleistete Führungsarbeit und deren Organisation.

Ich spürte diese Situation zu einer Zeit, als ich mich zwangsläufig in alle politisch relevanten Fragen einarbeiten musste. Solange ich es »nur« mit der Wirtschaft zu tun hatte, sorgte ich selbst für die notwendigen Informationen, nutzte dafür die regelmäßig anfallenden Zahlen und Berichte der Staatlichen Zentralverwaltung für Statistik, veranlasste gesonderte Analysen, wenn die Materialien der Statistik, wie nicht selten, zu schematisch und global waren. Stets ging ich davon aus, dass die Führung gesellschaftlicher Prozesse mit einer exakten Information beginnt und dass eine Führung, die dies nicht organisiert, sich ihres wichtigsten Instrumentes beraubt und damit blind wird.

So bekam ich in diesen Wochen im Spätsommer 1989 Einblicke in grundlegende Schwächen des politischen Führungssystems in der DDR, wie ich sie vorher in diesem Ausmaß nicht hatte und auch nicht bekommen konnte. Ich spürte sehr bald auch die großen Mängel in der politischen Führung der Partei und ihrer Gliederungen bis zu den Grundorganisationen. Diese blieben in vieler Hinsicht sich selbst überlassen. So machte man sich über ihre politische Aktivität und Schlagkraft Illusionen. Erich Honecker operierte gern mit den Zahlen von der Mitgliederstärke der SED, des FDGB, der FDJ und anderer Organisationen bis hin zum Kleingärtnerverband. Das sagte aber nichts über die politische Qualität und das wirkliche aktive demokratische Leben.

Nachdem die Hektik des »heißen« Sommers und Herbstes 1989 Vergangenheit ist, und ich über manches nachgedacht habe, führe ich eine wesentliche Ursache für die eingetretene Krise auf die Ersetzung politischen Denkens und Handelns durch ein einseitig orientiertes Sicherheitsdenken zurück. Es hat wie eine Schlingpflanze das aktive politische Leben nach und nach erstickt. Selbstzufriedenheit und Selbstgenügsamkeit breiteten sich an Stelle von ständiger Auseinandersetzung mit politischen Gegebenheiten aus. Nahezu jedes politische Problem wurde zu einem Sicherheitsproblem umfunktioniert und auf diese Weise zu lösen versucht. Dieses Denken und Handeln hat sich wie ein schleichendes Gift verbreitet, dessen Existenz sich damals innerhalb der SED, von wenigen Ausnahmen vielleicht abgesehen, kaum jemand bewusst war.

Sehr aufschlussreich war auch für mich die Zusammenstellung von Dokumenten »Befehle und Lageberichte des MfS«, die nach dem November 1989 erschien. Ich las in dieser Veröffentlichung Dokumente und Informationen, von denen ich die meisten niemals zuvor zu Gesicht bekommen hatte. Allein aus der Zusammenstellung dieser wenigen Dokumente geht hervor, in welchem Maße sich das MfS zu einem »zweiten politischen Zentrum« entwickelt hatte. Es steuerte mit seinen Informationen die Arbeit der Parteiorgane wie die des Staates. Insbesondere das Protokoll über die Dienstbesprechung beim Minister am 30. August 1989 zeigt ganz eindeutig, wie die

Arbeit der Partei in den einzelnen Bezirken durch die Leiter des MfS beurteilt wurde. Wenn der Verantwortliche aus dem Bezirk Leipzig damals berichtete: »… wir haben erreicht, dass daraufhin zwei Beschlüsse des Sekretariats der Bezirksleitung gefasst wurden«, dann unterstreicht das den heimlichen Führungsanspruch des MfS.[52]

Vorgeschichte der Krise

Aktuelle Zuspitzungen – Reisefrage und Vorgänge nach den Kommunalwahlen

Mehrere Monate dauerte im Sommer 1989 die Diskussion im Politbüro darüber, jedem Bürger einen Reisepass zur Verfügung zu stellen, um hier eine grundsätzliche Lösung zu finden und den Bürgern der DDR das Gefühl der Diskriminierung zu nehmen. Auch Krenz entwickelte zumindestens damals keine Initiativen, um bei der Klärung dieses dringenden Problems voranzukommen.

Nach dem XI. Parteitag im Jahre 1986 erfolgte die Reise von Erich Honecker nach Erfurt, Sömmerda und Jena, auf der ich ihn begleitete. Zu dieser Zeit gab es einen bemerkenswerten Vorgang, der allerdings den Anlass der Reise selbst nicht betraf. An einem dieser Tage kam der damalige Außenminister der DDR, Oskar Fischer, nach Erfurt, um mit Honecker die Maßnahmen zur Verwirklichung der Schlussakte der Konferenz von Helsinki abzustimmen, die vor allem den sogenannten Korb III, das Problem der Reisemöglichkeiten, betrafen.[53] Als wir wieder in Berlin waren, regte sich Egon Krenz darüber auf, dass die Maßnahmen zu weitgehend seien und Sicherheitsaspekte nicht genügend Berücksichtigung gefunden hätten.

Krenz hatte von ökonomischen Dingen keine Ahnung, sie interessierten ihn nicht besonders. Wahrscheinlich hing das auch mit seiner gesamten Entwicklung zusammen. Es ist leichter, Massenaufmärsche zu veranstalten, als sich mit konkreten ökonomischen Fakten zu befassen. Im Übrigen hätte es der Jugendarbeit besser getan, und dazu gab es viele Stimmen, sich mit wirklichen Problemen zu befassen, anstatt das Gewicht auf Äußerlichkeiten und Großveranstaltungen zu legen.

Das ernsteste politische Problem, mit dem die Atmosphäre in der damaligen DDR im Sommer 1989 belastet worden ist, war wohl das der Wahlfälschung bei den Kommunalwahlen und die Art und Weise, wie darauf reagiert worden ist. Die dadurch entstandene Situation des weiteren Vertrauensverlustes wird wohl für immer mit dem Namen von Krenz verbunden sein.

In dem Fernsehinterview, das Fritz Pleitgen[54] mit Egon Krenz nach seinem Amtsantritt führte, konnte Krenz keine überzeugenden Antworten auf die Frage nach dem Wahlbetrug geben. Er verwies auf den Computer, wie er das auch bei anderen Gelegenheiten tat. So stand Meinung gegen Meinung. Ich hatte Krenz am nächsten Tag nach der Wahl gefragt, wie der schnelle Anstieg der Wahlbeteiligung am Vormittag zustande gekommen sei. Seine Antwort: Zu diesem Zeitpunkt wurden die Stimmen der Briefwahl (also der aus den Sonderwahllokalen) dazugegeben. Dann kam am späten Nachmittag noch ein Schub.

Aber gleichzeitig gab es ja bereits viele Stimmen über Vorgänge bei den Kommunalwahlen. Auf diese Fragen wurde in der Berichterstattung im Politbüro überhaupt nicht eingegangen.

In der Beratung des Demokratischen Blocks[55] am 13. Oktober 1989 gab es folgende Besonderheit: Manfred Gerlach[56] von der LDPD sprach nach der Behandlung des vorgelegten Dokuments über zwei Fragen, die von besonderer Bedeutung waren. Dabei ging es erstens um notwendige Veränderungen, die bei uns im Lande erreicht werden müssten. Er referierte in Kurzfassung seine Vorschläge, die vorher auch schon in der Presse seiner Partei zur Diskussion gestellt worden waren. Zum zweiten ging es um die Wahlfälschungen bei der Kommunalwahl 1989. Gerlach teilte nach der Sitzung mit, dass er Krenz einen ganzen Stoß Unterlagen übergeben hatte. Sie enthielten Berichte von Augenzeugen und Beschwerden, in denen auf Wahlbetrug hingewiesen wurde. Er hätte dazu von Krenz keine

Antwort erhalten. Über diese Materialien war Erich Honecker, so sagte er selbst, nicht informiert worden.

Es gab, wie aus den veröffentlichten Dokumenten des ehemaligen Ministeriums für Staatssicherheit hervorgeht, Berichte in Zusammenhang mit Vorgängen bei der Wahlfälschung. Diese wurden nur einem sehr begrenzten Kreis von Personen zugänglich gemacht. Als ich diese jetzt lesen konnte, wurde mir das Ausmaß des politischen Schadens der diesbezüglichen Praktiken vor Augen geführt. Es gab demnach direkte Festlegungen, wie auf entsprechende Eingaben zu antworten war. Offen bleibt die Frage, wer sie veranlasst hat. Diese Praxis der Wahlfälschung hat wohl das Fass der politischen Unzufriedenheit zum Überlaufen gebracht.

Auch mir war vorher ein solches Faktenmaterial über Wahlfälschungen nicht bekannt.

In der ganzen Zeit von Mai bis Oktober wurden solche Fragen von Krenz im Politbüro nicht aufgeworfen, obwohl es in der Westpresse dazu bestimmte Veröffentlichungen gab. Aber im Lande gab es dazu auch von anderen offiziellen Stellen kaum Informationen, und es stellt sich heute für mich die Frage, wer das alles unterbunden hat. Schließlich handelt es sich hier um einen Vorgang, der sich in starkem Maße rufschädigend auf die damalige DDR auswirkte und der das Vertrauen der Bevölkerung in die Politik untergrub.

Der verpasste Anschluss

Die Krise hatte neben unmittelbaren Ursachen, über die schon viel geschrieben und berichtet worden ist, aus meiner Sicht auch langfristige. Es sei mir gestattet, dazu Gedanken aus den zuvor schon erwähnten Ausführungen Michail Gorbatschows am 7. Oktober 1989 aufzugreifen, die mich persönlich sehr berührten. In den 70er Jahren, so Gorbatschow, hätten alle in der Welt die Herausforderungen der wissenschaftlich-technischen Revolution gespürt. Damals schon sei die These aufgestellt worden: Wenn wir die wissenschaftlich-technische Revolution nicht meistern, dann wird der Sozialismus diesen Wettbewerb der Systeme verlieren. Auch Breshnew habe gemeint, dass eine Tagung des ZK zu den Fragen des wissenschaftlich-technischen Fortschritts notwendig sei. Dass es zu einer solchen Tagung nicht gekommen ist, bezeichnete Michail Gorbatschow als einen strategischen Fehler, dessen Folgen wir bis heute spüren würden.

Wie recht hatte er doch mit dieser Einschätzung, die leider auch zu diesem späten Zeitpunkt von vielen der anwesenden Politbüromitglieder nicht verstanden wurde. Gerade die Hauptakteure nach dem 7. Oktober suchten die Fehler – wie bereits geschildert – ganz woanders.

Auch in der heutigen Zeit wird das Argument einer angeblich unnötigen Entwicklung der Mikroelektronik in der DDR geradezu als Kernpunkt einer verfehlten Wirtschaftspolitik benutzt. Leider geschieht das auch von Leuten, die es eigentlich besser wissen müssten. Vor einiger Zeit war zu lesen, dass der Siemens-Konzern den 16-Megabit-Speicherschaltkreis[57] vorgestellt hat. Ehemalige SED-Führungsmitglieder versuchen dagegen auch heute noch, ihre »realistische« Einschätzung damaliger Entwicklungen durch »Widerstand« gegen die Mikroelektronik zu dokumentieren. Sie dokumentieren damit erneut ihre Inkompetenz. Wer gegen die Mikroelektronik in den 80er Jahren aufgetreten ist oder heute so tut, als ob er dagegen aufgetreten sei, wandte sich damit gegen den technischen Fortschritt und gegen ökonomische Effektivität. Er hatte damals schon die DDR aufgegeben.

Vierzehn Milliarden für die Mikroelektronik sind zweifelsohne viel Geld. Auf den Bezugszeitraum 1976 bis 1988, also auf dreizehn Jahre verteilt, sind das im Durchschnitt etwas mehr als eine Milliarde für diese die Gegenwart und die Zukunft bestimmende Technik pro Jahr, wobei noch alles mögliche eingerechnet wurde.

Eine Milliarde für Zukunftstechnik bei 45 Milliarden Investitionen für die Industrie in einem Jahr insgesamt. Das ist keine Relation, die den objektiven Erfordernissen gerecht wird. Auf dem 10. Plenum wie auch später redete Krenz über die Investitionen. Er sprach aber nicht von den Subventionen mit jährlich über fünfzig Milliarden Mark. Da aber lag der Hase im Pfeffer.

Wissenschaftlich-technische Revolution und ökonomische Reformen (damals unter dem Begriff des »Neuen Ökonomischen Systems«) waren die beiden wesentlichen Punkte, derentwegen ich in den zurückliegenden zwei Jahrzehnten immer wieder, intern und öffentlich, direkt wie indirekt innerhalb der Partei auf das heftigste angegriffen wurde. Knackpunkt waren die Ereignisse, die mit dem VIII. Parteitagaer SED kulminierten, auf dem jene das Wort führten, die die Notwendigkeit weder der wissenschaftlich-technischen Revolution noch wirklich ökonomischer Reformen erkannten. Ich musste damals 1973 gewisse Konsequenzen ziehen, wurde von der Funktion des Wirtschaftssekretärs entbunden. Im Oktober 1989 waren die »Hauptanklagepunkte« im Politbüro wieder die mit der wissenschaftlich-technischen Revolution zusammenhängenden Prozesse, also die Mikroelektronik und die Kombinate, die mit der Eigenerwirtschaftung der Mittel eine größere ökonomische Verantwortung und Selbständigkeit erfahren sollten.

Leider gab es zu keinem Zeitpunkt zu diesen Grundsatzfragen eine wirkliche tiefgründige Diskussion im Politbüro. Es wurde, wie sich heute zeigt, formal zugestimmt; in Wirklichkeit sind diese Dinge in ihrer lebenswichtigen Bedeutung nicht verstanden worden. Mehr noch, aus dem eigenen Unverständnis heraus wurden diese wiederum von Neumann, Stoph und anderen, die stets vor der objektiven Dynamik der Produktivkräfte die Augen verschlossen, als »politische Fehler« abqualifiziert.

Honecker hatte stets stark ausgeprägte eigene Auffassungen zu allen politischen Fragen, so auch und gerade hinsichtlich der Wirtschaftspolitik. Es waren zumeist verfestigte Ansichten, und er war nicht bereit, sie zu ändern. In diesen Grundfragen behielt er sich das letzte Wort vor.

Erich Honecker hatte wenige Grundsätze, die sein Denken in ökonomischen Fragen bestimmten. Höhere Arbeitsproduktivität ja, aber ohne spürbare Anforderungen an den einzelnen im Sinne von Mehrarbeit. Schulterklopfen anstelle von Disziplin. Im Zweifelsfalle lieber Geld für gesellschaftliche Bereiche als für die Produktion. Er verstand nicht die Wechselwirkung von Akkumulation und Konsumtion.

Gleichzeitig verkannte er aber auch den veränderten Stellenwert der Konsumtion. Seine Auffassung war, neue Erzeugnisse seien zwar wünschenswert, aber letztlich wäre doch entscheidend, dass die Menschen ein Dach über dem Kopf und satt zu essen hätten. Das hing mit seinen persönlichen Lebenserfahrungen in der Vergangenheit zusammen. Dass die Bedürfnisse eine ganz andere Qualität angenommen hatten und dass, bedingt durch den Generationswechsel, die Menschen nicht aus einer ihnen weitgehend unbekannten Vergangenheit, sondern nach der ihnen vorgeführten Gegenwart in der BRD ihr Bedürfnisniveau bestimmten, hat sich in seinem Denken nicht verinnerlicht.

Ein Credo dieser seiner Auffassungen legt er in dem Buch »Der Sturz« ab.[58]

Es enthält Zeugnisse seiner wirklichen Positionen zu ökonomischen und sozialen Fragen. Jetzt weiß ich besser, warum es oft so unendlich schwer war, in manchen wesentlichen Fragen seine Zustimmung zu erreichen, warum es so oft Ablehnung gab. Er hat zwar, geht man von manchen Formulierungen aus, Forderungen nach höherer Arbeitsproduktivität usw. erhoben. In dem Moment aber, wo es um praktische Konsequenzen ging, das heißt also darum, die produktive Akkumulation zu ungunsten der Konsumtion – und hier wäre es um die gesellschaftliche Konsumtion gegangen – zu erhöhen, gab es keine Zustimmung. Oberflächlich hat er sich neuen Fragen gegenüber nicht ablehnend verhalten. Wenn es dann aber um grundsätzliche Entscheidungen ging, orientierte er sich in der Regel an seinen vereinfachten Leitsätzen.

In wesentlichen Fragen der Ökonomie machte sich bei Erich Honecker leider das statische Denken bemerkbar. Er wollte in wohlverstandenem Sinne des Wortes Stabilität um jeden Preis und verstand nicht, dass gerade dieses Beharren auf Stabilität im Sinne des Festhaltens an eingefahrenen Strukturen das Gegenteil von Stabilität, nämlich Instabilität, bewirken musste. So war es weder möglich, Korrekturen in der Verteilung der Mittel zugunsten von Industrieinvestitionen zu erreichen noch durch Änderung der Politik der Verbraucherpreise die unerträglich gewordene Subventionslast zu mindern.

So kam es zu einem schematischen, um nicht zu sagen sturen Festhalten an der Einheit von Wirtschafts- und Sozialpolitik in jedem ihrer Details. Es war nicht einmal möglich, die Preise für Blumen zu verändern, obwohl dadurch nachweislich die Versorgung verschlechtert wurde, weil es bei den Gärtnern und Händlern kein Interesse an mehr und schöneren Blumen gab. Wie viele Versuche hatte ich hier, unterstützt durch andere, unternommen, und wie oft scheiterten sie. Das brachte mich selbst in eine schwierige Lage, da ich dann immer verpflichtet war, die Linie des Generalsekretärs offiziell zu verteidigen. Zugleich habe ich jedoch in einem großen Kreis von Personen drängende Probleme diskutiert und immer wieder zu den verschiedensten Zeitpunkten dafür gesorgt, dass entsprechende Veränderungsvorschläge ausgearbeitet werden. Das betraf insbesondere Fragen der Subventionen, der Kostenbelastung der Betriebe durch von ihnen nicht zu vertretende »gesellschaftliche Kosten«, den Abbau des Verwaltungspersonals und die Umverteilung von Verteidigungslasten zugunsten der Wirtschaft. Das waren immer die »heißen Eisen« und das waren auch die »Dauerbrenner«, da diese Fragen zu keinem Zeitpunkt grundsätzlich zur Lösung gebracht werden konnten.

Der Hintergrund war folgender Sachverhalt:

1971, auf dem VIII. Parteitag, wurde als neue Linie die »Einheit von Wirtschafts- und Sozialpolitik« im Sinne einer grundlegenden gesellschaftspolitischen Orientierung beschlossen. Das hörte sich zunächst nicht schlecht an, konnte doch darunter verstanden werden, dass wirtschaftlicher Fortschritt in soziales Ergebnis für die Verbesserung der Lebensverhältnisse der Menschen umgewandelt werden sollte. Daraus sollte rückwirkend der Quell für neue Initiativen der Leistungssteigerung entspringen.

Diese Grundidee fand meine Unterstützung. Sie entsprach meiner Intention, dass der gesellschaftliche Fortschritt des Sozialismus von den Menschen nur dann als solcher anerkannt und honoriert wird, wenn dies auch in höherem Einkommen, in einem besseren Warenangebot, also insgesamt in besseren Lebensverhältnissen, materieller wie kultureller Art, seinen Ausdruck findet.

Dass Arbeit sich für den einzelnen auszahlen muss, diesem Leitsatz folgte ich schon in den früheren Jahren, und danach versuchte ich, soweit es mir möglich war, gegenüber Ulbricht und anderen Einfluss zu nehmen.

Deshalb hatte ich zunächst nichts gegen diese Linie einer erklärten Einheit von Wirtschafts- und Sozialpolitik im Sinne eines ausgewogenen Verhältnisses von Leistung und Konsum einzuwenden. Leider dauerte es nicht lange, und die Leistung als Voraussetzung für mehr Konsum wurde in den Hintergrund gedrängt. Die Oberhand gewannen schnell jene, die durch Vorschläge für mehr Verbrauch Popularität gewinnen wollten und die zugleich der Mühe auswichen, für mehr Leistung einzutreten. Das überließ man den »Ökonomen«, wozu man auch mich zählte.

Die Mehrheit im Politbüro verstand unter der Linie der Einheit von Wirtschafts- und Sozialpolitik einseitig nur, dass mehr verbraucht, dass jetzt endlich mehr ausgegeben werden soll. Die Frage, woher die Mittel kommen sollten, rückte immer mehr in den Hintergrund. Mehr Leistung zu fordern galt alsbald als unfein und rufschädigend. Aus dieser Sicht möchte ich heute sagen, dass das Grundprinzip der Einheit von Wirtschafts- und Sozialpolitik – das im übrigen keine Erfindung der SED war, sondern bereits der »sozialen Marktwirtschaft« der BRD zugrunde lag – schon richtig war, seine einseitige Durchführung in der Praxis jedoch die ökonomische Kraft der DDR überforderte.

Es bedurfte nur weniger Monate, um das Leistungsdenken durch Anspruchsdenken zu ersetzen. Verhängnisvoll wirkte sich 1973 und in den Folgejahren aus, dass die beiden Erdölpreisexplosionen nicht als Signale verstanden wurden, zur Priorität der Leistung zurückzukehren. Hier hätte es die Möglichkeit zu einer Wende gegeben, um ein Gleichgewicht zwischen Produktion und Verbrauch wiederherzustellen. Für jeden musste doch eigentlich deutlich werden, dass hieraus neue Anforderungen, höhere Leistungsmaßstäbe erwachsen mussten, dass ohne spürbare zusätzliche Anstrengungen der Lebensstandard nicht mehr zu halten war, geschweige denn eine Erhöhung realistisch gewesen wäre.

Es wurde jedoch nur gesagt, der eingeschlagene Kurs wird beibehalten. Auch heute bin ich der Meinung, es wäre damals nicht erforderlich gewesen, von dem Grundprinzip der Einheit von Wirtschafts- und Sozialpolitik abzugehen. Nötig gewesen wäre jedoch, Leistungssteigerung als Voraussetzung an die erste Stelle zu setzen. Durchsetzung des Leistungsprinzips und eine klare Aussage zur Akkumulation in den produzierenden Bereichen wären erforderlich gewesen. Stattdessen wurde das Arbeitsgesetzbuch verwässert und zu einem zahnlosen Instrument verwandelt, und anstelle mehr für den produzierenden Bereich zu tun, wurde der gesellschaftliche Verbrauch munter erhöht, vor allem auf den Gebieten Verteidigung und Sicherheit.

Über die wissenschaftlich-technische Revolution durfte zwar wieder geredet werden, aber ernsthafte Konsequenzen wurden nicht gezogen. Durchgreifende praktische Maßnahmen zur Steigerung der Arbeitsproduktivität unterblieben.

Insgesamt wurde verabsäumt, zu den grundlegend veränderten Entwicklungsbedingungen der Produktivkräfte Stellung zu nehmen, sich vorbehaltlos und umfassend der Frage zu stellen, wie die DDR darauf zu reagieren hatte. Die notwendige Veränderung der Struktur der Volkswirtschaft in Richtung auf eine umfassende Modernisierung unterblieb. Über Strukturpolitik durfte nicht gesprochen werden. Mit diesbezüglichen Ansätzen bin ich bei Honecker nicht durchgekommen und hätte auch im Politbüro nicht die erforderliche Unterstützung gefunden. Man scheute vor jeder ernsthaften Veränderung der politischen Grundlinie zurück.

Das betraf insbesondere die Subventionsfrage, aber auch ein entschiedeneres Vorgehen gegen den zu hohen gesellschaftlichen Verbrauch, insbesondere für den Sicherheitsbereich und auch für die Armee. Hier hätte es grundsätzlicher Entscheidungen und eines entschlossenen Auftretens bedurft, um den allseits wuchernden Ressortinteressen wirksam entgegentreten zu können.

Man muss sich fragen, ob nicht auf Grund der außerordentlich hohen zusätzlichen, 1971 noch nicht absehbaren ökonomischen Belastungen rechtzeitig Konsequenzen hinsichtlich der Weiterführung der Einheit von Wirtschafts- und Sozialpolitik erforderlich gewesen wären. Ich werde darauf und was von meiner Seite dazu getan worden ist im Weiteren immer wieder zurückkommen, denn das ist natürlich das Thema dieser Abhandlung.

Zunächst möchte ich klarstellen: Wird darunter eine Beendigung dieser Politik insgesamt verstanden, wäre das bereits in den 70er Jahren eine Beerdigung der DDR geworden. Es wäre zu sozialen Konflikten mit politischen Konsequenzen gekommen, die vermutlich nicht nur die ehemalige DDR berührt hätten. Das konnte zu einem Zeitpunkt, zu dem der Kalte Krieg noch nicht einmal in Ansätzen überwunden war, nicht riskiert werden, weil die Konsequenzen nicht absehbar gewesen wären. Man denke nur an die brisante Konstellation wegen der Raketenstationierung. Die geringste Erschütterung im Herzen Europas hätte mit hoher Wahrscheinlichkeit zu einem atomaren Inferno geführt.[59]

Deshalb war damals eine mögliche politische Destabilisierung in der DDR durch Einschränkung sozialpolitischer Maßnahmen mit einem völlig unkalkulierbaren politischen Risiko verbunden. Insofern war die Gewährleistung von ökonomischer und damit auch sozialer Stabilität eine Grundprämisse jeglichen politischen Handelns.

Da es als unumstößliches Axiom galt, dass der Lebensstandard steigen müsse, wurden zur Überbrückung auftretender Versorgungsengpässe Kredite aufgenommen. Mit den dafür gekauften Waren wurde zugleich das Anspruchsniveau erhöht. Zum großen Teil verkaufte man diese Waren zu den gleichen niedrigen und weitgehend gestützten Preisen wie DDR-Waren. Das geschah unter dem Begriff »Grundbedarf«. Waren ursprünglich im wesentlichen die Grundnahrungsmittel damit gemeint, fielen mehr und mehr Erzeugnisse unter diesen Begriff, bis er zuletzt so ziemlich alles, was verkauft wurde, erfasste. Selbst die PKW wurden teilweise subventioniert, obwohl sich unter der Hand ein ganz anderes Preisniveau herausbildete.

Durch die ständige Betonung, dass die Preise für Waren des Grundbedarfs, dass die Energietarife und Mieten stabil bleiben müssen – dieser Grundsatz war in den Beschlüssen des ZK verankert –, war es prinzipiell nicht möglich, die wirklichen Kosten in den Einzelhandelsverkaufspreisen sichtbar zu machen. Da die Versorgung selbst, gemessen an den wachsenden Ansprüchen, nicht besser wurde, engte sich die Politik der Hauptaufgabe faktisch auf das starre Festhalten an nahezu allen Einzelhandelspreisen für jede beliebige Ware ein.

Damit verlor diese im satz durchaus richtige Politik jede Dynamik. Sie löste sich immer mehr von der Leistungsentwicklung und engte auch die Wirkung des Leistungsprinzips ein. Sie förderte ein unberechtigtes Anspruchsdenken. Das war psychologisch sehr negativ. Den Klagen über Mängel im Warenangebot wurde mit dem Argument der »zweiten Lohntüte« begegnet. Sie enthielt die im Durchschnitt pro Kopf an Hand des Warenverbrauchs errechnete und anfallende Summe der Subventionen. Das jedoch wirkte nicht beim Einkauf, wenn der Werktätige versuchte, seinen erarbeiteten Lohn zu realisieren und dabei auf Warenmangel stieß, sondern taugte im besten Falle als Argument auf Versammlungen.

Die Analyse der Kostenentwicklung und Effektivität unserer Wirtschaft ergab aber auch, dass natürlich noch erhebliche innere Reserven zu erschließen waren, insbesondere durch das bessere Ausnutzen des Vorhandenen. So wurde auf die Intensivierung orientiert. Tatsächlich gelang es, vor allem durch Senkung des Produktionsverbrauchs Reserven zu erschließen, die vorher nicht wirksam wurden. Bis 1985 gab es immer ein Ansteigen des Produktionsverbrauchs. Erstmalig wurde seine Verminderung zu einem Faktor der Vergrößerung des verfügbaren Nationaleinkommens.

Leider verführten die hier erreichten Erfolge dazu, an die Industrie, das Bauwesen und das Transport- und Nachrichtenwesen mehr Erwartungen zu richten, als ohne das Angreifen der Substanz möglich war. Das drückte sich in dem ungenügenden Investitionszuwachs aus. Niemand war bereit, auch nur über mögliche Erleichterungen durch Verminderung des Zuwachses des Verbrauchs überhaupt nachzudenken. Viele dachten aber über ständig neue Forderungen nach.

So hatte das Erschließen zusätzlicher Reserven den negativen Effekt, dass man glaubte, man könne aus der Wirtschaft herausholen ohne hineinzustecken – und das war das eigentliche Problem, und hier stand ich oft allein auf weiter Flur. Eine gewisse Unterstützung gab es in diesen Fragen durch den Vorsitzenden der Staatlichen Plankommission.

Erforderlich und möglich gewesen wäre jedoch spätestens zum Zeitpunkt der 80er Jahre, als sich die Belastungen akkumulierten, eine scharfe Wende im gesellschaftlichen Verbrauch. Das betrifft die Reduzierung übertriebener Aufwendungen für Verteidigung und Sicherheit, aber auch für gesellschaftliche Bauten sowie die Verminderung der Staatskosten. Hier ist nicht schnell und nicht durchgreifend genug reagiert worden. Diese Fragen hätten prinzipieller gestellt werden müssen. Von dieser Verantwortung nehme ich mich nicht aus.

So entsteht natürlich die Frage nach eventuellen Korrekturen in der Art und Weise der Durchführung der Einheit von Wirtschafts- und Sozialpolitik. Und da wären Korrekturen, wäre ein verändertes Herangehen schon erforderlich gewesen. Die Grundfrage war die Sicherung der produktiven Akkumulation.

Ausgewichen wurde jedoch der Antwort auf die Frage, welche gesellschaftlichen Rahmenbedingungen dafür zu schaffen sind. Hier blieb alles beim Alten, besonders was die Subventions- und Preispolitik betraf. Diese Subventionspolitik, die mit dem Festhalten an dem Kurs der Einheit von Wirtschafts- und Sozialpolitik identifiziert wurde, bedeutete aber immer weiteren Investitionsverzicht und damit ein Untergraben der Leistungsfähigkeit der Wirtschaft.

Schabowski beispielsweise ergeht sich in Spekulationen darüber, wer wann irgendwelche Gruppen der Opposition im Politbüro gebildet habe. Er ergeht sich darüber, dass es nie Grundsatzdiskussionen gegeben habe bis auf eine, die er im September 1989 aus innerer Erregung angezettelt habe. Es war aber auch dies keine solche Grundsatzdiskussion. Lediglich Schabowski, der sonst schwieg, hatte sich mal etwas ausführlicher zu Wort gemeldet.

Es gab jedoch genügend Stoff und genügend Material, um zu weitaus früheren Zeitpunkten über wirkliche Lebensfragen der DDR zu sprechen. Aber Schabowski zog es nach seinen eigenen Darstellungen lieber vor zu schweigen. Ein Grund dafür mag sein, dass er infolge mangelnden Wissens die wahren Probleme niemals verstanden hatte und auch weder Kompetenz noch Mut besaß, sie anzusprechen. Statt dessen wartete er auf eine Krise, wo er den Zeitpunkt gekommen sah, sich mit seinen Möglichkeiten in den Vordergrund zu spielen.

Zu der Zeit, als Schabowski und andere im damaligen Politbüro sich über solche grundsätzlichen Fragen ausschwiegen, wurde trotzdem der Kampf geführt, um die Situation zu ändern. Im Mai 1989 hatte ich, nachdem es auf meine Veranlassung viele Stellungnahmen der zuständigen ZK-Abteilung Planung und Finanzen gegeben hatte, einen in seinem Inhalt und seinen Konsequenzen außerordentlich schwerwiegenden Brief an den Generalsekretär geschrieben. In diesem Brief wurde an Hand von Zahlen und Analysen darauf hingewiesen, dass unverzüglich eine grundsätzliche Änderung in Bezug auf die Ausgabenseite des Nationaleinkommens erforderlich ist, wenn die DDR-Wirtschaft bestehen bleiben soll. Das betraf besonders den gesellschaftlichen Verbrauch, aber auch die Relationen von Einkommen und Warenfonds. Dazu gab es konkrete Vorschläge von Halbritter[60] und Schürer. Alles das wurde von Honecker in einer anschließenden Beratung zurückgewiesen, das heißt: Mein Brief wurde gar nicht erst zur Diskussion gestellt.

Ich hatte damit den damaligen Generalsekretär vor eine schwerwiegende Entscheidung gestellt. Ihr ist er ausgewichen, weil er befürchtete, dass mit dem kleinsten Kratzer am dogmatisch verstandenen Gefüge der Einheit von Wirtschafts- und Sozialpolitik die Dinge außer Kontrolle geraten könnten. Vielleicht sah er auch voraus, dass er dafür im Politbüro nicht den notwendigen Rückhalt finden würde. Ich habe auch von anderen Politbüromitgliedern keine wirksame Unterstützung erhalten, wenn es um Ausgabensenkungen, um Preisveränderungen zur Subventionsverminderung ging, außer das eine oder andere Mal von Schürer und zuletzt von Keßler in Bezug auf ökonomische Hilfen durch Einsatz der NVA[61].

Es gab hinsichtlich der Vernachlässigung der für die Ökonomie notwendigen Akkumulation und der dazu erforderlichen Korrektur in der Ausgabenstruktur keinen Konsens zwischen

Erich Honecker und mir. Da kann noch soviel über meinen angeblichen Einfluss auf Honecker geschrieben werden. Das ist der Stil von Klatschtanten und von Boulevardblattjournalisten, der aber nicht zur ernsthaften Analyse politischer Vorgänge taugt. Schabowski, der sich hier hervortut, hat sich wohl niemals ernsthaft mit den substantiellen Fragen für die Existenz der DDR befasst.

Aber für ihn ist wichtig, ob ich in der entscheidenden Sitzung, als es um die Ablösung Erich Honeckers ging, vielleicht auch mal gestottert habe. Noch bezeichnender für diese geradezu feindselige Denkhaltung ist, dass man mir das moralische Recht absprechen wollte, in der entstandenen Lage eine politische Meinung zu äußern. Ich hatte eben wegen des zwischen mir und Honecker bestehenden und schwelenden Grunddissenz in der Frage der weiteren Verwirklichung der Einheit von Wirtschafts- und Sozialpolitik allen Grund, für dessen Ablösung zu stimmen.

Diese Politik ist von ihm in jedem Detail dogmatisiert worden. Das Dogmatisieren fing gleich nach dem VIII. Parteitag an. Das betraf zum Beispiel die Planung des Bevölkerungsbedarfs nach drei Preisgruppen, einer niedrigen, einer mittleren und einer höheren, und die Festschreibung eines Prozentanteils der Waren für jede dieser Gruppen. Das war nicht meine Erfindung. Sie lebte aber fort, auch als sich die außenwirtschaftlichen Bedingungen grundlegend änderten, als sich die Folgen allein der Energie- und Rohstoffpreiserhöhung für die DDR in dem Zeitraum eines Jahrzehnts auf einen Betrag von 145 Milliarden Mark akkumulierten. Daraus wurden aus der Sicht der Gesamtpolitik keine grundsätzlichen Schlussfolgerungen gezogen. Leider wurde die Wirtschaft allein gelassen und als zu melkende Kuh behandelt, an die man nur Ansprüche zu stellen habe, die aber selbst nichts fordern durfte.

Damit war zu Beginn der 80er Jahre einerseits zwar klar, dass sich schwerwiegende Momente herausgebildet hatten, die Veranlassung gaben, über die Durchführung dieses Kurses nachzudenken, andererseits wurde global mit der Erklärung, dass am Kurs festgehalten werde, jede Diskussion über das »Wie« erstickt. Der Kurs der Hauptaufgabe wurde in all seinen Details, bis zum Preis für jeden Pfennigartikel, zum Dogma erklärt. Er verlor damit jede Dynamik und wurde statt zu einem Stimulus für das gesellschaftliche Voranschreiten zu einem Hemmnis.

Aus meinen persönlichen Erfahrungen weiß ich, dass allen Versuchen, selbst auf Detailgebieten, zu ökonomisch begründeten Preisen zu gelangen, eine Abfuhr erteilt wurde. Ich musste in dem Zusammenhang viel Kritik einstecken. Weder die Führung noch Teile der Mitgliedschaft der Partei wollten auch nur das geringste Risiko mittragen. Die Tragweite der Folgen eines starren Festhaltens an jedem Detail um jeden Preis für die Dynamik der DDR-Wirtschaft wurde nicht verstanden.

Belastet mit dem Trauma des 17. Juni 1953 wurde beispielsweise auch an Hand der Entwicklungen und Massenstreiks in Polen 1980 und danach immer wieder jeder Antrag auf eine ökonomisch vernünftige Preisbildung mit dem »unkalkulierbaren Risiko« des Ausbruchs einer Konterrevolution abgelehnt, und wer wollte wohl schon dieses Risiko auf sich nehmen, ein Wegbereiter der Konterrevolution zu sein?

Dieses ständige Zögern und Verschieben längst herangereifter Grundsatzentscheidungen wirkten sich verhängnisvoll aus. Je mehr sich in der Folgezeit die Widersprüche zwischen dem realen ökonomischen Leistungsvermögen und den sozialen Notwendigkeiten zuspitzten, desto schwieriger wurde es, für die erforderlichen Korrekturen Verständnis zu finden oder sie gar durchzuführen. Es ging dabei keinesfalls darum, den Kurs der Hauptaufgabe generell zu verlassen. Das hätte in der Tat unkalkulierbare Folgen für die Stabilität der DDR, und nicht nur für sie, schon damals mit sich gebracht. Nein, es ging darum, diesen Kurs der Hauptaufgabe in einer den Realitäten angepassten Weise zu verwirklichen, ihn nicht starr, sondern dynamisch zu gestalten. Aber wenn schon die geringste Preiskorrektur mit dem Abgehen von diesem Kurs als Ganzes identifiziert wurde, dann ging eben nichts mehr.

Im Grunde genommen war dieses Verhalten in der Führung ein unausgesprochenes Eingeständnis dafür, dass es als nicht möglich angesehen wurde, mit der Bevölkerung einen Konsens zur gemeinsamen Verwirklichung einer Politik zu finden, die im Grundanliegen und vom Ansatz her durchaus nicht gegen ihre Interessen gerichtet war. Eine zunehmende Zahl der Menschen fasste aber dies nicht mehr als eine von ihnen mitzutragende, sondern als eine von ihnen einzufordernde Politik auf. Die Diskussion über die sich entwickelnden Probleme wurde zu umgehen versucht.

Durch die Gesamtpolitik wurden zugleich die Prämissen für die Wirtschaftspolitik gesetzt. Sie waren äußerst ungünstig, weil keine einschneidenden Kürzungen in der Ausgabenstruktur zugelassen wurden. Sollte die volkswirtschaftliche Leistungsentwicklung nicht aufgegeben werden, so mussten unter diesen Bedingungen Wege gefunden werden, trotzdem zu produzieren, zu exportieren und die Bevölkerung zu versorgen. Das war der Hintergrund für die damals erarbeitete ökonomische Strategie. Durch ein nach vorn weisendes Konzept galt es, einen gewissen gesellschaftlichen Konsens zur Lösung der dringlichsten Aufgaben herzustellen, für die gesamte Arbeit eine Orientierung zu geben, Krisenstimmung und Panik entgegenzuwirken. So war es wichtig, klare Ziele zu setzen und anspruchsvolle Aufgaben zu stellen. Einen anderen Weg sah ich damals nicht. Es war ein Kompromiss zwischen dem Setzen höchster Maßstäbe einerseits und von Improvisieren auf breiter Front andererseits. Umschrieben wurde es mit dem Begriff »sozialistische Rationalisierung«. So war die Entwicklung einer wirklich modernen Industriestruktur nur eingeschränkt möglich, punktuell bei der Mikroelektronik, auf einigen Gebieten des Maschinenbaus, der Chemie, der Metallurgie und auch der Konsumgüterindustrie.

Alles andere hätte Kapitulation bedeutet und zu einem wirtschaftlichen Zusammenbruch mit eben jenen unkalkulierbaren Folgen geführt, die eine allgemeine Destabilisierung der politischen Situation mit sich gebracht hätte. Der dadurch gegebenen Verantwortung durfte nicht ausgewichen werden. Insofern war diese von den äußeren Bedingungen, aber auch vom Ausweichen vor Konsequenzen im eigenen Land diktierte Wirtschaftspolitik, dennoch hohe Leistungen zu erreichen, ein Pendant zu der allgemein anerkannten außenpolitischen Prämisse der DDR, nach der Raketenstationierung »jetzt erst recht« für friedliche Zusammenarbeit einzutreten und keine neue Eiszeit aufkommen zu lassen.

Warnungen schon in den 70er Jahren

Ich ließ die Prozesse, die sich auf den internationalen Energie- und Rohstoffmärkten vollzogen, analysieren und machte darauf aufmerksam, dass die Preise für Rohstoffe auf dem Weltmarkt wesentlich schneller gestiegen waren als die Preise für industrielle Fertigerzeugnisse, von deren Verkauf die DDR vor allem leben musste. Schon im Zeitraum von 1973 bis 1977 musste die DDR auf Grund der Verteuerungen für Bezüge aus dem nichtsozialistischen Wirtschaftsgebiet und geringerer Exporterlöse eine Summe von 14 Milliarden Valutamark zusätzlich aufwenden. Es war also wichtig, das Nachdenken über die erforderlichen ökonomischen Konsequenzen nicht nur für die Wirtschaft selbst, sondern für alle Bereiche des gesellschaftlichen Lebens zu befördern.

Diese Analysen bewogen mich 1976 und auch 1978 in der Diskussion auf ZK-Tagungen das Wort zu ergreifen, um das höchste Führungsgremium der Partei auf den Ernst der Probleme aufmerksam zu machen. Ich spürte, dass diese grundsätzlichen volkswirtschaftlichen Fragen bei anderen Verantwortlichen in der Führung kaum zur Kenntnis genommen wurden und dass niemand bereit war, daraus die erforderlichen Schlussfolgerungen zu ziehen. So wies ich nicht ohne

Absicht im Mai 1978 auf der 8. Tagung des ZK auf Kardinalfragen hin, die es im Interesse der Durchführung des sozialpolitischen Programms zu lösen galt, und betonte dabei die Aufgabe, die materiell-technische Basis weiter zu stärken und die Veränderungen der außenwirtschaftlichen Bedingungen zu beherrschen. Gleiches hatte ich bereits 1976 auf der 4. Tagung des ZK gefordert. Es nahm kaum jemand zu diesen Kardinalfragen, die sich aus der gravierenden Veränderung der außenwirtschaftlichen Bedingungen ergaben, Stellung. Ich sah die Gefahren, die der DDR wegen Zurückbleibens ihrer ökonomischen Leistungsfähigkeit drohten. Auf dieser selben Tagung forderte ich deshalb, den hohen Maßstäben des internationalen wissenschaftlich-technischen Fortschritts besonders hinsichtlich der Qualität der Erzeugnisse gerecht zu werden. Um die Leistungsfähigkeit der Industrie zu erhöhen, bedurfte es mehr Akkumulation, mehr Investitionsmittel.

Es gelang mir schließlich zu erreichen, dass in einer Rede Erich Honeckers vor den 1. Kreissekretären 1978 – diese jährlichen Reden hatten damals immer eine gewisse richtungweisende Bedeutung – der Zusammenhang zwischen dem erwirtschafteten Nationaleinkommen und der Durchführung des sozialpolitischen Programms deutlich gemacht wurde. Vor allem ging es darum, die lebenswichtige Bedeutung der Stärkung der materiell-technischen Basis hervorzuheben.[62]

Ich stieß nicht nur auf taube Ohren, sondern meine Forderung nach Stärkung der materiell-technischen Basis als Voraussetzung für die Weiterführung des Kurses der Hauptaufgabe wurde mir dann noch als Angriff auf diese Politik überhaupt unterstellt. Solche Fragen wurden von Honecker und anderen in der Führung damals schon verdrängt. Durch den Regierungschef wurden nicht die erforderlichen Konsequenzen gezogen, und das geschah auch nicht von Seiten der Staatlichen Plankommission.

Ich sah mich dazu veranlasst, darauf hinzuweisen, dass im Jahre 1978 außerhalb des Planes Investitionen in Milliardenhöhe durchgeführt werden und dass es meist solche sind, die zwar Nationaleinkommen verbrauchen, aber keine Mark zusätzlich bringen. Und andererseits wurde die Akkumulation in der Industrie vernachlässigt.[63]

Auf der anderen Seite musste die DDR durch Exporte in die westlichen Länder notwendige Nahrungsmittel- wie Futtermittel- sowie Rohstoffimporte sichern. Dazu bedurfte es weltmarktfähiger Produktion, vor allem in Qualität und Kosten. Dafür wurde bereits bei der Planung zuwenig Sorge getragen, weder wurden ausreichend Produkte für den Export zur Verfügung gestellt, noch wurden zielstrebig die entsprechenden Voraussetzungen für eine weltmarktfähige Produktion geschaffen. Ich kam mir hier zuweilen wie ein Rufer in der Wüste vor. Der deutliche Hinweis darauf, dass es sich hier um den »springenden Punkt« handeln würde, hatte schon zu heftigen Diskussionen geführt.[64]

Und noch weniger akzeptiert wurde ein Verweis auf Karl Marx, der den Funktionsmechanismus der Marktwirtschaft in ihren Grundelementen umfassend analysiert hatte, wonach der »industrielle Kapitalist« beständig seine Kosten mit den Marktpreisen auf dem Weltmarkt vergleichen müsse. Da wurde mir sofort entgegengehalten, was ein solcher Hinweis für den Sozialismus solle. Da spukte bei den Fragestellern an der Parteihochschule schon der Gedanke einer möglichen Abschottung herum. Man glaubte, der Sozialismus könne sich unabhängig von äußeren Einflüssen entwickeln, das heißt, er brauche die Forderungen des Marktes nicht zur Kenntnis zu nehmen. Diese gegen die Wirkung eines Marktes gerichtete Denkweise hat viel Schaden angerichtet.[65] Es war damals wie auch später kaum möglich, über den Markt zu reden. Leider hat mich außer einigen Ökonomen niemand darin bestärkt, mit Mut und Konsequenz über diese Fragen zu sprechen.

Viele waren nur auf den RGW fixiert. Es gab ja sogar die »Theorie« von einem eigenen »Weltmarkt« des »sozialistischen Lagers«. Das war eine Fiktion. Spätestens seit dem Zeitpunkt, als eine Angleichung der RGW-Rohstoffpreise an die des plötzlich wiederentdeckten Weltmarktes erfolgte, musste auch dem verbohrtesten Ideologen die Haltlosigkeit dieser »Theorie« von den zwei Weltmärkten klar geworden sein. Dem war aber nicht so.

Der RGW war andererseits kein wirklicher Markt. Er war jedoch wegen der Rohstoffimporte für die DDR lebensnotwendig, und ein großer Teil der Industriestruktur der DDR war auf den Importbedarf der RGW-Länder, insbesondere der UdSSR, ausgerichtet. Zugleich gab es eine direkte »Beteiligung« an Vorhaben zur Erschließung von Rohstoffen in der UdSSR, die die DDR gemeinsam mit anderen RGW-Ländern eingehen musste. Das war eine »Beteiligung«, die lediglich das Recht des Bezugs für einen bestimmten Zeitraum sicherte, die aber nicht mit einem echten Zinsvorteil aus angelegtem Kapital verbunden war. Dieses Kapital fehlte aber im eigenen Land. Allein von 1976 bis 1980 wurden dafür acht Milliarden Mark veranschlagt, das war ungefähr so viel wie der jährliche Zuwachs an Nationaleinkommen damals. In diesem Umfang mussten zusätzlich Ausrüstungen und Waren zur Verfügung gestellt werden über den hohen Preis der Bezahlung der Rohstoffe hinaus, denn diese Art von Investitionsbeteiligung bedeutete eben nicht, dass die betreffenden Kapitalgeber über einen bestimmten Rohstoffanteil selbst verfügen konnten. Das war »Ökonomie« zwischen »sozialistischen Partnern«.

Ein großer Teil der Importe, die die DDR aus dem nichtsozialistischen Wirtschaftsgebiet (NSW) tätigen musste, war auch deshalb notwendig, um Exportverpflichtungen im RGW abzusichern. Das betraf Materialien, Zulieferungen und auch Ausrüstungen. Die enge Verflechtung im RGW machte jedoch den Aufbau einer »zweiten Exportstruktur für das NSW, die einen rentablen Export gewährleistet hätte, praktisch unmöglich. Damit war die DDR als relativ kleines Land überfordert. Aber auch wirtschaftlich stärkere Länder wären unter solchen Bedingungen, nämlich sich auf zwei völlig entgegengesetzte

Wirtschaftssysteme einzustellen, wohl in größere Schwierigkeiten geraten. Zum Vergleich sei nur angeführt, dass der »Osthandelsanteil« am Export der Bundesrepublik um fünf Prozent lag, er also immer marginale Bedeutung hatte. Bei der DDR waren es aber siebzig Prozent und in Bezug auf das NSW, einschließlich Entwicklungsländer, dreißig Prozent. Beides Anteile, die für die gesamte Volkswirtschaft von Gewicht waren.

Im Rausch und unter dem Zwang leichtfertig eingegangener sozialer Versprechungen fiel der Export unter den Tisch. Er wurde immer mehr zum lästigen Übel, da er zur Bezahlung der gleichen Menge Rohstoffe ab 1975 immer mehr Waren verschlang. Da jedoch leistungsfördernde Maßnahmen durch Umverteilung der Akkumulation von der Industrie auf den Wohnungsbau, aber auch die Landwirtschaft, ausblieben, war der Grundstein für ständig weiter ansteigende Bilanzdefizite gelegt.

Ein Ausweichen war politisch dadurch erschwert, weil die Menschen in zunehmendem Maße ihre Vorstellungen vom Lebensniveau nicht aus dem ableiteten, was für die DDR eben wegen der außenwirtschaftliehen Bedingungen möglich war, sondern aus dem, was in der BRD sichtbar wurde. Das zog eine Kette ständiger sozialer Zugeständnisse nach sich, die ungedeckten Schecks gleichkamen und trotzdem noch immer hinter den steigenden Erwartungen zurückblieben und in keinem Verhältnis mehr zum Leistungsvermögen der Volkswirtschaft standen.

Politisch und ökonomisch von äußeren Konstellationen total abhängig

Die Wirtschaft der DDR war in außerordentlich hohem Maße außenhandelsabhängig. Vom Umfang her wurden in der Regel mindestens sechzig Prozent des Nationaleinkommens über den Außenhandel realisiert. Da eben diese äußeren Faktoren, die im Wesentlichen nicht von der DDR beeinflusst werden konnten und auf die man nur passiv reagieren konnte, bestimmend waren, blieb ein »realer Plan« immer eine Illusion. Es war ohnehin schwer, über einen Zeitraum von fünf Jahren einen einigermaßen mit den volkswirtschaftlichen Möglichkeiten und sozialen Anforderungen übereinstimmenden Plan auszuarbeiten. Unter diesen Bedingungen musste ein stures Festhalten an einmal aufgestellten Zielen in manchen Bereichen einem Blindflug gleichkommen.

Aber die Wirtschaft der DDR war nicht nur schlechthin in hohem Maße außenhandelsabhängig. Sie hatte es mit zwei völlig andersgearteten Systemen zu tun, die auch zwei völlig unterschiedliche Systeme der Steuerung des Außenhandels im eigenen Land bedingten.[66] Daraus ergaben sich gravierende Widersprüche und Verlustfaktoren.

So beantwortet sich eigentlich auch von selbst eine solche Frage, inwieweit es möglich ist, eine Analyse der Wirtschaftspolitik in der ehemaligen DDR ohne Berücksichtigung internationaler Aspekte vorzunehmen. Es gibt Veröffentlichungen, die den Anspruch auf die Analyse der Wirtschaftspolitik der DDR erheben, in denen es aber heißt: »Internationale Aspekte und Wechselbeziehungen, so vor allem das Verhältnis zwischen DDR und BRD sowie zwischen DDR und UdSSR, bleiben ausgespart.«[67] Dann kann man die Analyse gleich bleibenlassen. Weder Politik noch Wirtschaft der ehemaligen DDR lassen sich zu irgend einem Zeitpunkt außerhalb der Beziehungen DDR–Sowjetunion und DDR–BRD auch nur im Ansatz richtig beurteilen.

Die DDR hatte, bedingt durch den Charakter des Bündnisses der Staaten des Warschauer Vertrages, vom Faktischen her stets nur eine begrenzte Souveränität. Die Grundprämissen für die Politik wie für den Bewegungsspielraum der DDR wurden durch die Konfrontation der Blöcke und den damit verbundenen kalten Krieg gesetzt. Schwerwiegendster Ausdruck dafür war der Beschluss der Staaten des Warschauer Vertrages über die Sicherung der Staatsgrenze der DDR, das heißt über den Bau der Mauer. Daraus ergaben sich erhebliche politische und ökonomische Konsequenzen, die von bestimmender Bedeutung für die politische und vor allem auch ökonomische Entwicklung der DDR waren. Sie betrafen insbesondere die realen Möglichkeiten für die Akkumulation. Analysen werden nur dann zu richtigen Schlussfolgerungen führen, wenn sie davon ausgehen, dass die Beziehungen zur UdSSR die Politik und Wirtschaft der DDR von 1945 an bis zum 3. Oktober 1990 bestimmten – und sie wirken auch heute noch nach.

Walter Ulbricht schon verkannte, dass weder zehn noch vierzig oder mehr Jahre ausgereicht hätten, um eine für die DDR bestimmende Tatsache aus der Welt zu schaffen oder vergessen zu machen: dass die DDR im Ergebnis des Sieges der Sowjetunion im Zweiten Weltkrieg entstand und ihr Staatsgebiet mit dem von der Sowjetunion besetzten Territorium des ehemaligen Deutschen Reiches identisch war.[68] Der Sieg war zu teuer erkämpft, als dass das politische und wirtschaftliche Geschehen in der DDR auch nur einen Atemzug lang die UdSSR unberührt lassen konnte. Hinzu kam die ideologisch-weltanschauliche Klammer, die beide Staaten nicht nur pro forma, sondern in wesentlichen Aspekten verband.

Deshalb mussten gerade die weitreichenden Schritte, die sich für Deutschland im Rahmen Europas abzeichneten, aus den Initiativen der UdSSR in Verhandlungen mit ihren Alliierten aus dem Zweiten Weltkrieg erwachsen und nicht aus Alleingängen oder dem Verharren der DDR und ihrer führenden Politiker auf alten Positionen.

So kann man Ulbrichts Intentionen für den »Modellcharakter« der »DDR-Gesellschaft« nicht einfach als innenpolitisches Experiment betrachten, sondern sie waren von hochbrisanter außenpolitischer Bedeutung. Sie mussten die UdSSR als Siegermacht geradezu daran erinnern, erneut deutlich zu demonstrieren, von woher was kommt.[69] Dazu bot die Lösung der anstehenden Fragen, zunächst in Bezug auf Westberlin, dann in Bezug auf das Verhältnis der beiden deutschen Staaten den fundamentalen Ansatzpunkt. So geriet Ulbricht in Widerspruch zu den politischen Realitäten.

Anlass, um eine breitere Zustimmung für die Ablösung Ulbrichts zu erreichen, gab es Grund genug. Eines der Felder, aber nur eines, waren wirtschaftspolitische Entwicklungen, auf denen der Kurs durch ständige sprunghafte Entscheidungen Ulbrichts ins Schlingern geriet. Es gab einen »Mechanismus«: Ideen von Wissenschaftlern, die Ulbrichts Ohr fanden – programmatische Erklärungen seinerseits in dem Sinne, dass man nun den »Stein des Weisen« für die Perspektive der DDR gefunden habe – Anweisungen an die Staatliche Plankommission und die zuständigen Ministerien durch ihn direkt in Sitzungen des Politbüros oder über von ihm Beauftragte – sofortige Realisierung durch Investitionen. Das betraf bestimmte Entwicklungen zum Beispiel bei Leuna, Zeiss, in der Akademie der Wissenschaften, an Hochschulen usw. Dadurch entstand Unsicherheit in der Volkswirtschaft. Der Apparat des ZK, insbesondere für Wirtschaftspolitik, war aus diesen Prozessen bereits in nicht unerheblichem Maße ausgeschaltet, und auch die Staatliche Plankommission konnte nur noch im Nachhinein reagieren, das heißt zusammenbinden, was nicht zusammenzubinden war.[70]

Zugleich ergaben sich Ende der 60er Jahre erhebliche unvorhergesehene Verschiebungen in der Struktur der Import- und Exportbeziehungen DDR–UdSSR. Es war einerseits möglich, mehr Erdöl zu beziehen. Das veranlasste Ulbricht zu einem plötzlichen Reagieren in Hinblick auf den Ausbau der Petrolchemie. Das lenkte den Chemieanlagenbau abrupt in eine neue Richtung. Leuna II wurde auf Kosten der Modernisierung des bisherigen Werkes geschaffen.

Andererseits bedeutete die Forcierung der Petrolchemie in der UdSSR neue Anforderungen an die DDR-Exportstruktur. Chemieanlagen waren im Ergebnis der wirtschaftspolitischen Linie Chruschtschows der Trumpf. Neue Kapazitäten mussten dafür in der DDR buchstäblich aus dem Boden gestampft werden, zum nicht geringen Teil auf Kosten des Schwermaschinenbaus und der Reproduktion der eigenen Chemie. Dann kam Jahre nach dem Sturz Chruschtschows die einschneidende Korrektur 1970. Der Fünfjahrplan der DDR musste wegen dieser und anderer Entwicklungen wieder umgeworfen werden. Das brachte die volkswirtschaftliche Bilanzierung in größte Schwierigkeiten und wirkte durch Stornierung von Verträgen auch auf die laufende Produktion. All dies führte, zusammen mit den selbst geschaffenen Problemen, zu einem nahezu unentwirrbaren Knäuel von schwerwiegenden volkswirtschaftlichen Konsequenzen, die zugleich zu immer offener geäußerter sozialer Unzufriedenheit führten. Das hatte auch eine Widerspiegelung in der SED.

In diesem Moment glaubte Honecker, den gordischen Knoten mit einem Schlag durchhauen zu können, indem er ein völlig neues wirtschaftspolitisches Konzept mit dem Begriff der »Hauptaufgabe«, das dann später in »Einheit von Wirtschafts- und Sozialpolitik« umgetauft wurde, entwarf und beschließen ließ. Das war eine Umwertung aller Werte. Anstelle von produktivitätsorientierter Technologie mehr Konsum. Die außenwirtschlichen Verpflichtungen der DDR aber blieben. Das betraf die Bezahlung der zunächst ansteigenden Ölimporte aus der UdSSR. Aus dem »Gottesgeschenk« leicht zu verarbeitender Kohlenwasserstoffe anstelle der aufwendigen Braunkohleverarbeitung, das sogar zum unkontrollierten Einsatz von Rohöl zu Heizzwecken führte (als ob die DDR das größte Ölförderland der Welt sei), wurde alsbald ein »Danaergeschenk« infolge der 1973 einsetzenden Erdölkrise und ihrer Folgen für die Preise.

Ideologische Positionen und Illusionen machten es unendlich schwer, eine an den Realitäten orientierte Wirtschaftspolitik durchzusetzen. Schon in den 70er Jahren wurden bestehende Realitäten, die vor allem das Umfeld der DDR betrafen, einfach nicht zur Kenntnis genommen oder wurden verdrängt.

Ich hatte damals bereits eine klare Vorstellung darüber, wie die Leistungsfähigkeit der Volkswirtschaft hinsichtlich Produktivität, Effektivität und Qualität in ganz anderer Weise als bislang gefördert werden müsse. Dazu aber bedurfte es einer Umverteilung von Mitteln zugunsten der Wirtschaft, vor allem der Industrie. Stattdessen gab es eine mit Angriffen auf mich verbundene große Diskussion, ob die Aufgabenstellung der Stärkung der materiell-technischen Basis nicht von der Durchführung der »Hauptaufgabe« ablenke. Diese nämlich wurde immer nur von ihrer sozialen Seite, kaum aber von der Seite der ökonomischen Voraussetzungen verstanden. Von allen Seiten gab es Widerstand, so vom Vorsitzenden und einigen Mitgliedern des Ministerrates, von allen, die ihre Ruhe haben wollten, die nicht fähig waren, ökonomische Zusammenhänge in ihrer ganzen Tragweite zu erfassen. Und es kam, wenn auch nicht mit ausreichender Wirkung, zu offenen Auseinandersetzungen im Politbüro. Als einziges blieb die »Erlaubnis«, die Eigenerwirtschaftung in begrenztem Rahmen zu erproben. Aber es konnten nicht die Bedingungen dafür geschaffen werden, dieses ökonomische Prinzip wirklich zur Wirkung kommen zu lassen.

So wurde auf diese Weise mit dem starren Festhalten an der Losung von der »Einheit von Wirtschafts- und Sozialpolitik« der Ökonomie der Todesstoß versetzt.

Seit dem Beginn meiner Zeit als Sekretär des ZK – das war im Sommer 1962 – und schon davor habe ich um solche Reformen gekämpft. Das war der Hauptinhalt meiner Tätigkeit. So war auch 1989 von meiner Seite der Wille zu grundlegenden Reformen vorhanden. Es gab durchaus auch noch die Möglichkeit dazu, selbst wenn man den nicht geringen aktuellen politischen Druck durch die Ausreisewelle berücksichtigt. Sie wäre durch rechtzeitige Entscheidungen durch die für diese Fragen Verantwortlichen noch im Sinne einer für die Menschen befriedigenden Weise zu beherrschen gewesen.

Aber leider wurde in der Führung unter Krenz die Konzeptionslosigkeit immer deutlicher. Anstelle von gründlichen Analysen und klaren Konzeptionen warf man 1989 mit der Losung um sich, dass 1985 der Zeitpunkt der Perestroika für die DDR verpasst worden sei, ohne zu sagen, wie und wohin. Alles, was an Ansätzen da war und was sich hätte entwickeln können, wurde durch die Losung von der »Krise« vom Tisch gewischt. Somit hat das durch Panik diktierte Handeln und das Verbreiten von Krisenstimmung und die Schaffung einer Atmosphäre der Suche nach den Schuldigen wirkliche Reformansätze in der DDR eher verhindert als gefördert.

Ansätze zur Kooperation mit dem Westen

Die Mauer, die Ökonomie und das Signal von Strauß

Als ich 1962 zum Sekretär des ZK gewählt wurde, existierte die Mauer fast ein Jahr. Sie wurde bekanntlich im Sinne der Sicherung einer Staatsgrenze auf Beschluss der Staaten des Warschauer Vertrages gebaut. Ihre Notwendigkeit wurde aus den Aufgaben zur Friedenssicherung hergeleitet. Sie war der deutlichste Ausdruck des damals in seiner Blüte befindlichen Kalten Krieges zwischen den Systemen.

Sie war aber auch ein Ausdruck dafür, dass der Sozialismus im ökonomischen Wettbewerb mit dem Kapitalismus die schlechteren Ausgangsbedingungen hatte, und er ökonomisch allein seine Existenz nicht behaupten konnte. Zumindest wurde das bereits für die DDR deutlich, die sich unerbittlich am ökonomischen und sozialen Fortschritt der Bundesrepublik messen lassen musste, wobei sich die BRD schon damals auf dem Wege zu jener ökonomischen Großmacht befand, zu der sie in den 80er Jahren wurde.

Es war bereits zu diesem Zeitpunkt eine Tatsache, dass die DDR nicht in der Lage war, ökonomisch das Tempo mitzuhalten und demzufolge die Lebensverhältnisse nicht in dem Maße verbessert werden konnten, wie dies im Vergleich zur BRD erforderlich gewesen war. So sollten die herangereiften ökonomischen und sozialen Widersprüche durch außerökonomische Sofortmaßnahmen gelöst werden, um die Einflüsse aus dem Westen zu begrenzen. Aber in Gegensatz zu der erhofften Wirkung kam eine Spirale in Gang. Die wirkliche »Mauer«, das heißt das ganze System von Sperranlagen, entstand erst in der Folgezeit. Es gab einen Hang zur ständigen Perfektionierung.

Das geschah über Jahre hinweg, Schritt für Schritt, ohne politische Entscheidungen dazu. Immer gab es für diese oder jene Einzelmaßnahmen eine Begründung, und die hieß »im Interesse der Gewährleistung der Sicherheit«. Diese Leerformel genügte, um weitere Mittel und Kräfte einzuplanen. Ich kann die Kosten dafür nicht nennen, all das verschwand unter den globalen Summen im geheimen Militärbereich der Staatlichen Plankommission. Aber dem Nationaleinkommen wurden so wachsende Mittel entzogen, die anderswo fehlten.

Man muss es um der Ehrlichkeit willen heute der Intervention von Franz Josef Strauß zuschreiben, dass diesem Prozess ein gewisses »Halt« entgegengesetzt worden ist. Mit dem Abbau der Selbstschussanlagen und der Entminung begann eine selektive Demontage des Mauersystems. Das kam dann mit meiner Unterstützung[71] gegen den Widerstand anderer durch politische Entscheidungen von Seiten Erich Honeckers zustande. Es gab auch danach nicht wenige Versuche, das Erreichte mit anderen Mitteln zu unterlaufen. Aber erste wichtige Schritte in umgekehrter Richtung sind getan worden.

Die Schuldenlast und der Milliardenkredit

Die Dinge standen zu Beginn der 80er Jahre auf des Messers Schneide. Die der DDR zur Verfügung stehenden Ressourcen der Leistungssteigerung wurden immer geringer, die Öllieferungen stagnierten, und für die gleichen Mengen musste ein Mehrfaches bezahlt werden. Am Wachsen des Bevölkerungsverbrauchs wurde jedoch in jeder Position festgehalten. Hauptargument war: Erhaltung der politischen Stabilität.

Dieses Argument der Wahrung der politischen Stabilität durch Vermeidung von sozialen Verschlechterungen war schon ernst zu nehmen. Die DDR war zu diesem Zeitpunkt bereits in einer Lage, wo sie aus eigener Kraft das erforderliche qualitativ höhere Niveau der Steigerung der Arbeitsproduktivität auf keinen Fall mehr erreichen konnte. Der RGW schied als Impulsgeber ebenfalls aus. Hier hoffte man im Gegenteil bezüglich neuer Technologien auf die DDR. Es blieb nur der Weg einer engeren Zusammenarbeit und eines engeren Anschlusses an die Bundesrepublik, auch unter stillschweigender Inkaufnahme der Tatsache, dass die Bundesrepublik ihre Hilfe stets unter der Prämisse der Vorbereitung einer künftigen Wiedervereinigung leistete. Daran haben ihre führenden Politiker auch niemals einen Zweifel gelassen, und das in aller Öffentlichkeit.

Der Milliardenkredit, der von Franz Josef Strauß 1983 vermittelt wurde, wozu es, wie aus Veröffentlichungen hervorgeht, eine entsprechende Abstimmung mit der Bundesregierung gab, war ein politisches Signal dahingehend, dass die Geschicke des Ostens Deutschlands der BRD nicht gleichgültig waren.[72] Er war ein Signal dafür, dass man von Seiten der BRD keine unkontrollierten Entwicklungen in der DDR wollte, die dann vielleicht zu einem erneuten Herunterlassen des »Eisernen Vorhangs« geführt hätten, der sich ja seit dem Grundlagenvertrag[73], wenn auch nicht vollständig, so doch Zentimeter für Zentimeter gehoben hatte. Er war ein Schritt in Richtung auf die Milderung seines menschenfeindlichen Charakters, indem die Minenfelder und andere Leben und Gesundheit von Menschen gefährdende Einrichtungen an der Grenze abgebaut wurden.

Honecker stimmte diesen Intentionen von Strauß damals zu. Zu diesem Zeitpunkt gab es täglich die Meldung über den Stand der Zahlungssituation. In der Tat wurde eine Verschlechterung der Lebensverhältnisse der Bevölkerung damals verhindert, weil der internationale Kreditboykott gegenüber der DDR sich im Gefolge dieses Signals spürbar lockerte.

Aber: Statt den äußeren Anstoß zum Anlass zu nehmen, nunmehr einen dynamischen Prozess in Gang zu setzen, in dessen Verlauf übertriebenes Sicherheitsdenken durch politisches Handeln ersetzt wurde, verlor man durch zögerliches Handeln wertvolle Zeit. Die Folge war, dass weiterhin hohe Forderungen an Mitteln zur Gewährleistung der Sicherheit und zur Perfektionierung der Grenzanlagen, einschließlich der Anforderungen, die sich aus dem Verteidigungssystem der Staaten des Warschauer Vertrages ergaben, gestellt worden sind.[74] All das ging erneut auf Kosten der so dringend notwendigen ökonomischen Stabilisierung der DDR.

Es waren doch zwei einander entgegengesetzte Aufgaben gleichzeitig zu lösen: Verminderung der Schuldenlast in der Zahlungsbilanz, deren Preis zunehmende Zinszahlungen waren, und Bereitstellung von entschieden mehr Mitteln für die Schaffung einer dem internationalen technologischen Niveau entsprechenden Struktur der DDR-Volkswirtschaft und für die dringendsten Maßnahmen des Umweltschutzes.

Eine solche Aufgabe konnte nicht als wirtschaftspolitisches Problem schlechthin, sondern nur durch eine neue gesamtgesellschaftliche Strategie gelöst werden. Aber eine Strategie gab es nur auf ökonomischem Gebiet. Sie musste jedoch in ihrer Wirkung stark eingeschränkt bleiben, weil es eben an den gesellschaftlichen Rahmenbedingungen dafür fehlte. Eine ökonomische Strategie ohne die erforderlichen Mittel dafür zu verwirklichen, das war ein nicht zu überwindendes Handikap. Es wurde auch kein Auftrag zur Ausarbeitung einer adäquaten Gesellschaftsstrategie insgesamt erteilt. Es blieb dabei, dass sich alles linear weiterentwickelte, vor allem die Ausgaben, und sie betreffen eben das weitere Ansteigen der hohen Summen für den Sicherheitsbereich und für die Verteidigung. Hier lagen die größten Reserven, um Stagnation und Rückgang bei den Mitteln für die Investitionen in der Volkswirtschaft zu verhindern und mehr zu tun, um den bereits eingetretenen gravierenden Rückstand zum internationalen Niveau zumindest zu verringern.

Dass der von Strauß protegierte Milliardenkredit durch die DDR aufgenommen werden musste, charakterisierte die Dramatik der Situation mit äußerster Schärfe. Franz Josef Strauß wurde bis dahin in der Öffentlichkeit als die Personifizierung feindseligen Verhaltens zur DDR schlechthin dargestellt, und er wurde, vor allem innerhalb der Reihen der SED, als das Urbild antikommunistischer Politik angesehen. Ausgerechnet dieser Mann bot der DDR eine Hilfestellung an, die von der Führung angenommen wurde. Das musste doch von jedem einigermaßen denkenden Menschen als Ausdruck einer kritischen Situation, in die die DDR damals bereits geraten war, erkannt werden.

So hätte doch jedes Politbüromitglied den Ernst der Lage auf dem Gebiet der Zahlungsbilanz erkennen müssen. Mindestens seit diesem Zeitpunkt konnte niemand mehr vom ehemaligen Politbüro behaupten, er habe von der Entwicklung hinsichtlich der Zahlungsbilanz der DDR nichts gewusst. Trotzdem war kaum jemand zu ernsthaften und durchgreifenden Maßnahmen bereit. In den Beschlüssen wurde die Aufgabe zur Halbierung des »Sockels«[75], das heißt der Nettoverschuldung, »ganz prinzipiell« gestellt – aber der Vorsitzende des Ministerrates sah sich beispielsweise nicht imstande, das Anwachsen des Verwaltungsaufwandes zu stoppen, geschweige denn, diesen zu vermindern. Im Gegenteil, dieser Aufwand stieg weiter an, ebenso der Verteidigungsetat.

Für meine Kontakte zu Franz Josef Strauß erntete ich nicht wenige scheele Blicke. Man muss sich vorstellen, was in jenen Jahren, als die Denkklischees des Kalten Krieges noch dominierten, ein Zusammentreffen ausgerechnet mit Franz Josef Strauß bedeutete, das, nebenbei gesagt, mit der sowjetischen Seite nicht abgestimmt war. Strauß erhielt ja damals keine Einladung in die UdSSR. Das gesamte Umfeld war auf eine solche Begegnung nicht vorbereitet, und es gab nicht wenige Querschüsse. Es gehörten schon eiserne Nerven dazu, solche Verhandlungen zu unterstützen.

Ich hatte Franz Josef Strauß in mehreren persönlichen Gesprächen, zuerst in Bonn, dann auch in Leipzig, gut kennengelernt. Er machte aus seiner Einstellung als konservativer

Politiker niemals einen Hehl. Aber er war ein Realist, weniger pragmatisch als strategisch, ein in großen Zusammenhängen denkender Politiker, der es verstand, zum richtigen Zeitpunkt die Zeichen der Zeit zu erkennen und danach zu handeln. Er wusste sehr gut, dass es zu einer atomaren Auseinandersetzung nicht kommen durfte. Er sah offenbar gleichzeitig auch, dass die wirtschaftliche Stärke des Westens richtig ausgespielt, ein erfolgversprechender Weg zur Verwirklichung seiner gesellschaftspolitischen Grundauffassungen sein würde.

Auch wir waren an einer atomaren Katastrophe nicht interessiert, traten gegen die Aufstellung neuer amerikanischer wie sowjetischer Raketen auf deutschem Boden auf. Ich sah in gegenseitig vorteilhafter ökonomischer Zusammenarbeit den besten Weg, den Interessen der Menschen zu dienen und einen militärischen Konflikt zu vermeiden. Deshalb konnte die Alternative nur in sachlicher Zusammenarbeit und nicht in der Kultivierung ideologischer Gegensätze bestehen. Und in diesem Sinne war Franz Josef Strauß ein sehr kompetenter Gesprächspartner, der mich durch seine Sachkenntnisse, seinen scharfen Verstand und seinen weiten Denkhorizont immer wieder beeindruckte. Es waren Gespräche mit einem der bedeutendsten Realpolitiker unserer Zeit, der langfristiges Denken mit den aktuellen Erfordernissen des Tages geschickt zu verbinden verstand. Nichts blieb bei den Begegnungen mit diesem belesenen und von hoher Intelligenz geprägtem Menschen übrig von dem Klischee, mit dem dieser bedeutende Politiker oftmals in der Öffentlichkeit, und nicht zuletzt auch der in der DDR, dargestellt worden ist.

Mir haben diese Gespräche und ihre Ergebnisse durchaus nicht Freunde im Kreise des Politbüros und des ZK der SED eingebracht, eher Misstrauen, manchmal auch Neid. Aber dieser Mann hat mehr für den Frieden und die friedliche Entwicklung der Beziehungen zwischen beiden deutschen Staaten getan als mancher andere. Mit tiefer Erschütterung erfuhr ich von seinem plötzlichen Tod[76]. Voller Besorgnis waren meine

Gedanken während der Teilnahme an den Trauerfeierlichkeiten in München.

Strauß hatte ohne Zweifel erkannt, dass ein Zusammenbruch der DDR damals, bei dem politisch zugespitzten Klima zwischen der Sowjetunion und den USA wie der NATO insgesamt, angesichts der Aufstellung neuer Mittelstreckenraketen auf deutschem Boden wohl mit hoher Wahrscheinlichkeit zu einem verheerenden militärischen Konflikt geführt hätte.

In der Tat spitzten sich seit Beginn der 80er Jahre die ökonomischen Widersprüche dramatisch zu. Die Auswirkungen der Energie- und Rohstoffpreisverteuerungen erreichten damals schon jährlich eine Größenordnung, die durch den Zuwachs des erwirtschafteten Nationaleinkommens kaum noch und später dann gar nicht mehr gedeckt werden konnte. Hinzu kam eine immer engmaschiger werdende Abschottung der DDR von der Möglichkeit des Kaufs westlicher moderne Technologien, ohne die eine weltmarktfähige Produktion und damit ein Absatz der Erzeugnisse mit guten Erlösen auf den westlichen Märkten nicht mehr möglich war. Eine Kompensation durch den Bezug entsprechender Hochtechnologien aus der UdSSR war nicht möglich. Außerdem gab es einen nahezu allgemeinen Kreditboykott. 1982 war dann auch mit zwei Prozent der geringste Zuwachs an Nationaleinkommen seit Bestehen der DDR überhaupt zu verzeichnen. Damals schon stand alles auf Messers Schneide.

An dem Milliardenkredit hat wohl niemand besonders verdient, wenn man von den banküblichen Zinsen absieht. Aber dieser Kredit hat jene Entwicklung möglich gemacht, die eine friedliche Beendigung der deutschen Zweistaatlichkeil ermöglichte, indem die Zeit bis zum Platzgreifen des neuen außenpolitischen Denkens in der Sowjetunion konfliktlos überbrückt wurde. Das war Ergebnis strategischen Denkens und Handelns.

Seit diesem Signal stand die Frage einer aktiven Zusammenarbeit mit der BRD von Seiten der DDR auf der Tagesordnung. Auf ökonomischem Gebiet bedeutete dies den Übergang vom einfachen Warenaustausch zur Kooperation. Viele unserer Wirtschaftspartner, so Otto Wolff von Amerongen[77], legten uns diesen Weg nahe.

Die ökonomische Vernunft hätte das Eingehen auf diese Angebote erfordert. Aber leider wurde das im Kreise der Führung nicht verstanden. Es gab sogar Widerstand dagegen. Meinerseits förderte ich viele Projekte in dieser Richtung.

Dabei konnte ich bei Weitem nicht das verwirklichen, was ich verwirklichen wollte. Es ging oft nach dem Prinzip »Zwei Schritte vor, einen zurück«. Um zu retten, was zu retten war, konnten manch attraktives Angebot wie das von der Volkswagen AG nur scheibchenweise in die Tat umgesetzt werden. Gar in der Öffentlichkeit darüber zu sprechen, wäre von vornherein der Anfang vom Ende gewesen.

Spätestens seit Beginn der 80er Jahre habe ich faktisch im Alleingang mit Unterstützung einiger weniger leitender Funktionäre, so durch Gerhard Beil[78], Minister für Außenhandel, auf diese Kooperation hingearbeitet. Ich konnte das nicht offen tun, ging aber den Weg einer sachbezogenen konstruktiven Zusammenarbeit, besonders im Rahmen der Gespräche mit den jeweiligen Wirtschaftsministern der Bundesregierung, den Herren Otto Graf Lambsdorff[79], Martin Bangemann[80] und später Haussmann[81]. Umfangreich und vertrauensvoll waren die Kontakte zu maßgeblichen Wirtschaftskreisen, wie sie von Otto Wolff von Amerongen, Berthold Beitz[82] – ebenfalls ein Pionier der Ost-West-Zusammenarbeit – wie auch von Ernst Pieper[83], Carl Hahn[84] und anderen verkörpert wurden. Ich darf auch sagen, dass Helmut Schmidt[85] und Helmut Kohl als Bundeskanzler diesen Weg der Vertiefung der wirtschaftlichen Zusammenarbeit mit der DDR im Interesse der Menschen stets unterstützt haben. Immerhin gab es seit Ende der 70er Jahre durch die Treffen mit den Wirtschaftsministern (in der Regel pro Jahr einmal in Bonn und einmal in Berlin bzw. Leipzig) faktisch eine Institutionalisierung der wirtschaftlichen und darüber hinaus politischen Zusammenarbeit der DDR mit der BRD.

Daraus das Bestmögliche zu machen, lag an uns. Die Bereitschaft in der Bundesrepublik war vorhanden, natürlich im Sinne ihrer langfristigen strategischen Interessen. Aber diese entsprachen eben dem objektiven Gang der Geschichte.[86]

Honeckers Reise in die Bundesrepublik – Vorgeschichte und Resultate

Der offizielle Besuch Erich Honeckers in der BRD 1987 schuf nicht wenige vielversprechende Ansätze für weitere Kooperation. Er war durch langjährige kontinuierliche Arbeit in der Substanz gut vorbereitet. Das betraf die industrielle Zusammenarbeit ebenso wie die Verbesserung der Verkehrsverbindungen, des Energieverbundes und die kulturellen Beziehungen. Vor allem wurden entscheidende Fortschritte auf dem Gebiet der Reisemöglichkeiten und bei der Lösung humanitärer Fragen erreicht.

Angesichts der nunmehr vollzogenen Vereinigung beider deutscher Staaten mag das damals Erreichte gering erscheinen. Das Wichtigste war doch wirklich nicht, dass die Bundeswehrkapelle die Nationalhymne der DDR spielte. Das Wichtigste war, dass dieser Besuch überhaupt stattfand und dass dabei substantielle Fortschritte erreicht wurden. Sie waren, wenn auch unvollkommen, trotz allem wegweisend.

Ich erinnere mich an ein Interview, das ich kurz vor dem Besuch in Bonn der Zeitschrift *Wirtschaftswoche* gab. Die Redaktion dieser renommierten Zeitschrift bezeichnete die Tatsache, dass ein solches Interview, mit der nach ihrer Ansicht

»in ökonomischen Fragen drüben ganz und gar unbestrittenen Autorität« stattfinden konnte, als ein Stück Normalität schon im Voraus. Der bei bundesdeutschen Topmanagern seiner Geradheit wegen geschätzte Gesprächspartner habe sich weniger zugeknöpft gezeigt, als es nach der Meinung der Redaktion im Text des Interviews zum Ausdruck gekommen wäre. Die Journalisten hatten da schon den richtigen Riecher. Für ihre Begriffe war ich zugeknöpft, für meine jedoch war ich unter den damaligen Verhältnissen schon sehr weit gegangen. Zur Sprache kam die Kooperation auf dem Gebiet des Umweltschutzes und der Reaktorsicherheit. Ich erklärte, dass durch das Abkommen über die Zusammenarbeit auf dem Gebiete des Umweltschutzes, die Möglichkeiten zur Kooperation – so auch im Hinblick auf den Kauf von Anlagen oder Teilanlagen – positiv zu sehen seien. Fernerhin erwähnte ich bereits im Vorfeld der Gespräche das mögliche Übereinkommen zum Stromverbund sowie als weiteres Feld der Zusammenarbeit unsere Bereitschaft zu Gesprächen über den Ausbau und die Elektrifizierung von Eisenbahntransitstrecken sowie über die Grunderneuerung und den Ausbau von Autobahntransitstrecken einschließlich des Aus- bzw. Neubaus solcher Strecken zwischen Wartha und Gerstungen und zwischen Plauen und Hof.

Ich machte diese teilweise recht detaillierten Angaben ganz bewusst im Vorgriff auf die noch zu führenden Verhandlungen, um den Willen zur konkreten konstruktiven Zusammenarbeit zu unterstreichen, aber auch deshalb, um möglichen Querschüssen aus den eigenen Reihen zuvorzukommen. Es musste vor und mit dem Besuch eine neue Atmosphäre geschaffen werden – dazu wollte ich mit meinen Vorschlägen beitragen.

Im 87er Besuch lag bereits die Möglichkeit eines Wendepunktes in den Beziehungen zur BRD, die Chance für eine neue Qualität der Zusammenarbeit, die bereits eine Vorstufe zur Konföderation hätte sein können.

Es lohnt, sich der Vorgeschichte zu erinnern.

Die Formel des Grundlagenvertrages von 1973[87] »Gleichberechtigung, Souveränität, Wahrung der gegenseitigen Interessen« war durchaus tragfähig für die Entwicklung der gegenseitigen Beziehungen beider Staaten mit gegensätzlichen Systemen.

In den ökonomischen Fragen wurde strikt und ausnahmslos für beide Seiten nach dem Prinzip des gegenseitigen Vorteils gehandelt. Das war nicht immer einfach, erforderte mitunter langwierige Verhandlungen, aber wenn ein Vertrag oder eine Vereinbarung abgeschlossen worden war, so wurde auch zuverlässig realisiert – von beiden Partnern.

Ein Durchbruch war ohne Zweifel der offizielle Besuch Helmut Schmidts im Dezember 1981 in der DDR. Die Gespräche fanden am Werbellinsee in der Schorfheide statt. Im Ergebnis dieser Gespräche sind die Grundrichtungen der Zusammenarbeit zwischen beiden deutschen Staaten in einer Konstruktivität vereinbart worden, so dass die dort getroffenen Vereinbarungen bzw. Absichtserklärungen zu ökonomischen Fragen bis zuletzt die Arbeit bestimmten.

Es war dies schon eine widerspruchsvolle Angelegenheit. Wurde doch Schmidt in der Propaganda der DDR als Vertreter der imperialistischen BRD dargestellt. Und dann diese Bilder gemeinsamer langer Gespräche. Bei einer dieser Gelegenheiten sagte Erich Honecker offiziell: »Herr Bundeskanzler, ich möchte Ihnen hiermit meinen persönlichen Beauftragten, Herrn Staatssekretär Schalck-Golodkowski, vorstellen.« Schalck[88] hat viel für die deutsch-deutschen Beziehungen getan. Er war bekannt als ein ausgewiesener Wirtschaftsfachmann, der in der DDR wie auch im Ausland anerkannt war.

Hier ist ein kurzer Rückblick angebracht. Nach den Gesprächen zwischen Willi Stoph mit Willy Brandt im März 1970 in Erfurt und im Mai 1970 in Kassel wurde ich zu Walter Ulbricht gerufen. Es ging darum, den aufgenommenen Gesprächsfaden zwischen der DDR und der BRD nicht abreißen zu lassen und vor allem eine sachbezogene Arbeit zu leisten. In Kassel war man sich darüber einig geworden, dass die Zusammenarbeit auf den Gebieten Wirtschaft, Verkehr, Post keinen Schaden leiden dürfe.[89]

Zum Zweck der inneren Koordinierung war intern eine Arbeitsgruppe »BRD« ins Leben gerufen worden. Sie hatte dafür zu sorgen, dass bestimmte Aktivitäten auch verwirklicht wurden. Dieser Arbeitsgruppe gehörten Verner[90], Axen[91], Schürer und ein Vertreter des Außenministeriums, hier war es die meiste Zeit Kurt Nier[92], an. Mit der Leitung dieser Arbeitsgruppe war ich beauftragt, da bei der Zusammenarbeit mit der BRD wirtschaftliche und technische Fragen dominierten. An meinen Aufgaben in diesem Gremium hat sich die ganzen Jahre und Jahrzehnte bis 1989 nichts geändert.

Schon zum Zeitpunkt der Bildung der Arbeitsgruppe wurde mir von Ulbricht gesagt, dass zu deren Sekretär Alexander Schalck-Golodkowski bestimmt worden ist. Daraus ergab sich meine Aufgabenstellung bezüglich der Tätigkeit von Schalck. Schalck selbst hat in einem Interview für die Zeitung *Junge Welt* gesagt, dass er nur als Leiter Mittag unterstand. Und hierbei ging es nahezu ausschließlich um eine Fülle von Fragen, die mit der Aufgabenstellung der Arbeitsgruppe »BRD« zusammenhingen und bei denen zügig Entscheidungen getroffen werden mussten – durch Walter Ulbricht und dann durch Erich Honecker.[93]

Schalck leitete den Bereich »Kommerzielle Koordinierung« (KoKo) im Ministerium für Außenhandel in voller persönlicher Verantwortung. Der Bereich KoKo war Teil des Staatsapparates der damaligen DDR. Seine Aufgabenstellung wurde durch Verfügungen des Vorsitzenden des Ministerrates, und zwar durch Stoph, geregelt. Nach Honecker unterstand dieser Bereich Krenz und später Ministerpräsident Modrow[94]. Eine administrative Unterstellung des Bereiches KoKo unter Mittag gab es nicht und damit auch kein Recht auf Kontrolle, auch nicht aut dem Gebiet der Parteiarbeit.

Schalck hatte das Recht, weitgehend selbständig zu handeln. Seine Verbindung zum Staatshaushalt bestand durch das erwirtschaftete Endergebnis in Devisen. Diese zu erwirtschaften – das war der Auftrag. Über diese Mittel war dann in Zusammenhang mit der Sicherung der Zahlungsbilanz und mit den Volkswirtschaftsplänen zu entscheiden. Über diese wiederum befanden das Politbüro und der Ministerrat. Schalck war verpflichtet, alle seine Arbeit berührenden Verflechtungen mit staatlichen Organen, also vor allem der Staatlichen Plankommission, dem Ministerium für Finanzen, anderen Ministern – dazu gehörte bei Weitem nicht nur die Industrie, sondern auch die Landwirtschaft, das Gesundheitswesen, das Ministerium für Kultur – in eigener Verantwortung abzustimmen.

Es bestand eine enge Verflechtung von KoKo mit der gesamten Volkswirtschaft. Bei der Verwendung der erwirtschafteten Mittel erfolgten eindeutige Entscheidungen durch die verantwortlichen staatlichen Organe. Bei großen Objekten entschieden das Politbüro und der Ministerrat über den Umfang der Vorfinanzierung, zum Beispiel für die Errichtung einiger großer Hotels, die Anlagen zur Erreichung einer höheren Ausbeute bei der Erdölverarbeitung, den Ankauf von drei »Airbus«-Flugzeugen. Der Bereich KoKo selbst hatte für die Volkswirtschaft der DDR und für die Versorgung der Bevölkerung eine große Bedeutung.

Damals setzte sich nun endlich auf höchster Ebene auf beiden Seiten das Prinzip der Vernunft und des Realismus durch. Damals wurde auch deutlich, dass es weniger um Reden und großes Zeremoniell geht, sondern um konkrete Arbeit im Interesse der Menschen in beiden deutschen Staaten. Erstmalig wurde die Idee einer auf längere Sicht angelegten wirtschaftlichen Zusammenarbeit begründet.

Hier erwies sich als sehr nützlich, dass ich schon zuvor mit der Gesprächsführung mit maßgeblichen Politikern der BRD über die Handels- und Wirtschaftsbeziehungen betraut wurde. Das geschah zunächst in der Regel anlässlich der Messen in Leipzig. So traf ich 1979 zum ersten Mal mit Otto Graf Lambsdorff zusammen, und wir sollten uns dann über lange Jahre hinweg oft wieder begegnen. Es waren von Anfang an sachliche, offene und in zunehmendem Maße, so darf ich das von meiner Seite wohl sagen, auch ehrliche und vertrauensvolle Gespräche.

Im Zusammenhang mit den Gesamtgesprächen von Graf Lambsdorff und mir wurde ein erstes, wenn man das so sagen darf, strategisches Konzept der weiteren Zusammenarbeit auf ökonomischem Gebiet zwischen beiden deutschen Staaten behandelt, obwohl das damals niemand so bezeichnete und es vielleicht auch selbst von den Beteiligten noch nicht so gesehen wurde. Es war im strengen Sinne des Wortes natürlich auch noch kein langfristiges Abkommen. Es waren elf Punkte, die aber zum Teil bereits längerfristige Entwicklungslinien erkennen ließen. Das Entscheidende war, dass sie den konstruktiven Willen zur Vorwärtsentwicklung trugen, und zwar von beiden Seiten.

Die Gespräche waren offen, sachlich, konstruktiv und man darf sagen: auch vertrauensvoll. Meine Aufgabe war, im Gespräch mit Graf Lambsdorff die Hauptlinien der weiteren ökonomischen Zusammenarbeit zu umreißen. Das geschah in den bereits genannten elf Punkten. Die Analyse des erreichten Handelsvolumens und die Übereinstimmung zu dessen Ausweitung spielten dabei ebenso eine Rolle wie die Förderung neuer Formen der Zusammenarbeit, zum Beispiel die Gestattungsproduktion[95], die stärkere Einbeziehung kleinerer und mittlerer Betriebe und der Abschluss längerfristiger Vereinbarungen auf den Gebieten Metallurgie und für den Bezug von Steinkohle sowie der Ausbau der Verkehrsverbindungen.

Gegenstand des Gesprächs war auch die Frage der Zurücknahme des erhöhten Mindestumtausches für in die DDR einreisende Bürger der Bundesrepublik und Westberlins. Schmidt wandte sich gegen ein einseitiges Vorgehen der DDR auf diesem Gebiet, das kein Vertrauen schaffen könnte. Er erwähnte in diesem Zusammenhang die ausstehende Swing-Regelung.[96]

Ich selbst hatte Helmut Schmidt, damals Bundeskanzler, bereits 1980 kennengelernt, als er mich in Bonn zu einem Gespräch empfing. Es dauerte weitaus länger als geplant, über zweieinhalb Stunden. Alle Fragen standen zur Debatte, die ökonomischen wie die humanitären und nicht zuletzt die der Mittelstreckenraketen. Damals spielte ja die Verwirklichung des NATO-Doppelbeschlusses eine erhebliche Rolle in der internationalen Politik. Die DDR und die BRD waren die davon hauptsächlich Betroffenen. Ich hatte den Auftrag, die offizielle ablehnende Position der DDR dazu darzulegen. Helmut Schmidt hatte sich offenbar auf diese Unterredung gut vorbereitet, und er zeigte sich in der Lage, anhand konkreter Fakten über die Aufstellung sowjetischer Raketen auf dem Gebiet der DDR und die davon ausgehenden Gefahren für die BRD zu informieren. Auch er wolle keine neuen Raketen, sehe aber in der Verwirklichung des »Doppelbeschlusses« die einzige reale Möglichkeit, der Lage Rechnung zu tragen und schließlich ein Einlenken zu bewirken. So kam es dann auch. Ich hatte über diese eingehenden Darlegungen Schmidts ausführlich in Berlin berichtet, auch eingedenk der Tatsache, dass diese besorgten und warnenden Informationen ihren Weg nach Moskau finden würden. Bei aller Brisanz der besprochenen Fragen war es dennoch ein sachliches, ja in der Grundsubstanz auf gegenseitigem Verständnis und Respekt beruhendes Gespräch.

So war es auch bei späteren Gesprächen mit Helmut Kohl. Von den gegensätzlichen Grundpositionen wurde nichts verschwiegen. Aber das Ziel war stets, eine Atmosphäre der Zusammenarbeit zu schaffen, auch wenn die offiziellen Ausgangspunkte unterschiedlich waren. Natürlich ging es mir um die DDR, um günstigere Bedingungen für ihre Entwicklung. Ich lernte aber auch die Beweggründe und Besorgnisse der Bundesrepublik von Mal zu Mal besser zu verstehen, schließlich sprachen wir jeder deutsch.

Die Vielzahl der Begegnungen, die ich über die Jahre hinweg in Bonn und in Berlin und anlässlich der Leipziger- und

Hannover-Messen mit bundesdeutschen Politikern und mit maßgeblichen Wirtschaftsvertretern hatte, es mögen wohl nahe an die hundert sein, denn hinzu kamen auch Treffen mit Ministerpräsidenten der Bundesländer wie Björn Engholm[97] oder dem Regierenden Bürgermeister von Berlin, Eberhard Diepgen[98], mit politischen Persönlichkeiten wie Walther Leisler Kiep[99], mit Gerhard Stoltenberg[100] und Heinz Riesenhuber[101], formten bewusst wie auch unbewusst mein Denken. Die Begegnungen mit den bundesdeutschen Politikern nahmen einen sehr großen Raum in meiner Arbeit ein – Begegnungen ohne Dolmetscher.

Zweimal hatte ich Gelegenheit, mit dem Bundespräsidenten Richard von Weizsäcker[102] zu sprechen. Seine Persönlichkeit hat mich tief beeindruckt.

Meine Haltung zu den Beziehungen zur Bundesrepublik hatte ich im Ergebnis langjähriger Erfahrungen und mit dem Blick auf die damals absehbare Zukunft in meinen Ausführungen vor führenden Vertretern der BRD-Wirtschaft auf einer Veranstaltung der Industrie- und Handelskammer am 10. September 1987 in Köln dargelegt. Dort erklärte ich, dass es darum gehe, die Handels- und Wirtschaftsbeziehungen mit der Bundesrepublik weiter auszubauen. Ich versuchte aus damaliger Sicht, einige Perspektiven zu umreißen und erwähnte dabei neue Felder der gegenseitig vorteilhaften Zusammenarbeit, die sich insbesondere aus den Abkommen zum Umweltschutz und zur Zusammenarbeit auf dem Gebiet von Wissenschaft und Technik ergeben würden. Bezugnehmend auf das vorhergehende Gespräch mit Martin Bangemann, dem damaligen Wirtschaftsminister der BRD, trat ich dafür ein, die Struktur des gegenseitigen Warenaustausches zu verbessern. Erwähnt wurde besonders auch unser Bedarf an Recyclingtechnologien und -ausrüstungen in der ganzen Breite der Volkswirtschaft. Insgesamt schätzte ich die Möglichkeiten für Verhandlungen über Bezüge von Ausrüstungen aus der BRD in der nächsten Zeit auf 3,5 Milliarden DM. Hinsichtlich der Qualität der

Wirtschaftsbeziehungen erklärte ich ausdrücklich unseren Willen, neue Formen zur Kooperation zu suchen. Die DDR sei bereit, jeden Vorschlag, der beiden Seiten Nutzen bringe, zu prüfen. Damit war der Weg zu neuen Perspektiven abgesteckt. All das wurde von den Teilnehmern der Veranstaltung mit großem Interesse aufgenommen, sind doch von unserer Seite neue Akzente gesetzt worden.

Meine Grundposition war die der Kooperation mit der Bundesrepublik im weitesten Sinne. Es ging mir damals um einen aus meiner Sicht durchaus normalen und objektiv notwendigen Prozess des allmählichen Zusammenwachsens.

Erst 1987 gelang es mir, auch innerhalb der politischen Führung der DDR, mit der Idee der Kooperation offensiver zu werden. Das geschah im Zusammenhang mit dem Besuch Honeckers in der Bundesrepublik. Leider war es trotz großer Bereitschaft der bundesdeutschen Wirtschaft, wie sie auch auf der Tagung mit dem DIHT in Köln sich manifestierte, nicht möglich, bis auf Einzelprojekte, einen generellen Umschwung zu erzielen. Zu argwöhnisch wurde jede diesbezügliche Aktivität meinerseits beobachtet.

Ich darf für mich in Anspruch nehmen, dass ich mit der Initiierung von Kooperationsprojekten verschiedenster Art, auf die ich eingegangen bin, zwar nicht offiziell in Worten, aber in Taten den Konföderationsgedanken vertreten habe. Dem diente auch mein Drängen zur Bildung einer gemeinsamen Wirtschaftskommission, die stets an außenpolitischen Rücksichten (Westberlinfrage) scheiterte. In Wirklichkeit stand dahinter die Befürchtung, dass die DDR langsam aus der Klammer des RGW ausscheidet.

Gesprochen habe ich über diese Intentionen, mittels einer Konföderation auf dem Weg der Kooperation die Beziehungen zur BRD auf ein breiteres Fundament umfassender konstruktiver und nicht gegnerschaftlicher Zusammenarbeit zu stellen, bereits 1986 mit Gerhard Beil[103] und wenigen anderen. Aber diese Alleingänge konnten eben nicht zu dem erforderlichen

Durchbruch führen. Ich darf und will für mich in Anspruch nehmen, dass mein Wirken hinsichtlich der Zusammenarbeit mit der BRD nicht auf eine Verschärfung, sondern eine Entspannung der Situation gerichtet war.

Und wie viele Knüppel wurden mir auf diesem Weg der Herstellung gutnachbarlicher Beziehungen zur Bundesrepublik zwischen die Beine geworfen. Man erinnere sich nur an die Kampagne um den bedauerlichen Tod eines Rentners beim Transit BRD–Westberlin am Tag meiner Reise nach Hannover und Bonn 1986. Ich erfuhr davon aus dem Fernsehen während meines Aufenthaltes in der Residenz von Botschafter Ewald Moldt[104] in der Nähe von Bonn. Eine offizielle Mitteilung hatte ich nicht. Die Stimmung in der Öffentlichkeit war nicht gerade angenehm. Ich beschloss, meiner Mission für gutnachbarliche Beziehungen treu zu bleiben, vermied jede Zuspitzung auf unangemessene Reaktionen und Kommentare, fand Worte des Verständnisses über die Erregung der Öffentlichkeit und versuchte in den Gesprächen, verständnisvoll und damit beruhigend auf die entstandene Lage einzuwirken. Zu Hause machte man mir den Vorwurf, nicht sofort abgereist zu sein. In der Tat war die Entwicklung der Beziehungen zur BRD ein einziger Hindernislauf durch die eigenen Reihen.[105]

Seit den 80er Jahren ist verstärkt an einem Geflecht der Kooperation mit der BRD gearbeitet worden, wobei sich immer wirtschaftliche und politische Fragen auf das engste miteinander verflochten.

Aber: Von Kooperation durfte lange Zeit öffentlich nicht gesprochen werden, weil deren Notwendigkeit von solchen Agitatoren und Dogmatikern wie Schabowski, Krolikowski und anderen im Politbüro nicht verstanden wurde. Dass diese Kooperation, wovon ich erstmalig öffentlich 1987 während des Vortrages beim DIHT sprach, logischerweise den Weg zur Konföderation implizierte, war ein, wenn nicht der entscheidende Grund dafür, in dieser Richtung durch konkrete Maßnahmen viel zu tun, aber umso weniger darüber grundsätzlich zu reden. Während in zäher Kleinarbeit versucht wurde, das Geflecht der Kooperation als Fundament für Konföderation aufzubauen, feuerten Schabowski und andere ganze Breitseiten gegen den »BRD-Imperialismus« ab und schworen die Parteiorganisationen auf Abgrenzung ein.

Es gab die Bemühungen unsererseits, eine »Wirtschaftskommission DDR-BRD« in die Tat umzusetzen. Das war für die BRD wie für die DDR aus bündnispolitischen Fragen eine heikle Angelegenheit. Mit Bangemann schließlich, als dem Nachfolger Lambsdorffs, waren wir dann in den 80er Jahren kurz vor deren Gründung. Als Vorsitzende waren Bangemann bzw. Mittag vorgesehen. Das wäre ein wichtiger Schritt in Richtung auf eine Konföderation schon damals gewesen. Leider gab es wohl auf beiden Seiten Hindernisse, zum Beispiel wegen der Westberlin-Frage.[106]

Dabei war das zuweilen schon ein Drahtseilakt, der in Bezug auf die Beziehungen zur Bundesrepublik unter den kritischen Augen Dritter zu absolvieren war. Jetzt erst recht alles zu tun für Vernunft und Realismus in den gegenseitigen Beziehungen, war eine Losung, die ich mir zum Grundsatz praktischen Handeins gemacht hatte und der ich unter beliebigen Umständen durch die Tat, auch in gespannten Zeiten, um jeden Preis gerecht werden wollte.

Der Pflege dieser Beziehungen zur Bundesrepublik widmete ich eine zunehmende Aufmerksamkeit. Ökonomie und Politik verflochten sich hier immer stärker. Nichts durfte hier im Interesse der Friedenssicherung und der Menschen ins Stocken kommen. Es ging nicht nur darum, das Bestehende zu erhalten, sondern diesen Beziehungen einen dynamischen Charakter zu verleihen – das unter allen Bedingungen. Gerade in angespannten Situationen musste die Kontinuität zweifelsfrei gewahrt bleiben, durfte der Faden nicht abreißen. So entschloss ich mich 1984 trotz noch nicht verheilter Operationswunden am Bein die Kontinuität des Besuchs der Hannover-Messe nicht zu durchbrechen.

Im Laufe der Jahre, insbesondere nach der Konferenz von Helsinki, bildete sich bei mir immer stärker eine politische Grundposition zur Zusammenarbeit mit der Bundesrepublik heraus. Sie lässt sich kurz gesagt so charakterisieren:

- Entwicklung der ökonomischen Zusammenarbeit als stabiler Faktor für politische Gesamtbeziehungen im Sinne guter Nachbarschaft
- Ökonomische Zusammenarbeit nach dem Prinzip des gegenseitigen Vorteils
- Schließlich: Kooperation in der Ökonomie und Anstreben einer Qualität der beiderseitigen Beziehungen in Richtung auf Konföderation.

So waren die Gespräche 1987 gut vorbereitet. Ihr Stattfinden war das logische Ergebnis eines langen Prozesses. Ihr substanzieller Charakter wurde durch den Inhalt des »Gemeinsamen Kommuniqués« dokumentiert.

Und dann kam die Enttäuschung. Das erwartete nähere Zusammenrücken kam nicht zustande. Es gab nur noch geringe Chancen, die Dinge vorwärtszubringen. In der DDR war das durch das ausgeprägte und übertriebene Sicherheitsdenken geschaffene Beharrungsvermögen einfach zu groß. Jeder Schritt vorwärts in den Beziehungen mit der BRD stieß auf einen Wust kleinlicher Bedenken, die von den verschiedensten Seiten vorgeschoben wurden. Es fanden sich viele Stolpersteine, bis der 1987 so erfolgreich begonnene Weg bald in einer von Schlaglöcher übersäten Straße endete.

Vor seinem Besuch in der BRD 1987 sagte Erich Honecker im Politbüro, dass an der Grenze nicht geschossen werden dürfe. 1988, als die Diskussion über den Schusswaffengebrauch an der DDR-Grenze erneut heftig entbrannt war, bereitete ich mich zum schon traditionellen Besuch der Hannover-Messe im April vor. Ich war mir darüber im Klaren, dass dieses Problem das politische Klima in den Beziehungen zwischen beiden deutschen Staaten immer mehr belastete, belasten musste.

Von gutnachbarlichen Beziehungen konnte natürlich bei Weiterbestehen dieser Lage nur schwerlich die Rede sein.

Um in der Öffentlichkeit in dieser schwierigen Frage weiterzukommen, entschloss ich mich, auf dem Boden der BRD gegenüber der Presse in die Offensive zu gehen. Das Thema sollte nicht mehr umgangen werden. Auf entsprechende Fragen der Journalisten antwortete ich, dass sich der Verteidigungsminister der DDR und der Innenminister der BRD zusammensetzen sollten, um gemeinsam dieses Problem im Sinne seiner Lösung zu besprechen. Die *Bild*-Zeitung, der gegenüber ich diesen Gedanken äußerte, hat das dann auch korrekt abgedruckt. In Fernsehen und Rundfunk wurde dieser Vorschlag ebenfalls verbreitet.

Zu Hause erntete ich bei meinen Berufskollegen in der Führung keineswegs einhellige Zustimmung. Es gab Bemerkungen, dass die DDR in diesen Entscheidungen souverän sei bzw. dass das unsere »eigene Grenze« sei. All das sollte der Ablehnung einer solchen Erörterung dienen. Nachzutragen ist zu derartigen Bemerkungen, dass die DDR als Mitglied des Warschauer Paktes und bei Stationierung der Westgruppe der sowjetischen Streitkräfte auf ihrem Territorium gerade in Entscheidungen, die die Trennlinie zur NATO betrafen, in diesen Fragen des Grenzregimes in keiner Weise souverän war.

Ich möchte heute nach einem vollzogenen Erkenntnisprozess sagen: Die Frage der eigenen Verantwortung vor dem Volk, um die wirklich die Menschen bewegenden Fragen zu lösen, wurde immer weniger verstanden. So richtig vom Ansatz her das mit der sogenannten Hauptaufgabe 1971 umschriebene Konzept der Verbesserung der materiellen und kulturellen Lebensverhältnisse der Menschen war, so wenig wurde verstanden, was die Vorstellungen der Menschen von »Lebensqualität« anbelangte. Es wurden »nur« die Fragen der Versorgung gesehen, so wichtig sie auch immer waren. Aber es wurde nicht berücksichtigt, dass es um wesentlich mehr ging als um die materielle Versorgung. Es ging um geistige Bedürfnisse in großer Breite und nicht einseitiger Enge. Es ging im Denken der Menschen längst um uneingeschränkte Verbindung mit der Welt, um Reise- und Informationsmöglichkeiten.

Das wirkliche Gewicht dieser Fragen im Denken der Menschen auch für die Bestimmung ihrer persönlichen Position zur DDR wurde gröblichst unterschätzt. So gab es zum Beispiel in den Reisefragen viel Zögern, viel Hin und Her und viele Unklarheiten, wie dazu erlassene Bestimmungen zu handhaben seien. Das brachte Verunsicherungen; und der an und für sich aus damaliger Sicht große Fortschritt, dass beispielsweise 1988 und 1989 Millionen Menschen auch außerhalb des Rentenalters reisen konnten, verpuffte durch engherzige und bürokratische Behandlung des Problems. Ich will allerdings auch nicht verschweigen, dass die Finanzierung große Sorgen bereitete.

Gestattungsproduktion, Joint Venture, Kompensationsgeschäfte

Eine Hauptform frühzeitiger Kooperation war die Gestattungsproduktion. Das erfolgreichste Beispiel war die mit Salamander bereits in den 70er Jahren vereinbarte Zusammenarbeit, die entscheidend zur besseren Versorgung der DDR-Bevölkerung mit Schuhen in hoher Qualität beigetragen hat. Die Gestattungsproduktion wurde ausgeweitet auf die Zusammenarbeit mit solchen Firmen wie Schießer, Triumph, Blaupunkt und weitere Firmen. Wir waren daran interessiert im Sinne eines besseren Warenangebots, und die BRD vor allem im Sinne weiterer Absatzmöglichkeiten, die langfristig vertraglich gesichert wurden.

Mit dem Eintritt in die 80er Jahre kam es in der Chemie, der Metallurgie, im Kraftfahrzeugbau, in der Elektroindustrie, der Konsumgüterindustrie und auf anderen Gebieten zu gemeinsamen Industrieprojekten.

Ich denke dabei besonders auch an die wirtschaftlichen Kooperationsprojekte, die unter solchen Begriffen wie »Gestattungsproduktion« ein etwas undurchschaubares Etikett erhielten, die aber bereits eine Vorstufe zu »Joint Ventures« darstellten. 1988 und auch 1989 auf den Hannover-Messen gab es hier spürbare Fortschritte. Als einen wahren Durchbruch aus damaliger Sicht muss man die Vereinbarungen über den Stromverbund DDR-BRD-Berlin (West) betrachten, mit dem erstmals konkret ein politisches Dogma hinsichtlich der besonderen Rolle Westberlins in Bezug auf die Bundesrepublik durch eine konkrete substanzielle Vereinbarung auf ökonomischem Gebiet durchbrochen wurde. In der Breshnew-Zeit war ein derartiges Projekt von der Sowjetunion aus außenpolitischen Gründen abgelehnt worden.

So wurden unter nicht wenigen Schwierigkeiten die Anfänge für ein neues Klima der Zusammenarbeit auf qualitativ höherem Niveau und mit Zukunftperspektive geschaffen. Wer das unvoreingenommen betrachtet, muss zu dem Schluss kommen, dass das, was 1989 geschah und vor allem wie es geschah, nämlich auf friedliche Weise, auch mit der Tatsache der Existenz langjähriger und quantitativ wie qualitativ gewachsener ökonomischer und darüberhinaus politischer Beziehungen mit der Bundesrepublik zusammenhängt. Es entwickelte sich eine Atmosphäre gegenseitigen Vertrauens, denn beide Seiten waren nicht mehr allein auf Konfrontation, sondern mehr und mehr auf Kooperation und friedliche Zusammenarbeit bedacht. Leider muss man sagen, dass einige Ansätze nicht zügig genug in die Tat umgesetzt wurden. Das betraf beispielsweise die Verkehrsverhandlungen. Es gab zu viele interne Querschüsse. Die Staatliche Plankommission konnte angeblich keine Mittel für den Ausbau einer neuen Schnellverbindung zwischen Hannover und Berlin bilanzieren. Stoph wie auch Neumann, der ja für Verkehrsfragen im Ministerrat speziell verantwortlich war, zeigten überhaupt kein Interesse an diesen Dingen. Die 1987 gebotene Chance hätte wesentlich konstruktiver und aktiver genutzt werden müssen.

Nehmen wir nur das viele Menschen bewegende Beispiel der Entwicklung der Kooperation mit VW. Der Ansatz war schon gemacht mit der 1984 vereinbarten Kooperation beim Motorenbau. Es musste jedem ernsthaft darüber nachdenkenden Interessenten klar sein, dass dies ein Anfang war, der logischerweise den weiteren Ausbau der Kooperation nach sich ziehen musste. Aus der Sicht von VW war es ein erster Schritt, eine Plattform für das heutige Engagement in der DDR. Darauf aufbauend wird jetzt die PKW-Produktion vorbereitet. »Aus dem Stand«, so der Vorstandsvorsitzende von VW, Dr. Carl Hahn, im Juli 1990, »konnte somit durch den Partner IFA und auf Grund der guten langjährigen Zusammenarbeit mit der DDR Zuliefer- und Maschinenbauindustrie Volkswagen zum größten Investor in der DDR werden – sicherlich nicht nur zum Vorteil von Volkswagen, sondern auch der DDR-Wirtschaft ...«[107]

Hier zeigt sich am konkreten Beispiel die zukunftsweisende Dynamik, die solchen Projekten innewohnt. Dass zunächst nur auf einem Teilgebiet angefangen werden konnte, ist zugleich kennzeichnend für den geringen Spielraum, der unseren Unterhändlern in dieser Frage zugemessen war. Es musste damals sehr vorsichtig vorgegangen werden, um, wie man so sagt, keine schlafenden Hunde zu wecken. Das betraf auch die Öffentlichkeitsarbeit, denn von Seiten der RGW-Partner wurde gerade dieses Projekt mit äußerstem Argwohn beobachtet. Faktisch wurden durch den Aufbau des neuen Komplexes Zwickau-Mosel schon bestimmte materielle Voraussetzungen für eine neue Autoproduktion in VW-Kooperation geschaffen. Für eine Verwirklichung gab es in den 80er Jahren jedoch keinen Konsens in der Führung, und die in der Tat angespannte Situation in der Zahlungsbilanz wurde als Argument benutzt, um jeden ernsthaften Schritt zu weiterer Kooperation, auch wenn er sich noch so gut rechnete und für die Menschen wichtig war, zu bremsen oder gar zu stoppen.

1986 beispielsweise versuchte ich einen Vorstoß hinsichtlich der Gründung von Joint Ventures, weil mir das als die einzig perspektivreiche Möglichkeit erschien, aus dem Rückstand im Technologieniveau herauszukommen und eine weltmarktfähige Produktion zu sichern. Mit dem Hinweis auf die Verfassung wurde das zunichte gemacht. Ich nahm es auf meine Kappe, dem Außenhandel und den Industrieministern dahingehend den Rücken zu stärken, trotzdem Verträge, die einem Joint Venture sehr nahe kamen, abzuschließen. Das betraf beispielsweise die langjährige erfolgreiche Kooperation mit Salamander und der DDR-Schuhindustrie.

Unter diesem Aspekt sind vor allem die sogenannten Kompensationsgeschäfte zu sehen, die die Kombinate der DDR mit zahlreichen Unternehmen aus Japan, Frankreich, der Bundesrepublik, Belgien, aus Großbritannien und anderen westlichen Ländern abschlossen. Sie funktionierten in der Regel ausgezeichnet zur Zufriedenheit beider Partner. Diese Kompensationsgeschäfte bedeuteten nichts anderes, als dass westliche Unternehmen Anlagen oder ganze Fabriken auf dem Territorium der DDR errichteten und die Rückzahlung in der Regel mit Produkten aus diesen Anlagen oder auch mit anderen Erzeugnissen aus der DDR-Produktion erfolgte. Für die DDR hatte das den Vorteil, moderne Technologien aus erster Hand einsetzen zu können. Durch die vertraglich vereinbarte Abnahme der Produkte wurde die Marktarbeit erleichtert. Die ausländischen Unternehmen sahen den Vorteil in einer echten Kapitalanlage. Sie waren zwar nicht im juristischen Sinne Eigentümer dieser Anlagen, hatten aber bei deren Betrieb und vor allem bei der Vermarktung der Produkte ein erhebliches Mitspracherecht. Zugleich gab es von Seiten der DDR staatliche Garantien. Das waren Bedingungen, unter denen die westlichen Unternehmen gern in der DDR investierten. Die Angebote waren größer, als die DDR sie verkraften konnte – außerdem durfte auch hier der Bogen nicht überspannt werden, da es im eigenen Land genügend Anhänger der Autarkie, sprich der Selbstgenügsamkeit, gab. Und gerade diese Kompensationsgeschäfte, in die in manchen Jahren Milliarden investiert wurden, waren gegen Autarkie und Abschottung gerichtet. Sie förderten objektiv die Verflechtung mit der weltweiten internationalen Arbeitsteilung.

Die Kooperation mit der BRD hatte sich schon seit langem entwickelt, und ich habe diese aktiv, nach Maßgabe der Möglichkeiten im Sinne des gegenseitigen Vorteils gefördert. Diese Kooperation wurde praktiziert, ohne sie als solche öffentlich zu charakterisieren.[108] Das hätte innere Widerstände geschürt und äußere verstärkt. Überhaupt galt der Grundsatz des Vertrauens und der gegenseitigen Verlässlichkeit. Weniger öffentlicher Lärm, aber dafür mehr praktisches Handeln im Interesse der Menschen, das war damals eine allgemeine anerkannte Maxime seriöser Zusammenarbeit. Darüber waren wir uns in vielen Verhandlungen einig. Die Zusammenarbeit funktionierte lange Zeit auf dieser Basis und hatte auch langfristige Perspektiven. Natürlich reifte eine neue Qualität heran. Um weiter voranzukommen, musste dazu ein neuer Schritt gegangen werden. Er konnte nur die Vorbereitung von Joint Ventures in größerem Umfange bedeuten.[109]

All das waren erste Schritte in Richtung auf eine Konföderation beider Staaten. Dafür gibt es eindeutige Markierungspunkte, wie den Bau des Dom-Hotels am Platz der Akademie mit dem ausdrücklichen Zweck der Förderung des Tourismus. Das wurde zwischen dem damaligen Wirtschaftsminister der BRD Martin Bangemann und mir besprochen und vereinbart. Dieses schöne Bauwerk an traditionsreicher Stätte inmitten von Berlin ist inzwischen vollendet. Auch in Zusammenhang mit den Gesprächen über die Verbesserung der Gewässergüte der Elbe haben wir weitergehende Ziele anvisiert. Wir waren uns auch darüber einig: Wenn wir zügig arbeiten, werden wir gemeinsam von Hamburg bis nach Dresden fahren.

Gerade beim Ausbau der Verkehrsverbindungen, auch bei der Rekonstruktion der Transitautobahn Berlin–Helmstedt, ging es um politische Hindernisse und politische Standpunkte, nicht einfach nur um ökonomische Erwägungen, wie manchmal in oberflächlicher Weise unterstellt wird. Es standen sich hier auch Meinungen von der DDR-Seite und einigen Vertretern der Sowjetunion gegenüber. Schließlich sollte die Abschottung der DDR gegenüber der BRD, so war einmal die vorherrschende Meinung zumindest bis 1985, nicht aufgegeben werden. Der Bau der Autobahn wurde aus militärstrategischer Sicht als mögliche »Rollbahn gen Osten« gesehen und sollte mit diesem Argument verhindert werden. Auch die Verhandlungen zum Grenzübergang Staaken wurden mit Argumenten zum Vorhandensein militärischer Objekte behindert. Diese Entwicklungen führten auch dazu, dass der sowjetische Botschafter in der DDR Jefremow[110] nach kurzer Zeit seiner Tätigkeit abgelöst wurde.

Ich gehe deshalb auf diese Dinge ein, um deutlich zu machen, dass die Beziehungen der DDR zur BRD lange Zeit beeinflusst worden sind durch das Denken in den Kategorien des Kalten Krieges, ich möchte sagen, zu lange. Diese Schritte zu einer, wenn vergleichsweise auch nur bescheidenen Kooperation haben sich in vieler Hinsicht als von Bestand erwiesen. Auf diese Weise wurden Tatsachen geschaffen, die im Interesse der Menschen liegen, die jetzt in einem einheitlichen Deutschland leben.

Die Reise durch den Raketenzaun

Nachzutragen ist ein Hinweis auf die komplizierte Vorgeschichte des Besuchs des Staatsoberhauptes der DDR in der BRD. 1981 lud der damalige Bundeskanzler Helmut Schmidt während seines Aufenthaltes am Werbellinsee in der DDR Erich Honecker zu einem Gegenbesuch in die Bundesrepublik ein. 1982 erfolgte dafür die erste Planung. Ihre Verwirklichung scheiterte an der sich damals im Herbst zuspitzenden innenpolitischen Situation in der BRD um das Schicksal der Regierung unter Helmut Schmidt.[111] Aber auch unter der neuen Regierung Kohl blieb die einmal ausgesprochene Einladung ausdrücklich erhalten. Das war für die Zukunft der Beziehungen und schließlich auch für die friedliche Vereinigung von größer Bedeutung. Die Tür wurde von Seiten der BRD nicht zugeschlagen, sie blieb für sachliche Zusammenarbeit im Interesse des Friedens und der Menschen offen.

Dann gab es weitere Vorbereitungen Anfang der 80er Jahre. Der Streit um die Aufstellung neuer Mittelstreckenraketen verhinderte die Verwirklichung. Erich Honecker musste absagen. Es fiel mir zu, gegen vorhandenen Widerstand mit der »Reise durch den Raketenzaun« 1983 das Tor trotzdem offenzuhalten. Es gab immer Versuche, die beabsichtigte Reise in die BRD durch mehr oder weniger massiven Druck zu verhindern. Ich erinnere mich noch wie heute an die Situation 1983, als im April die internationale Karl-Marx-Konferenz stattfand. Ein Tag vor deren Beginn fand eine Sitzung des Politbüros statt. Dort wurde gesagt, dass nach Maßgabe der KPdSU keine hochrangigen Delegationen aus anderen Staaten des Warschauer Vertrages in die BRD fahren sollten. Einen Tag später trat ich meine Reise nach Hannover und Bonn an. Das war zu der Zeit Breshnews[112] und seiner unmittelbaren Nachfolger, in der jeder Schritt der DDR in Richtung auf die Bundesrepublik kritisch begutachtet und auch beeinflusst wurde. Diese Politik wurde bis 1985 noch von einzelnen Stellen in den Moskauer Apparaten fortzusetzen versucht. So gab es noch kein »grünes Licht«, das schon lange Versäumte nachzuholen. Selbst Gorbatschow hatte es in diesem Punkt damals noch schwer, und er erklärte uns nach seinem Amtsantritt, dass er es sei, der eigentlich vorher in die BRD reisen müsse; wie solle er sonst eine Reise Erich Honeckers in die Bundesrepublik Deutschland seinem Volk erklären? Nach vielen Anläufen und langem Hin und Her kam der Besuch im September 1987 doch noch zustande. Zu verdanken war dies einer Politik auf beiden Seiten, die Kontakte nicht abreißen zu lassen, sondern sie zu intensivieren. Das kam insbesondere während der Leipziger Messen, die sich dazu besonders gut eigneten, aber auch bei anderen Gelegenheiten zum Ausdruck.

Die Aufrechterhaltung normaler Beziehungen zur BRD war geradezu verpönt. Trotzdem wurden sie weiter gepflegt. Auch die Besuche in Hannover fanden wie gehabt statt. Es gab auch ein Gespräch bei Helmut Kohl in Bonn. Trotz unterschiedlicher Meinungen zur Raketenstationierung wurde von beiden Seiten der Wille bekräftigt, am Konzept der Zusammenarbeit festzuhalten. Dabei hatte natürlich die Losung »Jetzt erst recht!« eine sehr grundsätzliche Bedeutung.[113] Damals wurden Weichen in Richtung auf die Überwindung der drohenden Eiszeit und für die Perspektive eines friedlichen Zusammenlebens der Völker in Europa gestellt. Anstelle der drohenden totalen Abschottung wurde hier ein Weg gebahnt, der bis in die heutige Zeit reicht – ohne damals auch nur im geringsten Kenntnis von seinem jetzten Verlauf gehabt zu haben.

Ich hatte dabei durchaus nicht die Rückendeckung aller Mitglieder des Politbüros. Honecker stimmte den Reisen zu, und es gab auch wie immer bei solchen Reisen einen Beschluss. Aber was ist das manchmal schon wert, wenn etwas schiefgeht. Und schiefgehen konnte es schon, wenn man nur an das denkt, was in dieser Zeit öffentlich erklärt wurde.

Nach einem der »berühmten« Krim-Treffen mit Breshnew – es war im Jahre 1980 – berichtete Erich Honecker im Politbüro, dass es zu zwei Personen aus der DDR Fragen nach ihrer politischen Zuverlässigkeit gegeben habe. Also auf gut deutsch, dass sie verdächtigt wurden, für die gegnerische Seite zu arbeiten. Bei der einen Person handele es sich um einen General der Nationalen Volksarmee. Es stellte sich dann aber heraus, dass sich der genannte Name auf einen General der Bundeswehr bezog. Bei der zweiten Person handele es sich um ein Mitglied des Politbüros. Ein Name wurde damals nicht genannt. Später sagte mir dann Erich Honecker, dass ich damit gemeint gewesen war, eine Überprüfung jedoch negativ ausgefallen sei. Das zur Kennzeichnung des großen persönlichen Risikos für diese Arbeit zum gegenseitigen Vorteil beider Staaten unter den damaligen Bedingungen.

Wie groß es wirklich war, wusste ich damals noch nicht. Man hat mich in Zusammenhang mit meinem aktiven Eintreten für gutnachbarliche Beziehungen zur Bundesrepublik sogar der Spionage verdächtigt. Es gab, wie jetzt in Veröffentlichungen deutlich gemacht worden ist, deshalb eine Bespitzelung meiner Person durch die Staatssicherheit mit der absurden Begründung möglicher Spionage. »Dieser Spionageverdacht wurde erstmals vom Leiter der Stasi-Abteilung 18 geäußert; sie war für Wirtschaftsfragen zuständig«, hieß es in der *Bild* vom 20. April 1991. »Es gab [...] Hinweise, dass die Staatssicherheit vor der Wende gegen Mittag ermittelt hat. Gerüchte deuteten auf enge Beziehungen zu westlichen Konzernen hin – zum Schaden der DDR. Auch ist die Rede davon, er sei als hochrangiger Maulwurf verdächtigt worden. Die Ermittlungen seien auf Befehl Mielkes eingestellt worden. Die es genauer wissen, schweigen.«

Soviel Schwachsinn, wie in dieser Fragestellung steckt, habe ich nie für möglich gehalten. Leider ist es Realität, wie sich jetzt herausstellt. Mielke hatte überall seine Informanten. Er berichtete selbst über interne Gespräche des Staatsratsvorsitzenden mit dessen Besuchern, wie das in Zusammenhang mit dem Gespräch Honecker–Gaus[114] u. a. deutlich wird. Es war nicht der Übereifer nachgeordneter Abteilungen des Ministeriums für Staatssicherheit, der zur Bespitzelung führte, sondern hier gab es offensichtlich Aufträge durch Mielke.[115]

In all dem sehe ich jedoch eine Bestätigung meiner seit Jahren bestehenden Kenntnis, dass einige aus der ehemaligen SED-Führung und der Staatssicherheit (MfS) gegen eine sachlich-konstruktive Kooperation mit der BRD waren und sich gegen das Bestreben wandten, die Abschottung der DDR gegenüber dem Westen zu durchbrechen.

Das belegt, wenn auch sicher ungewollt, eine Äußerung von Egon Krenz an gleicher Stelle: »Ich habe von diesen Gerüchten gehört. Aber wir konnten ihnen nicht mehr nachgehen.« »Wir konnten nicht«, also war die Absicht da. Das sagt jener

Mann, der nach seinem Amtsantritt vorgab, gute Beziehungen zur Bundesrepublik entwickeln zu wollen. Aber in Wirklichkeit waren eben wirklicher Wille und konkrete Taten für die Entwicklung der Beziehungen zur BRD solchen Leuten wie Krenz, Stoph und anderen immer suspekt. Auch jetzt noch entlarven sie sich in diesem sensiblen Punkt, in dieser Schicksalsfrage für die Menschen im Osten Deutschlands. Wer dafür eintrat, dem drohten alle nur denkbaren Konsequenzen. Und nun scheuen sich dieselben Leute nicht, auch jetzt noch die politischen Aktivitäten dazu ins Zwielicht rücken zu wollen, und sie entschuldigen sich beinahe noch dafür, dies nicht mehr verfolgt zu haben. Sie, die damals schon eine Hetzjagd organisieren wollten, wollen diese »Jagd« noch jetzt fortsetzen. Was ist ihr Ziel?

Nicht wenige maßgebliche Leute im Politbüro haben mir also meine Kontakte mit der BRD verübelt, und diese Tatsache spielte auch bei meinem Sturz im Oktober 1989, wenn nicht offen, so doch unterschwellig, eine ganz entscheidende Rolle.

Ich möchte hier auch erwähnen, dass es mindestens zwei Personen gab, die mich im Auftrage der Staatssicherheit beobachten sollten. So groß war das Misstrauen. Eine Annäherung an die BRD sollte schon im Keim erstickt werden, und die Personen, die dafür eintraten, sollten zu Fall gebracht werden. Das geht eindeutig aus den »Notizen« von Krolikowski hervor, »Notizen«, die an eine ausländische Adresse gerichtet waren. Das Eintreten für gute Beziehungen zur Bundesrepublik wurde faktisch kriminalisiert. Das hängt mit einer bestimmten politischen Konzeption zusammen, die sich als falsch erwiesen hat und die durch das Leben widerlegt worden ist.

Die Politik der Herstellung gutnachbarlicher Beziehungen zur Bundesrepublik wurde als Verrat eingestuft. Jeder Versuch der Modernisierung und der Durchbrechung der Abschottung wurde als »Abweichung« gebrandmarkt.[116] Die Möglichkeiten einer Verständigung mit der ERD-Regierung wurden als »totale Fehleinschätzung« abqualifiziert.[117]

Kritisiert wurde, dass die Abgrenzungspolitik, wie sie in der »Geraer Rede« Honeckers 1980 postuliert worden ist, nur halbherzig durchgeführt und auch in öffentlichen Erklärungen wieder in Frage gestellt worden ist.[118] Sie enthielt faktisch unerfüllbare Bedingungen für die Gestaltung normaler Beziehungen zur BRD. Das erfolgte, »nachdem ihn Genosse Breshnew dazu gedrängt hatte«.[119]

Die Angriffe gegen Handel mit der BRD wurden immer massiver. Vierzehn Milliarden Umsatz waren schon viel zuviel.[120]

Über meine Position berichtet Krolikowski am 16. Dezember 1980: »Dann tritt GM vor dem 13. Plenum auf, um den BRD-Imperialismus nicht anzugreifen und nicht zu verurteilen, ja, er wiederholt nicht einmal die Geraer Forderungen, damit sie nicht im ZK bestätigt werden, ja, er spricht in weichen Tönen, dass man gleichberechtigte Beziehungen zwischen der DDR und der BRD pflegen müsse.«[121]

Ja, es stimmt, ich bin in Wort und Tat für die Kooperation mit westdeutschen Konzernen eingetreten. Ich habe zwar niemals einen diesbezüglichen Geschäftsvertrag unterschrieben – das war immer Sache der Außenhandelsunternehmen –, aber ich habe diese Kooperation politisch gefördert, weil ich fest davon überzeugt war, dass dies zum Nutzen der DDR war, natürlich auch zum Nutzen der westlichen Geschäftspartner. Das Prinzip des gegenseitigen Nutzens wurde auch damals in der Öffentlichkeit immer betont, sonst wäre es wohl kaum zu irgendeinem Abschluss gekommen.

Aber allein der Gedanke der Kooperation mit der BRD war wohl ausreichend, mir mit Misstrauen zu begegnen. Es gab in der Führung nicht wenige Kräfte, die das nicht wollten. Sie sind über Lippenbekenntnisse hinsichtlich guter Beziehungen zur BRD nie hinausgekommen, weil ihnen das Gegenteil lieber gewesen wäre. Diese Bremser haben verhindert, dass manche Projekte zügiger und auch umfassender in Angriff genommen werden konnten. Nach Bekanntwerden all dieser Tatsachen ist mir auch klar geworden, warum ich über die Existenz von Geheimdokumenten Mielkes in Zusammenhang mit Teilen des Bereiches »Kommerzielle Koordinierung« (KoKo) in keinem einzigen Falle informiert worden bin.

Es gab leider auch die Erscheinung, dass jeder wesentliche Schritt zur Annäherung an die BRD – ob er nun als solcher bezeichnet wurde oder nicht – von zusätzlichen und viele Menschen belastenden unerträglichen inneren Sicherheitsmaßnahmen begleitet war. Der großzügigen Erweiterung der Einreisemöglichkeiten für BRD-Bürger folgte ein ausgeklügeltes System von sogenannten Kontaktverboten mit Bürgern der BRD und aus anderen westlichen Ländern. Das war für Hunderttausende belastend und führte zu vielen persönlichen Konflikten. Das hatte nicht zuletzt auch Konsequenzen für eine effektive Gestaltung der ökonomischen Beziehungen. Mehr Vertrauen in die Staatsbürger des Landes hätte dem Sozialismus in der DDR besser zu Gesicht gestanden.

Es gab aber auch den allmählichen Abbau der Grenzanlagen, die Beseitigung der Selbstschussanlagen, die überflüssig und unmenschlich waren, die Räumung von Minen. Diese Maßnahmen waren nicht ausreichend für normale Beziehungen, aber sie zeigten die andere Tendenz.

Auch das geschah nicht ohne Auseinandersetzung. Nicht wenige erhoben Bedenken gegen eine solche realistische Politik.

Ich muss sagen, es war höchste Zeit. Die Grenzbefestigungen sind im Laufe der Jahre ständig perfektioniert worden. Das hat großen politischen und psychologischen Schaden gebracht und die DDR in die Defensive geführt. Mit der stereotypen Antwort: »Die Mauer wird so lange bestehen, wie die Bedingungen zu ihrer Errichtung vorhanden sind«, konnte es weder in der Öffentlichkeit noch auf dem internationalen Parkett ein Weiterkommen geben.

Die mehrfachen Grenzzäune, die Betontürme, die Sicherheitszäune, die Beleuchtungsanlagen, die elektrischen Signalsysteme – all das und mehr kostete Unsummen, auch zuweilen an Devisen. Das wurde aus einem großen Topf bezahlt. Alles, was sich die Verantwortlichen auf diesem Gebiet ausdachten, wurde eben als notwendig eingestuft und ohne zu fragen an allen Gremien vorbei genehmigt.

Auch ich wäre nicht in der Lage, dafür die Summen zu nennen, aber man braucht weder Fachmann noch Insider zu sein, um zu erahnen, um welche volkswirtschaftlichen Größenordnungen es sich hier handelt. Sie übertrafen das, was mehrere Industriebereiche an Investitionen zusammen erhielten.

Was den Abbau von Hinternissen in den Beziehungen zwischen den Menschen beider deutscher Staaten anbelangt, so hatte ich dazu vom Grundsatz her eine positive Einstellung und versuchte, im Rahmen des Möglichen zu helfen – wenn ich auch aus heutiger Sicht sagen muss, dass es zu wenig war.

Man hat mir oder meiner Begleitung während meiner Besuche in der BRD, aber auch in anderen europäischen Ländern, immer Listen mit Anträgen überreicht. Ich habe sie entgegengenommen und nach Maßgabe meiner Möglichkeiten für eine entsprechende Entscheidung gesorgt.

Viele diesbezügliche Anträge gingen mir auch aus dem Bezirk Erfurt, meinem damaligen Wahlkreis, zu. Es war mein unumstößliches Prinzip, sie alle zu lesen, wie überhaupt jede Eingabe, die an mich adressiert war. Die Praxis, dass das Vorzimmer entschied, welche Post der Chef erhält, gab es bei mir nicht. Das stand aber in Gegensatz zur gängigen Übung. So hatte ich stets einen Überblick über die Wünsche und Meinungen und war oftmals berührt von den menschlichen Schicksalen, die daraus sprachen. Das beeinflusste natürlich bewusst und auch unbewusst meine Haltung zu den politischen Vorgängen, und das bestärkte mich immer wieder, konstruktive Beziehungen zur BRD zu suchen, um möglichst viele der Reibungen, Ärgernisse und Belastungen für die Menschen abzubauen.

Mit großem Misstrauen wurden die Städtepartnerschaften behandelt. Die Diskussion über ihre Zweckmäßigkeit entbrannte immer wieder. Jeder Schritt zur Erweiterung, zum Ausbau (schon solche Vokabeln mussten in der Öffentlichkeit vermieden werden) und zur Entwicklung auch der Wirtschaftsbeziehungen mußte im Inneren schwer erkämpft werden.

Die begonnene Kontinuität der Beziehungen wurde durch den Regierungswechsel in Bonn nicht unterbrochen. Auch hier erwies sich die einmal intensivierte wirtschaftliche Zusammenarbeit zwischen beiden deutschen Staaten als ein sehr tragfähiges Element.

Die Schritte dazu wurden gegangen im Sinne einer Politik des Realismus und der Vernunft, wenn man so will, aus pragmatischer Sicht. Es waren Schritte, die nicht ohne politisches Risiko waren. Sie setzten manchmal Alleingänge, zumindest aber viel Eigeninitiative voraus, und es schmerzt doch, dass man mir zum Vorwurf gemacht hat, solche Schritte getan zu haben. Diese Vorwürfe kommen von Leuten, die selbst alles unternommen haben, um jeden Schritt zur Entwicklung der Beziehungen zur BRD mit äußerstem Argwohn zu beobachten und die in diesen Fragen weder ein positives Konzept hatten noch irgendeine konstruktive Initiative entwickelten.

Die Lösung humanitärer Fragen hat stets meine Unterstützung gefunden. Das betraf sachliche und aufrichtige Beziehungen zur Kirche ebenso wie die Behandlung von Ausreiseanträgen. Vieles geschah im Stillen. An die Öffentlichkeit drangen mehr die lauten und manchmal auch überflüssig starken Worte. Im Hintergrund wurden dafür jedoch Dinge getan, die im Endergebnis viel für beide Seiten brachten, die aber aus politischen Erwägungen heraus, an denen beide Seiten zu manchen Zeitpunkten gleiches Interesse hatten, nicht an die Öffentlichkeit gelangten oder unter Wert verkauft werden mussten – weil die Interessen der Menschen höher standen als politische Teilerfolge. Auch das gab es, und auch das soll hier gesagt werden.

In jenen Jahren nach dem Abschluss des »Grundlagenvertrages« war es nur logisch, dass sich die trotz mancher Widrigkeiten insgesamt fruchtbringenden Beziehungen zum gegenseitigen Vorteil beider Staaten und der Menschen weiter fortsetzten, bis die Vereinigung den historischen Schlussstrich unter diese gesamte Periode zog.

Moderne Technologien

Besonders in Japan, aber auch in Frankreich, Belgien, Österreich und auch in der BRD lernte ich aus eigener Anschauung moderne Industrieanlagen kennen, die mit Hilfe der auf Mikroelektronik beruhenden Computertechnik hochautomatisiert waren. Diese eigene Anschauung spielte eine große Rolle für mein Engagement zur Einführung solcher modernen Technologien in der DDR. Was man mit eigenen Augen in lebendiger Funktion sieht, ist Tausend Mal eindringlicher, als darüber zu lesen, und auch wesentlich nachhaltiger in seiner Wirkung auf das eigene Denken als das Anschauen von Filmen. Trotz beschränkter Zeit bei Auslandsaufenthalten nutzte ich die Gelegenheit, moderne Betriebe oder auch Forschungsstätten kennenzulernen.

Natürlich wusste ich, dass solche Besuche nur begrenzte Erkenntnisse für das Verständnis dieser Technologien ermöglichten. Die technologischen Vorgänge im Detail zu verstehen, darin sah ich auch gar nicht meine Aufgabe. Für mich war es wichtig zu sehen, was sich in der Welt auf diesem Gebiet vollzieht und welche Konsequenzen sich daraus für die Ökonomie ergeben. Ich habe dann dafür gesorgt, dass, wenn Einladungen ausländischer Partner vorlagen, die entsprechenden Fachleute aus Wissenschaft und Industrie solche modernen Anlagen näher studierten. Bei solchen Reisen hatte mich der damalige Präsident der Akademie der Wissenschaften der DDR, Professor Dr. Hermann Klare[122], zweimal begleitet.

Leider haben solche verantwortlichen Leute wie Stoph oder Neumann wohl niemals die Gelegenheit wahrgenommen, sie moderne Technik auf internationaler Ebene anzusehen. Das interessierte sie offenbar weniger. Sie verkannten völlig die Dynamik auf diesem Gebiet und glaubten offenbar, die DDR könne sich daran irgendwie vorbeimogeln.

Sehr aufmerksam verfolgte ich die internationalen Entwicklungen in Wissenschaft und Technik. Mit großer Sorge sah ich, wie die modernen Industrieländer des Westens und Japan uns davoneilten. Ich hielt es für meine Pflicht, diese Lebensfragen für ein hochindustrialisiertes Land, wie es die DDR darstellte, immer wieder auf die Tagesordnung der Politik zu setzen. Das betraf auch das Gebiet der Mikroelektronik. Mit ihrer Anwendung wurde über die Zukunft einer modernen Industrie entschieden. Aber es ist einfach lächerlich, wenn diesbezüglich Anstrengungen als ein Versuch der DDR gedeutet werden, Japan in der Mikroelektronik zu überflügeln.

Immer klarer trat für mich zutage: Der Lebensstandard in der DDR war nur durch den Übergang zu einem höheren Niveau der Arbeitsproduktivität zu halten. Das bedeutete die Einführung solcher Technologien wie die Mikroelektronik, die Computertechnik, flexible Automatisierungslösungen, die Veredlungschemie und -metallurgie, den Präzisionsmaschinenbau, die Herstellung moderner Konsumgüter und anderes mehr.

Moderne Technologien bedeuteten auch Investitionen. Da ging dann der Streit los. Schon in der Staatlichen Plankommission wurde aus diesen Gründen dagegengehalten. Man ging lieber nach dem »Gießkannenprinzip« vor. Jeder sollte etwas bekommen, obwohl selbst dabei manche fast leer ausgingen, weil die Mittel nicht hin und nicht her reichten. Subjektive Einschätzungen, unterschiedliches Durchsetzungsvermögen verantwortlicher Minister, aber auch manche Freundschaften oder Nichtfreundschaften spielten ebenfalls eine Rolle bei der Verteilung der immer zu knappen Investitionsmittel.

Die Forderungen nach dem Aufbau von einigen mikroelektronischen Fertigungslinien wurden nur unter dem Gesichtspunkt der Belastung der finanziellen und materiellen Fonds gesehen. Niemand vermochte jedoch die Frage zu beantworten, wie unter den Bedingungen des Embargos die DDR zu entsprechenden Schaltkreisen kommen sollte. Auch die UdSSR konnte bei Weitem nicht den Bedarf decken. Gerade in den letzten Jahren gab es infolge hohen Eigenbedarfs der UdSSR oftmals Stornierungen von zugesagten Schaltkreislieferungen, aber auch bei Ausrüstungen auf diesem Gebiet.

Die DDR mußte eigene Anstrengungen unternehmen. Nicht wenige engagierte verantwortliche Leiter, Minister wie Staatssekretäre, Generaldirektoren, Wissenschaftler der Akademie und der Industrie, Entwickler, Konstrukteure und Technologen, hochqualifizierte Facharbeiter erkannten das. Viele von ihnen waren mit Begeisterung bei der Sache, auch Studenten und Professoren an den Universitäten und Hochschulen. Sie wussten um die zukunftsweisende Bedeutung dieser und anderer moderner Technologien.

Der Abstand durfte nicht zu groß werden. Ein bestimmtes Grundniveau dieser die ganze Volkswirtschaft durchdringenden Technik musste beherrscht werden – oder von einem modernen Industrieland konnte alsbald keine Rede mehr sein.

Von den Gegnern der Mikroelektronik ist jene fundamentale Tatsache nicht begriffen worden, dass es ohne das Knowhow der Herstellung von Schaltkreisen nicht mehr möglich ist, mit neuen Erzeugnissen erfolgversprechend auf den Markt zu kommen. In der Bundesrepublik hatte man das nach anfänglichen kontroversen Diskussionen zu Beginn der 80er Jahre alsbald erkannt. Eine Weltfirma wie Siemens scheute sich nicht, zunächst die Technik von japanischen Firmen zu übernehmen, um dann die Eigenentwicklung zu forcieren. Nur so sieht man eine Chance, im Konkurrenzkampf zu bestehen. Jetzt[123] steuert man die Entwicklung eines 64-Megabit-Chips an. Das geschieht in internationaler Kooperation mit IBM, SGS-Thomson und gegebenenfalls mit weiteren Weltfirmen. Es besteht bereits ein weltweites Netzwerk der technologischen Entwicklung. Darin eingebunden zu sein, so ein führender Manager von Siemens, setzt natürlich voraus, dass man selbst etwas zu bieten hat. Hier geht es um objektive Prozesse und nicht um subjektive Vorstellungen. Wer jedoch davor die Augen verschließt, hat keine Chance, seinem Land neben den anderen modernen Industriestaaten Geltung zu verschaffen. Das war, ist und bleibt die Wahrheit. Die Bundesrepublik hat auf diese Weise ihre industrielle Zukunft und ihren Platz als führendes Exportland in bedeutendem Maße gesichert.

Allerdings: Die DDR allein konnte in diesem Wettlauf angesichts der überaus schnellen technologischen Entwicklung auf Dauer nicht bestehen. Sie brauchte dazu die internationale Kooperation mit leistungsfähigen Partnern. Immer wieder versuchte ich deshalb, vor allem mit der Sowjetunion, die Kooperation auf vernünftiger Grundlage auszubauen. Ich sage auf »vernünftiger Grundlage« deshalb, weil es auch Vorstellungen im Sinne der internationalen Zentralisierung von Forschungskapazitäten in gigantischem Ausmaß ohne ökonomische Berechnungen gab. Anfang 1989 noch unterzeichneten der für Wirtschaftsfragen verantwortliche Sekretär des ZK der KPdSU, N. Sljunkow[124] und ich eine Vereinbarung. Sie enthielt für etwa zwanzig Themenkomplexe der Mikroelektronik und anderer Hochtechnologien Aufgaben und Realisierungswege für eine gemeinsame abgestimmte Arbeit in Wissenschaft und Forschung sowie Anwendung ihrer Ergebnisse in der Produktion, um damit schneller voranzukommen und die Aufwendungen durch Arbeitsteilung zu minimieren. Es gab keinen anderen Weg. Auf Grund der Cocom-Bestimmungen war die dringend notwendige internationale Kooperation mit anderen Staaten leider nicht möglich.

Autarkiebestrebungen oder Kooperation?

Von meiner Seite wurde keine Autarkie angestrebt, auch wenn man mir das von verschiedenen Seiten unterstellt hat. Die Autarkie war Bestandteil der Breshnew-Doktrin und deren Vertreter in der Führung der DDR. Dabei hat die DDR unter einer Einengung des Handels und der Wirtschaftsbeziehungen gelitten. Ich wirkte darauf hin, die Versuche zur Abschottung der Wirtschaft zu durchkreuzen.

Rund zwei Drittel des gesamten Außenhandelsumsatzes wurde mit RGW-Ländern abgewickelt. Dabei entfielen allein vierzig Prozent des Außenhandelsumsatzes auf die UdSSR. Sie war der stärkste und auch einflussreichste Partner.

Die DDR wurde jedoch in eine Richtung auf Autarkie durch äußere Einflüsse gedrängt:

1. Die Cocom-Liste im Sinne eines Technologie- und Warenembargos gab es praktisch seit 1949. Tausende Positionen waren für die Lieferung in die DDR gesperrt.

2. Moderne Technologien, die bei unserem Hauptwirtschaftspartner, der UdSSR, vorhanden waren, konnten für die DDR nicht nutzbar gemacht werden, weil sie nur im Bereich der Verteidigungsindustrie entwickelt wurden. Das war nicht wenig, wurde immer mehr, weil durch die moderne Elektronik und ihr Übergreifen auf alle Bereiche nahezu jede moderne Technologie von einigermaßen ökonomischer Effizienz auch eine militärische Komponenten hatte. Diese Technologien standen nicht einmal der eigenen Zivilindustrie der UdSSR zur Verfügung, geschweige denn der DDR.

3. Eine langfristig und breit angelegte wirtschaftliche Zusammenarbeit mit westlichen Ländern war nur in geringem Umfange möglich. Das Potenzial der DDR war weitgehend im RGW-Bereich gebunden. Aus diesen Ländern wiederum war der Zufluss technischen Knowhows von einigermaßen ökonomischem Gewicht gering.

4. Die Cocom-Listen der letzten Jahre waren nicht gerade

von »großer Bescheidenheit« geprägt. Ihr Kern war immer die Computer-Technik. Damit wurden dann auch in der Breite alle anderen Maschinen und Ausrüstungen erfasst, die die Produktivität, die Bearbeitungsgenauigkeit und überhaupt die Qualität der Erzeugnisse bestimmen.[125]

Es gab also unüberwindliche objektive Hemmnisse von außen, um erfolgreich dem Rückstand in der Arbeitsproduktivität entgegenwirken zu können. So wurde das Cocom-Embargo zu einem Produktivitätsembargo und damit ein Faktor im weltweiten Konkurrenzkampf.[126]

Die DDR geriet so gerade auf dem entscheidenden Gebiet der Importe der für eine moderne Volkswirtschaft notwendigen Ausgangsmaterialien, Halbfabrikate und Baugruppen in eine ganz komplizierte Lage. Sie konnte diese Zulieferungen für moderne Technologien weder von ihren »natürlichen« Handelspartnern im RGW noch von westlichen Lieferanten beziehen. Einerseits gab es keinerlei Liefermöglichkeiten und andererseits verhinderten die Cocom-Bestimmungen, aber auch ungünstige ökonomische Konditionen den Import.

Um wenigstens auf bestimmten Gebieten Luft zu schaffen, wurde ein Ausweg in den bereits erwähnten Kompensationsgeschäften gesucht. Natürlich war auch dieser Weg nur in Einzelfällen gangbar. Er war auch nicht ohne Risiko. Zum Teil erhielten wir tatsächlich ganz moderne Ausrüstungen und wurden dann als Versuchsfeld für noch nicht ausgereifte neue Technologien benutzt. Es gab auch Anfeindungen prinzipieller Natur aus den eigenen Reihen wie aus dem Ausland.

Insgesamt hat dieser Weg der Kompensationsgeschäfte geholfen, viele dauerhafte und solide Geschäftsverbindungen zu westlichen Unternehmen zu knüpfen. Solche Geschäftsverbindungen auf der Basis gegenseitigen Vertrauens und der Verlässlichkeit haben in nicht wenigen Fällen dazu beigetragen, durch schnelle Lieferung zeitweilig fehlender Produkte der Volkswirtschaft der DDR aus mancher »Klemme« zu helfen. Diese Kompensationsgeschäfte waren vor allem immer mit dem Aufbau langfristiger Geschäftsverbindungen zu westlichen Partnern verbunden, was sich auch heute auszahlt.

Wo es solche Kompensationsgeschäfte in der Vergangenheit gegeben hat, gibt es heute nicht selten die höchste Investitionsbereitschaft. Alles, was in den zurückliegenden Jahren und Jahrzehnten auf diesem Gebiet der Kooperation mit kapitalistischen Unternehmen geschehen war, war weitgehend Eigeninitiative, für die ich ein hohes politisches Risiko übernahm. Die Vorhaben, die durch Kombinate und Außenhandelsunternehmen realisiert wurden, hatten nicht die vorherige Billigung der Mehrheit der Mitglieder des Politbüros. Darauf zu warten, hätte Stagnation bedeutet.

Es gab also auch, so muss der Gerechtigkeit halber gesagt werden, neben den äußeren Hemmnissen für die Einführung moderner, in der Welt vorhandener Technologien nicht wenige innere Hemmnisse, die subjektiv bedingt waren. Es sollten also nicht einmal die sich anbietenden Möglichkeiten genutzt werden.

Die Mehrheit der Verträge wurde durch die Unternehmen der DDR mit ihren Partnern direkt abgeschlossen. So gesehen ein normaler ökonomischer Vorgang. Bei Beibehaltung der Selbständigkeit der Unternehmen wurden längerfristige ökonomische Beziehungen und Verflechtungen auf der Basis von Verträgen hergestellt – also Vorformen von Joint Ventures.

Aber damals waren das zugleich politische Vorgänge. Sie trugen, wenn auch in bescheidenem Maße, dazu bei, jenes Ost-West-Geflecht zu schaffen, das den Handel zum gegenseitigen Vorteil stärkte, das Vertrauen festigte und die politischen Beziehungen insgesamt positiv beeinflusste. Es hätte mehr sein können, aber mehr gestatteten die Umstände nicht.

Die DDR musste sich trotz aller Schwierigkeiten stärker in die weltweite internationale Arbeitsteilung einbinden. Ohnedem hatte sie auf Dauer als Industrieland keine Chance auf dem Weltmarkt. Dessen war ich mir stets bewusst. Dazu mussten internationale Partner gesucht werden.

Langfristige Wirtschaftsbeziehungen bestanden zu Frankreich. Hier war von beiden Seiten aus unterschiedlichen Motiven ein großes Interesse vorhanden. Es gab das gemeinsame Ziel, der ökonomischen Zusammenarbeit dynamischen, langfristigen und stabilen Charakter zu verleihen und dazu die vertragliche Basis weiter auszubauen. Dies wurde von der politischen Führung Frankreichs seit den 70er Jahren unterstützt.[127] Bemerkenswert war die ausgeprägte Sachkenntnis der hohen französischen Gesprächspartner gerade auf ökonomischem Gebiet. Mit dieser politischen Unterstützung war es möglich, mit einem solchen bedeutenden Industrieland Westeuropas wie Frankreich die Handels- und Wirtschaftsbeziehungen auf die Basis langfristiger Vereinbarungen zu stellen, was sich für beide Seiten als vorteilhaft erwies und was nicht wenig zur Vertrauensbildung beitrug.

Solch intensive und langfristig orientierte Wirtschaftsbeziehungen gab es auch mit Österreich. Auch hier war zu spüren, wie sich die jeweiligen Regierungen sehr engagiert für deren Entwicklung einsetzten. Auch hier der Wille zu einer dynamischen Entwicklung der Beziehungen, hohe Sachkunde und ausgeprägtes Engagement.[128]

Einen hohen Stellenwert nahmen die Wirtschaftsbeziehungen mit Japan ein. In diesem zukunftsträchtigen Land des Fernen Ostens, das außergewöhnliche technische und industrielle Leistungen vollbringt und auf entscheidenden Gebieten der Elektronik, des Anlagenbaus, der Automobilindustrie und weiteren den Weltmarkt bestimmt, weilte ich mehrmals. Auch in Japan bestand großes Interesse an wirtschaftlichen und darüber hinaus touristischen und kulturellen Beziehungen mit der DDR, und auch hier förderte die Regierung aktiv die Wirtschaftsbeziehungen.[129] Japan hat in der DDR mehrere große Industrieanlagen errichtet, wie insbesondere die zur effektiven Spaltung und Verarbeitung von Erdöl nach neuestem Stand, um die Ausbeute an hellen Produkten maximal zu erhöhen, aber auch Anlagen auf dem Gebiet der Elektronik, zum Beispiel ein Bildröhrenwerk, geliefert und montiert. Beachtliches wurde beim Bau moderner attraktiver Hotels zur Förderung des internationalen Tourismus getan. Es waren dies vertrauensvolle Beziehungen zu einem geographisch fernem Land.

Gute und sich entwickelnde Wirtschaftsbeziehungen gab es auch zu Finnland, Schweden, den Niederlanden, Griechenland, Spanien, Großbritannien, Italien und weiteren westeuropäischen Ländern. Aber all das reichte trotz großer Anstrengungen nicht aus, um die DDR voll in die internationale weltweite Arbeitsteilung einzubinden. Neben dem Wirtschaftsaspekt muss als ein übergreifendes Leitmotiv der beteiligten Seiten immer der Wille zur friedlichen internationalen Zusammenarbeit an die erste Stelle gesetzt werden, und so haben diese Beziehungen lange Zeit zur Schaffung eines Klimas des Vertrauens beigetragen.

Bei den verschiedensten Gelegenheiten, in Gesprächen, in Vorträgen und Presseerklärungen, brachte ich meine Position zur internationalen Wirtschaftskooperation zum Ausdruck. Ich betonte, wie eng das Bemühen um Frieden und um Aufrechterhaltung der Entspannung mit dem Bemühen um die Beibehaltung und um die Entwicklung gleichberechtigter ökonomischer Zusammenarbeit zum gegenseitigen Vorteil zwischen Ost und West verknüpft ist. Diesen Standpunkt äußerte ich, um im Ausland Vertrauen zu gewinnen, aber auch, um deutlich zu machen, dass eine Politik der Autarkie nicht die meinige ist. Das richtete sich vor allem an die Adresse derjenigen im eigenen Land, die immer noch nicht begriffen hatten, dass eine gedeihliche Entwicklung nur auf dem Weg der weltweiten Kooperation möglich ist.

Ernste Signale

Die Erdölpreiserhöhungen

Um die Jahreswende 1973/74 wurde Erich Honecker von einem beauftragten Sekretär des ZK der KPdSU die folgenschwere Nachricht überbracht, dass die Sowjetunion im RGW darauf hinwirken werde, die bisherigen festen Preise für Erdöl nicht mehr beizubehalten; es sollte eine Angleichung an das »Weltmarktpreisniveau« erfolgen. Erich Honecker antwortete darauf, dass das die Dynamik sei, die zur Sprengung der sozialistischen Staatengemeinschaft führen würde.

Die Angleichung der Erdölpreise an den Weltmarkt war objektiv unumgänglich. In Verwirklichung der davon ausgehenden sowjetischen Vorstellungen erfolgte dann eine jährliche Anpassung der Erdölpreise im RGW an die Weltmarktpreise. Dabei wurde der Durchschnitt der jeweils vorhergehenden drei Jahre zugrunde gelegt.

Damit erstmals wurde das Prinzip vereinbarter Festpreise im RGW durchbrochen. Es war nicht mehr möglich, im RGW-Handel von festen Größen für den Bezug von Waren auszugehen. Es verschwand ein wichtiger Vorzug des RGW. Es begann eine Periode, in der durch den Außenhandel zunehmend Nationaleinkommen aus der DDR abfloss, das nicht für die Verwendung im Inland zur Verfügung stand. Die dem laufenden Fünfjahrplan zugrunde gelegten Kalkulationen veränderten sich. Der Ansatz für den neuen Fünfjahrplan 1976–1980 musste in Größenordnungen verändert werden, das heißt es musste ein wesentlich umfangreicherer Teil des erzeugten Gesamtproduktes zusätzlich für den Export zur Verfügung gestellt werden. Die Waren fehlten dann im Inland bei der Versorgung der Bevölkerung und für Investitionen.

Die Anpassung an die Weltmarktpreise auf der Basis des Dreijahresdurchschnitts hatte Vor- wie Nachteile. Letztere überwogen in der Folgezeit. Zunächst allerdings wurde der allgemeine Erdölschock, wie er für die Welt mit der plötzlichen Verdrei- und Vervierfachung der Erdölpreise eintrat, für die RGW-Länder abgefedert. Das traf auch für die erneute Erhöhung 1976 zu. Als aber die Weltmarktpreise wieder zu sinken begannen, entwickelten sie sich für die RGW-Länder zu einem Höchstniveau. Das war zu Beginn der 80er Jahre. Indem die Exporterlöse für Chemieprodukte auf dem Weltmarkt sanken, traten so zusätzliche Verluste ein. So wurde die Klemme eine doppelte. Für die DDR mit ihrer relativ entwickelten Chemieindustrie war das besonders spürbar.

Der schwerwiegendste Widerspruch entwickelte sich um die Wende von den 70er zu den 80er Jahren. Er wurde einerseits bestimmt von den Auswirkungen der Preiserhöhungen für Erdöl sowie von der gleichzeitigen Kürzung der Erdöllieferungen aus der UdSSR und andererseits von dem gerade in dieser Zeit sichtbar werdenden gewaltigen Nachholebedarf, um sowohl auf den Gebieten der Hochtechnologien Schritt halten zu können, als auch insgesamt eine ausgewogene Industriestruktur aufzubauen, insbesondere in Hinblick auf die Zulieferindustrie.

Mit einigen wenigen Zahlen möchte ich die schwerwiegenden Auswirkungen der Erdölpreiserhöhungen für die DDR verdeutlichen:

Zum Ausgleich vor allem der Preiserhöhungen für Energieträger mussten im Zeitraum 1979 bis 1988 145 Milliarden Mark aufgewendet werden. Das waren im Durchschnitt pro Jahr 14,5 Milliarden Mark. Der jährliche Zuwachs an Nationaleinkommen betrug jedoch in dieser Zeit rund 10 Milliarden Mark. Das bedeutete, dass bei Beibehaltung der Konsumtion – und die ist ja sogar weiter angestiegen – auf Kosten der wirtschaftlichen Substanz gelebt werden musste.

Materiell mussten als Gegenlieferungen für die Bezahlung der Erdöllieferungen Konsumgüter wie Textilien, Konfektion,

Möbel, vor allem aber auch Produktionsausrüstungen exportiert werden. Selbst wenn man berücksichtigt, dass es der Wirtschaftsstruktur der DDR entsprach und für diese auch vorteilhaft war, Rohstofflieferungen mit Maschinenbauerzeugnissen zu bezahlen, wird angesichts der an anderer Stelle schon genannten Zahl von 220 Milliarden Mark allein für Erzeugnisse der Elektrotechnik/Elektronik und des Maschinenbaus verständlich, dass hier eine Überbeanspruchung der Kapazitäten auf diesem Gebiet vorlag und zu wenig für eigene Investitionen zur Verfügung gestellt werden konnte. Es mussten auch lukrative Exportgeschäfte in das westliche Ausland ausgeschlagen werden.

Insgesamt wurde durch diese Konstellationen die Reproduktionskraft der eigenen Industrie geschwächt. Eine durchgehende Modernisierung war so nicht möglich. Das hatte schwerwiegende Konsequenzen für die Leistungsfähigkeit der Volkswirtschaft.

An dieser Stelle muss der historischen Gerechtigkeit halber vermerkt werden, dass in dieser äußerst schwierigen Situation die DDR entlastet wurde durch jene Mittel, die von Seiten der BRD insbesondere in Zusammenhang mit den Gegebenheiten des Transitverkehrs von und nach Westberlin, aber auch durch finanzielle Erleichterungen im innerdeutschen Handel (Wegfall der Mehrwertsteuer) zusätzlich zur Verfügung standen. Damit wurden zahlreiche Projekte auf dem Gebiet der Modernisierung der Industrie, des Umweltschutzes und der Infrastruktur, beispielsweise durch Hotelbauten im Interesse des Tourismus, finanzierbar.

Letztlich verdeutlichte diese gesamte Entwicklung in der Praxis die Unhaltbarkeit der von den Theoretikern im RGW aufgestellten These von der Existenz zweier Weltmärkte, eines sozialistischen und eines kapitalistischen. Diese Theorie, von der ich niemals allzu viel gehalten habe, beruhte auf einer Überschätzung des ökonomischen Potenzials der sozialistischen Länder. Sie war eine Fortschreibung der politischen

Konzeption des unaufhaltsamen revolutionären Weltprozesses zugunsten des Sozialismus auf ökonomischem Gebiet. Sie ließ die der kapitalistischen Wirtschaft eigene Dynamik unberücksichtigt. In den Köpfen vieler Theoretiker und Politiker der Sowjetunion, anderer RGW-Länder, auch der DDR, spukte immer noch die »Zusammenbruchstheorie« des Kapitalismus, gab es das Warten auf die große, alles hinwegfegende Krise. Geschürt wurde das bis in die 80er Jahre durch die mehr oder weniger offen verkündeten Prognosen verschiedenster Auguren und »Krisenvorhersager«.

Das hatte zur Folge, dass man sich in der politischen Führung in völlig ungenügender Weise mit der Frage befasste, welche grundlegenden Reformen bereits damals erforderlich gewesen wären, um den Sozialismus insgesamt, also in der Ökonomie, in Wissenschaft, Kultur und allen Bereichen des gesellschaftlichen Lebens leistungsfähiger zu machen, ihn für die Erfordernisse der modernen Welt zu rüsten. Stattdessen wurden Feldzüge gegen die moderne Technik wie die Mikroelektronik geführt, und es wurde mit allen möglichen Argumenten versucht, das Leistungsprinzip zu durchlöchern. Eines der gefährlichsten dabei war das von der »zweiten Lohntüte«, das auf Gleichmacherei hinauslief. So kam eine Spirale in Gang, die gerade das verhinderte, was nötig gewesen wäre, nämlich mit deutlicher Konsequenz eine Atmosphäre höchster Leistungen zu schaffen, um mit den Auswirkungen der Rohstoffpreiserhöhungen fertig zu werden, wie das andere Länder, zum Beispiel die Bundesrepublik und Japan, denn auch unter Beweis gestellt haben.

Prioritäten: Landesverteidigung und innere Sicherheit

Der DDR erwuchsen aber auch ständig neue Belastungen in der Zahlungsbilanz durch ungenügendes inneres Schuldenmanagement.

Bei der Verteilung der Investitionen kam die Volkswirtschaft, die ja allein die Mittel erwirtschaften konnte, entschieden zu kurz. Die Ausgaben für die »innere Sicherheit« hatten von vorherein die Priorität. Das galt in gewisser Weise auch für die Landesverteidigung. Darunter verbarg sich, nebenbei gesagt, vieles. Zugleich wurde, wenn auch nur auf Teilgebieten, eine eigene Rüstungsindustrie geschaffen, ohne dass das in der Parteiführung konzeptionell beschlossen wurde. Die proportionale Entwicklung in der Volkswirtschaft wurde durch Abzug der dafür erforderlichen Mittel stark beeinträchtigt. Große Teile des »Kuchens«, also des erwirtschafteten Nationaleinkommens, wurden für andere Zwecke verwendet. Die Verteilung erfolgte direkt auf der Schiene NVA-Staatliche Plankommission, damit waren für die Volkswirtschaft von vornherein die Prämissen gesetzt, ohne dass es dazu nähere Übersichten und Begründungen gab. Das Etikett »im Interesse der Sicherheit der Republik« genügte.

Es wurde nicht verstanden, dass für die Position und die Stabilität eines Staates in der Welt das Niveau und die Dynamik in Wissenschaft und Technik und das daraus resultierende ökonomische Ergebnis entscheidend sind. Dazu wurden zwar in Reden öffentlich Ausführungen gemacht – entsprechende Zitate wären nachweisbar –, aber die nötigen Entscheidungen wurden nicht mit der erforderlichen Konsequenz getroffen. Es machte eben Eindruck, wenn zum Thema der Verteidigung von militärischer Seite die überdimensionalen Karten ausgerollt wurden, eindringlich über Bedrohungen durch die NATO informiert und auf entsprechende Beschlüsse im Warschauer Vertrag verwiesen wurde, die dann auch weitere Forderungen an die DDR beinhalteten. So wurde der Boden für immer mehr Geld, für materielle und personelle Mittel für Verteidigungsanstrengungen vorbereitet. Es gab hier einfach eine Fortschreibung des Wachstums in einem Maße, das die Möglichkeiten und Erfordernisse der DDR weit überstieg. So fand die produktive Akkumulation für eine den modernen Erfordernissen gerecht werdende Leistungsfähigkeit der Volkswirtschaft nicht in ausreichendem Umfange statt. Demgegenüber »akkumulierten« sich die Versäumnisse auf dem Gebiet der Einführung moderner Technologien, des Umweltschutzes, der Infrastruktur. Um ein Beispiel zu nennen: Siebzig Prozent der Mittel für das Fernmeldewesen gingen an Armee und Staatssicherheit.

Die Versorgung der Bevölkerung war so nicht mehr eigentlicher Ausganspunkt der Planung. Der war durch die Aufwendungen für die Sicherheit bestimmt. Die übermäßige Rüstung stellte Weichen für eine teilweise ökonomische Degeneration jener Bereiche, die für die Versorgung der »übrigen« Volkswirtschaft entscheidend waren, also all das, was man unter dem Begriff »Zulieferindustrie« zusammenfasste. Und auch auf diesem Sektor war dann noch die Versorgung für den militärischen Bereich vorrangig.[130]

So zehrte der Kalte Krieg und die auf ihm beruhenden politischen Denkweisen und Strukturen die DDR aus, untergruben in bestimmtem Umfang ihre ökonomische, aber in weiterem Sinne auch ihre politische und kulturelle Substanz.

Zu diesem Zeitpunkt fand die »unsichtbare Wende« in der DDR statt, indem ihre ökonomischen Lebensquellen zu versiegen begannen. Und es war deshalb nur folgerichtig, als mit Beendigung des Kalten Krieges auch das Lebenslicht der DDR ausgeblasen wurde.

Die Tragik besteht jedoch darin, dass es selbst 1983, als Erich Honecker zu ahnen begann, welche Folgen der damals vorherrschende allgemeine Kurs auf eine neue Eiszeit haben würde, es nicht möglich war, auch innenpolitisch durch entschiedene Verringerung der Rüstungslasten auch ökonomisch ein Signal zu setzen und eine Öffnung zu erreichen.

Widerstände gegen Reformversuche

Leistungsorientiertes Denken unerwünscht

Die sozialistische Planwirtschaft in der DDR, wie sie von Anbeginn in ihren von der Sowjetunion übernommenen Grundstrukturen existierte, habe auch ich nicht erfunden, sondern vorgefunden. Wie viele andere meiner Generation bin ich in sie hineingestellt worden. Als mögliche Alternative zum Kapitalismus haben wir sie, überzeugt von ihren Vorzügen und Möglichkeiten, auch angenommen.

Zugleich wurde auf eine kritische Aneignung des übernommenen »Erbes« nicht verzichtet. Das lief unter dem Motto der »Vervollkommnung«. Relativ schnell erkannte ich, dass diese Planwirtschaft in effektiver Weise niemals im Sinne eines einfachen Mechanismus von »oben« nach »unten« funktionieren kann. Dazu trug ohne Zweifel bei, dass ich meine Laufbahn als Gewerkschaftsfunktionär begonnen habe und später als Parteifunktionär arbeitete. Dadurch war von Anfang an eine enge Verbindung zu den Betrieben und den in ihnen tätigen Menschen gegeben und auch die Erfahrung zur Auseinandersetzung mit den dort auftretenden Problemen und den Sorgen der Menschen. Ich setzte stets auf den Menschen mit seinem schöpferischen Potenzial. Von all dem waren meine Lebenserfahrungen von Anfang an bestimmt.

Deshalb faszinierte mich gerade die zu Beginn der 60er Jahre aufkommende Idee von einem »Neuen Ökonomischen System« (NÖS), in dem die Vorzüge der zentralen staatlichen Planung in den grundlegenden volkswirtschaftlichen Fragen auf wirksame Weise mit den ökonomischen Interessen der Kollektive, mit der Selbständigkeit der Betriebe verbunden werden sollten. Das war im Grunde genommen der Versuch einer grundlegenden und echten Reform des überkommenen stalinistischen Modells der Planwirtschaft. Dieser Reform widmete ich meine ganze Energie. Leider gelang es weder das Konzept dieser Reform wirklich konsequent zu Ende zu denken noch sie ihrem Grundanliegen entsprechend zu verwirklichen. Der Sturz Chruschtschows in der Sowjetunion gab alsbald den »Administratoren«, die auch in der Wirtschaft allein an die Kraft des Befehls glaubten, und den »Ideologen«, denen jeder materielle Anreiz als ein Verstoß gegen die heiligsten kommunistischen Grundsätze erschien, wieder Oberwasser. Es entstand eine Allianz des Konservatismus, die, gestützt auf überkommene Machtpositionen, nicht zu überwinden war.

Einige der Personen, mit denen ich mich im Laufe der Jahrzehnte wegen der Reformierung der sozialistischen Wirtschaft von der stalinistischen Kommandowirtschaft zu einer auf Eigenverantwortung der Betriebe und echten ökonomischen Beziehungen beruhenden Wirtschaft in ständigem Clinch befand, nutzten die Konstellation im Oktober 1989, um verspätet Rache zu üben. Ich muss es als bitteren Hohn empfinden, dass gerade diejenigen, die niemals anders als administrieren konnten und die selbst das nicht einmal gut fertig brachten, mich als Erfinder der »Kommandowirtschaft« beschuldigen und brandmarken wollten; ein System, das ich vorfand und das ich reformieren wollte.

Bereits beim Übergang von den 60er zu den 70er Jahren wurden die mit dem NÖS begonnenen grundlegenden Reformen wieder gestoppt. Sie enthielten im Ansatz eine solche Konzeption, die über den Gewinn der Betriebe als Rentabilitätsfaktor, die Eigenerwirtschaftung, die Stärkung des Marktes bis zur Konvertierbarkeit der Währung hätte führen sollen. Darin zeigt sich die Dimension und Perspektive des NÖS.

Der VIII. Parteitag hat in der DDR allen diesen Reformansätzen zunächst ein Ende gesetzt. Kostbare Zeit ging verloren, wie sich heute in aller Deutlichkeit zeigt. Verteufelt und fast in die Wüste geschickt wurden jene, die für mehr Leistung als Voraussetzung für soziale Ergebnisse – und nicht umgekehrt – eintraten. Das betraf auch mich.

Die Vorbereitung und Durchführung des VIII. Parteitages der SED, der im Jahre 1971 stattfand, war mit heftigen Angriffen auf die vorhergehenden Reformversuche der Wirtschaft, das »Neue Ökonomische System« und auf die Ansätze, zu einer modernen Industriestruktur auf der Grundlage der konsequenten Förderung der Wissenschaft zu gelangen, verbunden. Das waren auch Angriffe gegen meine Person. Ich hatte mich seit Anfang der 60er Jahre sehr stark für das »Neue Ökonomische System der Planung und Leitung« engagiert, weil ich mit anderen zusammen, vor allem mit Erich Apel, der festen Überzeugung war, dass es in den Betrieben ein kollektives und individuelles ökonomisches Interesse geben muss, wenn eine rentable und leistungsorientierte Arbeit gewährleistet werden soll. Wir waren uns darüber einig, dass nur eine auf höchstem technischem Niveau befindliche Volkswirtschaft international bestehen kann. Damals hatten wir noch die Illusion, dass das für die DDR in enger Zusammenarbeit mit der Sowjetunion erreichbar wäre.

Erich Apel war ein wirklicher Freund. Mit ihm verband mich eine gleiche politische Konzeption, die im NÖS ihren Ausdruck fand, mit ihm verband mich der Wille, diese Konzeption allen Widerständen zum Trotz zum Erfolg zu führen. Auch persönlich harmonierten wir gut, ohne dass uns Neid und Intrigen im Wege standen, wie es in der Politik leider wohl selten ist. Es gab mit Erich Apel viele Gespräche, oftmals im Kreise von Gleichgesinnten, Wissenschaftlern wie verantwortlichen Mitarbeitern im Staatsapparat und in der Partei. Es herrschte damals eine wirkliche Aufbruchstimmung. Leider gelang es nicht, sie auf wirklich breite Kreise zu übertragen. Die entscheidenden Hemmnisse gab es schon im Politbüro. Teilweise wartete man auf das Scheitern des NÖS statt es mit ganzer Kraft zu unterstützen.

Nach dem Tode Apels[131] wurde es schwieriger, die Ideen des NÖS weiter zu entwickeln und vor allem, sie durchzusetzen. Das wurde vor allem gegen Ende der 60er Jahre immer deutlicher. In der Führung spürte ich mehr und mehr die fehlende Unterstützung, die es zuvor durch Erich Apel in diesem Kampf gab. Es war immer schwerer zu ertragen, allein dazustehen, und was das bedeutete, sollte ich dann alsbald schmerzlich erfahren.

Der lange und vergebliche Weg zu einem ökonomischen System

Schon im Jahre 1963 setzte ich mich gemeinsam mit Erich Apel mit den Fragen der ökonomischen Interessiertheit beim Aufbau des Sozialismus auseinander. Ich war damals wie heute zutiefst davon überzeugt, dass eine erfolgreiche ökonomische und damit auch soziale Entwicklung des Sozialismus ohne diese ökonomische Interessiertheit jedes Werktätigen, auch der Leiter, am erreichten Arbeitsergebnis nicht möglich ist.

Deshalb engagierten wir uns für das NÖS, wie ein dafür gebräuchliches Kürzel lautete. Unsere Gedanken dazu sind in vier Broschüren dargelegt, die 1964 bzw. 1965 im Dietz Verlag erschienen. Ihre Titel lauteten:

- Ökonomische Gesetze und Neues Ökonomisches System
- Planmäßige Wirtschaftsführung und ökonomische Hebel
- Wissenschaftliche Führungstätigkeit und neue Rolle der VVB
- Neues Ökonomisches System und Investitionspolitik

Der Sinn der Sache war, in der Partei und in der Öffentlichkeit zu klären, dass der wirtschaftlichen Entwicklung objektive, das heißt unumstößliche Gesetze zugrunde liegen, dass es in der sozialistischen Wirtschaft nicht um Produkte in ihrer Menge schlechthin geht, sondern dass diese Produkte Waren sind, dass ihre Herstellung Kosten verursacht, die durch ihren Verkauf auf dem Markt mit dem Preis realisiert werden müssen, dass die Betriebe einen Gewinn erzielen müssen, der

Ausdruck ihrer Rentabilität und Voraussetzung ihrer erweiterten Reproduktion ist. Wir verfochten auch eine konsequente Anwendung des Leistungsprinzips und die Wahrnehmung der persönlichen Verantwortung der Leiter auf allen Ebenen. Dabei verwiesen wir auf den stürmischen technischen Fortschritt in der Welt und auf Erfahrungen, die in großen Konzernen in Hinblick auf eine rationelle Leitung gesammelt worden waren und die es zu nutzen galt.

Wir konnten bei diesen Konzepten auf eine breite Unterstützung durch Wirtschaftswissenschaftler und Praktiker bauen. Die Ausarbeitung des »Neuen Ökonomischen Systems« war eine beachtliche kollektive Leistung von Mitgliedern der Parteiführung und Wirtschaftswissenschaftlern. Dokumentiert ist das im Buch »Politische Ökonomie und ihre Anwendung in der DDR«, das im Grunde genommen eine theoretische Darlegung der Ideen des damaligen »Neuen Ökonomischen Systems« enthält. In dieser Weise gab es wohl weder zuvor noch zu späterer Zeit eine solche konstruktive Zusammenarbeit. Man hat mir damals die Leitung des Autorenkollektivs übertragen. Es geschah in direktem Auftrage Walter Ulbrichts. Ich sah darin eine Chance, Grundideen des NÖS zu verbreiten und zu erhalten und so dem Vermächtnis Erich Apels gerecht zu werden.

Die Diskussionen zu diesem Buch waren noch wirkliche Grundsatzdiskussionen mit den Wissenschaftlern und auch im Kreise der beteiligten Mitglieder der Parteiführung, so, wie man sie sich später oftmals gewünscht hätte. Daran waren, unter Leitung Walter Ulbrichts, Honecker, Stoph, Grüneberg[132], Hager[133], Halbritter, Jarowinsky[134] und Kleiber[135] beteiligt. Allerdings zeigte sich dabei schon, dass Stoph einer der Hauptgegner des NÖS war. Seite für Seite mäkelte er am Entwurf herum.

Wir konnten uns auf Wissenschaftler stützen, die sehr aktiv für die Ideen einer Wirtschaftsreform eintraten. Ihr Kern war eine Gruppe mit den Professoren Kalweit, Koziolek, Reinhold,

Wolf, Krömke und Dr. Wolfgang Berger. Aber der Kreis der Mitautoren war wesentlich breiter.[136]

In der Hauptsache kamen die Autoren aus dem Kreis der Institute für Gesellschaftswissenschaften, für Sozialistische Wirtschaftsführung, der Hochschule für Ökonomie, der Parteihochschule sowie aus dem Partei- und Staatsapparat. Nennen möchte ich hier auch den sehr intelligenten wie zielstrebigen Siegfried Böhm[137] aus dem Apparat des ZK und späteren Finanzminister, der leider unter persönlich tragischen Umständen zu Tode kam.

Diese konstruktive Zusammenarbeit gab es nicht nur aus Anlass der Fertigstellung dieses Buches. Sie gab es in der ganzen Phase der Vorbereitung und Vervollkommnung des NÖS. Die Sache mit dem Buch war Höhe-, aber auch Schlusspunkt der Arbeit an diesem Komplex echter Wirtschaftsreformen. Darin bestand die Tragik.

Wenn ich heute meine Arbeiten, beispielsweise aus dem Jahre 1963, durchsehe, dann erfüllt mich ein gewisses Gefühl der Genugtuung, aber auch der Bitternis zugleich. Genugtuung in dem Sinne, zu einem sehr frühen Zeitpunkt einen richtigen, heute von vielen neuentdeckten Standpunkt zu Grundprämissen oder besser zu den Realitäten sozialistischer Entwicklungsmöglichkeiten gefunden zu haben. Bitternis, weil es nicht möglich war, diesen Standpunkt in die Tat umzusetzen. Zu viel Zeit, das heißt zu viele Chancen sind verlorengegangen bzw. verspielt worden.

Eine Kernfrage war die Anerkennung dessen, dass auch im Sozialismus Warenproduktion und Wert existieren und dass die davon abgeleiteten Kategorien wie Geld, Preis, Kredit, Zins usw. nicht nur eine formale, sondern eine inhaltliche Bedeutung für das Funktionieren der sozialistischen Wirtschaft besitzen – ja, dass sie ihr Gesicht prägen.

Die Stellung zur Warenproduktion und zum Wertgesetz teilte damals, und zum Teil bis in die jüngste Zeit, die Verfechter des Ideenguts des Marxismus-Leninismus in zwei Lager.

Die einen betrachteten Warenproduktion und Wert als »Muttermale des Kapitalismus«, als schädliche Überbleibsel, die man so rasch wie möglich überwinden müsse.

Die anderen sahen in der Existenz und in der klugen Ausnutzung dieser Kategorien eine mächtige Triebkraft, um einen Sozialismus, der auf hohen ökonomischen Leistungen beruht, überhaupt erfolgreich aufbauen zu können.

Zu tief saß der Konservatismus. Damals bereits wandten wir uns gegen die von Stalin aufgestellten Thesen, der das Wirken des Wertgesetzes zwar formal anerkannte, es jedoch auf einige Bereiche der sozialistischen Produktion einschränken wollte.

Das war nicht einfach nur ein theoretischer Streit. Hier ging es um die Frage des realen Wirtschaftens und der Effektivität, ging es um die Wege, wie echte ökonomische Leistung erbracht und vor allem wirksam wird.

Das betraf vor allem den Absatz der Erzeugnisse, also damit auch die Marktbeziehungen. Viele glaubten doch, es genüge zu produzieren, damit sei die Aufgabe gelöst. »Zeitweise«, so schrieb ich damals, »wurde in theoretischen Arbeiten die dogmatische Auffassung vertreten, dass man im Sozialismus den Problemen der Realisierung der Ware keine besondere Bedeutung zu schenken brauche, weil der Absatz durch den Plan vorher bestimmt sei.« Diese Feststellung ist richtig, bis auf das Wort »zeitweise«, denn all diese Auffassungen haben sich in Theorie und Praxis als viel zählebiger erwiesen, als ich damals auch nur im geringsten annehmen konnte.

Es war also ein langwieriger Kampf um Reformen, ein ständiges Auf und Ab. Die *Eigenerwirtschaftung* der Mittel gab es bereits Ende der 60er Jahre. Wir hatten damals schon Normative. Dann wurde es verdammt. Die *Industriepreisreform*, wie beschwerlich war der Weg dorthin. Das gleiche gilt für die *Agrarpreisreform*. Auch für die *Grundmittelumbewertung* gab es ebenfalls mehrere Anläufe. Es wurde von meiner Seite ein wissenschaftliches Gutachten angefordert, um die Dinge endlich in Gang zu bringen.

Der eigentliche Kern, oder zumindest der Anfang aller Reformen, musste in der Bekämpfung der sogenannten Tonnenideologie bestehen. Das war das schlimmste Krebsgeschwür an der sozialistischen Planwirtschaft.

Diese »Tonnenideologie« bedeutete, dass für den Betrieb wie für jede übergeordnete Leitungsebene die Produktionsmenge, ausgedrückt in Naturaleinheiten oder im Geldwert, der Maßstab des wirtschaftlichen Ergebnisses war. Unbestritten ist, dass ohne Produkt auch keine wirtschaftliche Leistung erbracht werden kann und seine Größe demzufolge auch die notwendige Aufmerksamkeit verdient.

»Tonnenideologie« bedeutete in der Praxis,

- allein die Menge zu sehen, ohne die Qualität zu berücksichtigen;
- die Kosten der Produktion, das heißt Aufwand und Ergebnis zu vernachlässigen;
- Produktion um jeden Preis, ohne nach dem Absatz zu fragen;
- sich auf das zu konzentrieren, wo Menge am leichtesten zu erreichen war, also durch schwere, materialintensive Erzeugnisse.

Die Tonnenideologie war gegen jede Ökonomie gerichtet. Das erkannte ich relativ frühzeitig, also schon Anfang der 60er Jahre. Die Gedanken von Liberman[138], die dann auch von Chruschtschow aufgegriffen wurden, kamen wie gerufen. Der »Gewinn« und die Rentabilität sollten den Maßstab für wirtschaftliche Leistung bilden. Das zu fordern bedeutete, ein ideologisches Sakrileg zu brechen. Gewinn gleich Profit – so lautete damals die Formel der Gegner dieser Veränderungen. Und sie waren in der übergroßen Mehrzahl.

Mit dem »Neuen Ökonomischen System der Planung und Leitung« (NÖSPL) wurde der Versuch gestartet, die Abkehr von der Tonnenideologie und die Hinwendung zu einer echten Wirtschaftlichkeit zu vollziehen. Das NÖSPL hatte nur eine kurze Lebensdauer von 1963 bis 1970. Es wurde eigentlich in der Praxis nie richtig wirksam. Es gab nur eine »Richtlinie«. Kaum ausgearbeitet, gab es eine »Zweite Etappe des Neuen Ökonomischen Systems«. Was ursprünglich in relativ knappen Darlegungen für jedermann durchschaubar sein konnte, sollte nun perfektioniert werden. Heraus kam ein neuer Bürokratismus. Dazu wurde beim Ministerrat auf Weisung Ulbrichts eine besondere Arbeitsgruppe unter Leitung von Walter Halbritter gebildet. Sie hatte keine Aussicht auf Erfolg, sie ist durch die vorhandene Bürokratie erstickt worden.

Über das NÖSPL wurde viel, viel zu viel geredet, aber das überkommene Planungssystem funktionierte im alten Stil weiter.

So wurde die damals schon notwendige Wende zur Wirtschaftlichkeit nicht vollzogen. Aber alle Mängel in der ökonomischen Entwicklung wurden paradoxerweise dem NÖSPL angelastet.

Nachdem ihm 1971 praktisch der Todesstoß versetzt wurde, kam eine neue Blütezeit der berüchtigten Tonnenideologie. Sie übertraf in beispielloser Weise alles bisher Dagewesene.

Die schlimmsten Auswirkungen hatte die Mengenplanung nach Stück in der Leichtindustrie. Angeblich im Interesse der Versorgung der Bevölkerung wurden Hosen, Blusen, Röcke, Anzüge usw. in Stück geplant und den Betrieben diese Mengen vorgegeben. Sie versuchten, die Menge auf die für sie leichteste Weise zu erreichen, vor allem auf Kosten der Qualität und durch Weglassen modischer Details. Das bedeutete zunehmend Ladenhüter und damit Material- wie Arbeitszeitverschwendung.

Hinzu kam, dass die Arbeitsproduktivität der Betriebe auf dieser Grundlage errechnet und verbindlich vorgegeben wurde. Von Jahr zu Jahr wurden die möglichen Herstellungszeiten für bestimmte Erzeugnisse gesenkt. Da die Nähmaschinen nicht schneller laufen konnten, wurde eben manches weggelassen, die Mode also der Technologie und nicht die Technologie der Mode angepasst.

Verschärft wurde diese Situation durch die sogenannte »Preisgruppenplanung«, wonach ein bestimmter festgelegter Anteil der Produktion auf eine untere, mittlere und obere Preisgruppe entfallen musste, unabhängig davon, wie die realen Bedürfnisse waren.

Gegen all das habe ich mich gewandt. Mit dem Argument der Sicherung der Versorgung wurden alle Änderungsversuche abgeschmettert. Der Handelsminister signalisierte: Es fehlen noch soundso viel Stück Damenhosen. Daraus leitet sich der Auftrag ab, diese Stückzahlen zu sichern. Das geschah dann auch mit dem Ergebnis, dass in nicht wenigen Fällen Ladenhüter produziert wurden.

Eine Arbeit im Sinne einer »ökonomischen Steuerung« gab es nicht einmal in Ansätzen. Diese Feststellung soll nicht generell dem Vorsitzenden der Staatlichen Plankommission als Fehler angelastet werden, obwohl er hier zweifellos eine Verantwortung hatte. Die Hauptfrage war, dass nicht die gesellschaftliche Atmosphäre für eine wirkliche ökonomisch orientierte Arbeit geschaffen wurde. Ihr war bereits mit dem 14. Plenum des ZK der SED im Jahre 1970, auf der Paul Verner und Willi Stoph den Ton angaben, der Todesstoß versetzt worden. Übrig blieb nur der Name. Das Anliegen des NÖS wurde öffentlich diffamiert. All das war von lang andauernder Wirkung. Von der damit eingeleiteten Stagnation ökonomischer oder politischer Reformen hat sich die DDR nie wieder richtig erholt.

So kam es in der DDR zu einem Zeitverzug von zwanzig Jahren bei der Verwirklichung längst fälliger Reformen. In diesem Sinne möchte auch ich sagen, dass zu lange mit ökonomischen Reformen im Kontext mit Veränderungen im politischen System gezögert worden ist. Dieses Zögern und die Trennung ökonomischer von politischen Reformen, also das Fehlen eines gesellschaftlichen Konsens' insgesamt, bilden den Kern der Probleme, die sich dann bis zum fälligen Zusammenbruch akkumuliert haben.

Im Innern stieß ich mit meinen Ideen und Vorschlägen oftmals auf eine Mauer des Unverständnisses, auf die vorherrschende Tendenz, am Alten festzuhalten, besonders am administrativen Leitungssystem in der primitiven Form der »Naturalwirtschaft« bei Ignorierung der ökonomischen Kategorien und Bedingungen. Aus der Tatsache, dass die DDR in hohem und zunehmendem Maße auch Außenhandel mit Ländern der Marktwirtschaft trieb, wollte mancher überhaupt keine Schlussfolgerungen ziehen. Bestimmte Organisationsformen des Außenhandels aber entwickelten sich durch den Einfluss der Marktwirtschaft. Dieser Einfluss war vorhanden, stärker als die meisten glaubten oder wahrhaben wollten.

Ein Ausdruck dafür ist auch die Arbeit von Außenhandelsunternehmen. Wie zäh wurde an einem falsch verstandenem »staatlichen Außenhandelsmonopol« festgehalten – ein Sakrileg, das mit dem Grundmodell der Planwirtschaft aus der Sowjetunion von Anfang an übernommen worden ist. Wie oft wurde ich wieder »zurückgepfiffen«, wenn ich Vorschläge durchsetzen wollte, die Rechte der Kombinate gerade hier konsequent zu erhöhen. Es gab klare Standpunkte zur höheren Eigenverantwortung der Kombinate gerade in Bezug auf die Außenhandelstätigkeit, doch die Grenzen einer bürokratischen Auffassung von der zentralen staatlichen Planung in allen Details ließen sich nur sehr schwer verschieben.

Die inneren Widerstände gegen die geringsten Ansätze von Reformen waren sehr groß. Sie betrafen Personen in der Führung, sie betrafen aber auch die ganze ideologische Auffassung zum sozialistischen Wirtschaftssystem, wie sie von der Parteitheorie an manchen Institutionen sehr dogmatisch verbreitet wurde.

Schließlich kam es nach dem VIII. Parteitag für mich zu persönlichen Konsequenzen. Von 1963 bis 1971 war ich Mitglied des Staatsrates der DDR. Auf dem 10. Plenum des ZK der SED im Herbst 1973 erfolgte meine Ablösung als Sekretär des ZK, was in der Partei wie in der Öffentlichkeit zurecht als eine

Maßregelung verstanden wurde. »Mittag geschasst«, so hieß es damals in einer Bildunterschrift eines BRD-Presseorgans. Erst 1979 wurde ich erneut in den Staatsrat berufen und 1984 zum stellvertretenden Vorsitzenden des Staatsrates gewählt.

All das hing damit zusammen, dass es doch recht weit verbreitetes Unverständnis für die Erfordernisse der Leitung ökonomischer Prozesse gab. Dazu trug die stalinistische Auffassung von der Planwirtschaft als Naturalwirtschaft bei, nach der man von der Annahme ausging, man brauche nur die Produktion der erforderlichen Erzeugnisse anzuweisen. Ökonomie wurde auf Ideologie reduziert. Kampagnen und Wettbewerbe sollten Vorrang vor exakter Leitung und echtem ökonomischem Interesse haben.

Da die Ideologie den Vorrang in der Politik der Partei hatte, wurde ihr auch die Wirtschaft untergeordnet. Wer etwas von Ideologie verstand, glaubte auch, von Wirtschaft etwas zu verstehen. So kam es dazu, dass es mit dem VIII. Parteitag unter der Losung »die Wirtschaft ist nicht Selbstzweck, sondern Mittel zum Zweck« aufgegeben wurde, in die der Wirtschaft eigenen Gesetzmäßigkeiten einzudringen, ihr eine eigenständige und primäre Rolle in der gesellschaftlichen Entwicklung zuzuerkennen. So wurden dann die entscheidenden Prämissen für die ökonomische Entwicklung auf dem VIII. Parteitag von einigen Journalisten, Agitatoren und Propagandisten formuliert – wenn man so will: von Amateuren auf ökonomischen Gebiet. Es waren die, die am Ergebnis, am Verbrauch, aber nicht an Leistung interessiert waren. Etwas »in die Läden geschafft zu haben«, auch wenn es Importe waren, ließ sich gut im eigenen politischen Interesse »verkaufen«. Das Hervorbringen, das Organisieren von Leistung jedoch sah man immer als eine äußerst unangenehme Aufgabe an, vor deren Konsequenzen man sich scheute. »Schulterklopfen« war natürlich immer populärer als harte Forderungen zu stellen. Letztlich war es diese Unterordnung der Wirtschaft unter die Politik, ja oftmals unter die Tagespolitik, die dazu führen musste, dass die Reproduktionsbedürfnisse der Wirtschaft selbst auf dem Altar des Konsums geopfert und damit die Substanz der DDR unterhöhlt wurde.

Ausgenutzt wurden bei diesem Generalangriff auf die Wirtschaftspolitik bestimmte Fehler, die es in den vorhergehenden Jahren gab. Walter Ulbricht hatte sich in der letzten Zeit nur mit wenigen ausgewählten Beratern umgeben, deren Kreis je nach dem gerade im Vordergrund stehenden Thema wechselte. Sie sollten bei der Verkündung ständig neuer Wundermittel zur Beschleunigung der gesellschaftlichen Entwicklung wie Kybernetik und Heuristik helfen. Es kam dann zu geradezu kuriosen Veranstaltungen wie dem Versuch, unausgereifte Ideen der Wissenschaftsorganisation zum Leitthema des sozialistischen Massenwettbewerbs zu machen. Natürlich konnte eine solche Sprache kaum jemand verstehen, und es wurde deutlich, dass Walter Ulbricht sich mit seiner Politik von der Basis, von der Partei entfernte. Auch der Parteiapparat war in jener Phase bereits weitgehend aus dem politischen Geschehen ausgegrenzt. Er brauche den Apparat eigentlich gar nicht, so war seine Auffassung. Das musste Widerstand wecken und letztlich zu Korrekturen führen. Diese erfolgten jedoch in einer Weise, dass das Kind mit dem Bade ausgeschüttet wurde. Mit Mühe gelang es mir, wenigstens einiges von der elektronischen Datenverarbeitung zu retten. Vorher in übertriebener Weise als Allheilmittel ideologisiert, mußte sie jetzt als Moloch herhalten, dem die Investitionen geopfert worden waren. Nur wenige machten sich die Mühe, die EDV als produktivitätsfördernden Faktor mit Zukunftsbedeutung zu begreifen. In einer an Maschinenstürmerei grenzenden Manie wurde die DDR auf diesen wie auf anderen Gebieten – ich erwähne hier die komplexe Automatisierung – um Jahre zurückgeworfen.

Es ist niemals gelungen, die vorhandenen Widerstände gegen eine Anerkennung der objektiven Dynamik von Wissenschaft und Technik zu überwinden. Ich erinnere mich noch gut daran, als Erich Apel im Entwurf einer Rede zur Begründung des Volkswirtschaftplanes Anfang der sechziger Jahre formulierte, dass wir in einem »Zeitalter der wissenschaftlich-technischen Revolution« leben. Das rief eine große Diskussion hervor. In haarspalterischer Weise wurde ihm entgegengehalten, dass wir in einem Zeitalter des Sozialismus leben würden. Dieses an der Realität vorbeigehende Denken hat sich bis in den Herbst 1989 fortgesetzt. So verfestigt waren die Widerstände gegen die Einführung modernster Technologien als ein gesamtgesellschaftliches Anliegen.

Zwischenspiel im Ministerrat

Für mich waren die Jahre nach dem VIII. Parteitag schwere Jahre. Es hätte nicht viel gefehlt, und meine politische Laufbahn wäre mit der Absetzung Walter Ulbrichts ebenfalls zu Ende gewesen. Allerdings wußte Erich Honecker damals aus gemeinsamer Tätigkeit mit mir (insbesondere im Sekretariat des ZK, das er in der Regel leitete, denn Walter Ulbricht beschäftigte sich nicht mehr mit den »Kleinigkeiten des Alltags«), dass ich selbst durch mein Engagement für vernünftige progressive Ideen einerseits und angesichts der vom Leben losgelösten Handlungsweise Walter Ulbrichts andererseits zwischen Baum und Borke geraten war. Mein Verhalten war so deutlich von Widersprüchen geprägt. Indem ich versuchte, mich nicht abrupt von den politischen Maßnahmen Ulbrichts und seinen wirtschaftspolitischen Eigenentscheidungen abzugrenzen, wollte ich wenigstens einen gewissen Einfluss im Sinne einer bestimmten Lebensnähe und Sachkompetenz retten. So gelang es mir, einen Textentwurf für das Referat auf dem VII. Parteitag 1967, der stark von Ulbrichts exklusivem Kybernetikzirkel beeinflusst war und der in seiner Lebensfremdheit die Partei völlig verwirrt hätte, zu verhindern und ein einigermaßen brauchbares, wenn auch nicht von Kompromissen freies, Material vorzuschlagen. Wahrscheinlich war es die Kenntnis solcher Zusammenhänge, die Erich Honecker dazu bewog, mich nicht völlig zu maßregeln. Es gab allerdings Widersacher, die nicht müde wurden, nach einem Sündenbock zu suchen. Schließlich kam es dann zur Versetzung auf den Posten eines Ersten Stellvertreters des Vorsitzenden des Ministerrates in den Jahren 1973 bis 1976.

Die persönliche Verantwortung der Minister und deren Entscheidungskompetenz waren völlig unterentwickelt. Der Arbeitsstil war davon geprägt, dass jeder jedem hineinreden konnte. Die Minister standen an der Spitze der Ministerien, aber zwischen den Stellvertretern bzw. Abteilungsleitern erfolgte die Arbeit kreuz und quer. Die linke Hand wusste manchmal nicht, was die rechte tat. Hier versuchte ich Ordnung zu schaffen. Es wurde eine Verordnung über die Verantwortung der Minister beschlossen, die in wenigen Punkten regelte, dass nur der Minister in seinem Bereich weisungsberechtigt ist. Damit wurde dem »Gekungele« zwischen den Apparaten ein Riegel vorgeschoben. Noch wichtiger war die Festlegung, dass nur der Minister gegenüber den Generaldirektoren der Kombinate weisungsberechtigt ist. Sie, wie auch die Leiter der damals noch bestehenden Vereinigungen Volkseigener Betriebe (VVB) konnten sich vor einer Briefflut aus dem eigenen Ministerium und aus sogenannten Querschnittsorganen kaum retten. Ich wollte ihnen Luft schaffen, die eigene Arbeit zu organisieren. Das entsprach auch den in der Verfassung festgelegten Grundsätzen der persönlichen Verantwortung. Es gab nur die Möglichkeit, durch eine mehr inhaltlich strategisch orientierte Arbeit dafür die Voraussetzungen zu schaffen. Eine vertrauensvolle Zusammenarbeit mit den Ministern war dafür die wichtigste Grundlage.

Sehr bald begriff ich, dass ohne direkten Kontakt zur wirtschaftlichen Basis, also zu den Betrieben und den wirtschaftenden Einheiten, die Verwirklichung einer strategisch orientierten Wirtschaftspolitik nicht möglich war. Der Ressortwirtschaft nach Zweigen musste entgegengewirkt werden. So kam es zu der Idee eines Erfahrungsaustausches der Generaldirektoren der Kombinate, der erstmals im Jahre 1978 durchgeführt wurde.

Auch nach dem endgültigen Scheitern des »Neuen Ökonomischen Systems« 1971, in dessen Zusammenhang ich kurz vor dem politischen »Aus« stand und dann auch von der Funktion des Wirtschaftssekretärs des ZK abgelöst wurde, habe ich mich niemals von meiner Grundauffassung abbringen lassen, dass über die Effektivität der Produktion in den Betrieben entschieden wird. Obwohl ich für eine solche Meinung noch weniger Unterstützung hatte als vordem, versuchte ich immer wieder, diesen objektiven Gegebenheiten Geltung zu verschaffen. Dabei bot sich die Bildung von Kombinaten als Form der Vereinigung mehrerer Betriebe auf der Grundlage ihrer ökonomischen Selbständigkeit an. So sollte die übermäßige Bevormundung der Betriebe durch die Ministerien überwunden und ein ökonomisches Gegengewicht zu den administrativen Leitungsmethoden geschaffen werden.

Das war eine schwere Geburt. Der Prozess einer wirklichen Eigenverantwortung der Kombinate dauerte wegen interner Widerstände zu lange. Aber es war auf dieser Grundlage auch aus meiner heutigen Sicht möglich, trotz außerordentlicher Belastungen, die auf die DDR-Wirtschaft einstürmten, eine Reihe von Problemen besser zu bewältigen, als das sonst der Fall gewesen wäre.

Die Kombinate begannen, sich auf den Weltmärkten eine Position zu erarbeiten. Es gelang jedoch nicht, die volle Konkurrenzfähigkeit herzustellen, was aber nicht die Schuld der einzelnen Kombinate war. Dafür erwuchsen aus dem äußeren und inneren Bedingungsgefüge der Entwicklung der Volkswirtschaft der DDR unüberwindliche objektive Hemmnisse, und es gab auch unter der Losung einer falsch verstandenen Einheit von Wirtschafts- und Sozialpolitik eine durch subjektive Fehlentscheidungen bedingte generelle Vernachlässigung notwendiger Maßnahmen, die die Reproduktionskraft der

Volkswirtschaft gestärkt hätten, weil zu viel Nationaleinkommen für unproduktive Zwecke verbraucht wurde.

Kombinatsbildung

Zunächst eine kurze Schilderung der Lage, wie sie sich Anfang der 70er Jahre entwickelte, als meine politischen Handlungsmöglichkeiten spürbar eingeschränkt waren. Die Beendigung aller Arbeiten an der Weiterführung des NÖS 1971 war mit einer zunehmenden Zentralisierung und Bürokratisierung in der Volkswirtschaft verbunden. Die Lösung notwendiger Aufgaben bei der Versorgung der Bevölkerung, zur Sicherung der Zulieferproduktion sowie beim Export erfolgte nicht auf der Basis eines ökonomischen Interesses der beteiligten Betriebe, sondern ausschließlich durch zentrale staatliche Weisungen, die bis in die Details der Produktion gingen. Veränderungen auf dem Gebiet der Preise wurden faktisch eingefroren. Das betraf zunächst sogar die Industriepreise. Für die Verbraucherpreise wurden die bereits erwähnten »Preisgruppen« gebildet und durch staatliche Weisungen für die untere, mittlere und gehobene Preisgruppe jeweils bestimmte Prozentanteile für Produktion und Angebot festgeschrieben.

Eine große Chance der Reformierung der Wirtschaft wurde damals leichtfertig vertan. Die Bedeutung der Erwirtschaftung von Gewinn wurde aus dem Bewusstsein der Leiter verdrängt; ihr eigenes materielles Interesse an höherer Effektivität eingeschränkt, Kurs auf ein starres Preissystem genommen. Statt ökonomisches Interesse zu wecken, wurde auf Weisungen und Appelle orientiert. Die nach dem VIII. Parteitag in der Parteiführung dominierenden Kräfte glaubten, es sich in Bezug auf die Wirtschaft leicht machen und notwendige ökonomische Maßnahmen durch ideologische Arbeit ersetzen zu können.

Dafür wurde ein hoher Preis gezahlt. Anstatt in genügendem Maße die bedarfsgerechte Eigenproduktion zu organisieren, setzte man fast ausschließlich auf Importe. Damals wurde in großem Stil damit begonnen, Konsumgüter gegen Devisen zu importieren. Wenig jedoch wurde getan, um die eigene Industrie instandzusetzen, solche Erzeugnisse in hoher Qualität selbst herzustellen, um dann in der Lage zu sein, durch Ex- und Import im Wechselverhältnis das Angebot insgesamt zu bereichern.

Hinzu kam, dass in der ersten Hälfte der 70er Jahre jegliche Förderung des Handwerks unterblieb; es gab im Gegenteil durch steuerliche Festlegungen und Ausbildungsbeschränkungen restriktive Maßnahmen. Ein schwerer Fehler war die ungesetzliche Überführung der noch bestehenden privaten Industriebetriebe bzw. der halbstaatlichen Betriebe in Volkseigentum. Die bisherigen Eigentümer wurden zwar entschädigt, teilweise hatten sie als Angestellte auch die Leitungsfunktionen noch inne, aber im Endergebnis verschwand ein Potenzial an Initiative und Erfahrung, das niemals wieder ersetzt werden konnte. Das geschah unter dem Motto einer, wie es damals hieß, »Arbeiterpolitik«. In Wirklichkeit jedoch wurden die Interessen der Arbeiter und der Bevölkerung dadurch geschädigt. Hier siegte die Ideologie über die Ökonomie. Im Endergebnis verschwanden, insbesondere in der Leichtindustrie, ganze Betriebe. Hervorragend arbeitende Firmen mit international angesehenen Qualitätsprodukten wurden auf billige Massenproduktion im Interesse der Wahrung des Anteils niedriger Preisgruppen oder gar auf Teilefertigung »umprofiliert«. Später mussten die dadurch entstehenden Ausfälle an Qualitätsprodukten durch Importe teuer bezahlt werden.

Damals – ich war bis Ende 1973 noch ZK-Sekretär für Wirtschaft – wurde ich von Stoph dafür kritisiert, dass ich nicht energisch genug diesen gesamten Prozess der Umwandlung der privaten und halbstaatlichen Betriebe in Volkseigentum politisch unterstützt hätte. All das wurde als Politik im Klasseninteresse und zur Stärkung des Sozialismus begründet. Die tiefere Ursache dieser Maßnahmen bestand darin, dass unter

Ulbricht das Bestehen halbstaatlicher Betriebe gefördert und die Existenz privater Betriebe geduldet wurde. Ulbricht betonte diese Besonderheiten der DDR und erregte damit Ärgernis bei den »Bruderländern«, insbesondere bei einigen ideologischen Gralshütern in der KPdSU. Das sollte nun korrigiert werden. Es durfte nicht sein, dass die DDR mit Reformen, und waren sie auch noch so gering, weiter ging, als man es in der Sowjetunion tat. Nach dem VIII. Parteitag erfolgte eine Anpassung an diese Situation. Ich erinnere mich gut, wie ich in einem Gespräch mit einer Delegation der KPdSU einmal gefragt wurde, warum es in der DDR noch über hunderttausend Privatbetriebe geben würde. In Wirklichkeit handelte es sich hier nicht um Industriebetriebe, sondern um Handwerks- und Gewerbebetriebe.

Unter all diesen Bedingungen war es sehr schwer, auch nur die kleinsten Schritte im Sinne von Reformen zu gehen. Es mussten einige Jahre vergehen, um hier wieder aktiv werden zu können. Die Voraussetzungen schuf ich während meiner Arbeit im Ministerrat. Dabei zeigte es sich, dass infolge der enormen außenwirtschaftlichen Veränderungen die ökonomischen Fragen wieder ihr Eigengewicht geltend machten. Langsam wurde auch anderen deutlich, dass es hier um die Weiterexistenz der DDR ging. So war es möglich, einige Schritte vorzubereiten. Dazu gehörte die Durchführung von Industriepreisreformen, damit die Betriebe endlich realer mit Aufwand und Ergebnis rechnen konnten. Auch wenn vieles noch nicht befriedigend gelang, so war doch wichtig, dass Kosten und schließlich Gewinn wieder eine Rolle spielten. Ich begann Vorschläge zu unterbreiten, wie sich die Volkswirtschaft der DDR auf die neuen Anforderungen, insbesondere auf jene, die sich aus dem enormen Fortschritt der wissenschaftlich-technischen Revolution ergaben, einstellen müsse. Strukturpolitik war verpönt, aber notwendige Entscheidungen mussten vorbereitet werden. So gelang es, dass auf dem IX. Parteitag 1976 wenigstens von »volkswirtschaftlichen Komplexen« gesprochen werden konnte. Damit waren strategische Grundlinien gemeint wie Energiewirtschaft, Chemie, Elektronik und Maschinenbau, Konsumgüterindustrie und einige andere. Das förderte das Denken in volkswirtschaftlichen Zusammenhängen und trug dazu bei, aus dem Wust der Zahlen des Planes bestimmte Grundrichtungen der Entwicklung zu verdeutlichen. Hier ging es ja nicht um die Wirtschaft schlechthin, sondern darum, in der Partei und in der breiten Öffentlichkeit wieder mehr Verständnis für diese Lebensfragen zu erreichen. Das war ja weitgehend verschüttet worden.

Die wichtigste Aufgabe war, einen Weg zu finden, auf der Ebene der wirtschaftenden Einheiten volkswirtschaftliche Verantwortung mit ökonomischen Mitteln herzustellen. Das bestehende System der ausschließlich administrativen Leitung mußte durchbrochen werden. Die Betriebe waren damals nur die Anhängsel eines gewaltigen Verwaltungsapparates, angefangen von der Staatlichen Plankommission, über die Ministerien bis zu den »Vereinigungen Volkseigener Betriebe«, die sich ebenfalls mehr oder weniger nur als verlängerter Arm der Ministerien darstellten.

Zur gleichen Zeit vollzog sich in der Welt ein bisher nie gekannter Konzentrationsprozess. Diejenigen Betriebe, die mit dem Außenhandel verbunden waren, spürten das, obwohl sie selbst keinen Außenhandel treiben durften. Das geschah allein durch die dem Ministerium für Außenhandel unterstehenden Handelsunternehmen. Für eine konsequente Einstellung der Betriebe auf die internationalen Markterfordernisse war das sehr hinderlich.

Wirkliche ökonomische Verantwortung vermochten unter modernen Bedingungen einzelne Betriebe allein kaum noch wahrzunehmen. Sie konnten schlagkräftiger auftreten im Verband. So erschien der Weg der Kombinatsbildung als der günstigste. Grundsatz der Kombinatsbildung war die Beibehaltung der ökonomischen wie juristischen Selbständigkeit der Betriebe bei gleichzeitiger Vereinigung zu einem größeren Verband, der ebenfalls auf juristischer und ökonomischer

Selbstständigkeit beruhte. So ist es wohl in Konzernen der westlichen Industrieländer auch nicht anders.

Gott sei Dank[139] war es gelungen, die bereits bis 1971 gebildeten Kombinate, die etwa 35 Prozent der zentralgeleiteten Betriebe umfassten, in die 70er Jahre hinüberzuretten. »Die Kombinate haben sich bewährt«, das war ein für mich wichtiger Schlüsselsatz in der Rede Erich Honeckers auf dem VIII. Parteitag 1971, der für die weitere Arbeit eine unanfechtbare Grundlage bildete. Es mussten aber fast zehn Jahre vergehen, bis hier ein weiteres Vorankommen möglich erschien. Um die Wende zu den 80er Jahren wurde die Bildung der Kombinate abgeschlossen. Damit verfügte die Industrie der DDR im Großen und Ganzen über leistungsfähige wirtschaftende Einheiten. Die Grundidee war, Forschung und Entwicklung, Produktion und Absatz, einschließlich des Außenhandels, unter einer einheitlichen Leitung zu vereinen, und zwar nicht administrativ, sondern auf der Grundlage ökonomischer Beziehungen.

Die Bildung der Kombinate erfolgte unter Verantwortung der jeweils zuständigen Minister. Sie hatten die beste Übersicht über ihre Betriebe und ihren Bereich. Nicht immer gelang eine optimale Lösung. Vor allem kam die Verflechtung mit den Zulieferern noch zu kurz. Einiges wurde später verändert und ergänzt.

Insgesamt erfolgte jedoch ein spürbarer Leistungsschub. Ohne die Kombinate hätte die DDR die äußerst schweren Zeiten zu Beginn der achtziger Jahre mit aller Wahrscheinlichkeit wesentlich schlechter überstanden. Nicht wenige Kombinate erreichten alsbald international einen guten Ruf. Sie konnten besser auf die Erfordernisse der Märkte reagieren, wenn auch die Ergebnisse noch nicht befriedigten. Das jedoch lag weniger an den Kombinaten, obwohl die Qualität ihrer Leitung unterschiedlich war, sondern an den internationalen Bedingungen, denen die DDR unterworfen war. Sie befand sich ja gewissermaßen in einer Zwickmühle zwischen RGW und westlichem Ausland, zwischen Rohstoffmangel und Cocom.

In den zurückliegenden Jahren hatte ich mehrfach Gelegenheit zu persönlichen Kontakten mit Michail Gorbatschow. Kennengelernt hatte ich ihn während eines Treffens der Delegationen zu einer RGW-Tagung in Moskau. Andropow war erkrankt, und Gorbatschow vertrat ihn bei diesem Gespräch mit Vertretern der RGW-Delegationen. Die Worte, die Gorbatschow an uns richtete, waren von der eindeutigen Zielsetzung bestimmt, sich in der Arbeit des RGW auf die wesentlichen Aufgaben zu konzentrieren und zu spürbaren Ergebnissen in der nächsten Etappe zu kommen. Die Notwendigkeit eines sachlichen, ergebnisorientierten Arbeitsstils ohne bürokratische Hemmnisse wurde von ihm in eindrucksvoller Weise betont. Es ginge um die weitere Stärkung des Sozialismus. Eine weitere Begegnung vor 1985 gab es in Sofia anlässlich des Jahrestages der Gründung der Volksrepublik Bulgarien. Bei diesen Anlässen trat Gorbatschow als Mitglied des Politbüros und Sekretär des ZK der KPdSU in Erscheinung. Ich erinnere mich aber sehr gut, dass wir sowohl von seinen inhaltlichen Darlegungen als auch von der kameradschaftlichen und zugleich souveränen Art und Weise seines Auftretens stark beeindruckt waren. Während einer Zusammenkunft der Delegationsleiter ließ mir Gorbatschow kurzfristig mitteilen, ich möchte doch im Namen der anwesenden Delegationen den Dank für die uns von bulgarischer Seite entgegengebrachte Aufmerksamkeit sagen.

Ein nächstes Zusammentreffen gab es während der Beratung der Wirtschaftssekretäre der Parteien der Bruderländer des RGW in Moskau[140]. Hier empfing uns Michail Gorbatschow bereits in seiner Eigenschaft als Generalsekretär des ZK der KPdSU. In seinen eindrucksvollen Ausführungen war bereits die Konzeption sichtbar, den unerbittlichen Vergleich mit dem Weltstand vorzunehmen und Weltniveau zu erreichen.

Die Möglichkeit zu einem engeren Gedankenaustausch ergab sich 1986 während der Anwesenheit Gorbatschows zum

XI. Parteitag der SED, da ich als sein Betreuer eingeteilt war. Gemeinsam besuchten wir das »Zentralinstitut für sozialistische Wirtschaftsführung beim ZK der SED« in Berlin-Rahnsdorf, wo sich Gorbatschow sehr interessiert über die Arbeit der Kombinate und die Anwendung moderne Leitungsmethoden und -techniken informieren ließ.

1988 kam es dann zu einer Begegnung während eines ausgedehnten Rundgangs Gorbatschows auf der Ausstellung der DDR in Moskau. Die DDR beabsichtigte mit dieser Ausstellung, das Leistungsvermögen ihrer Kombinate, Betriebe und wissenschaftlichen Einrichtungen als Partner der UdSSR darzustellen. Wir wollten uns damit auf die absehbaren neuen Bedingungen für die Wirtschaftsbeziehungen mit der UdSSR einstellen, die nunmehr ihren Betrieben und Produktionsvereinigungen die Außenhandelsrechte übertragen hatte – kurz, wir wollten uns weiterhin den neu entstehenden »Markt UdSSR« sichern und uns als guter Partner darstellen.

Es kam dann in Auswertung der Ausstellung zu konkreten Vereinbarungen zwischen der DDR und der UdSSR, um auf strategisch wichtigen Gebieten die Zusammenarbeit auf ein qualitativ höheres Niveau zu heben. All das erfüllte uns in Hinblick auf die weitere Vertiefung unserer Zusammenarbeit gerade auf den zukunftsentscheidenden Gebieten der Hochtechnologien mit Optimismus.

Das alles ging mir durch den Kopf, als ich immer wieder über die Äußerungen Gorbatschows an jenem 7. Oktober 1989 in Berlin nachdachte, als ich ihn begleitete. Mir war das sehr angenehm, denn ich kannte Gorbatschow aus vielen Begegnungen, und wir hatten miteinander einen offenen und herzlichen Umgang, redeten uns mit »du« und Vornamen an, was von Seiten der sowjetischen Genossen auf solcher Ebene bei weitem nicht immer der Brauch war.

Ich denke heute noch immer wieder an die Ausführungen Michail Gorbatschows zum Thema »Reformen«: »Ich war im Jahre 1966 in der DDR und habe die Anfänge der Reformen studiert. Sie haben Anfang der 70er Jahre anders reagiert als in der Sowjetunion und die Herausforderung der Zeit angenommen. Das war richtig. Dadurch, dass Sie diesen Weg beschritten haben, vermochten Sie vieles.«[141]

Gorbatschow sagte weiter, er sehe, »dass die Arbeit zum nächsten Parteitag in vollem Gange ist, zu dem Parteitag, der eine Wende in der Entwicklung des Landes sein und die Perspektiven für die weitere Entwicklung der Gesellschaft bestimmen muss.«

Damals erschienen mir diese Worte als eine volle Bestätigung meiner Intentionen für die Vorbereitung dieses XII. Parteitages.

Gorbatschow hatte schon recht, als er sagte, dass der Mensch entsprechende materielle Bedingungen, aber auch eine entsprechende geistige Atmosphäre in der Gesellschaft brauche. Ohne ein solches gesellschaftliches Umfeld geht nichts. Auch der Kampf um höchste Ergebnisse in der Mikroelektronik, um bestehende Rückstände aufzuholen, konnte nicht gelingen, wenn nicht das gesamte gesellschaftliche Umfeld aktiviert wird. Es besteht eine Art undurchschaubarer »geheimer« Verbindung von Wissenschaft einerseits und Kunst und Kultur andererseits. Das wurde verkannt. Ich darf für mich jedoch in Anspruch nehmen, durch Diskussionen an der Akademie der Künste entsprechenden Gedanken gegenüber aufgeschlossen gewesen zu sein und hatte deren aktiver Verwirklichung hoffnungsvoll entgegengesehen. Leider wurde dafür insgesamt zu wenig getan.

Weiter mit Gorbatschows denkwürdigen Ausführungen. Er halte es für sehr wichtig, den Zeitpunkt nicht zu verpassen und keine Chance zu vertun. Die Partei müsse ihre eigene Auffassung haben, ihr eigenes Herangehen vorschlagen. Wenn wir zurückbleiben, bestraft uns das Leben sofort, so Gorbatschows Mahnung.

Dank der besonnenen Kräfte, den verantwortlichen Männern der Kirche und klugen Köpfe der Bürgerbewegungen wurde dann in den darauffolgenden Wochen und Monaten versucht, ein Klima für ein Nachdenken über wichtige Sachfragen zu schaffen, die das Leben in aller Dringlichkeit auf die Tagesordnung gestellt hatte.

Ich war bei dem Gespräch zugegen, das Michail Gorbatschow am 7. Oktober 1989 im Schloss Niederschönhausen mit Erich Honecker führte. Gorbatschows Ausführungen möchte ich an dieser Stelle wiedergeben: Für uns, sagte er, sind die DDR, die SED und deren Führung vorrangige, wichtige Verbündete. Das ist der Ausgangspunkt, der alles andere bestimmt. In 40 Jahren ist es so gewesen, obwohl dies nicht nur ungetrübte Jahrzehnte waren, nicht so leicht hinsichtlich der inneren wie der internationalen Aktivitäten, insbesondere aus der Zeit des Kalten Krieges. Auf alle Fälle ist das, was uns heute vereint, nicht zufällig, sondern es stützt sich auf feste Grundsätze. Alles übrige sind Einzelfragen. Manchmal entstehen einige Probleme, Fragen der inneren Lage, Fragen der Außenpolitik. Wir brauchen einen ständigen Austausch darüber. Das finde ich normal. Wir verstehen es jetzt besser als früher, und das gibt uns die Möglichkeit, unserer Rolle und Verantwortung besser gerecht zu werden. Einen Verdacht gegenüber anderen Ländern gibt es nicht, die Beziehungen sind durchdrungen von gegenseitigem Vertrauen. Wir können von reifen Beziehungen zwischen unseren Völkern und Staaten sprechen.

Dem widme er besondere Aufmerksamkeit, weil die Länder der sozialistischen Welt tiefgreifende Umwälzungen erleben, fuhr Gorbatschow fort. Natürlich entwickelten sich die Prozesse in jedem Land unter bestimmten Spezifika, nicht zuletzt wegen der wissenschaftlich-technischen Revolution. Worauf es ankomme, sei, dem Sozialismus einen zweiten Atem zu verleihen. Im historischen Wettbewerb mit dem Kapitalismus dürften wir nicht verlieren. Jetzt sei man gewappnet mit theoretischen Auslegungen, gestützt auf die Erfahrungen von Jahrzehnten. Wegen der größeren Erkenntnisse und Erfahrungen könne man zuversichtlicher sein als diejenigen, die an der

Quelle der Bewegung gestanden haben. Auf Grund dessen sei man in seinen Auffassungen und Überlegungen freizügiger geworden.

Nur gewaltige Möglichkeiten festzustellen genüge nicht, automatisch werde nichts. Notwendig sei eine gewaltige Arbeit von Partei und Volk. Dass dieser Prozess nicht leicht und einfach sein werde, habe man schon theoretisch voraussehen können. Bei Einleitung der Umgestaltung in der UdSSR habe es zwar solche Auffassungen gegeben, aber das Leben habe viel mehr Schwierigkeiten gebracht. Dies sei eine große, verantwortungsvolle, schicksalsträchtige Zeit. Verlieren dürfen wir nicht. Michail Gorbatschow sprach sich für gemeinsames Handeln, ein hohes Niveau der gegenseitigen Verständigung, eine neue Qualität der Zusammenarbeit in allen Bereichen aus.

Es sei die Überzeugung der gesamten sowjetischen Führung, dass man, wie in den inneren Angelegenheiten überhaupt, fest entschlossen und konsequent sein müsse hinsichtlich der sozialen Umwälzungen. Die Zusammenarbeit müsse die Besonderheit der gegenwärtigen Umbruchsetappe der sozialistischen Zivilisation berücksichtigen. Schon in den Anfangsetappen der Umgestaltung sei zu spüren gewesen, dass diese tiefgreifende Umwälzung mit einem großen Wirrwarr einhergeht. Die Rettung sei die Partei, die schöpferisch nach den Prinzipien des Marxismus wirke. Das habe von der KPdSU verlangt, vieles abzuwerfen, den Sinn der Partei, ihre Vorhutsrolle darzulegen. Die Werktätigen verstünden, dass sie eine starke, schöpferische, erneuerte Partei brauchen. Auch diejenigen verstünden es, die eine andere Situation wollen. Welchen Bereich des Kampfes man auch nehme, letzten Endes wollten diejenigen, die andere Ziele verfolgen, der Partei schaden. Das geschehe gerade für die Gebiete, auf denen man zurückbleibe. Natur und Gesellschaft duldeten keine Lücke, insbesondere im politischen Bereich.

In der Sowjetunion würden nationale Leidenschaften entfacht. Hier gehe es um einen sehr komplizierten Zusammenhang von Beziehungen. Man habe nicht abrupt agieren dürfen, habe alles durchdenken müssen. Den Separatisten und Nationalisten sei vieles gelungen, so auch, nationale Zwietracht zu säen. Als die von der ZK-Tagung beschlossene Plattform in diesen Fragen veröffentlicht worden sei, habe dies Ruhe in die Gesellschaft gebracht. Michail Gorbatschow habe die Zustimmung der Genossen des Politbüros erhalten, zur ZK-Tagung mit klaren Positionen zu gehen. Geschaffen werden solle eine reale Föderation, die früher nicht bestanden habe, obwohl sie so hieß. Gleichberechtigung, unabhängige Nationalität für alle, dort wo sie wohnen. Entschieden zurückgewiesen werde jedoch eine Föderation beim Aufbau der Partei. Grenzänderungen seien unzulässig, auch dort, wo reale Besorgnisse bestehen. Bis die politischen Zielstellungen verwirklicht seien, werde noch eine gewisse Zeit vergehen, aber die Gesellschaft sei beruhigt worden.

Die Partei könne nicht anders wirken, als alle Impulse aus der Gesellschaft zusammenzufassen. E. Honeckers Ansprache auf der Festveranstaltung (*gemeint ist wohl jene zum 40. Jahrestag der DDR am 3. Oktober 1989 im Palast der Republik – d. Verl.*) habe ihm sehr gut gefallen, sie habe den von der DDR zurückgelegten Weg und ihre Erfolge sehr überzeugend gezeigt. Ganz freundschaftlich wolle er auch feststellen, es freue ihn sehr, dass der Blick auch in die Zukunft gerichtet worden sei. Es gebe keine Notwendigkeit, diese Ideen an einem solchen Tag breiter zu entwickeln, aber er habe es so verstanden, dass sich die SED damit kurz nach den Feierlichkeiten, auf dem Weg zum XII. Parteitag befassen wird. Besorgnisse, mit denen man sich kürzlich befasst habe, bewiesen die Notwendigkeit und Richtigkeit der Ideen Erich Honeckers. Die Initiative sollten die Partei und Erich Honecker ergreifen, sonst könnten Demagogen andere Ideen suggerieren. Aus eigener Erfahrung wisse er, dass man nicht zu spät kommen dürfe. E. Honeckers Rede habe ihm deswegen sehr gut gefallen, weil darin ehrlich und richtig gesagt worden sei, was zu tun ist. Dabei erscheine ihm, dass es die SED leichter haben werde als die KPdSU, weil die sozialökonomische Situation in der DDR anders sei. Auf dieser Basis könne der Lösung herangereifter Probleme ein Impuls verliehen werden. In der Sowjetunion sei es umgekehrt, die sozialökonomische Situation fessele die Partei, die alles unternehme, um die Brisanz zu lindern.

Zur Umgestaltung in der UdSSR bemerkte Michail Gorbatschow, man erlebe jetzt die verantwortungsvollste Zeit. Die Gesellschaft eigne sich neue Formen des Lebens und der Organisation an – in der Wirtschaft durch die Erschließung des Potentials verschiedener Formen des Eigentums, in der Partei durch die Erneuerung der Formen und Methoden ihrer Arbeit, auf politischem Gebiet durch die neue Rolle der Sowjets. Gelöst werde wieder einmal die Aufgabe »Alle Macht den Sowjets«, aber nicht ohne Kommunisten. Das Wesen der Sowjetmacht sei die Führung durch die Arbeiterpartei, wer ihre Rolle schmälern wolle, kämpfe gegen die Partei. Die Arbeiter hätten das bemerkt. Moskau und Leningrad hätten dazu Stellung genommen.

Er wisse noch nicht, wie aus dieser Situation ein Ausweg gefunden werde. Die Leute verlangten, dass die Aufstellung von Kandidaten bei den Kommunalwahlen auf dem Territorial- und dem Produktionsprinzip basieren solle. Bei Lenin sei das so gewesen: Arbeiter direkt in die Sowjets. Jeder Sowjet werde jetzt einen eigenen Haushalt haben auf der Grundlage der Zuführung aus den Betrieben. Die Arbeiter möchten daran teilhaben, die Verteilung mitbestimmen. Nach der Septembertagung des ZK der KPdSU hätten ihn Mitglieder und Kandidaten sowie die Revisionskommission um ein persönliches Treffen gebeten und ihn kräftig unter Druck gesetzt. Er habe veranlaßt, alles zu veröffentlichen, damit das Land Bescheid wisse.

Uns begeistert als das Wichtigste das Anwachsen der Aktivitäten der Arbeiterklasse, fuhr Michail Gorbatschow fort. Vor vier Jahren habe man dazu aufgerufen die Revolution von oben auch von unten zu unterstützen, doch die Gesellschaft, ausgenommen die Intelligenz, sei taub dafür gewesen. Auch in der Partei sei der Prozess der Umgestaltung sehr zaghaft vorangegangen, ebenso in der Arbeiterklasse und in den anderen Schichten. Manche hätten die Umgestaltung als Unheil aufgenommen, als Ansammlung des Kapitals. Jetzt gebe es einen mächtigen Impuls von unten. Das sei die wichtigste Besonderheit der Umgestaltung. In den nächsten Monaten müssten ihre Fragen gelöst werden.

Man könne heute real von einer Revolution sprechen, aber von einer Revolution innerhalb der Revolution, es sei jedoch kein Negieren der Werte, Ideale und Ideen des Oktober. Es gehe um die Realisierung dieser Ideale in einer neuen Situation und auf der Basis des Erreichten, um loszuwerden, was die Gesellschaft stört, einen großen Schritt zu tun und frei zu atmen. Man nehme alles, was durch die Arbeit von Generationen erreicht wurde und lasse sich leiten von den Ideen des Oktober. Die Zeit sei gekommen, dass sich gegensätzliche Kräfte herausbilden, der Nebel schwinde, es werde klar, wer der Gesellschaft was anbiete. Inner- und außerhalb der Partei gebe es Schreihälse, die auch kapitalistische Losungen und Werte lancieren. Aber sofort werde klar: wer ist wer.

Die jetzige Etappe werde entscheidend sein. Dabei werde man auch gezwungen sein, von diesen und jenen Abschied zu nehmen, die zum Beispiel von konservativen Positionen aus Schrecken einzujagen versuchten. Das zeigte nur, dass sensible Punkte solcher Leute berührt würden. Wo aber gebe es eine Revolution, die keine Interessen berühre? Die KPdSU stelle die Frage so: Welchen Interessen soll der Vorzug gegeben werden – in erster Linie denen des werktätigen Volkes, der werktätigen Menschen. Letzten Endes entspreche die Umgestaltung den Interessen der gesamten Gesellschaft. Sache der Zukunft sei es, diese Interessen besser zu befriedigen. Einige lebten schon heute nicht schlecht, sie interessierten sich am wenigsten für die Werktätigen. Wenn deren Interessen Vorrang gegeben werde, dann nicht im Sinne der Gleichmacherei, umgekehrt, gerade ihnen müsse ein entschiedener Schlag versetzt werden, denn sie haben die Gesellschaft verdorben.

Gebraucht werde eine aktive Politik der Partei. Verspätungen bedeuteten die Niederlage, denn spontane und chaotische Kräfte könnten ausufern, antisozialistische, antigesellschaftliche Elemente diese Prozesse missbrauchen. Schlüsselelement sei die Dynamik in der Tätigkeit der Partei sowohl hinsichtlich der Ausarbeitung der praktischen Politik als auch der Organisation. Interessen dürfe man nicht verdrängen, nicht in die Tiefe jagen, sondern man müsse sie mit der Energie der Partei reaktivieren.

Von gewaltiger Bedeutung sei jetzt, die Fragen der finanziellen Gesundung und der Normalisierung des Marktes, Fragen des Eigentums, der Pachtverträge, der Steuerpolitik, der Selbstverwaltung, der Föderation zu lösen. Die Wirtschaft werde auf die Befriedigung der sozialen Belange ausgerichtet. Nicht umsonst habe er in seiner Rede darauf hingewiesen, dass vielleicht auch unpopuläre Maßnahmen ergriffen werden müssten. Die Gesellschaft verstehe das, aber sie reagiere auf ihre Art und kaufe alles, zum Beispiel Mehl. Das seien sehr ernste und gefährliche Prozesse, aber bis zu ihrer Meisterung sei es noch weit.

Soweit die Ausführungen Michail Gorbatschows in dem Gespräch mit Erich Honecker.[142]

Rettung durch Perestroika?

Als die Beschlüsse des XXVII. Parteitages der KPdSU gefasst waren, an dessen Beratungen ich als Mitglied der Delegation der SED teilgenommen hatte, diktierte ich noch in Moskau einen Artikel in Form eines Interviews für die Wochenzeitschrift *Ekonomitscheskaja Gazeta*. Es wurde allerdings nicht veröffentlicht, weil zum nächstmöglichen Erscheinungstermin seit dem Aufenthalt unserer Delegation nahezu 14 Tage verstrichen gewesen wären.

Ich erfuhr aber, dass mein dargelegter grundsätzlich positiver Standpunkt zur Perestroika sehr begrüßt wurde. Das betraf natürlich vor allem die zu erwartenden Wirtschaftsreformen in der UdSSR. Ich war fest entschlossen, die gewonnene Erkenntnis in die Praxis der DDR umzusetzen. Sie bestärkten mich zu Formulierungen über die Rolle von Kosten, Preis, Geld, Kredit und Zins, die ich als zuständiger Sekretär in den Bericht des ZK an den XI. Parteitag der SED einbrachte. Dahinter stand meine feste Absicht, das Funktionieren der Wirtschaft der DDR endlich auf die Grundlage echter Eigenverantwortung der Kombinate und ökonomischer Beziehungen zwischen den Betrieben zu stellen.

Aber als wir nach dem Parteitag 1986 mit der Verwirklichung dieses Konzepts beginnen wollten, traten wieder die großen Bremser in Aktion. Um die Ablehnung kühner Schritte zu begründen, wurde auf viele negative Beispiele aus der UdSSR verwiesen. Es wurde nicht verstanden, dass teilweise im ersten Überschwang zunächst auch Erfahrungen gesammelt werden mussten. Anstatt zu ermutigen, sich ernsthaft mit dem Inhalt eines solchen ökonomisch orientierten Konzeptes für die Wirtschaftsführung zu befassen, wurden diese Schlussfolgerungen in den Hintergrund gedrückt.

Verpasst wurde das aus meiner Sicht Wesentliche, nämlich der Zeitpunkt, zu dem das ökonomische System des Sozialismus in der DDR unter den Bedingungen der 80er Jahre mit aller Konsequenz und in neuer Qualität wiederzubeleben gewesen wäre. Das hätte unter Berücksichtigung qualitativ neuer Elemente wie ökonomischer Beziehungen zwischen Industrie und Handel, sprich »Marktbeziehungen«, ein wesentlicher Beitrag sein können. Doch dazu dauerte dann die Diskussion in der UdSSR zu lange, fehlten vor allem sichtbare Ergebnisse, um mit mehr Argumenten aufwarten zu können.[143]

Es gab in der DDR zu viel interne Widerstände gegen eine wirklich ökonomische Leitungstätigkeit, gegen wirkliche Eigenverantwortung der Betriebe und Kombinate, wie die zögerliche Behandlung des Prinzips der Eigenerwirtschaftung der Mittel zeigte, für dessen Verwirklichung ich zielstrebig eintrat.

Jetzt ist die Diskussion um die Einführung der Marktwirtschaft in der UdSSR offenbar in eine neues Stadium getreten. Es wird von äußerstem Interesse sein, die Verwirklichung dieser gewaltigen und tiefgehenden Umwälzung zu studieren. Eine Grundfrage aller ökonomischen Reformen ist, dass sich der Sozialismus nicht als Insel mit niedrigerer Produktivität in einer von der kapitalitischen Marktwirtschaft dominierten Welt behaupten kann.

Das Wort »Wer zu spät kommt, den bestraft das Leben« ist in Bezug auf die in der DDR im Oktober 1989 eingetretene aktuelle Situation angewandt worden. Bezogen auf einen größeren historischen Zeitraum besagt es, dass der Sozialismus schon seit Jahrzehnten die strategische Aufgabe, ein höheres Niveau in der Arbeitsproduktivität zu erreichen, nicht gelöst hat.

Es wird noch zu untersuchen sein, ob diese Aufgabenstellung jemals real und ihre Lösung überhaupt möglich war. Meiner Ansicht nach war das spätestens seit dem Aufkommen der wissenschaftlich-technischen Revolution, die gleichzeitig eine Internationalisierung der Produktivkräfte bedeutet, nicht mehr der Fall.

Eine entscheidendes Hemmnis dafür war die falsche ideologische Auffassung vom gesetzmäßigen Voranschreiten des »revolutionären Weltprozesses«. Dieser Auffassung lag die illusionäre Vorstellung zugrunde, die nicht stattgefundene Weltrevolution doch noch zu irgendeinem Zeitpunkt nachholen zu können. Das führte zu einer falschen Schwerpunktbildung in der strategischen Zielsetzung. Sie berücksichtigte vor allem nicht die Erkenntnis, dass es immer die materiellen, das heißt die ökonomischen Verhältnisse sind, die primär den Lauf der Geschichte bestimmen. Statt dessen dominierte die Politik nach wie vor in unangemessener Weise die Ökonomie.

Hatte der Sozialismus in der DDR eine Überlebenschance?

Unterschätzt: Die Folgen der Teilung

Die Teilung Deutschlands und insbesondere die Teilung Berlins bürdete den Menschen schwere Lasten auf, die im Grunde auf die Dauer nicht zu ertragen waren. Die Beseitigung der materiellen Trümmer im Ergebnis des Zweiten Weltkrieges war die eine Seite. Das kostete Kraft und Opfer. Gemessen an dem, was der von Hitler angezettelte Krieg in den betroffenen Ländern, insbesondere der UdSSR, angerichtet hatte, war das bei aller Schwere mancher individueller Schicksale notwendigerweise zu akzeptieren. Aber die andere Seite war die Teilung. Sie war lang andauernd, ihr Ende nicht absehbar. Das war eine große psychologische Belastung. Entgegen allen Erwartungen und Prognosen, auch von westlicher Seite, hat diese Belastung nicht abgenommen, sondern sie ist mit jedem Jahrzehnt stärker geworden. Ihre Folgen hat sogar jene Generationen bewegt, die erst nach dem Krieg geboren worden sind – diese manchmal mehr als die Älteren. Man müsste sich einmal vorstellen Moskau, Prag, Paris oder andere europäische Hauptstädte, und dazu die Länder, müssten auf Dauer mit einer solchen Teilung leben. Eine solche Vorstellung wird jeder ablehnen.

Leider ist dieser Faktor der Teilung, ihre Wirkung auf die Menschen, von der internationalen Politik nur teilweise in seiner ganzen schwerwiegenden und vor allem langandauernden Wirkung gesehen worden. Von vielen wurde er unterschätzt. Erst durch die Politik Gorbatschows wurde eine grundsätzlich andere Sicht möglich. Aus einer falsch verstandenen marxistisch-leninistischen Sicht versuchte man sich zuvor einzureden, die Priorität hätten die gesellschaftlichen Verhältnisse und der Sozialismus würde schon alle Wunden heilen. Das jedoch hat sich als großer Trugschluss, ja, als historischer Irrtum erwiesen.

Von Seiten der DDR wurde nach der KSZE-Konferenz begonnen, die Folgen der Teilung zu lindern und gleichzeitig am damaligen Konzept der sozialistischen Entwicklung festzuhalten. Die Schritte, die zur Linderung der Folgen der Teilung gegangen wurden (Passierscheinabkommen, Transitverkehr, Reise- und Besucherverkehr, großzügigere Handhabung der Familienzusammenführung und Ausreise) waren ein gewisser Ausdruck der Anerkennung der historischen Realität, dass dieser Zustand der Teilung die Menschen stärker als jede andere Frage berührte. Aber eben nur ein gewisser Ausdruck, kein konsequentes Handeln.

Werden und Vergehen der DDR – mit dem Schicksal der Sowjetunion verbunden

Die DDR war immer mit dem politischen Schicksal und den Vorgängen in der Sowjetunion verknüpft. Ihr Entstehen wurde gefördert, als es aus der Sicht der sowjetischen Politik nicht mehr möglich war, ein einheitliches Deutschland unter sowjetischer Mitsprache zu erreichen. Mit der Gründung der DDR und ihrer Rolle als Bündnispartner war die Existenz der DDR ein Ausdruck für das politische Interesse der Sowjetunion, die in Mitteleuropa durch den Ausgang des Zweiten Weltkrieges errungenen Positionen beizuhalten und wenn möglich auszubauen. Die DDR war stets der Hauptverbündete der UdSSR, politisch, militärisch, ökonomisch.

Politisch-militärisch war die DDR der vorgeschobene Posten des Warschauer Vertrages in Europa und das wichtigste Aufmarschgebiet seiner Streitkräfte. Ökonomisch war sie der wichtigste Partner der UdSSR. Ihre Produktions- und Absatzstruktur wurde weitgehend von den Wünschen der sowjetischen Abnehmer bestimmt, was bis zur Forderung nach der Übernahme der GOST-Normen, den staatlichen Standards der UdSSR, reichte, der aber nie generell, sondern nur in Bezug auf die konkreten Lieferbedingungen bei einzelnen Aufträgen entsprochen wurde.

In der Gestaltung ihres politischen und insbesondere auch ihres wirtschaftlichen Systems unterlag die DDR stets den Entwicklungen und auch Schwankungen, die sich in der UdSSR vollzogen. Am einschneidendsten war wohl die kurze Zeit der von Chruschtschow geförderten Libermanschen Reformen. Sein Sturz besiegelte das Schicksal des »Neuen Ökonomischen Systems« als hoffnungsvollen Reform-Ansatz. Was mich betrifft, so hatte ich jedoch diese Ideen und den Kampf um ihre Wiederbelebung und Verwirklichung nicht aufgegeben.

Die Herbeiführung des militär-strategischen Kräftegleichgewichts und die damit zum Teil verbundene Überrüstung führten zu ökonomischen Zwängen, die dazu beitrugen, ökonomische Disproportionen in den sozialistischen Ländern zu verschärfen. Diese Art der »Macht«-Repräsentation verschlang in kleinen wie größeren Ländern Milliarden und nochmals Milliarden Nationaleinkommen. Für dieses internationale Kräftegleichgewicht auf militärischem Gebiet mussten also ökonomische Vorleistungen von strategischem Ausmaß erbracht werden. Es gab von der anderen Seite auch das böse Wort vom »Totrüsten« des Sozialismus. Leider ist es der Wahrheit sehr nahe gekommen.

Als man in der UdSSR erkannte, dass der Kalte Krieg beendet werden musste, um die UdSSR aus der internationalen Isolierung und der Abschottung von den internationalen Märkten zu befreien, dass sich die Losung, »aus eigener Kraft das internationale Niveau erreichen«, als unrealistisch und das einseitige Setzen auf die militärische Karte als geradezu verheerend für das ökonomische und soziale Gefüge erwies, musste im Interesse der ökonomischen und politischen Stabilität der UdSSR eine neue Politik eingeleitet werden.

Das hatte für die DDR große Auswirkungen. Denn: Die DDR ist im Gefolge der weltpolitischen Konstellationen der Nachkriegsära entstanden. Sie war ein Kind des Kalten Krieges. Deutschland wurde geteilt und in seinen beiden Teilen jeweils einander feindlich gegenüberstehenden Machtblöcken zugeordnet. Die Entwicklung beider Teile wurde von den in den betreffenden Machtblöcken herrschenden politischen wie ökonomischen Konstellationen geprägt. In dem Moment, wo sich grundlegende Veränderungen im Verhältnis der beiden »Supermächte« vollzogen, musste das auch für den Zustand der Teilung Deutschlands und damit auch für die DDR gravierende Auswirkungen haben.

Spätestens im Verlaufe des Jahres 1989 wurde das ganz deutlich. Die Grenzöffnung in Ungarn war der auslösende Faktor für jenen Weg, der schließlich zur Vereinigung der beiden getrennten Teile Deutschlands führte. Dem lag eine weitgehende Identifikation großer Teile der Bevölkerung in der DDR mit der Idee der Konföderation bis hin zu einer Vereinigung mit der Bundesrepublik zugrunde. Insofern gab es mit der Abkehr der UdSSR von ihrer bisherigen Politik, die auch die Aufgabe der DDR als ihren bisherigen Hauptverbündeten einschloss, keinen unauflöslichen Widerspruch zu den Interessen einer großen Mehrheit der Menschen in der DDR, die unter den bisherigen politischen, ökonomischen und sozialen Bedingungen keine Zukunftsperspektiven mehr gesehen haben.

Das Einerseits und das Andererseits

Mit all dem hängt natürlich der »Grundwiderspruch der DDR« zusammen. Die DDR gehörte zu dem von der Sowjetunion geführten Block des Warschauer Vertrages. Sie war damit von vornherein belastet mit den Folgen des Zweiten Weltkrieges für die Sowjetunion, für Polen und weitere Länder des östlichen Staatenbündnisses, die verheerend waren.

Das Verhältnis der Sowjetunion zur DDR war notwendigerweise widersprüchlich. Einerseits war die Sowjetunion gegenüber der DDR die Siegermacht, die Ansprüche zu stellen hatte. Andererseits war die Existenz der DDR für die Sowjetunion eine Chance, im Herzen Mitteleuropas das sozialistische Modell nach ihrem damaligen Verständnis mit Aussicht auf Erfolg zu demonstrieren.

So wechselten in der praktischen Politik Forderungen und Hilfe einander ab. Es war von vornherein klar, dass die DDR ohne die Unterstützung der Sowjetunion nicht lebensfähig war. Aber andererseits gab es auf Grund der riesigen wirtschaftlichen und sozialen Probleme, die in der UdSSR zu lösen waren, auch immer wieder den Hang, von der DDR zu bekommen, was möglich war. Schließlich war es für die sowjetische Führung ein echtes und ernstes Problem, dass der Lebensstandard in der DDR wohl von Anfang an über dem der UdSSR lag. So konnte eine Unterstützung bestimmte Grenzen wohl niemals überschreiten.

Deshalb war die Wirtschaftspolitik der Sowjetunion gegenüber der DDR von zwei einander entgegengesetzten Tendenzen geprägt:

- Auf der einen Seite massenweise Demontage von Industrieanlagen, Verkehrseinrichtungen, Energieanlagen usw.; auf der anderen Seite der Versuch, bestehende Betriebe zu erhalten und die Erfahrungen der Wissenschaftler, Technologen und Facharbeiter für die Lieferung von dringend benötigten Produkten zu nutzen. Das war vor allem bis Mitte der 50er Jahre typisch.
- Auf der einen Seite die Absicht, die DDR als militärisches Unterstützungspotenzial gegenüber der NATO aufzurüsten; auf der anderen Seite die Sorge, soziale Erschütterungen im westlichsten aller Vorfelder des eigenen Machtbereichs zu vermeiden, wie das Verhalten 1953 beweist. Vorher wurde von der sowjetischen Seite, wie durch Veröffentlichungen von Historikern jetzt nachgewiesen, die Führung der DDR

in Richtung großer und nicht tragbarer Rüstungslasten gedrängt. Nach den Flammenzeichen des 17. Juni gab es »grünes Licht« zu einer zeitweiligen Änderung des Kurses.

- Auf der einen Seite die Entwicklung einer Industriestruktur, die völlig auf die Bedürfnisse der UdSSR zugeschnitten war. Das bedeutete vor allem Lieferung von materialintensiven Produkten, wie metallurgische Ausrüstung, Schiffbau, Waggonbau, Kranbau u. ä. Auf der anderen Seite Interesse an einer DDR der Hochtechnologie, wobei jedoch offenblieb, welche Investitionsmittel dafür dann noch übrigbleiben konnten und wo die Ausrüstungen dafür herkommen sollten. Einige dieser Zweige exportierten bis zu achtzig Prozent ihrer Produktion in die UdSSR. Es gab trotzdem noch Kritik, dass das zu wenig sei. Zweimal im Jahr, nach den Tagungen der Paritätischen Regierungskommission UdSSR–DDR gab es durch den Vorsitzenden der Staatlichen Plankommission Vorlagen im Politbüro, die oftmals Maßnahmen zur weiteren Erhöhung der Lieferungen durch die DDR forderten.
- Auf der einen Seite zunächst durchaus großzügige Lieferungen von Erdöl und Ermunterung zum Aufbau einer eigenen Petrolchemie in der DDR, um daraus hochveredelte Fertigprodukte zu beziehen, vor allem zu einer Zeit, da die eigenen Kapazitäten dafür unterentwickelt waren; auf der anderen Seite die zunehmenden Forderungen nach Investitionsbeteiligungen der DDR am Bau von Erdöl- und Erdgasleitungen, wodurch ein großer Teil der Akkumulationskraft der DDR im Ausland eingesetzt werden musste. Dabei ging es nicht nur um finanzielle Beteiligungen, sondern um die Bereitstellung von Arbeitskräften (zeitweilig arbeiteten weit über zehntausend Arbeitskräfte an der Trasse), um Material und Ausrüstungen, die die DDR aus dem westlichen Ausland importieren musste. Der ökonomische Nutzen für die DDR aus diesen Beteiligungen bestand einzig und allein in der Wahrung eines Lieferanspruchs für eine begrenzte Menge von Energieträgern. Ein »Mehrerlös« aus dem getä-

tigten »Kapitalvorschuss« jedoch war nicht drin. Die Zinsen waren mit etwa zwei Prozent dazu viel zu niedrig.

- Die DDR konnte erfolgreicher Wirtschaftspartner der UdSSR auf Dauer nur dann sein, wenn sie gleichzeitig an der weltweiten internationalen Arbeitsteilung teilnehmen konnte. In den ersten Jahren war noch ein genügend hoher, für die Sowjetunion sehr interessanter wissenschaftlicher und technologischer Stand vorhanden. Dieser Erfahrungsschatz wurde jedoch zunehmend »aufgebraucht«. Er wurde, sofern er nicht durch neue Erkenntnisse bereichert werden konnte, zunehmend moralisch entwertet. Da jedoch über 50 Prozent des Industriepotenzials auf die Bedürfnisse der UdSSR ausgerichtet waren, blieb für den Handel mit den westlichen Industriestaaten und mit Japan zu wenig Spielraum, um eine entwickelte Kooperation zu ermöglichen. Hier konnte leider nur das Prinzip gelten, zu verkaufen, was irgendwie verkaufbar war. Damit war der Aufbau einer effektiven Exportstruktur der DDR kaum möglich. Dies gelang auf Einzelfeldern, aber nicht in der Breite. So war der Export der DDR in das westliche Ausland immer nur ein Instrument zur Beschaffung dringend erforderlicher Devisen für wichtige Rohstoffe und Nahrungsmittel, die es in der DDR nicht gab und die auch von den RGW-Handelspartnern nicht zu beziehen waren, sowie von einigen Ausrüstungen, soweit sie nicht unter die Cocom-Bestimmungen fielen. Der DDR-Export in westliche Länder war aber niemals ein Faktor, um durch Export zusätzlich Nationaleinkommen zu erwirtschaften. Damit konnte die Wirtschaft nicht die Voraussetzungen schaffen, um mit der Dynamik der Entwicklung des Lebensstandards in der BRD auf Dauer und perspektivreich Schritt zu halten.

Bringt man es auf den Punkt, so hat nicht der Sozialismus, sondern der Kapitalismus die Produktivkräfte schneller entwickelt. Es geht hier nicht nur um graduelle Unterschiede, sondern um ein qualitativ unterschiedliches Niveau und eine völlig andere Dynamik zugunsten der kapitalistischen Marktwirtschaft und zuungunsten des Sozialismus mit seiner Planwirtschaft. Diese Entwicklung schließlieh prägte nachhaltig das materielle Sein der Menschen und ihre Zukunftsperspektive, und diese Entwicklung spiegelte sich zunehmend in ihrem Bewusstsein wieder. Das gab, neben anderen, im tiefsten Grunde den Ausschlag für die friedliche Revolution im November 1989 in der DDR.

Hatte der »reale Sozialismus« noch eine Überlebenschance? Nein – er hatte sie nur so lange, wie eine gewisse Dynamik auf ökonomischem, auf wissenschaftlich-technischem, sozialem und kulturellem Gebiet vorhanden war. Aber international vollzog sich die Entwicklung in immer höherem Tempo. Die Nutzung der neuesten Erkenntnisse aus Wissenschaft und Technik wurde immer mehr zur alles entscheidenden Wachstumsquelle. Durch Nutzung der modernsten Kommunikationstechnik wurde diese Arbeit durch die multilateralen Konzerne in globalem Maßstab organisiert.

Der DDR war es als Bestandteil des RGW-Bündnisses nicht möglich, sich in dieses internationale Geflecht einzubringen.

Dazu bedurfte es jener grundlegenden Veränderungen, wie sie mit ihrer Vereinigung mit der Bundesrepublik eingetreten sind, die aber gleichzeitig die Aufbebung ihrer Existenz bedeuteten.

Es wurde versucht, wenigstens auf ausgewählten Gebieten den Anschluss an das internationale Niveau zu halten, zumindest aber die Abstände nicht noch größer werden zu lassen. Da es trotz eigener Anstrengungen objektiv nicht möglich war, die Mikroelektronik als Basistechnologie für die DDR umfassend zu nutzen, fielen selbst Teilergebnisse, mögen sie für sich betrachtet durchaus beachtlich gewesen sein, von ihrer ökonomischen Gesamtwirkung her immer weniger ins Gewicht.

Es besteht ein großer Unterschied zwischen schönen Reden über den idealen Wirkungsmechanismus des Sozialismus und der ökonomischen Realität. Einen solchen Wirkungsmechanismus, der dem Sozialismus gerade in einer Zeit, in der die schnelle ökonomische Anwendung von Wissenschaft und Technik alles entscheidet, die erforderliche Dynamik verleiht, gibt es bis heute nicht, nirgendwo.

Schon gleich nach 1945 und auch später, so in den entscheidenden Jahren nach 1960, wo eine Wende zu höherer Effektivität durch eine auf neuester Technik beruhenden Industriestruktur durch konsequente Anwendung des Leistungsprinzips ohne »Wenn« und »Aber« vielleicht noch möglich gewesen wäre, hat die praktizierte Art und Weise der Wahrnehmung der führenden Rolle der Partei auf allen Gebieten des gesellschaftlichen Lebens und die ideologische Vorstellung von einem sich selbst antreibenden unaufhaltsamen revolutionären Weltprozess, nach der man nur noch auf den Zusammenbruch des Kapitalismus zu warten brauchte, entscheidend und maßgeblich daran gehindert, eine Atmosphäre für qualitativ höchste Leistungen in der wirtschaftlichen Entwicklung zu schaffen. Mehr als ein Jahrzehnt dauerte es, bis der Begriff von der wissenschaftlich-technischen Revolution überhaupt gesellschaftsfähig wurde.

Ein zäher Kampf wurde notwendig, um die dringlichen Fragen des Anschlusses an das wissenschaftlich-technische Weltniveau und der Schaffung eines effektiven, ökonomisch orientierten Leitungssystems auf die Tagesordnung zu setzen. Schließlich begann auch Erich Honecker, nicht zuletzt im Gefolge seiner Auslandsreisen, zu erkennen, dass für die DDR überhaupt nur dann eine Überlebenschance besteht, wenn sie in Wissenschaft und Technik und damit in der Arbeitsproduktivität nicht völlig zurückbleibt. Deshalb wurde es überhaupt möglich, die ökonomische Strategie auszuarbeiten und auf dem

X. bzw. XI. Parteitag beschließen zu lassen[144]. Sie orientierte im Punkt eins auf die Nutzung der Errungenschaften der wissenschaftlich-technischen Revolution als einzigem Weg zu Produktivität und damit zur Wahrung und schrittweisen Verbesserung des Lebensstandards. Leider wurden die notwendigen Schlußfolgerungen daraus, immer wenn es konkret wurde, mit den verschiedensten Begründungen dann doch nicht gezogen.

Die überproportionale Verwendung des Nationaleinkommens für andere Zwecke als für jene, die die Leistung stärken sollten, war immer bereits vorherbestimmt. Es wurden durch eine falsch verstandene Einheit von Wirtschafts- und Sozialpolitik die falschen Prioritäten gesetzt. So ging es trotz einzelner Erfolge bei der Schaffung einer modernen Produktion insgesamt abwärts. Ich hatte damals immer wieder das Bild vom 100-Meter-Läufer gebraucht. Es hat keinen Zweck, 90 Meter in hohem Tempo zu laufen, um dann stehenzubleiben. Das Ziel wird trotz größter Anstrengung nicht erreicht. Die vorher aufgewandte Mühe wird vertan.

Die zur Zeit Breshnews weiter verfolgte Linie zur Herbeiführung des militärischen Kräftegleichgewichtes durch die Sowjetunion gemeinsam mit den verbündeten sozialistischen Ländern führte insgesamt zu einem gewaltigen Rüstungskomplex. Dadurch wurde über Jahrzehnte ein hohes ökonomisches Potenzial gebunden. Viele der besten Wissenschaftler und Ingenieure wurden dafür eingesetzt, die Ausrüstungen wurden zum Teil dafür importiert. Gar nicht zu sprechen von dem darüber hinaus vorhandenen Geheimdienst- und Sicherheitspotenzial, wozu gegenwärtig überhaupt noch keine umfassende Bewertung möglich ist.

Es kamen also insgesamt eine Reihe von ungünstigen Momenten zusammen, die dauerhaft und zum Teil sich verstärkend auf die ehemalige DDR und ihre Wirtschaft wirkten.

1. Mit der Dynamik von Wissenschaft und Technik konnte nicht Schritt gehalten werden. Dazu gab es aus dem RGW keine entscheidenden Voraussetzungen. Das Cocom-Embargo

andererseits verhinderte die Einführung der modernsten Technologien.

2. Die Rohstofflieferungen aus der UdSSR und aus anderen Ländern des RGW gingen zurück. Dadurch konnte eine wachsende Wirtschaft nur noch unter zusätzlichen Anstrengungen gewährleistet werden. Bei den Rohstoffen handelte es sich nicht nur um Erdöl, sondern auch um Metalle, Walzstahl, Zellstoff und anderes mehr.

3. Andererseits wurde für die Gewährleistung von Lieferungen zunehmend ein Kapitalvorschuss gefordert. Gleichzeitig musste für die gesamte Infrastruktur zur Versorgung der teilweise mehr als zehntausend Arbeitskräften in der UdSSR, die beim Bau von Erdgasleitungen beschäftigt waren, selbst gesorgt werden.

4. Die hohen Verteidigungslasten im System des Warschauer Vertrages belasteten Jahr für Jahr die Verwendung des Nationaleinkommens für die Akkumulation.

Die DDR stand in der Produktion des Nationaleinkommens insgesamt an zweiter Stelle unter den Ländern des RGW. Rechnete man die Produktion von Nationaleinkommen pro Kopf, also die volkswirtschaftliche Arbeitsproduktivität, so hatte sie mit Abstand – nur zur CSSR war die Differenz gering – den ersten Platz unter den RGW-Ländern. In allen seriösen Analysen westlicher Forschungsinstitute wurde die DDR als der in qualitativer Hinsicht ökonomisch entwickeltste Staat im Bereich des RGW charakterisiert.

Diese Entwicklung war begründet in einer vergleichsweise hohen Dynamik des Nationaleinkommens von durchschnittlich vier Prozent Zuwachs jährlich[145]. Sie wurde getragen von der Industrie, die einen Anteil von achtzig Prozent am Zuwachs hatte.

Auch die Entwicklung der Industrie wies eine vergleichsweise hohe Dynamik auf. Die Produktion stieg von 1950 bis 1988 auf mehr als das Zwölffache.

Das war nicht nur eine quantitative Entwicklung. Von den qualitativen Fortschritten zeugt besonders die Dynamik der volkswirtschaftlichen Arbeitsproduktivität. Sie erhöhte sich von 1950 – gleich 100 gesetzt – auf 809 Prozent 1988.

Obwohl, gemessen an dem für eine durchgehend moderne Industrieentwicklung Notwendigen, die Summe der Investitionen zu gering war, erhöhte sich der Wert der Grundmittel in der Industrie von 127 Milliarden Mark im Jahre 1949 auf 767 Milliarden Mark 1988, also um das Sechsfache.

Zum Teil sind völlig neue Industriezweige entstanden, die es vorher auf dem Gebiet der DDR nicht oder kaum gab. Das betrifft beispielsweise die Petrolchemie, die Herstellung einiger moderner Plastrohstoffe, einen leistungsfähigen Schiffbau, eine Computerindustrie, eine zunehmend auf Veredlung ausgerichtete Metallurgie mit teilweise hochmodernen Verfahren, wie das Sauerstoffaufblasverfahren mit kombiniertem Strangguss und anderes. Das Problem war, dass diese Modernisierung nicht durchgängig möglich war, dass die Kooperationsketten nicht geschlossen werden konnten, so dass insgesamt das an bestimmten Abschnitten Geschaffene ökonomisch nicht voll zur Wirkung kommen konnte.

Zu solchen, die Zukunft positiv bestimmenden Projekten zählt auch die Mikroelektronik. In einer Analyse der neun großen Sektoren der DDR-Wirtschaft stellte die renommierte BRD-Zeitschrift *Capital* vom November 1989 fest, dass »massive Investitionen seit 1975 die Mikroelektronik der DDR dem Weltstand angenähert« hätten. Richtig wird dann allerdings angemerkt, dass die Chips sich noch zu wenig in den Endprodukten wiederfinden würden. Hier war der Qualitätssprung noch nicht erfolgt, aber es waren die Bedingungen geschaffen, ihn eben in dieser Zeit zu vollziehen. Solche Investitionen von langanhaltender Wirkung betrafen auch den Bau von Erdöl- wie Erdgasleitungen aus der UdSSR in den 70er und 80er Jahren. Das war, obwohl mit hohen Kosten verbunden, entscheidend für die Energieträger- und Rohstoffversorgung der DDR.

Ohne Zweifel bestand, wenn man die Situation insgesamt betrachtet, ein beträchtlicher Rückstand der DDR-Industrie zu der Industrie der Bundesrepublik. Aber ich möchte auf der Feststellung beharren, dass sich unter den für die DDR als Teil des RGW gegebenen schwierigen Bedingungen insgesamt eine Entwicklung ihrer Volkswirtschaft vollzogen hat. Unter diesen Bedingungen wurde durch hingebungsvolle Arbeit von Millionen Menschen, von Arbeitern und Wissenschaftlern, von Ingenieuren wie Leitungskräften, ein Maximum des Möglichen erreicht.

Nachtrag zu den Oktobertagen

Krenz, der Mann ohne Konzeption

Einige führen zur »Untermauerung« ihrer Legenden an, dass ich von Mitte August bis Mitte September die »Leitung« im Politbüro und im Sekretariat übernommen hatte. Sie hätte doch traditionsgemäß Krenz haben sollen – wobei also immer der Gedanke von Krenz als »Kronprinz« im Hinterkopf steckt.

In der Tat hatte Krenz seit der Erkrankung Honeckers im Sommer 1989 die Leitung inne. Er sollte sich deshalb nach dem Wunsch Honeckers vor seiner Reise nach China, der Honecker große Bedeutung beimaß, ein paar Tage ausruhen.[146] Und in dem Zusammenhang sollte ich für zwei bis drei Wochen die Geschäfte führen.

Das war für mich nicht unproblematisch, musste doch eine längst geplante Nierenstein-Entfernung und eine Generaluntersuchung auf die zweite Hälfte Oktober verschoben werden. Dabei stand die Frage, ob ich überhaupt noch arbeiten könnte.

Das ist der objektive Tatbestand. Aber Krenz und Schabowski brauchten einen »Buhmann«, oder, wie Schabowski sich literarisch sein wollend ausdrückt, »Mephisto«. So hat Krenz in seinem Gespräch mit Gorbatschow mich mit unlauteren Mitteln angeschwärzt, um dessen Zustimmung zum Vorgehen gegen mich zu erreichen. Entsprechend dieser Grundhaltung folgten dann öffentliche Vorverurteilung, Unterstellungen anstelle wirklicher Analysen, wurden Halbwahrheiten und auch Lügen verbreitet. Vor diesem Hintergrund wollte sich Krenz heller und lichter abheben.

Im Übrigen: Wenn man mir schon Ambitionen nachsagte, wieso habe ich dann nicht die Zeit der Urlaubsvertretung genutzt, sie in die Tat umzusetzen? Die damalige offen zutage tretende Krisensituation hätte doch leicht eine Rechtfertigung hergegeben. Solche Überlegungen gab es – bei anderen. Krolikowski sagte zu mir später: »Hättest du mal, wo der Chef in Narkose lag, ihn vom Bock gestoßen.«

Was die Nachfolgefrage anbelangt, um die es hier geht, so hat Honecker selbst geschrieben, dass er auf dem XII. Parteitag nicht mehr kandidieren wollte. Habe ich diese Absichten bemerkt? Nicht direkt, denn er hat sich mir gegenüber zu solchen und anderen grundsätzlichen Fragen in privaten Gesprächen niemals geäußert. Aber ich würde es für möglich halten, dass er sich mit solchen Gedanken getragen hat, denn er hat sich in allen Fragen immer fest auf Krenz gestützt, was auch bedeutete, dass es keinerlei Meinungsverschiedenheiten zwischen Honecker und Krenz gab. Alles wurde zur größten Zufriedenheit durch Krenz erledigt[147], wobei hier keine Aussage zur Qualität und Richtigkeit der Arbeit von Krenz getroffen werden soll. Er war auf Durchführung, nicht auf konzeptionelle Arbeit eingestellt und war in diesem Sinne ein ausgezeichneter Administrator.

Soviel zu den Machtkonstellationen zur Zeit der Wende. Es waren Scheingefechte, da die politische Substanz der Macht, das Vertrauen des Volkes, bereits verlorengegangen war.

Nachzutragen wäre nur noch, dass Krenz seinerseits in seiner jüngsten Veröffentlichung im *Spiegel* (6/1991) Schabowski auch in der so brisanten Frage der Grenzöffnung am 9. November mit keinem Wort mehr erwähnt.Schabowskis Trick besteht darin, dass er mit der Darlegung seiner Rolle bei der Wende dem Leser suggeriert, dass er es gewesen sei, der die entscheidenden Dinge getan hat.

Um die Autorenschaft des Initiators der »Wende« im Oktober 1989, die noch keine wirkliche Wende war, bemühen sich viele. Die späteren Darstellungen bei Schabowski und auch bei Krenz laufen darauf hinaus, dass die Wende jeweils von ihnen eingeleitet worden sei.

Krenz behauptet, dass Gorbatschow beim Abschied auf dem Flugplatz gerufen hat »Handelt!«. Diese Darstellung hält sogar Schabowski für eine »pathetische Legende«. Auch ein ominöses »Tsss« von Gorbatschow am Schluss der Politbüro-Sitzung in Niederschönhausen wird als Signal umgedeutet. Man will sich so hinter Gorbatschow verstecken. Muss man andere Autoritäten bemühen, wenn man selbst vorgibt, rechtschaffene Ziele zu verfolgen?

Schabowski wiederum stellt die Dinge so dar, dass er es gewesen sei, der die »Konspiration« organisierte.

- *Er* veranlasste über seine Kontakte zum sowjetischen Botschafter, dass Stoph auch für die Absetzung Honeckers als Staatsratsvorsitzender plädierte.
- *Er* drängte den zögernden Krenz zur Eile.
- *Er* forderte den Rücktritt weiterer Politbüromitglieder.
- *Er* schlug Modrow zum Ministerpräsidenten vor.
- *Er* verkündete die Grenzöffnung.

Und schließlich stellt er sich dann auch als »Königsmacher« in Bezug auf Modrow dar.[148] Für den findet er aber auf anderen Seiten manche versteckte Kritik, weil offensichtlich der Dank ausblieb, als Modrow die Regierung übernommen hatte und alle aus dem ehemaligen Politbüro nach dem Sonderparteitag ausgeschlossen wurden.

Und um diese Ambitionen zu verschleiern, werden völlig aus der Luft gegriffene und unbewiesene Dinge verbreitet, Legenden. »Natürlich (war) Mittag derjenige, der unbedingt mit Honecker zusammen fallen mußte«.[149]

So liest sich denn das Ganze auch wie eine Kampfschrift gegen Mittag, der ohne jeglichen Beweis von vornherein als Bösewicht apostrophiert wird. Obwohl Äußerungen überliefert sind, dass Honecker Krenz zu seinem Nachfolger bestimmen wollte (siehe auch die Wiedergabe des Gesprächs Krenz' mit Honecker über die »Stellungnahme«, nach der Honecker zu Krenz sagte, er habe daran gedacht, ihn zu seinem Nachfolger zu machen), behauptet Schabowski einfach,

Honecker habe im Hinterkopf gehabt, »Mittag zu seinem Nachfolger zu machen«.[150]

Eine solche Unterstellung ist völlig aus der Luft gegriffen und entbehrt jeder Grundlage. Sie passt lediglich in die Legendenmalerei, auf die sich manche so gut verstehen.

Man sollte sich doch an Tatsachen halten. Jeder in der damaligen Führung wusste um meinen Gesundheitszustand, der es von vornherein verbot, solche Gedanken überhaupt aufkommen zu lassen.[151] Wenn jemand die Chance zu echten Reformen in der DDR von vornherein verspielt hat, so waren das gerade Krenz und Schabowski.

Nachdem das Volk auf die Straße gegangen war und der Ruf nach Einheit unüberhörbar wurde, war es höchste Zeit, sich in der Politik auf diese Realitäten einzustellen, statt zu versuchen, zu retten, was nicht mehr zu retten war.

Damals wurde durch eine illusionäre Politik, durch fehlende Analysen und Konzepte, viel Zeit vertan, Zeit, die in Hinblick auf eine verträglichere, reibungsärmere, effektivere Vereingung der DDR mit der BRD nicht genutzt wurde. So lagen in der Fehleinschätzung der eingetretenen Lage und in der Hoffnung, selbst Macht zu gewinnen und zu erhalten, bei Krenz, Schabowski und Modrow wesentliche Ursachen dafür, dass der objektiv auf die Tagesordnung gesetzte Vereinigungsprozess dann so spontan, hektisch und überstürzt verlief, mit allen sich daraus für die Menschen ergebenden Folgen.

Während man der alten Führung nicht zu Unrecht »fehlenden Realismus« bei der Beurteilung der Lage vorgeworfen hatte, wurde durch Hektik und Dilettantismus der zeitweiligen »Seilschaft« Krenz–Schabowski dieser Mangel an Realismus noch übertroffen, indem man glaubte oder zumindest den Glauben zu erhalten versuchte, dass durch ein »Nachholen« von Reformen, für die man überhaupt kein Konzept besaß, den Sozialismus in der DDR noch retten zu können.

In dieser Rolle fühlte sich Schabowski offenbar wohl, und so will er auch gesehen werden: als »Hirn« und »Organisator« eines Machtwechsels – der dann allerdings ohne Konzept verlief und der nach wenigen Tagen eine solche Eigendynamik entwickelte, dass die Organisatoren beiseite geschoben und zu Randfiguren wurden. Aber diese Spontaneität, diese erneute Inkompetenz führte zu einem Verlauf der Ereignisse, die beide Seiten, die DDR wie die BRD, vor zusätzliche Komplikationen stellte, die bis heute spürbar sind.

Im *Spiegel* war die »Erkenntnis« von Krenz zu lesen, dass, wenn »wir im Politbüro« die Zeichen der Zeit erkannt hätten, ein Prozess in Gang gesetzt worden wäre, mit dem ein Anschluss der DDR an die BRD hätte vermieden werden können. Ich wage es mir gar nicht vorzustellen, wie gerade Krenz, aber auch Stoph, und andere reagiert hätten, wäre eine solche Grundsatzdebatte zu irgendeinem Zeitpunkt auf die Tagesordnung gesetzt worden. Krenz, der die Jugend auf den Hass gegenüber der BRD eingeschworen hat? Neumann, der mir im Oktober 1989 Kapitulation vor der Konterrevolution vorwarf? Stoph, der schon immer gegen die Zusammenarbeit mit der BRD intrigierte?

Krenz redet plötzlich im Nachhinein von Konföderation. Aber noch nach der »Wende«, als er Staatsratsvorsitzender war, wollte er sich in einem Telefongespräch mit dem Kanzler der Bundesrepublik Deutschland gerade von diesem und zu einem Zeitpunkt, zu dem die Geschichte ihr Urteil bereits gesprochen hatte, Garantien für den Sozialismus in der DDR geben lassen.

Wie unbedarft Krenz in »klassenkämpferischer Manier« mit dem Bundeskanzler der BRD sein erstes Telefongespräch führte, wird an Hand der im *Spiegel* veröffentlichten Aufzeichnungen deutlich. Da versuchte doch Krenz von Kohl eine Bestätigung für die These zu erhalten, dass die Existenz der sozialistischen DDR als Garantie für den Frieden in Europa unverzichtbar sei. Kohl ist überhaupt nicht darauf eingegangen. Zu keinem Zeitpunkt der Beziehungen mit der DDR, in keinem Gespräch, in keiner seiner Reden hat Kohl jemals einer solchen These zugestimmt. Er hat stets von der Notwendigkeit gutnachbarlicher Zusammenarbeit im Interesse der Menschen gesprochen, hat als politische Perspektive die Einheit im Sinne des Grundgesetzes herausgestellt, aber niemals den Sozialismus als Friedensgaranten erwähnt. Und da sagt Krenz zu Kohl, dass »wir« doch sicher in dieser Frage übereinstimmen. Krenz hat sich hier benommen wie der Elefant im Porzellanladen. Er hat sich dann in der darauffolgenden Zeit immer gerühmt, Kohl in Hinblick auf die Existenz des Sozialismus in der DDR unmissverständlich seine Meinung gesagt zu haben.[152]

Das weist doch auf eine völlige Fehleinschätzung der politischen Realitäten hin und lässt natürlich die Frage entstehen, ob jemand ernstlich annehmen konnte, dass die Bundesrepublik eine Festigung des sozialistischen Systems der DDR auch nur in Erwägung ziehen wollte. Dazu gab es doch eindeutige Erklärungen, zum Beispiel auch die von Helmut Kohl anlässlich des Besuches Erich Honeckers in Bonn im September 1987.

Krenz hatte die komplizierten Probleme für die DDR in Wechselwirkung zwischen der UdSSR einerseits und der BRD und anderen westlichen Ländern überhaupt nicht verstanden. Die DDR befand sich hier in der Tat in einem wohl einmaligem Spannungsfeld der internationalen politischen Kontakte. Gerade was die Beziehungen zur UdSSR und zur BRD anbelangt, so waren diese, jede für sich, Beziehungen »besonderer Art«. Beide Staaten hatten mit jeweils gegensätzlichen Motiven und in jeweils unterschiedlicher Weise auf die DDR Einfluss genommen. Beide betrachteten die DDR als ein Gebiet ihrer besonderen Interessen. Für die Sowjetunion symbolisiert das Bündnis mit der DDR ihren Sieg nach opferreichem Kampf im Zweiten Weltkrieg, und sie leitete daraus den moralischen Anspruch einer besonders engen Beziehung ab. Die Bundesrepublik betrachtete das Gebiet der DDR schon von der Verfassung her als Teil des anzustrebenden einheitlichen Deutschlands.

Hat es zuvor solche Bedingungen für die Entwicklung eines Landes jemals gegeben? Musste das nicht zu gewaltigen

Widersprüchen führen? Muss man nicht gerade deshalb eine Politik danach beurteilen, wie sie, trotz mancher Ungereimtheiten, auf Augenmaß und Vernunft und auf Vermeidung eines größeren Konflikts gerichtet war?

Jeder Schritt vorwärts musste errungen werden – durch das Volk. Kein Schritt der Parteiführung war in dieser komplizierten Zeit konzeptionell vorprogrammiert. Es wurde nur von Fall zu Fall reagiert, bis die Ereignisse sich überschlugen. Was an wirklichen Konzeptionen vorhanden war, wurde nicht verstanden, wurde missachtet. Das spiegelte sich schließlich auch und gerade im Verhalten von Krenz wieder.

Krenz, der »zweite Mann« nach Erich Honecker, tut jetzt so, als wäre er der zweitletzte im Politbüro gewesen. Er war 2. Sekretär, obwohl es in der Zentrale offiziell diese Bezeichnung nicht gab. Er wurde auch als der Kronprinz von Honecker bezeichnet. Er vertrat ihn in der Parteiführung bzw. im Staatsrat und leitete in dessen Abwesenheit in aller Regel die Sitzungen des Politbüros bzw. des Sekretariats des ZK der SED.

Um diese ganze Konstellation zu verstehen, soll daran erinnert werden, wie sehr Erich Honecker mit der FDJ innerlich verbunden war. Er fand in ihrer Entwicklung seine Ideale von der Jugendzeit wieder. Deshalb war es für Egon Krenz sehr leicht, zu den vielen Massenveranstaltungen, die er organisieren wollte, von vornherein die Zustimmung Honeckers zu erhalten. Diese Veranstaltungen wurden schon bis ins Einzelne vorbereitet und dann beschlossen. Dadurch entstanden erhebliche ökonomische Aufwendungen durch Produktionsausfall der Beteiligten, durch zusätzliche Bereitstellung von Bekleidung, Nahrungsmitteln und des ohnehin immer zu knappen Transportraums. Aber all das spielte bei diesen Überlegungen und Entscheidungen keine Rolle. Alles ging nur nach dem Motto: »Groß, größer, am größten.«

Die Entwicklung der Pionierorganisation und später der FDJ wurde lange Jahre durch das Wirken von Krenz geprägt. Da er parallel zu seiner Funktion als 1. Sekretär der FDJ Kandidat des

Politbüros war, konnte er so auf allen Gebieten seinen Einfluss wirksam werden lassen. Krenz war der Hauptorganisator der gewaltigen Großveranstaltungen: der Pfingsttreffen der FDJ, der Sportfeste und Spartakiaden. Das galt auch für die vormilitärische Ausbildung an den Schulen, die er engagiert unterstützte.

Er war ein maßgeblicher Mann in der Führung. Aber eine Hauptabsicht seines Buches, das er nach seiner politischen Entmachtung schnell geschrieben hatte, besteht offensichtlich darin, seine wahre Rolle in der Vergangenheit zu verkleinern und insbesondere in den sensiblen Fragen der Sicherheitspolitik so zu tun, als ob er hier nur etwas von Weitem gehört habe.

Er hatte auch die genaue Übersicht über die bewaffneten Organe. Milliarden wurden für die Grenzsicherung ausgegeben, für Beton, Zäune, Bunker, Stacheldraht, Elektronik usw. Man kann nicht davon ausgehen, dass er von all den Vorschlägen zur Perfektionierung und damit auch zur weiteren Verteuerung der Grenzsicherung nichts gewusst habe.

Der Machthunger von Krenz war sehr groß. Die Wahlen zu den örtlichen Volksvertretungen hat er wie eine Volkskammerwahl aufgezogen. Nicht wenige Stimmen wiesen darauf hin, dass es bei diesem Stil wohl mehr um Krenz, der sich positionieren wollte, als um die Wahlen selbst ging. Für seine Eitelkeit spricht, dass er sich riesig freute – er hatte das vielleicht sogar selbst organisiert –, als zur 750-Jahr-Feier Berlins Gruppen von Jugendlichen an der Tribüne vorbeizogen und riefen: »Wir sind die Fans von Egon Krenz.«

Groß aufgezogen wurde die Reise nach China. Erich Honecker wollte, dass Krenz nach China reist, und Krenz wollte das ebenfalls. Er stellte dafür eine Delegation zusammen, die mehr als außergewöhnlich war. Er wollte eben unbedingt Aufmerksamkeit erreichen. Man braucht sich nur das *Neue Deutschland* in diesen Tagen anzusehen. Alle entsprechenden Meldungen kamen von Krenz – genau dosiert.

Als sich 1989 die Probleme in Dresden zusammenballten, wurde auf Vorschlag Honeckers eine Arbeitsgruppe des ZK zur Unterstützung der Bezirksleitung Dresden gebildet, mit deren Leitung ich beauftragt wurde, weil es vorwiegend um wirtschaftliche Fragen ging. Hinzuzufügen wäre noch folgendes: Ein halbes Jahr, bevor die genannte Arbeitsgruppe des ZK in Dresden tätig wurde, war Krenz in Dresden. Er verschweigt das tunlichst. Aus einer Gesprächsnotiz mit Gorbatschow geht hervor, dass Krenz Modrow nur aus taktischen Gründen kritisiert habe. Aber als die Arbeitsgruppe für Dresden unter meiner Leitung gebildet wurde, schickte mir Krenz seinen Bericht von seinem Aufenthalt in Dresden unverzüglich zu.

Wie aber war es wirklich?[153] In dieser Arbeitsgruppe arbeiteten mehr als hundert Fachleute aus Partei- und Staatsapparat. Sie hatten den strikten Auftrag, die konkreten Probleme festzustellen und Lösungsvorschläge zu unterbreiten. Das betraf insbesondere die zentralgeleitete Industrie, aber gleichzeitig auch die örtliche Seite. Ich selbst war in dem Zusammenhang in Dresden. Ich betonte vor den leitenden Mitarbeitern im ZK, dass es in Dresden darum gehe zu helfen – und um nichts anderes. Es gelte, für viele Probleme dauerhafte Lösungen zu schaffen. Viele der Aufgaben wurden dann auch in Angriff genommen. Man kann natürlich die Frage stellen: Warum denn so aufwendige Untersuchungen, gab es denn nicht normale Wege zur Klärung anstehender Fragen? Ja, die gab es schon. Vieles war entsprechend der festgelegten Ordnung in den jährlich stattfindenden Komplexberatungen zur Ausarbeitung der den Bezirk betreffenden Fragen des Volkswirtschaftsplanes zu lösen. In Dresden war sogar der Vorsitzende des Ministerrates selbst verantwortlich. Aber es waren Beratungen ohne Entscheidungen. Man kann doch auch nicht sagen, dass Stoph in der Wahrnehmung seiner Verantwortung als Leiter dieser Komplexberatungen in irgendeiner Form durch irgendwen gehindert worden ist. Das war, nebenbei gesagt, auch die Meinung von Modrow zur Qualität dieser Arbeit. So gab es zwar einen umfangreichen Bericht, der im Politbüro behandelt wurde und der zeigte, wie zum damaligen Zeitpunkt die Lage wirklich war. Der Bericht enthält auch keinen Vorschlag für irgendeine personelle Veränderung. Es gab auch keine gesonderte Sitzung der Bezirksleitung, wie es in der Regel in Zusammenhang mit solchen Arbeitsgruppen des ZK und deren Feststellungen üblich war. Es ging um die Klärung sachlicher Probleme und um gemeinsame Arbeit dabei.

Modrow selbst hatte sich damals mehrmals für die ihm auf diese Weise gegebene Unterstützung bedankt. Auf die Frage, ob er abgesetzt werden solle, antwortete ich: »Ich werde einen solchen Vorschlag nicht unterbreiten.«

Es ist deshalb überhaupt nicht zu verstehen, weshalb Modrow bei seinem Antritt als Regierungschef im November 1989 meine Tätigkeit an den Ausgangspunkt seiner Erklärung stellte. Auch er brauchte den Buhmann, weil es eben auch ihm nicht um die Sache, sondern um die Rechtfertigung seiner Machtambitionen ging.

Ich kann auch im Rückblick auf die ganzen Jahre, als Modrow 1. Sekretär der Bezirksleitung Dresden der SED war, keine gravierenden Meinungsverschiedenheiten in Bezug auf die Wirtschaftspolitik entdecken. Im Gegenteil, Modrow äußerte sich des Öfteren sehr prononciert und grundsätzlich zur beschlossenen wirtschaftspolitischen Linie. Als promovierter Ökonom fühlte er sich als Experte. Er unterstützte beispielsweise in einem grundsätzlich gehaltenen Beitrag auf dem 7. Plenum des ZK, das der Einberufung des XII. Parteitages diente, den Kurs auf Mikroelektronik und Rechentechnik, um effektiver zu arbeiten und zu rationalisieren. Er formulierte eine entsprechende Losung: »Weniger produzieren mehr durch Mikroelektronik.«

Es gab höchstens in der einen oder anderen Frage, wie es mit vielen anderen auch üblich war, unterschiedliche Auffassungen über Wege zur Lösung eines Problems. Er hatte, wie viele, die Tendenz, Fragen, die örtlich zu lösen waren, zunächst als Forderungen an die Zentrale zu stellen, wie zum Beispiel die Versorgung von Dresden mit Selterswasser. Aber so etwas wurde dann in der Regel immer in gegenseitigem Einvernehmen, das heißt in der Kombination von zentraler Hilfe und örtlicher Initiative gelöst. Das trifft auch auf manche Probleme im Bauwesen zu, mit denen Dresden Sorgen hatte. Modrow zeigte Sachkenntnis und Bereitschaft zu einem konstruktiven Miteinander. Und er erhielt auch, wenn möglich, die erforderliche Unterstützung. Allerdings: Da der Topf insgesamt zu klein war, konnte es auch für Modrow nicht reichen.

Von Ulbricht zu Honecker

Mein Verhältnis zu Erich Honecker war widersprüchlich.

Honecker war der Mann, der Ulbricht die Macht aus den Händen nahm und notwendige Korrekturen in der Politik der SED durchführte. Sie lassen sich mit den Begriffen »realistischere Politik«, »stärkere Hinwendung zu den unmittelbaren Interessen der Menschen«, »Beginn einer Zusammenarbeit mit der BRD«, »besseres und kameradschaftlicheres Klima in der Partei« umreißen; obwohl man dazu noch mehr sagen könnte.

Walter Ulbricht hatte 1970 bereits den Zenit seines Wirkens überschritten. Er wollte die DDR in das moderne technische Zeitalter führen (Datenverarbeitung, Automatisierung, moderne Chemie). Er versuchte jedoch gleichzeitig, diese Vorhaben ganz auf seine Person zu konzentrieren. Er umgab sich in seinen letzten Jahren mit wenigen, manchmal auch nach der Gunst der Stunde wechselnden Beratern und verlor zunehmend den Kontakt zur Realität. Einige große Projekte, die zum Teil der Gegenwart voraus waren und die DDR überforderten, faszinierten ihn. Dabei wechselten die Prioritäten in immer kürzeren Abständen. Gestern das NÖS, heute die elektronische Datenverarbeitung, morgen die Prognose, übermorgen die Wissenschaftsorganisation und Heuristik. Manches dieser Projekte hatte seine Berechtigung, aber der Fehler bestand darin, dass zum Zeitpunkt der »Entdeckung« dieser Entwicklungsrichtungen das betreffende Vorhaben als das alleinseligmachende Wundermittel angesehen wurde, das die DDR an die Spitze der Welt führen sollte. Dementsprechend war die öffentliche Darstellung. So schnell kam mit dem Umdenken niemand mehr mit.

Sehr frühzeitig (1963) griff Ulbricht den Begriff von der »wissenschaftlich-technischen Revolution« auf und machte sich damit bei einigen stockdogmatischen Parteitheoretikern und Funktionären unbeliebt. Den Widerstand spürend, versuchte er mit Brachialgewalt seine neu gewonnenen Erkenntnisse durchzusetzen. Damit überforderte er das Verständnis in der Partei, aber auch in der Bevölkerung, deren Lage durch zunehmende Versorgungsschwierigkeiten gekennzeichnet war.

Ich selbst habe Ulbricht lange Jahre in seinem Bemühen, der DDR-Volkswirtschaft ein moderneres Antlitz zu geben, unterstützt. Es gab damals viele Kontakte zu hervorragenden und international hoch angesehenen Wissenschaftlern, die in der DDR wirkten. Eine Aufbruchstimmung herrschte.

Doch jäh trat durch den Einbruch der Realitäten des Alltags in die heile Welt der Zukunftsvisionen Ernüchterung ein. Produktionsstörungen, Versorgungsmängel und dadurch hervorgerufene Unzufriedenheit häuften sich. Zunehmender Altersstarrsinn Ulbrichts machten es schwer, notwendige Kompromisslösungen zu finden. Er versuchte, aufkeimenden Unmut durch immer gigantischere Projekte und neue Methoden der Führung, deren Wesen selbst Eingeweihten nicht mehr verständlich war, zu begegnen. Durch manche Übertreibung grub er einigen im Ansatz richtigen Lösungen selbst das Wasser ab.

In dieser komplizierten Phase Ende der 60er Jahre nahm Honecker imme stärker das Heft in die Hand, was um so leichter fiel, als sich Ulbricht immer stärker von der Masse der Funktionäre und überhaupt der Mitglieder der Partei isolierte. Schließlich musste er auf dem 16. Plenum des ZK der SED Anfang 1971 seinen Rücktritt erklären.[154]

Seine starrsinnige Haltung hatte auch mir das Leben schwer gemacht. Immer häufiger kam es mit Walter Ulbricht zu Differenzen. Das war auch in der Vorbereitung auf den VII. Parteitag der SED der Fall, wo er einen Entwurf zu dem Teil »Wirtschaftspolitik« vorlegte, der eher einem akademischen Vortrag über Kybernetik glich als einem politischen Referat. Das Schlimmste konnte ich noch verhindern, aber er hat mir wohl diese Korrektur doch sehr übelgenommen und begann, mir zu misstrauen.

Ich geriet in einen Zwiespalt. Einerseits sah ich die Notwendigkeit der wissenschaftlich-technischen Revolution in der DDR, um die immer stärker drohende Gefahr eines Zurückbleibens gegenüber dem internationalen technischen Niveau abzuwenden und die objektive Notwendigkeit des Bestrebens von Walter Ulbricht, die DDR zu modernisieren. Ich sah auch, wie er das gegen den Widerstand mancher engstirniger Funktionäre in der Partei oder nicht genügend ausgebildeter Leiter im Staatsapparat und den Betrieben tun mußte. Andererseits spürte ich die zunehmenden Sorgen, den Alltagsbetrieb aufrechtzuerhalten, spürte die beginnende Entfremdung breiter Kreise der werktätigen Bevölkerung von der Politik der Partei. Das ließ mich zu dem Entschluss kommen Erich Honecker darin zu unterstützen, Walter Ulbricht zum Rücktritt zu bewegen.

Natürlich war die damals von Honecker eingeleitete grundlegende Veränderung des politischen Kurses ein Signal auch für jene, die das Wesen der Anforderungen des neuen technischen Zeitalters niemals verstanden hatten. Es begann direkt eine Kampagne gegen die zuvor hochgelobte Datenverarbeitung und Automatisierung. Die neuen Leitungsmethoden wurden in Bausch und Bogen verurteilt. Ausbildungsstätten für Leiter wurden geschlossen. Die Selbständigkeit der Betriebe wurde eingeschränkt. Ökonomische Methoden der Leitung wurden zugunsten einer zunehmenden Mengenplanung zunichte gemacht. Auch das von Walter Ulbricht protegierte Buch »Politische Ökonomie und ihre Anwendung in der DDR«, das 1970 noch erschienen war, wurde de facto auf den Index gesetzt. In keiner wissenschaftlichen Veröffentlichung fand sich auch nur das kleinste Zitat daraus. Alle Überlegungen darin waren null und nichtig. Damit waren die Zeichen gesetzt. Auch mein Image in der Partei war angeschlagen. Von meiner wirklichen Position drang nichts nach außen.

Durch populistische Losungen von der Hebung des Lebensstandards als hauptsächliches Ziel, das schnell und sofort sichtbar erreicht werden sollte, fand der Kurs Erich Honeckers breite Zustimmung. Die Frage der Leistung aber geriet in den Hintergrund. Leiter, die viel von anderen an Ergebnissen verlangt hatten, waren schlecht angesehen. Es begann ein neuer Aufbruch, der Aufbruch in die »Idylle« eines beschaulichen Lebens. Die ersten Keime eines überzogenen Anspruchsdenkens, ohne die Frage nach der Leistung zu stellen, begannen sich zu regen.

Da die von Ulbricht praktizierten Methoden trotz vieler im Kern richtiger Überlegungen die DDR in der Tat nicht vorwärtsgebracht, sondern ruiniert hätten, unterstützte ich Honecker. Ich musste in Kauf nehmen und bekam as auch zu spüren, dass man mich für einige der überzogenen Projekte Walter Ulbrichts mitverantwortlich machen wollte. Auch damals blühten die Legenden. Die Oberhand bei der politischen Meinungsbildung gewannen zunächst jene, denen es an fachlicher Kompetenz und Fähigkeit zur Innovation in der Volkswirtschaft der DDR mangelte.

Ich musste deshalb zu erhalten versuchen, was an Neuem, Fortgeschrittenem in der Industrie der DDR zu erhalten war. So verhinderte ich die völlige Liquidierung der elektronischen Datenverarbeitung. Der Beginn eines sich vergrößernden Rückstandes der DDR auf diesem wie auf anderen Gebieten der modernen Technologien war jedoch nicht mehr zu vermeiden.

Honecker begann instinktiv, einen breiteren Konsens zu suchen. Er wusste, dass ein Rückfall in das andere Extrem nicht gut gehen konnte. Er wusste auch um meinen Anteil, noch größere negative Auswirkungen des zunehmenden Starrsinns Ulbrichts verhindert zu haben. Das betraf auch die erwähnte Vorbereitung des VII. Parteitags, auf dem es nach den ursprünglichen Entwürfen Walter Ulbrichts infolge lebensfremder Projekte und einer pseudowissenschaftlichen Sprache zu einem Eklat gekommen wäre.

So wurde damals, trotz mancher Widersprüche, eine Zusammenarbeit mit Erich Honecker möglich. Honecker hatte sich niemals abrupt und völlig ablehnend gegen moderne Formen der Leitung, zur Rationalisierung, zu einer höheren Effektivität der Arbeit in der Industrie und anderen Bereichen der Volkswirtschaft gewandt. Aber dahinter stand nicht immer das erforderliche bedingungslose Engagement und die rückhaltlose Unterstützung des Neuen. Er scheute sich, gerade auf ökonomischem Gebiet harte Forderungen zu stellen und Unbequemes durchzusetzen. So folgte er zum Beispiel Forderungen von Harry Tisch nach einem Arbeitsgesetzbuch, das den Leitern faktisch jede Handhabe zum Vorgehen bei Verstößen gegen Arbeitsdisziplin und Arbeitsbummelei nahm. Einem positiven Signal zu mehr Leistungssteigerungen folgte bei der geringsten Beschwerde sofort das Blasen zum Rückzug.

Seine Haltung zu den Fragen der Leistungssteigerung und vor allem zur wissenschaftlich-technischen Revolution war also sehr widerspruchsvoll. Er erkannte natürlich auch die ökonomische und politische Bedeutung von herausragenden Leistungen. So überzeugte sich Honecker zunehmend aus eigener Anschauung von fortgeschrittenen Betrieben in der DDR und später bei Auslandsreisen, was das Schritthalten mit den modernen technischen Entwicklungsrichtungen für die DDR bedeuten könnte. Das betraf auch die Notwendigkeit und den Vorteil einer wissenschaftlich-technischen und ökonomischen Zusammenarbeit der DDR mit Japan, Frankreich, der BRD und anderen Industrieländern. Es kam schließlich nach langjährigen Vorbereitungsarbeiten zu Einladungen an den Staatsratsvorsitzenden für Besuche auf höchster Ebene. Sie führten zu Ergebnissen, die auf ökonomischem Gebiet zum gegenseitigen Vorteil waren und die darüberhinaus das internationale Ansehen der DDR stärkten. Das trug natürlich dazu bei, dass Honecker Fragen der Modernisierung aufgeschlossener gegenüberstand und sie zumindest verbal unterstützte.

Nur wenn es an die harten ökonomischen Entscheidungen und Realitäten ging, wurde immer der Weg des geringsten Widerstandes gegangen, um jeden Konflikt, auch den kleinsten, zu vermeiden. Die Bilanzen zeigen eindeutig, dass für die Leistungssteigerung durch Investitionen niemals auch nur annähernd genügend Mittel zur Verfügung gestellt wurden und der gesellschaftliche Verbrauch immer Priorität hatte. Das betraf große, die Verhältnisse der DDR übersteigende Projekte bis hin zu einer perfektionistischen Lösung für den Bau der Berliner Friedrichstraße oder die hohen und übersteigerten Aufwendungen für Verteidigung und Sicherheit, bei denen die Argumente der Militärs immer den Ausschlag gaben. Nur in den letzten beiden Jahren gelang es mir, hier eine gewisse, wenn auch nicht durchgreifende, Änderung zu erreichen.[155]

Gegen viele dieser Dinge bin ich intern aufgetreten, habe viele Vorschläge zur Verminderung dieser wie anderer Ausgaben gemacht[156] – ich muss sagen: mit unterschiedlichem Erfolg. Das betraf auch die Verminderung der Subventionen. Ich sah das anwachsende Loch im Staatshaushalt. Aber das wurde als nicht so wichtig angesehen.

Auf dem so wichtigen wie sensiblen Gebiet der Preispolitik gab es eine regelrechte Blockade. Es war zwar nicht verboten, entsprechende Vorschläge auszuarbeiten, aber wenn es zum Schwur kam, flogen sie in die Ecke. Das betraf von ihrem ökonomischen Gewicht her auch die relativ geringfügige Frage der bereits genannten Preise für Blumen. Aber gerade das war symptomatisch. Obwohl bekannt war, dass es Blumen nur deshalb nicht genügend gab, weil die Preisvorschriften so bürokratisch abgefasst waren, dass die Blumenhändler und die

Gärtner kein Interesse hatten, mehr anzubieten und außerdem die kleinlichen Preiskontrollen fürchteten, wurden alle diesbezüglichen Vorschläge zur Änderung zurückgewiesen. Ich schlug vor, hier überhaupt auf eine staatliche Preisfestlegung zu verzichten. Das konnte keinen Schaden bringen. Aber das Dogma, an jedem einmal bestehenden Preis festzuhalten, war unüberwindbar, und die Blumenläden blieben zum Missfallen der Bevölkerung leer. Die »Wende« war noch nicht ganz vollzogen, da wurden diese längst vorbereiteten Pläne durch den damaligen Leiter des Amtes für Preise, Walter Halbritter, aus der Schublade gezogen und in Kraft gesetzt. Von da an waren die Blumenläden mit überraschend attraktiven Angeboten voll, und jeder ist zufrieden.

So verhinderte im Grunde Starrsinn manche vernünftige Lösung.[157] Ich führe das hier nur an, weil es die Problematik meines Verhältnisses zu Erich Honecker zeigt.

Es gab auch in vielen Gesprächen Übereinstimmung und Verständigung. Aber die Entscheidungen, wie sie dann fielen, das war nicht immer berechenbar. Da gab es Zustimmung, und da gab es oftmals unerwartete Ablehnung aus Scheu vor notwendigem Risiko, und da gab es auch Unverständnis. Das brachte mich in viele Konflikte auch gegenüber jenen, mit denen zusammen ich manchen Vorschlag vorbereitet hatte und die ich dann, nach vielen »Runden« gemeinsamer Arbeit, vom Gegenteil »überzeugen« musste. Ich war dann manchmal auch ungerecht gegenüber solchen Mitarbeitern, verstand es nicht immer, ihnen die wahren Gründe zu nennen, auch aus falsch verstandener Loyalität zum Generalsekretär. Allerdings hätte eine andere Verfahrensweise sehr leicht unreparable Folgen haben können.

ZWEITER TEIL

Die DDR-Wirtschaft im Spannungsfeld äußerer Bedingungen und innerer Widersprüche

Geschichte und Gegenwart

Die DDR – ein Produkt der Nachkriegszeit

Die DDR war ein Produkt der Nachkriegszeit und wurde geprägt durch die Systemauseinandersetzung in Europa, was auch mit dem Begriff des Kalten Krieges umschrieben wird.

Die Trennlinie der sich bis Ende der 80er Jahre unversöhnlich gegenüberstehenden Machtblöcke zog sich mitten durch Deutschland. Diese »Trennlinie« gab es vom ersten Tage der Nachkriegsgeschichte an. Mit dem Bau der Mauer im Jahre 1961 wurde diese Demarkationslinie sozusagen in physischer Gestalt für alle Welt deutlich; zugleich wurde aber auch die Frage ihrer Überwindung auf die Tagesordnung der Geschichte gesetzt. Als die Mauer beseitigt und ein einheitlicher deutscher Staat entstanden war, verschwand auch diese Demarkationslinie zwischen den Systemen.

Wie ein Seismograph reagierte die Innen- und Außenpolitik der DDR auf alle Beben des Kalten Krieges, der durch die Beziehungen zwischen den beiden größten Mächten der Nachkriegsperiode bestimmt war. Die DDR war immer mehr Objekt als Subjekt dieses Kalten Krieges, sie bildete quasi eine Walstatt dieser Auseinandersetzung der Systeme. Nicht alles, was sich in ihr vollzog, hatte seine grundlegende Ursache in der DDR selbst, sondern in den historischen Konstellationen, in die sie hineingestellt wurde.

Als man auf westlicher Seite der Demarkationslinie zu dem Schluss kam, das im Westen Deutschlands vorhandene ökonomische, politische und militärische Potenzial in den Dienst der westlichen Gesellschafts- und Wirtschaftsordnung zu stellen, wurde 1949 die Bundesrepublik Deutschland gegründet. Das geschah in einem Konsens zwischen den alliierten westlichen Besatzungsmächten und den tragenden politischen Kräften in Westdeutschland.

Demgegenüber erfolgte die Gründung der Deutschen Demokratischen Republik. Damit sollte jener Teil Deutschlands, der von der Sowjetarmee besetzt war, als Staat konstituiert und als wirksamer Faktor für den Erhalt und die Befestigung der im Ergebnis des Zweiten Weltkrieges unter hohem Blutzoll erkämpften Positionen der Sowjetunion eingesetzt werden. Das war verbunden mit der Orientierung auf ein sozialistisches Gesellschaftsmodell nach dem Vorbild der UdSSR. Auch darin lag bereits der Keim künftiger innerer Konflikte, wie sie im Oktober/November 1989 zum Ausbruch gekommen sind.

Mit der Entstehung zweier grundverschiedener Gesellschaftssysteme auf deutschem Boden war ein unversöhnlicher Gegensatz zwischen zwei Staaten, die in einer einstmals einheitlichen Nation entstanden, fundamentiert. Sie war der deutlichste und schwerwiegendste Ausdruck der Rivalität der westlichen wie der östlichen Siegermächte im Zweiten Weltkrieg.

Unter den *damaligen* Ausgangsbedingungen der Nachkriegsentwicklung erschien für die DDR der Sozialismus nach dem sowjetischen Modell – mit einigen Abwandlungen – der einzig mögliche Weg für die Gestaltung des gesellschaftlichen Lebens. Das galt auch für die Beziehungen der DDR zu den Nachbarn im Osten und ihr friedliches Zusammenleben mit ihnen, da diese sich nach ebensolchen Gesellschaftsmodellen entwickelten. Der Weg des Sozialismus war für den Osten Deutschlands genauso eine Folge des Zweiten Weltkrieges wie es für den Westen Deutschlands die Einbindung in das westliche Wirtschaftssystem als »soziale Marktwirtschaft« war. Diese objektiv gegebene historische Tatsache muss man so sehen, wie sie ist.[158]

Die Hauptkomponente des Kalten Krieges war eine nie dagewesene Aufrüstung und die Vorbereitung auf einen neuen militärischen Konflikt. Für die DDR bedeutete das, in einen Widerspruch zwischen den dringend erforderlichen Wiederaufbau und neue Rüstungslasten zu geraten. Dadurch kam es bereits 1953 zu einer Verschlechterung der ohnehin angespannten sozialen Lage der Arbeiter, der Intelligenz und breiter Schichten der Bevölkerung. Die daraus resultierende Stimmung bildete die Substanz für den Volksaufstand im Jahre 1953[159], der niedergeschlagen wurde. Nichtsdestoweniger wurden Maßnahmen sozialer Verschlechterungen rückgängig gemacht und eine schrittweise Verbesserung der sozialen Lage festgelegt. Möglich wurde das zum Teil durch Einstellung der für die ökonomische Situation untragbaren Rüstungsprojekte und durch eine Umverteilung der Mittel. Natürlich musste auch bereits viel auf das Verlustkonto geschrieben werden.

1956 kam es zu den blutigen Ereignissen in Ungarn und zum Sturz Rákosis[160]. Auch das hatte Rückwirkungen auf die DDR.

Es wurde ein Übergreifen befürchtet, obwohl es solche Prozesse wie gegen Rajk[161] und andere in der DDR nicht gegeben hatte. Zu solchen krassen Auswüchsen Stalinscher Willkür ist es in der DDR zum Glück nicht gekommen, wenn auch noch genug Unvertretbares geschehen ist.

Die Reaktion auf die Ereignisse in Ungarn bestand aus einer Mischung von Versuchen, oppositionelle Strömungen einzudämmen, und geringfügigen Zugeständnissen in Richtung auf mehr Demokratie. Insgesamt führte diese Entwicklung eher zu einer Anspannung der innenpolitischen Atmosphäre.

Die Systemauseinandersetzung unter den Bedingungen des Kalten Krieges entwickelte immer mehr seine eigene Dynamik. Die Widersprüche zwischen der raschen ökonomischen Entwicklung in den westlichen Ländern und der zwar voranschreitenden, aber viel zu langsamen ökonomischen und sozialen Entwicklung in den sozialistischen Ländern, insbesondere auch in der DDR, wurden immer größer. Durch die offene Grenze der DDR zu Westberlin und faktisch auch zur BRD kam es zu einem Prozess des beginnenden Ausblutens der DDR. Die Gefahr eines ökonomischen und sozialen Kollapses drohte. Die sich daraus ergebenden Konsequenzen hätten nach den damaligen Konstellationen, als es keinerlei Konsens zwischen der Sowjetunion und den USA gab, als ein Wettrüsten auf atomarem Gebiet in gigantischen Dimensionen lief, als von europäischer Zusammenarbeit nicht einmal geträumt werden konnte, zu unabsehbaren Folgen, möglicherweise zu einem Krieg geführt. 1961 erfolgte auf Grund eines Beschlusses der Staaten des Warschauer Vertrages der Bau der Mauer. Sie brachte den betroffenen Menschen in beiden deutschen Staaten großes Leid, und sie wurde auch von der großen Mehrzahl der Menschen weder verstanden noch mitgetragen.

Der Bau der Mauer war der Höhepunkt des Kalten Krieges in Europa. Die Untragbarkeit ihrer Existenz führte zu einem allgemeinen Prozess des Nachdenkens über ihre Beseitigung. Da eine militärische Lösung ausschied, wurden nach einigen Jahren Überlegungen angestellt, sie durchlässiger und schließlich überflüssig zu machen. Es gab hier kleinere und größere Schritte, wie das »Passierscheinabkommen«, den Beginn des einvernehmlich geregelten Transitverkehrs, die großzügigeren Möglichkeiten der Einreise von Bürgern der BRD in die DDR, aber auch solche, die schon an die Substanz des Grenzregimes selbst gingen, wie den Abbau der Selbstschussanlagen, die faktische Aussetzung des Schießbefehls und anderes.

Natürlich wurden damit die Probleme nicht grundsätzlich und zufriedenstellend gelöst. Aber es waren Signale. Während ich diese Schritte nach Kräften unterstützte, waren durchaus nicht alle in der Führung damit einverstanden.

Aber der Bau, die Aufrechterhaltung und die über lange Jahre ständig betriebene Perfektionierung der Grenzsicherungsanlagen war die entwickeltste Form der Verstrickung der DDR in den Kalten Krieg, der als »Systemkonflikt« ausgetragen wurde. Mit dem Bau der Mauer wurde der DDR vielleicht eine Zeitlang Luft geschafft, ihr aber im Endergebnis das Fundament für ihre weitere Perspektive entzogen.

Das Leben mit der Mauer hatte, auf die Dauer gesehen, für die DDR vorwiegend negative Auswirkungen. Zunächst jedoch wurden unmittelbare Vorteile sichtbar, insbesondere den Stopp der Abwanderung von Arbeitskräften betreffend. Insgesamt gab es jedoch direkte wie indirekte ökonomische Verluste, vor allem auf dem Gebiet eines weltmarktfähigen Exports.

Auch in psychologischer Hinsicht kam es zu einem gefährlichen Trugschluss. Viele insbesondere auch verantwortliche Funktionäre begannen sich in Sicherheit zu wiegen. Sie vernachlässigten die politische Arbeit zur Überzeugung der Menschen. Sie glaubten vor allem, alle gesellschaftlichen Probleme auf Sicherheitsprobleme zurückführen zu können. Je mehr sogenannte Sicherheit nach außen und innen, desto stabiler die Gesellschaft, so dachten nicht wenige.

Das war meiner Ansicht nach einer der größten, vielleicht der entscheidende Fehler. Dadurch wurde die Ökonomie vernachlässigt, vor allem die Auseinandersetzung mit der internationalen Entwicklung. Sicherheit ging auch vor Kreativität. Die Kontakte mit Wissenschaftlern und Firmen aus westlichen Ländern wurden eingeschränkt. Wer nicht die entsprechende Kaderakte hatte – und es war immer schwerer, sie zu haben –, durfte nicht reisen. Das wirkte sich vor allem auf die ökonomische Leistungsfähigkeit, auf das gesamte geistige Klima und die gesamte gesellschaftliche Atmosphäre aus.

So unterhöhlte der Kalte Krieg und das Eingehen darauf systematisch die Grundlagen der Existenz der DDR. Die Bedeutung und das Wesen dieser Periode der Nachkriegsgeschichte und ihre gravierenden Auswirkungen für das heutige Geschehen ist bei Weitem noch nicht gründlich und vollständig genug analysiert worden. Auch hier kann das nur in Ansätzen geschehen. Aber ohne solche Analyse ist nichts richtig zu erklären, denn hier geht es um einen für die DDR unabwendbaren objektiven Prozess, der ihre Entwicklung an der Scheidelinie zwischen den Systemen bestimmte.

Souveränes Handeln entwickelte sich nur zögerlich. Es prägte sich erst dann aus, als dieses gegen die Dominanz des Kalten Krieges gerichtet war. Das begann mit der Teilnahme am KSZE-Prozess, mit dem Abschluss des Vertrages über die Grundlagen der Beziehungen mit der BRD. Das nahm mit dem Widerstand gegen die Stationierung neuer Mittelstreckenraketen und gegen die damit drohende neue »Eiszeit« in den Beziehungen zwischen Ost und West schärfere Konturen an. Den letzten souveränen Akt vollzog dann schließlich nicht mehr jene Führung und jene Regierung, der auch ich angehörte, sondern das Volk.

Die Mauer brach, und unaufhaltsam wurde der Weg zur Einheit Deutschlands gebahnt. Hier setzten sich historische Notwendigkeiten durch. Nicht mehr länger zu ertragende Widersprüche wurden beseitigt. Damit war gleichzeitig die Aufhebung der bisherigen Macht- und Gesellschaftsstrukturen verbunden. Natürlich werden neue Widersprüche entstehen oder sind bereits entstanden. Aber die Vereinigung bietet, bei all dem komplizierten und die Menschen auf andere Weise belastenden Geschehen der Gegenwart, jetzt einen qualitativ neuen Spielraum.[162]

Im Schoß des Kalten Krieges wuchs der Keim für ein neues Sicherheitsmodell in Europa. »Langsam, aber unaufhaltsam bahnen sich in Europa block- und systemunabhängige Wahrheiten den Weg und laden dazu ein, statt mit den Säbeln zu rasseln, in den Dialog zu treten.« Das sagte Gorbatschow in seiner Rede zum 8. Mai 1990.[163] Und er sagte auch, dass die Beseitigung der Berliner Mauer und die bevorstehende Vereinigung Deutschlands das Ende der in Jalta und Potsdam festgelegten Nachkriegsordnung signalisieren.

Das ist nur zu wahr, und in diesen Übergang von der Nachkriegsordnung zur Errichtung eines gesamteuropäischen Hauses ist die Vereinigung Deutschlands eingebettet. Es zeugt von der großen Spannweite des Denkens dieses Mannes, wenn er erklärt: »Wir haben Verständnis für den begreiflichen Wunsch der Deutschen der DDR und der BRD, als eine Familie zu leben. Es ist der Zeitpunkt gekommen, diese Nachkriegsseite in der Geschichte Deutschlands umzublättern.«

Das sagt der Vertreter jenes Landes, das in unvergleichlicher Weise am meisten unter den Folgen der Hitlerschen Aggression[164] zu leiden hatte.

Offenbar gingen solche Gedanken Michail Gorbatschow durch den Kopf, als er am 7. Oktober 1989 das Sowjetische Ehrenmal in Treptow besuchte. Er äußerte sich damals mir gegenüber bereits in einer ähnlichen Diktion. Heute, nach der friedlichen Revolution, die auf den Weg der Vereinigung führte, verstehe ich ihn besser und tiefer als damals vielleicht. Er hat geholfen, einem geschichtlich notwendigen Prozess Bahn zu brechen, und zwar so, dass dieser sich, gemessen an der Tragweite der politischen Veränderungen und am Ausmaß der zum Ausbruch gekommenen Emotionen, in friedlicher Weise vollzog. Das eigentlich ist das Entscheidende, und das ist auch eine neue Qualität in der Durchsetzung geschichtlicher Notwendigkeiten. Das muss anerkannt werden, selbst wenn solche Prozesse widerspruchsvoll und nicht wie ein kristallklarer Bergfluss verlaufen. Es ist letztlich im Maßstab der Geschichte nicht so wichtig, wie viele und aus welchen Motiven sie in einer solchen revolutionierenden Wende handelten, sondern was im Endergebnis für die Menschen dabei herauskommt.

Aus meiner Sicht möchte ich nach langem Nachdenken sagen, wenn man überhaupt einer politischen Persönlichkeit eine maßgebliche Rolle in Bezug auf den friedlichen Charakter der sich in der DDR vollzogenen Umwälzung zumessen kann, dann Michail Sergejewitsch Gorbatschow. Dieses Verdienst ist umso höher einzuschätzen, als in Folge des spontanen Ablaufs mancher Prozesse und der Vielzahl von Kräften, die im Innern wie von außen daran mitgewirkt haben, oftmals mit unterschiedlichsten Absichten und auch gegenläufig, damit ein erhebliches politisches Risiko verbunden war.

Überdenke ich heute meine persönlichen Begegnungen mit Gorbatschow und die Eindrücke, die ich dabei gewann, so festigt sich meine Überzeugung von der starken Persönlichkeit dieses Mannes. Er war und ist ein Mann der Veränderung und insofern auch nicht immer leicht und sofort in seinen Intentionen und Handlungen zu verstehen. So ging es auch zuweilen mir – das soll überhaupt nicht in Abrede gestellt werden. Um in seinem wahren Inhalt leicht zugänglich zu sein, dafür war und ist sein Konzept zu kühn und zu einmalig, ist die tatsächliche Dynamik der ausgelösten Prozesse zu groß und auch zu eigenwillig. Sicher sind auch Ergebnisse schneller eingetreten, als die handelnden Personen selbst erwartet hatten. Eine endgültige Bewertung dessen, was in Gang gesetzt worden ist, muss der Geschichte überlassen bleiben.

Als der Kalte Krieg zu Ende ging, war es auch mit der DDR zu Ende, und es eröffnete sich die große und reale Perspektive der Vereinigung Deutschlands. Dass dies unter der Flagge der Bundesrepublik und weitgehend zu ihren Konditionen geschah, ist gleichzeitig ein eindeutiger Beweis dafür, dass dieser Kalte Krieg zuungunsten des »realen Sozialismus« ausging.

Die DDR war mit hunderttausendfachen historischen, kulturellen, ökonomischen Banden mit dem anderen Teil verflochten. Vor allem aber waren es die Menschen, die sich immer, ob sie das nun offen sagten oder nicht, ob sie das vielleicht auch nur unbewusst empfanden, einem Volk zugehörig fühlten. Diese gesamte Konstellation musste zwangsläufig in einer Periode, in der in Mittel- und Osteuropa das Schicksal des Sozialismus zur Disposition steht, zur »Sollbruchstelle« des ganzen Systems werden.

Damit muß kein endgültiges Urteil über die Idee des Sozialismus an sich gefällt sein, aber ein Urteil darüber, dass es unter den konkreten historischen Bedingungen gerade auch in der DDR keine dauerhafte Perspektive des Sozialismus geben konnte. Er war ein Übergangsstadium, um die Nachkriegsperiode mit all den Belastungen, die sie mit sich brachte, letztlich auf humane und friedliche Weise zu beenden.

Und so wage ich zu behaupten, und glaube mich dabei auch im Einklang mit der Diktion Michail Gorbatschows in seiner Rede zum 45. Jahrestag des 9. Mai[165] zu befinden, dass es im

Interesse der Menschen – und nur das zählt (denn schließlich hatte sich auch und gerade der Sozialismus dem verschrieben) – im herkömmlichen Sinne keinen Verlierer gibt. Hier werden auf Dauer gesehen alle gewonnen haben, auch wenn es um den Preis ging, dass der »reale Sozialismus« nicht überlebt hat.

Das konsequente Voranschreiten auf dem Weg der Vereinigung beider deutscher Staaten hat maßgeblich mit darüber entschieden, ob die Periode des Kalten Krieges tatsächlich zu Ende geht oder nicht. Hier konnte und durfte es kein Zurück mehr geben. Jede Verzögerung hätte eher zu negativen als zu positiven Auswirkungen geführt. Prozesse von historischen Dimensionen, einmal in Gang gesetzt, entwickeln ihre Eigengesetzlichkeiten und sind im herkömmlichen Sinne auch nicht »planbar«. Mit dem raschen Weg zur Einheit, unter Berücksichtigung der Interessen unserer Nachbarn, galt es, ein Zeichen zur endgültigen Beendigung der Nachkriegsperiode zu setzen – ob diese Erkenntnis jemandem gefällt oder nicht.

Diese Zusammenhänge so zu sehen, wie sie sind, darin besteht eine Schlüsselfrage zum Verständnis der Entwicklung der DDR, ihres Werdens, ihrer Entwicklung zu einem selbständigen Staat in Europa und ihres Vergehens. Darin sehe ich auch eine Schlüsselfrage, um objektive und subjektive Wirkungen auseinanderzuhalten, aber zugleich auch deren Wechselwirkung zu verstehen. Alles jedoch nur auf subjektive Fehlhandlungen einzelner Personen oder allein auf ideologische Konstellationen (stalinistische Konzeption vom Sozialismus) zurückführen zu wollen, reicht auf die Dauer für eine ernsthafte Analyse nicht aus.

Im Westen ist man sich sehr genau bewusst, was Gorbatschow für die gesellschaftlichen Umwandlungen in Osteuropa und insbesondere für die Einheit Deutschlands bedeutet. Im Kontext der Diskussion über die Verfassungsfrage (Artikel 23 usw.) mahnt der BRD-Historiker Lothar Gall: »Gerade die Erfahrung 1848/49 spricht dafür, zu nächst einmal die staatliche Einigung zu vollziehen. Nicht zuletzt der internationalen Eventualitäten wegen. Denken Sie doch einmal daran, was geschehen würde, wenn beispielsweise Gorbatschow in Gefahr geriete.«[166]

Folgen des Kalten Krieges: Ökonomische Verluste und deformierte Wirtschaft

Gorbatschow: »Die Liste der Kriegsverluste galt als abgeschlossen. Doch durch den Kalten Krieg wurde der gewaltige Reichtum, den das Volk schuf und der als Quelle für dessen Wohlstand dienen sollte, in großem Maße für die Aufrüstung eingesetzt und von Militärausgaben geschluckt. Das ist ein Faktor, der unsere Wirtschaft unterminierte und das Land in die heutige Krise führte.«

Das, was Gorbatschow für die Sowjetunion feststellte, konnte nicht ohne gravierende Auswirkungen auf die DDR bleiben. Das betraf politische, ökonomische und militärische Faktoren in ihrer Wechselwirkung.

Politisch war der Handlungsspielraum eingeengt, und damit waren es aus den gleichen Ursachen auch die ökonomischen Möglichkeiten an der Teilnahme der weltwirtschaftlichen Verflechtung. Ökonomisch war die DDR in der Hauptsache von dem Entwicklungsniveau der UdSSR-Wirtschaft abhängig. Die Stagnationserscheinungen dort mußten sich natürlich auch auf die DDR-Wirtschaft hemmend auswirken. Militärisch erforderte der Kalte Krieg wahnsinnige Rüstungs- und Sicherungsaufwendungen, die auch die DDR-Wirtschaft überfordern mussten.

Gorbatschow wies am 23. Juni 1990 darauf hin, dass die Verteidigungsausgaben der UdSSR sich auf 18 Prozent des Staatshaushaltes beliefen, was untragbar wäre.

Der Kalte Krieg hatte seine eigenen Gesetze. Er wirkte sich auf die Ökonomie in unterschiedlicher, mitunter auch gegenläufiger Weise aus, wobei diese sich in den jeweiligen gesellschaftlichen Systemen teilweise in ganz anderer Weise manifestierten. Das ist bisher viel zu wenig beachtet worden. So bestand ein generelles ökonomisches Ergebnis der Rüstungsanstrengungen darin, dass durch die nie dagewesene Konzentration der Kräfte in Wissenschaft und Technik nicht nur herausragende Einzelergebnisse auf militärtechnischem Gebiet, sondern generell ein qualitativ höheres Gesamtniveau in der ganzen Volkswirtschaft erreicht wurde. Diese Vorgänge waren von derart tiefgreifender Wirkung, dass in ihrem Ergebnis eine neue Epoche eingeleitet wurde: die der wissenschaftlich-technischen Revolution. Während die UdSSR noch lange Zeit daran arbeiten musste, die gewaltigen Kriegsschäden auszugleichen, konnten die USA sofort beginnen, den qualitativ neuen Schritt in der Entwicklung von Wissenschaft und Technik in ganzer Breite zu organisieren – und sie taten es mit der ihnen eigenen unbändigen Energie.

Während in der Sowjetunion alles unter strengster Geheimhaltung erstickt wurde, die ganze Volkswirtschaft in zwei voneinander unabhängige Bereiche geteilt war, die faktisch nichts voneinander wussten und kaum miteinander kommunizierten, gab es in den USA immer eine Verflechtung der Rüstungsproduktion mit der Gesamtwirtschaft. Neben dem Rückfluss von Technologie aus der Rüstungsproduktion für den zivilen Bereich gab es eine ständige Befruchtung der Rüstungstechnologie durch Angebote aus der übrigen Wirtschaft.

Dieses System führte dazu, dass der ohne Zweifel vorhandene negative Aspekt der Rüstungsproduktion, der im Abzug der befähigtsten Kräfte der Nation und dem Verbrauch gewaltiger materieller Ressourcen für unproduktive Zwecke besteht, durch eine höchst effizient organisierte Wechselwirkung zur Wirtschaft, Wissenschaft und zum Bildungswesen der gesamten Gesellschaft neutralisiert wurde und sich in beträchtlichem Maße wieder in produktive Kraft zurückverwandelte. Das erfolgte zwar auf Umwegen und unter Inkaufnahme von Verlusten, aber im Endergebnis stieg die Leistungskraft der Volkswirtschaft für die gesamte Gesellschaft.

Unter den Bedingungen der Marktwirtschaft ist eine administrative Abschottung der Rüstungsindustrie von der übrigen Wirtschaft nicht denkbar. Leider aber war das unter den Bedingungen der Planwirtschaft möglich und vielleicht sogar gesetzmäßig. So wirkte sich die Weiterführung und Forcierung der Rüstungsproduktion in doppelter Weise negativ für die UdSSR aus: Sie verschlang in ungeheurem Umfang geistige und materielle Ressourcen, die für den Wiederaufbau dringend erforderlich gewesen wären, und wirkte sich auch negativ auf die soziale Entwicklung aus. Durch die künstliche, administrative Abschottung konnte sie nicht einmal im Sinne von »Zinsen« der Volkswirtschaft und der Gesellschaft das zurückgeben, was diese in die Rüstungsproduktion als »Kapital« hineingesteckt hatte. Mehr noch: Da ein großer, wenn nicht sogar der größere Teil der Volkswirtschaft und der wissenschaftlichen Kapazitäten zum Verteidigungsbereich gehörten, war das Beharrungsvermögen rein administrativer Leitungsmethoden so groß, dass aus diesem Bereich auch für die übrige Wirtschaft nur Hemmnisse für eine Umstellung auf ökonomische Leitungsmethoden ausgingen.

In der Rüstungswirtschaft war und ist am stärksten der Glaube verbreitet, dass man keine ökonomische Leitung und keine entsprechenden Reformen brauche. Dort war man mit Befehlen immer gut zurechtgekommen, dort ist auch der beste Nährboden der Kommandowirtschaft im Sinne rein administrativer Leitungsmethoden. Ich erinnere mich noch sehr gut daran, wie Alfred Neumann, als er Anfang der 60er Jahre Vorsitzender des Volkswirtschaftsrates der DDR war, sich aus den Akten des Reichswirtschaftsministeriums heraussuchen ließ, wie man im Kriege die Produktion einzelner Endprodukte mit all ihren Zulieferverflechtungen durch die Zentrale administrativ organisiert hatte. Die Wirtschaft so zu leiten, schien seine Traumvorstellung gewesen zu sein.[167] Er vergaß dabei, dass es sich unter den Bedingungen der Kriegswirtschaft um einige hundert, vielleicht auch einige tausend Endprodukte handelte, alles andere fiel eben unter den Tisch. Eine durch Kriegsproduktion eingeengte und deformierte Volkswirtschaft zu leiten ist etwas grundsätzlich anderes, als eine vielseitig verflochtene, dynamisch sich entwickelnde Wirtschaft, die auf den Weltmarkt orientiert sein muss.

Aus all dem erklärt sich wohl auch, weshalb es wirtschaftliche Reformgedanken in der UdSSR lange Zeit so schwer hatten, sich durchzusetzen (siehe das Schicksal der Liberman-Reformen), und es wohl heute selbst unter den Bedingungen der Perestroika noch haben.

Durch den Kalten Krieg und durch die Art und Weise, wie in den sozialistischen Ländern darauf reagiert wurde, musste es zu solchen Deformationen in der ökonomischen und darüber hinaus gesamtgesellschaftlichen Entwicklung kommen, die schließlich die Idee des Sozialismus entstellten. Den Menschen musste das Gesellschaftssystem des Sozialismus im Vergleich zur produktiven Kraft, die der Kapitalismus entfaltete, immer unattraktiver erscheinen.

Wo es wirklich neue Technologien und Ausrüstungen aus der Volkswirtschaft gab, wurden diese primär für die Verteidigungsindustrie eingesetzt. Dadurch wurde die Reproduktion der »übrigen« Volkswirtschaft erneut gestört. So wurde das gesamte volkswirtschaftliche Fundament immer mehr unterhöhlt.

Das wirkte sich auf die DDR so aus, dass sie bestimmte Ausrüstungen aus der UdSSR, zum Beispiel auf dem Gebiet des Maschinenbaus oder auch der Elektronik, nicht in dem erforderlichen Maße oder überhaupt nicht erhalten konnte. Weiterhin musste sie selbst den Sektor der Verteidigungsindustrie ausbauen, was ebenfalls den Einsatz der modernsten Ausrüstungen und überhaupt der ohnehin viel zu knappen Investitionen erforderte.

Durch die nahezu absolute Priorität, die die Verteidigungsindustrie der UdSSR lange Zeit genoss, machte sich für die übrige Volkswirtschaft eine Tendenz der Vernachlässigung von Wissenschaft und Technik bemerkbar. Nach 1985 wurde das erkannt und sollte durch den »Maschinenbaubeschluss« korrigiert werden. Lange Zeit gab es so keine Konzeption für die Entwicklung und Einführung von Schlüsseltechnologien, insbesondere auch der Mikroelektronik, aber auch der modernen, auf Elektronik basierenden Automatisierungstechnik. Gorbatschow selbst bezeichnete es in Gesprächen des Öfteren als einen großen Fehler der vergangen Führung, dass das für 1983 vorgesehene Plenum des ZK der KPdSU über die Beschleunigung des wissenschaftlich-technischen Fortschritts nicht zustande kam.

Welche historischen und politischen Bedingungen wirkten auf die DDR-Volkswirtschaft?

Im Interesse einer objektiven Analyse der historischen Entwicklung ist die Beantwortung dieser Frage unumgänglich.

1. Die DDR war ein Produkt des Zweiten Weltkrieges und war demzufolge belastet mit der Hypothek seiner Ergebnisse.

Diese Hypothek bestand vor allem darin, dass das Gebiet, auf dem die DDR entstand, zu großen Teilen durch die Kriegsereignisse zerstört war, auf diesem kleineren Teil Deutschlands die Hauptlast der Reparationen ruhte, dessen Wirtschaft aber zugleich von den wichtigsten Zulieferungen aus Westdeutschland abgeschnitten war.

2. 1949 waren Ausgangspunkte für die Entwicklung der DDR:

- die sowjetische Besatzungszone,
- das durch den Krieg und seine Folgen deformierte ökonomische Potenzial,
- die auf der Grundlage der SMAD-Befehle geschaffenen Leitungsstrukturen und Planungsmethoden.

3. Mit ihrer Gründung war die DDR endgültig auf lange Sicht von ihren natürlichen ökonomischen Verflechtungen abgeschnitten. Sie musste völlig neue aufbauen, sofern überhaupt Partner dafür vorhanden waren.

Das war aber nicht nur eine quantitative, sondern auch eine qualitative Frage. Während die bisherigen Verflechtungen organisch gewachsen waren und sich auf einem hohen industriellen Niveau bewegten, waren die neu entstehenden Verflechtungen dadurch gekennzeichnet, dass die DDR fast ausschließlich der gebende Teil war. Technologische Impulse aus dem Handel mit den neuen Partnern ergaben sich kaum bzw. nur zögernd.

Der DDR fehlten:

- die entscheidenden Rohstoffe (Steinkohle, Erdöl, Eisen und Stahl)
- wichtige Zweige des Schwermaschinenbaus
- der Hauptteil der Veredelungschemie
- wichtige Zulieferzweige (Kugellagerindustrie und weitere).

So bestand von vornherein ein Ungleichgewicht zwischen der Wirtschaft der DDR und der Wirtschaft der BRD in Quantität, Struktur und Qualität. Dieses strukturelle Ungleichgewicht musste sich zwangsläufig auf die Möglichkeiten der Leistungssteigerung und damit später in immer stärkerem Maße auf die Entwicklung des Lebensstandards auswirken. Die hier bestehende Schere öffnete sich immer mehr. Es kam ein Punkt, an dem sie sich nicht mehr schließen ließ.

Hinzu kam, dass die BRD durch den Marshall-Plan[168] eine Initialzündung erhielt. Mehr noch: Die BRD wurde in das System einer sich weiterentwickelnden Arbeitsteilung der stärksten Industrienationen mit den USA als bedeutendster Kraft integriert.

4. Die DDR hatte Reparationen in einem für ein Land historisch nie gekanntem Ausmaß zu zahlen.

Über die moralische Rechtfertigung der Reparationsforderungen der UdSSR und anderer Staaten an Deutschland kann und darf es keinen Zweifel geben. Wenn über diese Fragen gesprochen wird, dann ausschließlich unter dem Gesichtspunkt, dass es eine unterschiedliche Verteilung der Reparationslasten auf beide Teile Deutschlands gab.

Diese Tatsache war für die spätere DDR so gravierend, dass sie bis in die heutigen Tage ihre Entwicklung im Unterschied zur BRD geprägt hat. Es handelt sich immerhin um eine Summe von 727 Milliarden DM, die die DDR anteilmäßig für ganz Deutschland nach Berechnungen von Professor Arno Peters von der Bremer Universität unter Berücksichtigung von Zins und Zinseszins für die BRD »mitbezahlt« hat.[169]

Hinsichtlich der Reparationen, so sei noch hinzugefügt, darf man nicht nur die finanziellen Summen sehen. Von äußerst schwerwiegender Wirkung war die Demontage ganzer Betriebe oder wichtiger Betriebsteile bzw. Produktionsanlagen. Es handelte sich um 676 Betriebe entsprechend dem Reparationsplan des Alliierten Kontrollrates. Das war eine Form der Wiedergutmachung, die nicht nur das jährlich verfügbare Produkt schmälerte, sondern die auf lange Sicht die Produktionsmöglichkeiten überhaupt einschränkte, sozusagen eine »negative Akkumulation«. Es kostete viel Mühe, nur die einfache Reproduktion wieder zu ermöglichen. »Die Wiedergutmachungsleistungen der SBZ entsprachen zum Beispiel im Jahre 1948 zehn Prozent ihrer industriellen Bruttoproduktion. Hinzu kamen fünf Prozent der Produktion als Lieferungen für die Besatzungsorgane.« Dabei ist zu berücksichtigen, wie von Dr. Georg Donat nachgewiesen wurde, dass auf die damaligen Westzonen nicht weniger als siebzig Prozent der Kapazität der Industrie nach dem Stand von 1936 entfielen, auf die sowjetische Besatzungszone nur dreißig Prozent. Es kommt hinzu, dass der Zerstörungsgrad hier mit fünfundvierzig Prozent veranschlagt werden muss, in den Westzonen mit zwanzig Prozent.

Aus diesem industriell weit geringer entwickeltem Gebiet mit dem größeren Zerstörungsgrad musste die Sowjetunion entsprechend dem Potsdamer Abkommen von 1945 ihre Reparationsansprüche entnehmen. So kam es unter Berücksichtigung weiterer Faktoren dazu, dass der kleinere Teil Deutschlands mehr als neunzig Prozent der Reparationslasten zu tragen hatte.[170]

Die Infrastruktur wurde durch den Abbau des zweiten Gleises auf fast allen Hauptstrecken der Eisenbahn und der teilweise vorhandenen Elektrifizierung schwer beeinträchtigt. Auch das zehrte an der Substanz.

Die Kriegsfolgen standen bei all dem Umfang immer noch in gar keinem Verhältnis zu den Zerstörungen und Verwüstungen, die der deutsche Überfall auf die Sowjetunion dort verursacht hatte. Wenn hier überhaupt über diese Dinge gesprochen wird, dann deshalb, um ins Gedächtnis zu rufen, dass es eben langfristig wirkende Kriegsfolgen gab, die sich bis in die heutige Zeit auswirken und nahezu einseitig das Gebiet der DDR betrafen.

Geschichte ist Geschichte. Sie lässt sich so oder so nicht wieder rückgängig machen. Aber ändern kann man die Einstellung zu diesen historischen Prozessen. Und hier gilt es eben zu sehen, dass diese von der DDR zu tragenden Lasten zu groß waren, als dass sie sich nicht auf die Infrastruktur, deren Zurückbleiben zu Recht bemängelt wird, die Möglichkeiten der Modernisierung der Industrie und auf viele andere Gebiete über Jahrzehnte ausgewirkt hätten. Über Jahrzehnte hinweg war in vielen Bereichen nicht einmal die einfache Reproduktion möglich.

5. Die Volkswirtschaft der DDR wurde von Anfang an einseitig auf die Bedürfnisse des RGW gedrängt. Durch die im RGW beschlossene Spezialisierung wurden bestimmte Produktionszweige bereits in den 50er Jahren forciert (Schiffbau, Schienenfahrzeugbau, Schwermaschinenbau), die alle sehr materialintensiv waren, obwohl eine tragfähige metallurgische Basis fehlte. Es war bis 1989 nicht gelungen, einen in sich geschlossenen metallurgischen Zyklus aufzubauen (siehe Fehlen einer Warmbandstraße). Eine große Entlastung gerade auf diesem Gebiet brachte die Kooperation mit der Bundesrepublik, um fehlende Kapazitäten durch Lieferungen metallurgischer Erzeugnisse oder durch Lohnverarbeitung auszugleichen.

6. Im Rahmen des RGW war es nicht möglich, modernste, weltmarktfähige Technologien zu beziehen. Das gelang nur auf einigen ausgewählten Gebieten, wie bei einzelnenSpezialaus-

rüstungen der Mikroelektronik durch die UdSSR oder einzelnen Rechnertypen. Durchgängig war eine Lieferung moderner Technologien aus den Ländern des RGW nicht möglich.

Diese Situation verbesserte sich nicht etwa im Laufe der Jahre, sondern sie verschlechterte sich. Der RGW hielt immer weniger mit der atemberaubenden Dynamik der technischen Revolution in den USA, in Japan, in der EG mit.

7. Die DDR musste den größten Teil ihres Exports zur Bezahlung von Rohstofflieferungen aus RGW-Ländern einsetzen und sich dabei nach den Bedürfnissen ihrer Abnehmer richten, die nicht immer Weltmarktbedingungen entsprachen. (Die Sowjetunion kaufte beispielsweise Erzeugnisse des Schwermaschinenbaus nach Gewicht, und die Preise wurden nach Tonnen berechnet). Dies führte dazu, dass in gewisser Hinsicht zweierlei Exportindustrien aufgebaut werden mußten, was zwangsläufig zu Effektivitätseinbußen führte.

8. Die Möglichkeiten der DDR zur Einbindung in die internationale weltweite Arbeitsteilung waren durch die verschiedensten Umstände stark eingeengt. Einer davon waren selektive Handelsbeschränkungen durch Kontingente (BRD und andere EG-Länder), hohe Zölle und Verweigerung der Meistbegünstigung (USA). Ein weiterer war die technologische Abschottung durch die Cocom-Bestimmungen, die eine weltmarktfähige Kooperation unmöglich machte. Es gab auch auf den Märkten starke Kräfte, die keine weltmarktfähige DDR-Industrie als Konkurrenten wollten.

9. Es muss auch darauf hingewiesen werden, dass die DDR sehr frühzeitig und auch in späteren Phasen ihrer Entwicklung hohe Verteidigungslasten zu tragen hatte, die sich auf die Reproduktionsmöglichkeiten der Volkswirtschaft auswirkten.

Bereits Anfang der 50er Jahre wurden solche Anstrengungen verlangt, die die DDR an den Rand einer Krise brachten und zu den Ereignissen am 17. Juni 1953 führten. In einem Jahr waren 1,5 Milliarden Mark Verteidigungslasten zusätzlich aufzubringen. Große Bauvorhaben wurden auf der Insel Rügen begonnen. Neue Rüstungsbetriebe entstanden, so in Ludwigsfelde und Dresden, zu einer Zeit, zu der nur ein Bruchteil der notwendigen Wiederaufbauarbeit in der Volkswirtschaft, im Wohnungswesen, im Gesundheitswesen und anderswo erfolgt war.

Anfang der 80er Jahre waren auch im Zusammenhang mit der Raketenstationierung neue, erhöhte Verteidigungslasten entstanden. In einer Bilanz zum Zustand der Straßen in der DDR wies Dr. Gerlich, Straßenbauexperte der DDR, darauf hin, dass in den vergangenen Jahren »mit fast fünfzig Prozent der Kapazität unserer Betriebe auf Flugplätzen gebaut« worden sei.[171] 1989 wäre der letzte Flugplatz fertiggestellt worden. Auf dem relativ kleinen Gebiet der DDR mit rund hunderttausend Quadratkilometern würden hundert Militärflugplätze existieren. Die Betonfläche eines Flugplatzes würde ausreichen, um 35 Kilometer Autobahn fertigzustellen.

An diesem Beispiel wird besonders augenscheinlich, welche direkten Folgen für die Infrastruktur der DDR die übertriebenen Rüstungsausgaben hatten und was dadurch der Gesellschaft entzogen wurde.

Die DDR ist bekanntlich als erstes sozialistisches Land sehr frühzeitig dafür eingetreten, dass damit Schluss gemacht wird, was ihr durchaus nicht überall Zustimmung eingebracht hat.

10. Generell muss beachtet werden, dass keine Volkswirtschaft isoliert, außerhalb der gesamtgesellschaftlichen Zusammenhänge existiert. Sie existiert auch nicht isoliert von den gesamtweltwirtschaftlichen Zusammenhängen, selbst große Volkswirtschaften nicht. Diese Feststellung galt natürlich in besonderem Maße für die DDR.

Auf die DDR wirkten solche weltwirtschaftlichen Erfordernisse durch drei Hauptkanäle ein:

- durch die RGW-Länder mit ihren hohen Anforderungen einerseits und ihren relativ begrenzten Möglichkeiten andererseits,
- durch die westlichen Industrieländer mit ihrer widersprüchlichen Politik der Aufrechterhaltung und Förderung von

Handels- und Wirtschaftsbeziehungen einerseits und Embargo- und Diskriminierungspraktiken andererseits,

– durch die Entwicklungsländer mit der Vielfalt ihrer zweifellos berechtigten Interessen und Wünschen nach Krediten bzw. unentgeltlichen Hilfen, die aber insgesamt die Möglichkeiten der DDR überstiegen. Wäre es nach einigen gegangen, die sich durch die mehr oder weniger unentgeltliche Verteilung von Mitteln Lorbeeren einhandeln wollten, wäre manches ins Uferlose gegangen. Das war ein Ergebnis der früheren falschen Konzeption vom Voranschreiten des revolutionären Weltprozesses als Weg zur Lösung der Weltprobleme, von der sich die KPdSU seit dem Jahre 1985 getrennt hat.

11. Der DDR stand eine der stärksten Wirtschaftsmächte der westlichen Welt unmittelbar gegenüber. 1988 hatte die BRD mit 323,4 Milliarden Dollar die erste Stelle in der Weltrangliste auf diesem Gebiet, vor USA mit 321,6 Milliarden Dollar und Japan mit 264,5 Milliarden Dollar Export.[172]

So gab es im Verlaufe der Entwicklung der DDR vielfältige, nicht von ihr beeinflussbare Zwänge, die sich auf die Entwicklungsmöglichkeiten der Volkswirtschaft auswirkten und die sich letztlich in der ungenügenden Akkumulationsrate niederschlugen. Dadurch kam es in entscheidendem Maße zu einer nichtproportionalen Entwicklung innerhalb der Volkswirtschaft und auch hinsichtlich der Beziehungen der Volkswirtschaft zu anderen gesellschaftlichen Bereichen, was sich unter anderem auch im Zurückbleiben der Infrastruktur ausdrückte.

12. Das Cocom-Embargo lähmte die Dynamik der Volkswirtschaft der DDR.

Man muss es den Erfindern der Cocom-Praxis, das heißt der Liefersperre bzw. Lieferkontrolle für militärisch relevante Erzeugnisse und Technologien an die sogenannten Ostblock-Länder schon lassen: Sie haben damit die Lebensfähigkeit nicht nur der DDR, sondern vieler dieser Länder in Frage gestellt. Die DDR jedenfalls haben sie damit bis ins Herz getroffen.

Es darf hier durchaus unterstellt werden, dass es bei diesen Embargo-Maßnahmen in den ersten Jahren nach der Beendigung des Zweiten Weltkrieges tatsächlich nur um Rüstungsgüter im engeren Sinne des Wortes ging, zum Beispiel um alles, was mit der Atomtechnik zusammenhing, einschließlich der Lieferung von spaltbarem Material. Das musste nicht unbedingt zu einschneidenden ökonomischen Deformationen führen und hatte für die DDR zunächst überhaupt keine Bedeutung.

Dann aber kam es zu einer Entwicklung, die vielleicht niemand in West wie Ost vorausgesehen hat. Das betraf und betrifft die dominierende Rolle der Mikroelektronik. Das ist eine Basistechnologie, die nicht nur das Militärwesen, sondern die gesamte Volkswirtschaft, die Wissenschaft, das Gesundheitswesen und weitere Bereiche betrifft.

Diese Technologie wurde natürlich, wie konnte es in der Zeit des Kalten Krieges anders sein, zuerst im Militärbereich entwickelt. Sie hat große Bedeutung für die Raketentechnik und für das gesamte militärische Kommunikationssystem. Aber sie war gleichermaßen von Bedeutung für die Automatisierungstechnik in allen Zweigen der Volkswirtschaft, von flexiblen automatisierten Fertigungssystemen bis zum Bankwesen. Kein entscheidender Schritt zu höherer Produktivität war und ist möglich ohne Mikroelektronik. Mikroelektronik-Technologien sowie die damit hergestellten Schaltkreise sind in ihrer Anwendung bis auf wenige Ausnahmen und Variationen neutral. Daraus ergab sich die paradoxe Situation, dass jegliche Schaltkreise, ob für Uhren oder Raketensteuerung, a priori militärisch relevante Erzeugnisse darstellen, die zwangsläufig unter die Embargo-Bestimmungen fielen und fallen.

Somit entwickelten sich die Cocom-Bestimmungen zwangsläufig von Maßnahmen, die der Beschränkung gegnerischer Rüstung dienten, zu Maßnahmen, die gegen die Entwicklung ganzer Volkswirtschaften und gegen einen normalen weltweiten Handelsaustausch gerichtet waren.

Darunter musste die DDR besonders leiden. Sie konnte nur leben vom Export technologieintensiver Erzeugnisse, insbesondere des Maschinenbaus und der Elektronik. Rohstoff- und Halbfabrikatexport musste immer ein Verlustgeschäft bleiben und konnte vor allem nicht einen solchen Überschuss garantieren, der einen hohen Lebensstandard begründen konnte. Deshalb traf die DDR das Cocom-Embargo, das ein Technologie-Embargo war, am Nerv ihrer Existenz.

Natürlich hat die DDR darauf reagiert. Sie versuchte in verstärktem Maße durch Eigenentwicklung das auszugleichen, was sie auf den internationalen Märkten nicht erhalten konnte. Diese Eigenentwicklungen waren teuer. Sie entsprachen auch nicht immer dem neuesten internationalen Stand, sondern waren davon abgeleitete Nachentwicklungen. Das schmälerte automatisch die Konkurrenzfähigkeit und führte zu Preiskompromissen. Ein »Trost« war lediglich, dass viele dieser Erzeugnisse in der UdSSR und in anderen Ländern des RGW reißend Absatz fanden. Aber es konnten unter diesen Umständen nicht genügend konvertierbare Devisen erwirtschaftet werden.

Das Feld der Anwendung neuer Technologien, die in irgendeiner Weise mit militärisch relevanten Ausrüstungen und Baugruppen und mikroelektronischen Bausteinen verbunden waren, wurde immer breiter. Die Entwicklung vollzog sich in einem steigendem Tempo. Der Generationsumschlag bei mikroelektronischen Schaltkreisen beispielsweise ist jetzt unter die Drei-Jahres-Grenze gerutscht.

Die Breite der vom Cocom-Embargo betroffenen Erzeugnispalette wurde immer größer. Das betraf nicht nur die Cocom-Liste selbst, die ja den Umfang eines dicken Telefonbuches annahm. Nein, ein 256-Kilobit-Schaltkreis zum Beispiel konnte ja in Hunderten, ja Tausenden anderer Erzeugnisse Eingang finden. Darin bestand die lähmende Wirkung der Cocom-Praxis.

Wir führten den Kampf um Weltniveau ohne jede reale Chance, weil es nicht möglich war, uneingeschränkt an der internationalen Arbeitsteilung teilzunehmen. Es war sehr kostenaufwendig, um auf Teilgebieten den Rückstand wettzumachen, und am Ende fehlte doch immer irgendeine Komponente, die sich dann für das weltmarktfähige Qualitätsniveau als entscheidend erwies.

Erschwerend wirkte sich auch die Erweiterung des Technologie-Embargos auf ein Wissenschafts-Embargo aus. Bekanntlich wurde in den 80er Jahren der Besuch von bestimmten Kongressen sowie die Veröffentlichung wissenschaftlicher Ergebnisse unter Cocom-Kuratel gestellt.

All das hatte wiederum negative Auswirkungen auf das ökonomische Denken. Wenn es darum ging, dass bestimmte Materialien, Halbfabrikate, Baugruppen und anderes fehlten, an deren Vorhandensein wiederum die Produktion von Fertigerzeugnissen in Größenordnungen von Hunderten Millionen Mark hing, wurde natürlich auf die Kosten für die Beschaffung dieser wichtigen Komponenten nicht so genau gesehen. Es wurde nach dem Motto verfahren: »Koste es, was es wolle, Hauptsache die Produktion kommt.« So führte die Existenz des Kalten Krieges auch zu indirekten Wirkungen, die gegen die Effektivität gerichtet waren. Sie deformierte nicht nur die Volkswirtschaft durch mangelnde Möglichkeiten der Teilnahme an der internationalen Arbeitsteilung, sondern sie deformierte auch das normale ökonomische Denken – wenn auch nur tendenziell – in Richtung auf das einer »Kriegswirtschaft« eigentümliche, das nur das Ergebnis, nicht aber den Aufwand dafür kennt. So wurde die ganze Volkswirtschaft mit diesen tödlichen Keimen des Kalten Krieges infiziert.

Die Bedeutung des Cocom-Embargos nahm in einer Zeit sich beschleunigender Wirkung der Technologie auf ökonomische Effektivität noch zu. Wen wundert es, dass Erfolge beim Unterlaufen dieses Embargos gebührend gewürdigt wurden, wohl wissend, dass auf anderen Gebieten die Zeit trotzdem wegläuft.

Es ist wohl eine Gesetzmäßigkeit der heutigen technischen und wirtschaftlichen Entwicklung, dass es nicht genügt, auf einzelnen Gebieten ein hohes technisches Niveau zu erreichen. Ein ökonomisch wirksamer Stand von Wissenschaft und Technik kann nur erreicht werden, wenn ausnahmslos alle Komponenten zur Herstellung eines Erzeugnisses dem Höchststand in Technik und Qualität entsprechen. Das ist natürlich einem Land allein nicht möglich. Dazu ist eine ausgeprägte Teilnahme an der internationalen Arbeitsteilung einschließlich der Zulieferungen erforderlich. Das war für die DDR nicht realisierbar. Ein ökonomischer Ausdruck dafür war, dass sich der Anteil der durch den Käufer einer Ware, vor allem bei Maschinen und Ausrüstungen, selbst beigestellter Zulieferungen und Komponenten tendenziell erhöhte und eine immer größere Anzahl von Produkten erfasste. All das ging dem Außenhandelsgewinn der DDR verloren.

So war es prinzipiell auf lange Sicht nicht möglich, den Außenhandel der DDR in einen Faktor der Vergrößerung des Nationaleinkommens zu verwandeln, wie das für eine Industriegesellschaft mit dem Anspruch an steigenden Lebensstandard unabdingbar ist.

Der Außenhandel verwandelte sich für die DDR zunehmend zu einem Faktor, der nicht zum Zuwachs, sondern zum Abfluss von Nationaleinkommen führte. Er war notwendig, um die nötigen Rohstoffe und Ausrüstungen, auch Nahrungsgüter und Konsumgüter zu erhalten. Die Importe mussten jedoch immer teurer erkauft werden. So stand die gesamte Wirtschaftspolitik unsichtbar unter dem dominierenden Einfluß des Kalten Krieges. Trotz dieser Bedingungen wurde der Entschluß gefasst, eine Einheit von Wirtschafts- und Sozialpolitik zu gewährleisten.

In dieser gesamten Situation sah ich es mit Erleichterung, als sich mit Gorbatschow in der Politik der UdSSR auch im Hinblick auf die Zusammenarbeit mit der DDR auf politischem und ökonomischem Gebiet einiges zu ändern begann, was früher hemmte und auch nicht wenig Kummer bereitete.

Wie war das früher?

Jedes Jahr im Sommer reiste Erich Honecker zu einem »freundschaftlichen Treffen«, wie es hieß, zu Breshnew auf die Krim, der sich dort zur Erholung aufhielt. Diese Gespräche dienten aber nicht in erster Linie dem Erfahrungsaustausch, sondern es ging darum, die Positionen zur Entwicklung in der DDR darzulegen. Dabei spielten die Beziehungen zur BRD, vor allem auch auf ökonomischem Gebiet, eine große Rolle. Immer dominierte die Sorge, dass sie zu stark ausgeweitet würden; das betraf auch die Beziehungen zu anderen entwickelten Industrieländern. Dabei gingen nicht wenige Worte des Missfallens gerade an meine Adresse.

Diese ablehnende Haltung zu den Wirtschaftsbeziehungen mit der BRD hatte eine lange Tradition. 1960 bereits gab es den Begriff der »Störfreimachung«. Hinter diesem Wortgebilde verbarg sich das Ziel, dass die DDR in keiner Position auf Lieferungen aus der BRD angewiesen sein sollte, um die Möglichkeit auszuschalten, dass durch eine plötzliche Liefersperre die Wirtschaft der DDR in Schwierigkeiten kommen könnte.

Eine solche These sollte die DDR auf den Weg der Abkapselung vom Westen führen. Aber die Erfahrung zeigte doch, dass es in den westlichen Ländern vor allem sehr viele realistisch denkende und handelnde Politiker und Unternehmer gab, die eine gegenseitig vorteilhafte Zusammenarbeit suchten und auch praktizierten. Ihnen gebührt Dank, denn sie haben der DDR, ihrer Wirtschaft und damit auch ihrer Bevölkerung in mancher schwierigen Situation geholfen.[173] Um das Dogma »Störfreimachung«, also die Losung, unter der die Abkapselung laufen sollte, zu verwirklichen, wurde 1960 zeitweilig ein Beauftragter eingesetzt – das war Erich Markowitsch. Er hatte festzustellen, wo es solche Verflechtungen gab und wie man sie so schnell wie möglich durch eigene Produktion, aber auch durch eventuelle Bezüge aus RGW-Ländern ersetzen konnte.

Es gab große Listen, strenge Weisungen, viel Wirbel und echte Störungen in den materiellen Produktionsverflechtungen, Unsicherheiten im Außenhandel in der DDR wie bei unseren Partnern. Im Endergebnis zeigte sich, dass die Verflechtungen mit dem Westen nicht geringer, sondern größer geworden sind. Die »Propagandaschlacht« war wieder mal größer als das Ergebnis. In Wirklichkeit gingen die Wirtschaftsbeziehungen zur BRD und zu anderen westlichen Ländern weiter; sonst wäre ein Kollaps riskiert worden. Das Leben hat sich, wie man so sagt, durchgesetzt. Aber die Entwicklungsmöglichkeiten wurden beschränkt, es gab auch Verluste und uneffektive Produktion.[174]

Dieser Geist, oder besser Ungeist, der Störfreimachung spukte die ganzen Jahre mehr oder weniger neu belebt herum, bis 1985, wo es durch die neue sowjetische Politik Erleichterung gab.

Neben dieser wirtschaftlichen – aber ideologisch motivierten – Komponente der Beseitigung der Abhängigkeit der DDR vom Westen gab es auch direkte ideologische Positionen zum Aufbau des Sozialismus. Hier gab es Prämissen, und jedes Abweichen davon oder gar das Einführen von »Neuerungen« auf dem Gebiet der gesellschaftlichen wie ökonomischen Entwicklung stand auf der Krim zur Diskussion.

Das betraf auch die Bildung der Kombinate. Obwohl wir uns von einigen sowjetischen Beispielen inspirieren ließen (Leningrad), wurde diese Umstellung der Leitung im Industrie und Bauwesen der DDR nur ganz zögernd akzeptiert, zuerst allerdings ignoriert oder auch negativ gesehen. Das betraf nicht so sehr die Wirtschaftspraxis der UdSSR, wo es für unsere Erfahrungen sehr viel Interesse – es kamen auch nicht wenige Studiendelegationen – gab, als vielmehr einige »Ideologen«.

Das aber war nicht das Wesentliche. Weitsichtige, erfahrene und kluge, dem Neuen aufgeschlossene Partner aus der UdSSR haben sich engagiert für diese Erfahrungen der DDR interessiert, und mit ihnen hatte ich stets sehr herzliche, fruchtbringende und nützliche Erfahrungsaustausche, die manch gute Erkenntnis brachten. Ihnen war und bin ich sehr dankbar.

Wie waren die realen Liefermöglichkeiten aus den RGW-Ländern?

Lassen wir zunächst westliche Einschätzungen sprechen. In einem Kommentar im *Handelsblatt* vom 8. März 1989 hieß es[175]: »Die Zukunft sieht wenig rosig aus. Die UdSSR kann den wachsenden Bedarf der Bruderländer weder mit Öl noch mit anderen Rohstoffen decken. Es besteht sogar die Gefahr, dass die Lieferungen zurückgehen.

Den technischen Fortschritt aus dem Osten erwartet keines der Ratsmitglieder mehr. Die UdSSR ist selbst auf den Import von westlicher Technologie angewiesen.«

Eine Analyse der OECD zu diesem Thema im *Handelsblatt* vom 1. März 1989: »Die seit einigen Jahren verstärkten Investitionen haben auch noch nicht dazu geführt, dass die RGW-Staaten bei ihren Exporten in den Westen wettbewerbsfähig geworden sind.«

Diese wenigen Sätze belegen, dass der DDR aus der Zusammenarbeit mit dem RGW keine Impulse für Wachstum durch Rohstoffsicherung und schon gar nicht für höheres technologisches Niveau erwachsen konnten. »Größtes Problem bei der stark auf die RGW-Länder orientierten Exportpolitik der DDR sei es in den nächsten Monaten, dass im Zuge der Währungsunion der Osthandel der DDR zusammenbricht, bevor wir ihn auffangen können.« So im *Tagesspiegel* vom 5. März 1990.

Die Wirtschaftslage in der UdSSR wird in den westlichen Ländern mit größtem Interesse beobachtet. Aus der Sicht jener, die aufrichtig für den Handel mit der UdSSR eingetreten sind und auch weiterhin eintreten, ist die Stimme von Otto Wolff von Amerongen besonders interessant und gewichtig, hat doch das Haus Otto Wolff langjährige Traditionen im Ost-West-Handel. So schätzte von Amerongen laut *Handelsblatt* vom 16. Oktober 1989 ein: Der »Ölschock Nummer drei«, das Absinken der Energiepreise, sei für die UdSSR der letzte Anstoß zur Modernisierung gewesen.

Damit wird gesagt, dass aufgrund äußerer Zwänge, bedingt durch notwendige Veränderungen in der Außenhandelsstruktur, mit der Modernisierung begonnen wurde und nicht aufgrund »innerer Antriebe«. Das widerspiegelt in der Tat eine System- und natürlich auch eine Führungsschwäche, indem bestimmte Beschlüsse, wie der »Maschinenbaubeschluss«, nicht energisch durchgeführt wurden.

Das ökonomische Gewicht des RGW im Weltmaßstab hat nicht zu-, sondern abgenommen. Es gab hier Zahlen von dreißig Prozent Anteil an der Industrieproduktion der Welt. Ich möchte sie für die 80er Jahre bezweifeln. Zu viel industrielle Kapazität ist dem Westen erwachsen durch die eigene kontinuierliche Entwicklung, aber auch durch die sogenannten Schwellenländer wie Südkorea, Singapur, Taiwan und andere. Darüber hinaus muss man die Aussagekraft der angewandten Bemessungsgrundlagen bezweifeln. Sie sind rein quantitativ ausgerichtet und berücksichtigen nicht die qualitative Seite, die durch neue Technologien gekennzeichnet ist. Sie berücksichtigt auch nicht die Vielfalt des Erzeugnissortiments und die oftmals grundsätzlich höhere Qualität vieler Erzeugnisse westlicher Länder.

Man kann es drehen und wenden wie man will. Die Rolle des RGW als angeblich dynamischste Wirtschaftsregion im Weltmaßstab hatte sich spürbar vermindert. Dieses reduzierte ökonomische Gewicht, das auch einer Hypertrophie im Hinblick auf die Rüstungsanstrengungen geschuldet ist, engte den politischen Handlungsspielraum spürbar ein. Die jetzt ablaufenden Prozesse, der Zusammenbruch des Sozialismus, zeigen das in gravierenden Dimensionen.

Im RGW wurden große Programme gemacht, als Letztes das »Komplexprogramm des RGW«. Sie waren meist ohne tiefgründige ökonomische Berechnungen ausgearbeitet und berücksichtigten überhaupt nicht das finanzielle Risiko. Es ging immer darum, die Produktion auf die einzelnen Länder so aufzuteilen, dass Defizitpositionen beseitigt werden.

Die Konzeptionen wurden oft geändert. Vor allem aber wurden für ihre Realisierung immer viel zu lange Zeiträume vorgesehen. Wenn wirklich eine Produktion in Gang kam, war die Technik in der Regel nicht nur eine, sondern zwei Generationen zurück.

Es galt das Motto, das so einfach wie falsch war: Je größer die Objekte, desto höher der Nutzen. Aber gerade dieser Gigantismus hemmte die schnelle Wirksamkeit der Investitionen durch lange Bauzeiten und führte oft zu großen Verlusten. Bei Baubeginn waren sie schon technologisch veraltet. Gegen einige solcher Großprojekte, die uns vorgeschlagen wurden, habe ich unter Hinweis auf den gewaltigen Fondsvorschuss, den viel zu langen Amortisationszeitraum sowie auf die riesigen Transportkosten und das Transportrisiko hartnäckig argumentiert. In einigen Fällen konnte ihre Durchführung auch verhindert werden, wie zum Beispiel die Beteiligung am Bau eines riesigen Bildröhrenwerkes in Belorussland, was unabsehbare Kosten, hunderte Millionen an Valuta, verursacht hätte. Allerdings hat mir mein Verhalten nicht gerade Sympathie bei den Protagonisten solcher gigantischen Projekte eingebracht. Krolikowski berichtete dazu, dass der Bau dieses Werkes von mir sabotiert worden wäre.[176]

Ja, ich habe mich gegen die Beteiligung der DDR am Bau dieses »Gemeinschaftsobjektes« gewandt. Das war ein Vorschlag der sowjetischen Seite. Begründet wurde er mit dem Bedarf der RGW-Länder an Farbbildröhren. Wäre das nicht als Gemeinschaftsvorhaben effektiver, so war die Fragestellung. Das hörte sich zunächst gut an. Ich forderte jedoch eine gründliche ökonomische Berechnung. Dabei stellte sich heraus, dass die DDR für den Bau des Werkes in Brest einen erheblichen Kapitalvorschuss zu leisten hätte. Dieser wäre in Form von Warenlieferungen und Leistungen zu entrichten gewesen. Diese Waren, vor allem Konsumgüter und Ausrüstungen, wären der DDR in jährlicher Höhe von weit über 100 Millionen entzogen worden, bevor acht oder zehn Jahre später überhaupt eine Rücklieferung erfolgt wäre. Dann wurden die Kosten für das bei Brest geplante Werk durch den Neubau einer ganzen Stadt belastet. Über die Transportfrage machte sich kaum jemand Gedanken, wobei damals schon die Relation Brest–Berlin total überlastet war. Und woher sollte die DDR in der Zwischenzeit Farbbildröhren beziehen? Es war doch höchste Zeit, der Bevölkerung Farbfernseher anzubieten, denn das gehörte doch schon zum allgemeinen Standard. Und welche Qualität würden diese in Brest produzierten Röhren haben? Diese Rechnung konnte nicht zugunsten der Option Brest aufgehen. Offensichtlich war das aber für Krolikowski und seine Ko-Autoren nicht interessant. Sie hatten andere Interessen im Auge, als die Ökonomie der DDR und die Belange ihrer Bevölkerung. Wie sonst wäre dieser wütende Angriff auf eine vernünftige ökonomische Politik zu erklären?

Die Programme wurden vor allem unter dem Gesichtspunkt der Bedürfnisse der UdSSR ausgearbeitet. Darüber hinaus spielten vereinfachte, schematische Auffassungen über die Organisation der Zusammenarbeit eine Rolle. Man glaubte an das ausgearbeitete Papier und nicht an die ökonomischen Interessen, die sich so oder so durchsetzten. So wurde beispielsweise auf dem X. Parteitag der SED 1981 der Ausbau des Eisenhüttenkombinates Ost mit einer Warmbandwalzstraße als Integrationsobjekt erwähnt. Dieser Vorschlag wurde von Schürer eingebracht, obwohl es dazu keine ausreichenden ökonomischen Berechnungen gab, was angesichts der Dimensionen des

Projekts und im Sinne des gründlichen Abwägens aller Varianten im besonderen Maße erforderlich gewesen wäre. So gab es zu diesem Zeitpunkt weder eine exakte Einschätzung des wissenschaftlich-technischen Niveaus noch der Kosten und des zu erwartenden Nutzens.

Daneben spielte die menschliche Seite eine völlig ungenügende Rolle. Es war lange Zeit sehr kompliziert, Kader zu entsenden und wirkliche Partnerschaftsbeziehungen aufzubauen. Die tiefgreifenden Unterschiede im Lebensniveau spielten eine zunehmend hemmende Rolle.

Dann gab es das Problem des »Wegspezialisierens« von ganzen Produktionszweigen. Für die DDR betraf das beispielsweise große Teile des Nahrungs- und Genußmittelmaschinenbaus, der Medizintechnik, die gesamte Herstellung von Holzbearbeitungsmaschinen, es betraf feinmechanisch-optische Erzeugnisse, Unterhaltungselektronik wie Plattenspieler. Damit glaubte man, Produktionskapazitäten für anderes zu gewinnen. All das erfolgte ohne jedwede ökonomische Berechnung.

Die Verfechter dieser »Wegspezialisierung« gab es im Ministerrat und in der Staatlichen Plankommission. Das Ergebnis war, dass der DDR diese Produkte fehlten. Sie waren entweder nicht in der bisherigen Qualität oder überhaupt nicht mehr zu erhalten, da die Partner nicht entsprechend lieferten. Was wegspezialisiert wurde, waren doch nicht einfach nur Erzeugnisse. Vor allem waren es wertvolle, unwiederbringliche Produktionserfahrungen der Menschen, die auf diese Weise verlorengingen. Mühsam musste in den 70er und 80er Jahren zum Teil das wieder aufgebaut werden, was man zuvor unter dem Banner der internationalen sozialistischen Arbeitsteilung faktisch verschenkt hatte.

Ich erlaube mir, in diesen Fragen so leidenschaftlich zu schreiben, weil ich ein strikter Gegner einer solch leichtfertigen Art der Spezialisierung war. Ich trat dafür ein, reale Liefergarantien durch die Schaffung einer echten gegenseitigen ökonomischen Abhängigkeit zu erreichen. Auf diesem Wege kamen wir beispielsweise mit der ČSSR zu einer für beide Seiten vorteilhaften und lange Zeit gut funktionierenden Kooperation bei der Produktion und Olefinen, Olefinkooperation genannt. Das war aber etwas grundsätzlich anderes. Das war echte Kooperation und keine einseitige und formale Spezialisierung. Dagegen stemmte ich mich, wo ich nur konnte. Ich hatte zu den wenigsten Zeitpunkten die staatliche Kompetenz, um all das zu stoppen, was hätte gestoppt werden müssen. Es gelang mir jedoch, erfolgreich gegen die Einstellung der Uhrenindustrie, die Liquidierung des Automobilbaus, des Traktorenbaus und anderer für die DDR wichtigen Produktionen zu intervenieren.

Im RGW jedoch ging es lange Zeit vor allem immer um diese einseitige Spezialisierung und nicht um eine echte Kooperation. Es gab keine komplexe ökonomische Rechnung, die beispielsweise die Transportkosten, die Auswirkungen langer Lieferzeiten, die Bindung gewaltiger Umlaufmittel und anderes mehr berücksichtigte. Dieser Gedanke des wirklichen ökonomischen Rechnens begann erst allmählich in den 80er Jahren Fuß zu fassen. Er war schwer zu verwirklichen, weil die mangelhafte Infrastruktur und die ungenügende Flexibilität der Partner eine effektive Kooperation erschwerten. Es war auch mühsam, begreiflich zu machen, dass man eine solche Kooperation für Baugruppen nicht über zehn Jahre in allen Einzelheiten festschreiben kann, sondern dass Flexibilität notwendig ist. Bei manchen unserer sowjetischen Partner Verständnis für neue Automatisierungstechnologien zu finden war schwer. Es kostete große Mühe, die Bedeutung flexibler automatisierter Fertigungssysteme für die Modernisierung des Maschinenbaus begreiflich zu machen. Da gab es Hürden bei den Ministerien, da gab es Ignoranz in den Betrieben, und da gab es eine direkte Ablehnung durch angesehene Technologie-Wissenschaftler, die sich mit ihren Auffassungen teilweise bis in die Parteispitze durchsetzen konnten.

Ein typisches Beispiel war die Gegenüberstellung der auf Elektronik basierenden flexiblen Automatisierung zu den sogenannten »Rota-Fließreihen«, deren Hauptvertreter Professor Kokoschkin war. Mehrmals tauchte dieser Begriff in Materialien des ZK der KPdSU als der Lösungsweg auf. Wir schickten daraufhin Delegationen in die UdSSR, um Informationen über diesen Weg zu erhalten, ließen uns Expertisen anfertigen. Es war nicht ganz einfach, hinter das Wesen der Sache zu kommen. Schließlich stellte sich heraus, dass es sich hier um ein durchaus intelligentes und ausgefeiltes Automatisierungsprinzip handelte. Es fand aber seine Hauptanwendung bei der Produktion von Erzeugnissen, die über lange Jahre gleich blieben und in Millionen und Abermillionen Stückzahlen benötigt wurden, wie beispielsweise Munition für Handfeuerwaffen. Auch ein Flaschenabfüllautomat hoher Leistung kann als Modell für dieses Automatisierungsprinzip dienen, ebenso ein Automat zur Herstellung von Glühlampen.

Aber es ging und geht auch heute noch um die Flexibilität der Technologie, darum, den Erzeugnisumschlag, der sich von zehn auf drei und noch weniger Jahre verkürzt hat, für die große Zahl der Betriebe zu beherrschen. Und hierfür ist das »Rota-Prinzip« nicht geeignet. Leider wurde es ideologisiert, also in den Rang eines »Wundermittels« erhoben, obgleich sich auch sowjetische Fachleute gegen eine solche Behandlung dieser, unter bestimmten Bedingungen durchaus hervorragenden, Technologie wandten.

So wurden in technologischen Fragen ideologische Barrieren geschaffen, die sich zusätzlich hemmend auswirkten. Es kam zu Absatzschwierigkeiten mit in der DDR-Industrie für die Sowjetunion entwickelten flexiblen Fertigungssystemen. Auch deshalb, weil man dort den wirklichen ökonomischen Nutzen nicht erkannte, weil Flexibilität nicht als in Rechnung zu stellender Faktor angesehen wurde. Und die »Gurus«, die in der DDR notorisch gegen jede technologische Neuerung auftraten, sofern sie mit Elektronik etwas zu tun hatte, die ihre

Lebenserfahrung aus den 20er und 30er Jahren auf die moderne Wirtschaft übertragen wollten, erhielten durch diese einseitigen Betrachtungsweisen in der UdSSR neue Argumente gegen echten technologischen Fortschritt.

Gar keine Rolle spielten Fragen des Umweltschutzes. Jeglicher Versuch der Zusammenarbeit auf diesem Gebiet ist fehlgeschlagen.[177]

Der RGW mit seiner bürokratischen Arbeitsweise wirkte direkt auf die Konservierung des administrativen Systems in den einzelnen Ländern zurück.

Selbst bei den Banken kamen ökonomische Beziehungen nicht zur Wirkung, wenn man einmal von der einfachen Verrechnung der Konten absieht. Die Rolle des transferablen Rubels wurde demgegenüber immer labiler.

Positiver war in vieler Hinsicht die langjährige Zusammenarbeit mit der ČSSR. Lange Jahre war ich Vorsitzender des Wirtschaftsausschusses DDR-ČSSR. Aus dieser Tätigkeit verbindet mich eine enge Beziehung zu den tschechischen und slowakischen Menschen. Viele von ihnen lernte ich kennen, die wirtschaftlichen Fähigkeiten und die kulturellen Traditionen des Nachbarlandes achten und besser verstehen. Die ČSSR nahm den zweiten Platz im Warenaustausch zwischen der DDR und Ländern des RGW ein. Dies war nicht nur eine quantitative Frage, sondern vielmehr auch eine Frage der Qualität und Intensität der Zusammenarbeit. Als man das Wort Kooperation oder gar Direktbeziehungen im Vokabular des RGW noch gar nicht kannte, gab es zwischen der DDR und der ČSSR schon langfristig angelegte Abkommen, die eine echte Kooperation beinhalteten, die auf echten gegenseitigen ökonomischen Interessen beruhten, wie die bereits erwähnte Olefinkooperation, mit deren Vorbereitung und Realisierung wir uns damals im Wirtschaftsausschuß beschäftigten. Auch andere Abkommen, zum Beispiel auf dem Gebiet des Baus und der Lieferung von Straßenbahnen und des Textilmaschinenbaus, gestalteten sich vorteilhaft und perspektivreich. Es gab auch hier Licht und Schatten, aber vom Ansatz her hob sich die wirtschaftliche Kooperation zwischen der DDR und der ČSSR bereits wohltuend von dem erreichten Niveau mit anderen Staaten des RGW ab.

Meine Einstellung zur Zusammenarbeit mit den Ländern des RGW konnte natürlich nicht nur von ökonomischen Interessen bestimmt sein. Hier spielten in starkem Maße politische Fragen hinein, solche der Vergangenheit wie der Gegenwart. Zu keinem Zeitpunkt durfte vergessen werden, was der Name »Deutsch« für viele dieser Länder bedeutete. Die Geschichte war immer lebendig. Von ihr konnte nicht abstrahiert werden, auch nicht, wenn es sich im damaligen politischen Sinne um »Bruderländer« handelte.

Das galt zum Beispiel für die Zusammenarbeit mit Polen. Wenn das auch niemals in offiziellen Verhandlungen ausgesprochen wurde: die Vergangenheit war immer anwesend. Das erforderte Feingefühl und Rücksichtnahme, besonders dann, wenn es um Grenzfragen ging. Um eine solche handelte es sich bei der Festlegung der Seegrenze im Bereich Świnoujście. Anlass war die Erweiterung der Territorialgewässer entsprechend den internationalen Abkommen über die Rechte am Festlandsockel und die daraus resultierende Veränderungsmöglichkeit der Seegrenzen (Zwölf-Meilen-Zone). Hier wurden natürlich beiderseitige ökonomische Interessen, wie die des Fischfangs, berührt.

Die Verhandlungen zogen sich lange hin. Sie gestalteten sich komplizierter, als zunächst vermutet wurde, nicht zuletzt auch wegen vieler, immer wieder vorgebrachter Einwände durch Krenz und Mielke. Immer deutlicher trat jedoch zutage, dass es sich für die polnische Seite nicht vordergründig um die ökonomischen und verkehrsrechtlichen Fragen handelte, sondern darum, dass auch nicht im Geringsten etwas an bestehenden Positionen zur polnischen Westgrenze, wie sie sich historisch herausgebildet hatten, geändert werden sollte, weil es sich hier um existenzielle Fragen für das polnische Volk und den polnischen Staat handelte und handelt. Für diese Grundposition der Unantastbarkeit der Oder-Neiße-Grenze hatte ich volles Verständnis. Hier durfte es kein kleinliches Taktieren geben.

Als ich in Vorbereitung und Realisierung des Besuches von W. Jaruzelski[178] in Berlin im September 1988 mit diesen Fragen näher in Berührung kam, gehörte ich zu jenen, die sich dafür einsetzten, dass die polnischen Interessen aus der Sicht der historischen Vergangenheit unvoreingenommen be- und geachtet werden und engherzige Überlegungen und formaljuristische Argumente hier keine Rolle spielen durften. Dieser Standpunkt hat sich dann durchgesetzt.[179]

Unrealistische Träume von der Unangreifbarkeit

Unter der Zielstellung der Sicherung der sogenannten Unangreifbarkeit der DDR, die es natürlich in Wirklichkeit gar nicht geben konnte, mußte generell eine Politik der einseitigen Orientierung auf den RGW durchgeführt werden. Im Endergebnis hat gerade dies genau das Gegenteil von dem bewirkt, was beabsichtigt war. Die DDR wurde durch all diese Einseitigkeiten und die damals bereits zum Dogma erhobene Abkopplung vom Weltmarkt nicht unangreifbarer, sondern instabiler und damit angreifbarer.

Da im RGW-Raum weder Rohstoffe in den erforderlichen Mengen, noch Ausrüstungen in einer dem Weltstand entsprechenden Qualität, noch genügend Konsumgüter, die den Anforderungen gerecht wurden, zu erhalten waren und die Ausdehnung des Handels mit dem kapitalistischen Ausland eingeschränkt war, mußte jeglichen Autarkiebestrebungen mit wachen Sinnen entgegengewirkt werden. Das hing auch mit dem Kampf gegen Erscheinungen der Selbstgenügsamkeit zusammen. Berücksichtigt werden muß dabei, dass von der anderen Seite die Cocom-Praxis verstärkt wurde, was natürlich Forderungen nach Autarkie unterstützte. Es hing bei Weitem nicht alles vom Willen und Wollen der DDR ab. Aber gerade deshalb setzte ich mich für die Nutzung aller sich nur bietenden Möglichkeiten zur Verstärkung der industriellen Zusammenarbeit mit maßgeblichen Unternehmen Westeuropas und Japans ein – und es gab hier viel Verständnis und Entgegenkommen.

Doch es war sehr schwer, einen generellen Ausweg zu finden. Die Diskussion über Joint Ventures war faktisch nicht möglich. Sogar das Argument der Festlegungen zum Eigentum in der Verfassung wurde herangezogen. Den Weg zu Joint Ventures verwarf man damals im Politbüro als eine Politik, die zur Abhängigkeit von den Kapitalisten, zu einem Ausverkauf der DDR führen würde. Weil es eben nicht möglich war, in diesen Fragen der Ausweitung der ökonomischen Beziehungen zu den westlichen Ländern und ihren Unternehmen den notwendigen qualitativ neuen Schritt in Richtung auf eine echte ökonomische Kooperation rechtzeitig zu gehen, sind zusätzliche Schwierigkeiten entstanden.

Darüberhinaus drängte die Sowjetunion schon seit langem auf »gemeinsame Betriebe«. Es gab aber kaum einen brauchbaren Vorschlag, der im Sinne der Gegenseitigkeit zu wirklich volkswirtschaftlichem Nutzen geführt hätte. Deren Leitung wäre allein schon infolge der schwierigen Kommunikation kompliziert gewesen. Einige der sowjetischen Vorschläge konnten nicht anders als ein Versuch gedeutet werden, die Kontrolle über die technologisch fortgeschrittensten Betriebe der DDR zu erhalten, ohne dass für die DDR daraus ein Nutzen aus Gegenseitigkeit entstanden wäre.

Ich habe mich immer an die Auffassung Wolffs von Amerongen gehalten dass Joint Ventures die höchste und zugleich schwierigste Form der betrieblichen Zusammenarbeit, insbesondere zwischen Firmen aus verschiedenen Gesellschaftsordnungen, sei und dass die vertraglich geregelte Kooperation in der Regel günstiger ist.

Die Lage der DDR wurde zunehmend schwieriger. Nämlich mit dem Bündnispartner UdSSR auf der einen Seite, der weitgehend politische und auch ökonomische Stabilität garantiert hatte, zunehmend aber selbst den unabdingbaren Zwängen eigener Entwicklungserfordernisse Rechnung tragen musste, was auch für die DDR spürbarer wurde. Auf der anderen Seite die BRD. Sie gab aus der Sicht ihrer deutschlandpolitischen Doktrin eine bestimmte Unterstützung. Jedes konkrete Vorhaben vollzog sich auf der Basis des gegenseitigen Vorteils. Hier ergaben sich gute Möglichkeiten der industriellen Zusammenarbeit, bis hin zur Kooperation.

All das wurde entsprechend den Intentionen Breshnews damals mit Argwohn beobachtet. Von manchen sowjetischen Verantwortlichen, deren Denken noch in den Kategorien der ersten Nachkriegsjahre verlief, gab es kein Verständnis dafür, dass eine mit dem Westen kooperierende DDR auch für die UdSSR ein technologisch besonders leistungsfähiger Partner war.

Die UdSSR ließ bis 1985 deutlich erkennen, dass Kooperationsbeziehungen mit der BRD unerwünscht waren. Sie fürchtete, dass eine engere ökonomische Bindung der DDR an die BRD die Beziehungen zur UdSSR schwächen könnte. Dabei wurde völlig übersehen, dass die DDR als Technologiepartner nur dann leistungsfähig bleiben konnte, wenn eine Kooperation mit der BRD, aber auch mit anderen entwickelten Industrieländern, stattfindet. Diese kurzsichtige Haltung wurde dann auch aufgegeben.

Trotzdem fand auch schon in den Jahren vorher ein Ausbau der Kooperation mit Unternehmen der BRD, Frankreichs, Japans, Österreichs, Belgiens, der Niederlande, Griechenlands und anderen statt. Das gereichte der DDR, ihren Partnerländern und indirekt auch der Sowjetunion und anderen RGW-Ländern zum Nutzen.

Natürlich waren es nur bescheidene Anfänge. Der Umfang hätte größer sein können. Neben argwöhnischer Betrachtung durch unsere Bündnispartner darf natürlich die Cocom-Liste nicht vergessen werden. Das hat potentielle Partner sehr verunsichert und, wie manche Praktiken zeigten, nicht zu Unrecht.

Als ich 1984 im Krankenhaus lag – ich erinnere mich noch sehr gut daran –, kam der stellvertretende Vorsitzende des Ministerrates der UdSSR, Antonow. Er war gleichzeitig Vorsitzender der »Paritätischen Regierungskommission UdSSR–DDR«. Seine besondere Aufgabe bestand darin, die Aktivitäten der DDR im Handel mit westlichen Industrieländern zu beeinflussen. Antonow hatte sich zuvor bei Erich Honecker und auch beim Vorsitzenden der Staatlichen Plankommission über mich beschwert, weil ich die Zusammenarbeit mit der BRD zu sehr forcieren würde. Nach Ansicht der sowjetischen Seite, wie sie Antonow vertrat, hätte es kein einziges Vorhaben der industriellen Zusammenarbeit mit der BRD ohne Zustimmung geben dürfen. Daran habe ich mich tatsächlich nicht gehalten, sondern das getan, was damals zum Vorteil der DDR möglich war. Anders zu handeln hätte eine Verletzung der Verfassung bedeutet. Außerdem wäre es auch ein grober Verstoß gegen die EG-Bestimmungen gewesen, denen die BRD verpflichtet war und worauf die DDR selbstverständlich Rücksicht zu nehmen hatte.[180] Wäre die DDR dem damaligen sowjetischen Drängen gefolgt, wäre es zu größeren Komplikationen im Handel mit der BRD gekommen. Das wollte ich unter keinen Umständen. Diese unangenehme Situation begann sich denn auch mit dem Amtsantritt Gorbatschows zum Positiven zu ändern, wobei ohnehin die Zusammenarbeit mit den meisten sowjetischen Partnern komplikationslos und freundschaftlich verlief.

Jetzt tritt das vereinigte Deutschland auf die Bühne der Geschichte. Es wird ein wichtiger, ja integrierender Bestandteil des EG-Binnenmarktes ab 1993. Die Entwicklung zum EG-Binnenmarkt erhält so einen qualitativ neuen Aspekt für ganz Europa. Es entsteht nicht nur der von der Bevölkerung her größte Wirtschaftsraum. Es entsteht ein neues Innovationspotential.

Dieses neue Innovationspotential wird an Kraft gewinnen, das ist meine feste Überzeugung, wenn es sich mit dem bedeutenden Wissenschafts- und Produktionspotenzial der Sowjetunion in enger Kooperation verbindet. Hier schlummern große intellektuelle Reserven, wenn sie im Zuge der sich vollziehenden Reformen mit dem Innovationspotential West- und Mitteleuropas auf eine effektive Weise und in hoher Qualität verbunden werden. Hierzu können die Betriebe und Wissenschaftseinrichtungen aus der damaligen DDR mit den darin tätigen Menschen und deren tausendfältigen Kontakten und Erfahrungen im vereinigten Deutschland einen Beitrag für die Zukunft leisten.

Widersprüche zwischen Konsumtion und Akkumulation

Die Hauptaufgabe: Einheit von Wirtschafts- und Sozialpolitik

Auf dem VIII. Parteitag der SED im Jahre 1971 wurde die sogenannte Hauptaufgabe beschlossen. Sie war der Ausgangspunkt für den Fünfjahrplan 1971–1975 und lag seitdem durch die Beschlüsse des IX. (1976), X. (1981), und XI. Parteitages (1986) allen Fünfjahrplänen zugrunde. Damit war eine politische Direktive für die ökonomische Entwicklung vorgezeichnet. Inhaltlich zielte diese Kurzformel auf eine angestrebte »Einheit von Wirtschafts- und Sozialpolitik«. Berechnet war das auf eine Wechselwirkung, die sowohl für die Wirtschaft wie für den sozialen Bereich wachstumsfördernd sein sollte. Dem lag die Erwartung zugrunde, dass eingetretene soziale Verbesserungen, zum Beispiel Lohnerhöhungen, mehr Urlaub, Erleichterungen für die berufstätigen Mütter, und eingehaltene soziale Versprechen, wie die Stabilität von Preisen für Waren des Grundbedarfs, Mieten und Tarife, sozusagen automatisch auch zu mehr Leistungswillen und damit zu mehr Leistung führen würden.

Diese Erwartungen haben sich jedoch als nicht gerechtfertigt erwiesen. Soziale Verbesserungen durch den Staat wurden als Anspruch, jedoch nicht als Anreiz für mehr Leistung verstanden. Es kann nicht bestritten werden, dass die Verbesserung des allgemeinen sozialen Klimas, die Betonung der Interessen der Menschen und die dazu geschaffenen Tatsachen sich vor allem anfänglich auch auf das allgemeine Leistungsverhalten durchaus positiv ausgewirkt haben. Viele Menschen verglichen die Ergebnisse der neuen Politik mit ihren Erfahrungen aus den vorangegangenen Jahren und zogen daraus, wenn auch in unterschiedlichem Maße, Schlußfolgerungen für ihren persönlichen Einsatz.

Das war jedoch keine Dauererscheinung. In der Folgezeit, etwa mit dem Übergang in die 80er Jahre, wurde vor allem durch die Veränderung der außenwirtschaftlichen Bedingungen der Spielraum für die ökonomische Entwicklung enger. Die allgemeinen sozialen Verbesserungen konnten nicht in dem früheren Tempo erfolgen und wurden so im Leben nicht mehr in dem Maße spürbar. Spürbar wurde mehr und mehr das, was noch nicht gelöst war. Deshalb erstarben die Impulse für das Leistungsverhalten. Sie wurden durch zunehmendes Anspruchsdenken ersetzt. Dem wurde durch ein starres Festhalten an bestimmten Prämissen, wie etwa stabile Verbraucherpreise für Waren des Grundbedarfs, immer stärker Rechnung getragen. So kam ein negativer Kreislauf in Gang, der sich vor allem darin ausdrückte, dass die Entwicklung der Konsumtion beibehalten, der Spielraum für die Akkumulation aber immer geringer wurde. Die Wirtschaft verlor nach und nach ihre Antriebskräfte und ihre Dynamik.

1971, zu Beginn des Kurses der Hauptaufgabe, wurde diese als die weitere Erhöhung des materiellen und kulturellen Lebensniveaus des Volkes auf der Grundlage eines hohen Entwicklungstempos der sozialistischen Produktion, der Erhöhung der Effektivität, des wissenschaftlich-technischen Fortschritts und des Wachstums der Arbeitsproduktivität definiert. Durch Erich Honecker wurde später, als die außenwirtschaftlichen Belastungen bereits deutlich spürbar geworden waren, formuliert, dass die Einheit von Wirtschafts- und Sozialpolitik über das Jahr 2000 hinaus fortgeführt wird.

Durch das Beharren am einmal eingeschlagenen Kurs öffnete sich die Schere zwischen Konsumtion und Akkumulation immer weiter.

1970 gleich 100 gesetzt, stieg bis einschließlich 1988

- die Konsumtion insgesamt auf 200 Prozent,
- darunter die gesellschaftliche Konsumtion auf 211 Prozent,

- die Akkumulation jedoch nur auf 134 Prozent,
- die Investitionen insgesamt auf 176,3 Prozent und darunter die des Wohnungsbaus auf 266,7 Prozent.[181]

Die Akkumulationsrate im produzierenden Bereich lag in den letzten Jahren nach überschlägigen Berechnungen bei etwa 10 Prozent.

Während der Grundmittelwert 1988 in der Industrie 767,4 Milliarden Mark betrug, belief sich die Investitionssumme auf 44,2 Milliarden Mark. Das sind 5,5 Prozent des Grundmittelwerts. Man muss kein Ökonom sein, um zu erkennen, dass damit das Tempo der Erneuerung der Grundmittel zu gering war, nicht zu reden von den Erfordernissen des Tempos beim Umschlag der Technologien in eine neue Qualität.

Hinzu kamen unvorhergesehene Aufwendungen, die die produktivitätswirksame Erneuerung der Grundmittel weiter einschränkten, wie beispielsweise die notwendige Auswechselung alkaligeschädigter Betonschwellen bei der Eisenbahn in Höhe von 6 bis 7 Milliarden Mark.

Durch ein starres Festhalten am einmal eingeschlagenen Kurs konnte so die erweiterte Reproduktion der Volkswirtschaft, einschließlich wichtiger Bereiche der Industrie, nicht im erforderlichen Umfang gewährleistet werden. Zu berücksichtigen ist auch, dass in den 80er Jahren für rund 20,5 Milliarden Mark Solidaritätsleistungen beschlossen wurden.

Obwohl in den grundlegenden Beschlüssen öffentlich anerkannt wurde, dass die Wirtschaft das Hauptfeld des Kampfes sei, wurde ihr in der praktischen Arbeit zu wenig Aufmerksamkeit gewidmet. Es war nicht möglich, das erforderliche Minimum für ihre Leistungsentwicklung zu sichern.

In den Betrieben erwirtschaftete Investitionsmittel wurden von vornherein für andere, nicht der Leistungsentwicklung dienende Zwecke umverteilt. Absolute Priorität hatten der Wohnungsbau, vor allem aber die Gewährleistung der Sicherheit, mit ihren überzogenen Bedürfnissen, und auch die Verteidigung. Die Fragen der Sicherheit wurden falschlicherweise als ein technisches und personelles Problem verstanden, nicht aber als ökonomische Größe, auch nicht als eine politisch-psychologische Angelegenheit.

Das führte dazu, dass sich das Produktivitätsniveau nicht erhöhte, sondern stagnierte und teilweise im Vergleich zur BRD weiter absank.[182] Interessant ist hier die differenzierte Analyse. Dabei ist bei den Konsumgütern zu beachten, dass die als bundesdeutsche Produktivität ausgewiesene Fremdfertigung in Drittländern bis zu 80 Prozent beträgt (zum Beispiel in der Konfektion).

Mit dem Rückstand der Arbeitsproduktivität ist die ökonomische Hauptursache für das Zurückbleiben des Leistungswachstums hinter dem, was für die Erhaltung und Verbesserung der Lebensverhältnisse erforderlich gewesen wäre, genannt.

Die reine Lehre und das »Teufelswerk« wissenschaftlich-technische Revolution

Eine der größten Sorgen, die mich während meiner politischen Verantwortung für die ökonomische Entwicklung der DDR quälten, war das Mithalten mit dem Tempo der wissenschaftlich-technischen Entwicklung. Ohne das keine höhere Produktivität, ohne das kein erforderliches ökonomisches Leistungsniveau, kein Lebensstandard, der einem Industrieland adäquat ist.

Es ist schier unglaublich, aber wahr: Obwohl in der Führung der Partei und des Staates Leute saßen, die der festen Überzeugung waren, als Kenner des Marxismus-Leninismus zu gelten, schien nicht wenigen die Beschäftigung mit diesen Fragen eine zweitrangige, ja zuweilen für die Politik schädliche Angelegenheit zu sein. Das lenke ab von der Ideologie. Wie andere wurde auch ich als »Technokrat« eingestuft und musste mich gegen einen solchen Vorwurf wehren.

Das war ein zäher Kampf. Wenn ich an die Zeit zu Beginn der 60er Jahre denke, so hat man uns damals im eigenen Apparat des ZK das Leben schwergemacht. Der Gerechtigkeit halber möchte ich aber auch sagen, dass Walter Ulbricht uns in einem gewissem Maße ermutigte, uns dem Neuen zuzuwenden. So wurde die Rationalisierungskonferenz vorbereitet. Allerdings war Ulbrichts Haltung widerspruchsvoll. Während er zuweilen auf neue Tendenzen rasch reagierte, ließ er bereits bestehende Konzepte oft schnell wieder fallen. Dieses »Springen« von einer Idee zur anderen erschwerte die erforderliche systematische Arbeit und diskreditierte letztlich das Gesamtanliegen der Meisterung der wissenschaftlich-technischen Revolution.

Ich wusste: Wenn nicht alle für diese Sache gewonnen werden, konnte die DDR ihre ehrgeizigen Ziele nicht erreichen. Es gelang bis zu einem gewissen Maße. Hervorragende Wissenschaftler waren die besten Verbündeten. Aber was sie oftmals an Verständnis bei mir und anderen Genossen fanden, wurde im Alltag durch Bürokratie und Unverständnis nicht selten erschwert oder gar zunichte gemacht. Wer nicht im ganz engen Sinne des Wortes in der »materiellen Produktion« arbeitete, galt als mehr oder weniger unproduktiv. Durch solch Unverständnis wurden manchmal ganze Forschungsabteilungen in die Kartoffelernte geschickt. Die F.- und E.-Abteilungen (Forschung und Entwicklung) in den Betrieben wurden oftmals sarkastisch als Abteilungen »Feuerwehr und Ernte« bezeichnet.

Welche Auseinandersetzung gab es um den Begriff der wissenschaftlich-technischen Revolution! Es fanden sich genug »Ideologen«, die antraten, um dieses »Teufelswerk«, das angeblich der »reinen Lehre« entgegenstand, auszutreiben.[183]

Schließlich gelangte der Begriff ins Parteiprogramm. Damit war viel, aber noch nicht alles gewonnen. Immerhin war das Wort gesellschaftsfähig.

Viel Begeisterung wurde gerade bei jungen Menschen ausgelöst. Die Erfinderbewegung kam voran. Der Konservatismus war jedoch zählebig und erhob immer wieder durch sichtbare wie manchmal unsichtbare Bremswirkung sein Haupt. Der Kampf um notwendige Mittel nahm zuweilen dramatische Formen an.

Weil gerade von den maßgeblichen Leuten einige diese Prozesse nicht verstanden oder nicht verstehen wollten, gab es hierzu in der Führung keinen fruchtbringenden Konsens. Im Gegenteil: Man wartete auf Misserfolge, die natürlich nicht ausbleiben konnten.

Auf diese Weise wurde viel Zeit verschenkt. Wir waren damals in den 60er Jahren in den Erkenntnissen über die neuen technischen Möglichkeiten viel weiter als in der Bereitschaft, sie rechtzeitig zu nutzen.

»Der Konservatismus«, so schrieb ich 1963, »ist tief verwurzelt.«[184] Dieser Satz stand in Zusammenhang mit der Darlegung, dass es notwendig sei, sich den modernsten Technologien zuzuwenden, der Erforschung der Molekularelektronik (heute Mikroelektronik), der Laser-Technik, der Anwendung des Sauerstoffaufblas-Verfahrens bei der Stahlerzeugung, des Stranggießens und anderer.

Nehmen wir zur weiteren Erläuterung dieser gesamten Problematik nur die Einführung der EDV in den 60er Jahren. Hier war die DDR auf Teilgebieten im Trend der Zeit, zum Beispiel in Bezug auf die Nutzung der EDV für die technologische Vorbereitung der Produktion (Autevo/Autokont). Andererseits wurde die notwendige Sachlichkeit durch Euphorie ersetzt. Zu schnell wurden erste Erfolge generalisiert und zum Allheilmittel hochstilisiert. Wehe, wenn etwas in die Mühle des Propagandaapparates geriet. Alle Zeitungen waren mit den gleichen Dingen angefüllt. Wochen-, ja monatelang prasselten die gleichen Worte auf die Menschen ein. Stellten sich Schwierigkeiten ein, blieb der Erfolg aus, dann war es niemand gewesen.

So gab es um die Wende von den 60er zu den 70er Jahren, als es gerade notwendig war, eine wohldurchdachte, ausgewogene und konkrete Arbeit zur Förderung der neuen Technik in Einklang mit den Gesamterfordernissen der volkswirtschaftlichen

Entwicklung zu leisten, statt sachlicher Arbeit eine negative Stimmungsmache in Bezug auf die EDV. Produktionsstätten wurden geschlossen, die Ausbildung zurückgefahren, Protagonisten der neuen Technik und Organisation teilweise der Lächerlichkeit preisgegeben. Das Schlimmste war aber, dass Initiative und Vertrauen zerstört wurden.

Ich hatte alle Hände voll zu tun, das Schlimmste zu verhindern.[185] Nicht immer war es in solchen hektischen Zeiten möglich, offen aufzutreten. Man musste manchmal mit den Wölfen heulen und trotzdem das Richtige tun.

Ein Ausweg: Mikroelektronik

Alles wiederholte sich mit der Mikroelektronik. Meine feste Überzeugung war, dass ohne die Anwendung der Mikroelektronik die DDR über kurz oder lang nicht konkurrenzfähig und damit nicht überlebensfähig sein würde.

Ein Plenum des Zentralkomitees (1976) fasste einen entsprechenden Beschluss. Die folgenden Parteitage erklärten diese Technologie als lebenswichtig. Trotzdem hielten sich nicht alle in den verantwortlichen Staatsorganen an diese Direktiven. An einigen Stellen wurde mit großem Einsatz gearbeitet. Anderswo wurde vieles mit Verzögerung und halbherzig gemacht. Überall musste ein zäher Kleinkrieg geführt werden.

Und das Schlimmste war, dass einige, die im Staat Verantwortung trugen, alles taten, um die Mikroelektronik als Fremdkörper in der Volkswirtschaft der DDR zu behandeln. Mehr noch, sie bemühten sich, das wenige, was auf diesem Gebiet getan werden konnte, als eine der Hauptursachen für die entstandenen Schwierigkeiten zu betrachten. Aber nicht etwa, weil nicht rechtzeitig und schnell genug gehandelt wurde, sondern weil es »zu viel« war. Anstatt aktiv daran zu arbeiten, dass die DDR den Erfordernissen der Zeit gerecht werden konnte, wurden ständig Querschüsse organisiert. Eigene Unfähigkeit, Unwissen und sträfliche Ignoranz gegenüber objektiven Erfordernissen funktionierte man zum »Beweis« für die angeblichen Fehler anderer, also meiner und der wenigen weitblickenden Mitstreiter, um.

Manche hielten den Kurs auf die Mikroelektronik für völlig falsch. Man unterstellte mir, die DDR »zum Wettstreit mit den Supermächten der Mikroelektronik, den USA und Japan«, antreten lassen zu wollen. Tatsächlich ging es darum, den Rückstand in der Arbeitsproduktivität zu überwinden.

Honecker hatte begonnen, diese Zusammenhänge zu erkennen, wenngleich er den Konsequenzen oft auswich. Er hatte sich in Selenograd bei Moskau (Selenograd ist ein bedeutendes Zentrum der Mikroelektronik der UdSSR) mit dem dort erreichten Entwicklungsstand der Mikroelektronik vertraut gernacht und erfuhr etwas über den Stellenwert, den die Sowjetunion dieser modernen Technik im Überlebenskampf in der Weltarena beimisst. Er war von dem, was er sah, und von dem, was er hörte, sichtlich beeindruckt. Kurze Zeit später hat er auch Betriebe in Japan, die die Mikroelektronik anwandten, besucht. Er konnte sich von den großen Möglichkeiten für die Steigerung der Arbeitsproduktivität, vor allen Dingen durch die breite Anwendung der rechnergestützten Fertigung, überzeugen. Wer sonst vom Politbüro hatte denn solche Technik schon einmal gesehen, wer sonst hatte versucht, sich in deren eminente volkswirtschaftliche Bedeutung wenigstens hineinzudenken?

Auch ein solcher Mann wie Heinz Klopfer, der als Stellvertreter von Gerhard Schürer an der Spitze der Staatlichen Plankommission fungierte, verstand die grundlegende ökonomische Bedeutung der Mikroelektronik nicht, sondern ordnete sie als »Prestigeobjekt« ein. Da das Gedankenspiel »Was wäre, wenn …?« so beliebt geworden ist, möchte ich doch die Frage aufwerfen, wie es mit der DDR ausgesehen hätte, wenn sie die Mikroelektronik von Anfang an ignoriert hätte?[186] Allein schon aus der Sicht der Ausbildung der Forscher und Ingenieure hätte das weitreichende Folgen gehabt, die die ohnehin schwere Hypothek beim Übergang in die Marktwirtschaft noch mehr, vor allem auch auf längere Sicht gesehen, belastet hätte. Jetzt zeigt sich, dass trotz allem, was erreicht wurde, auf diesem Gebiet zu wenig getan worden ist.

Wie sollte denn nun der Ausweg aus dem Teufelskreis wachsender Ansprüche und geringer werdender materieller Ressourcen gefunden werden? Etwa durch Weiterführung materialintensiver Produktion? Da bot sich doch die Mikroelektronik und ihre Anwendung im Sinne einer grundsätzlichen volkswirtschaftlichen Lösung für die Probleme der Materialökonomie, der Arbeitsproduktivität und der Qualität der Erzeugnisse geradezu an. Wie wollte denn die DDR ein modernes Industrieland bleiben! Und in Bezug auf die Sowjetunion ging es nicht um Wettstreit, sondern darum, dass die DDR leistungsfähiger Partner bleiben konnte.

Woher sollte denn die DDR die Bauelemente beziehen? Auf der einen Seite gab es Embargo, und auf der anderen Seite war es so, dass die Sowjetunion selbst nicht genügend Bauelemente übrig hatte, um sie in die DDR liefern zu können. Und nun will man aus der ganzen Sache einen gigantischen Fehler konstruieren.

Bei allem ökonomisch Notwendigen darf man nicht vergessen, dass sich in diesem ganzen Prozess bis hin zur Anwendung der Rechentechnik, der Personalcomputer, der CAD/CAM-Technik Hunderttausende Menschen qualifiziert haben, dass die Hochschulausbildung ein entsprechendes Niveau ansteuerte. Selbst das war alles noch nicht ausreichend, weder von der Quantität, noch von der Qualität her. Aber man stelle sich einmal vor, es müsste, wäre es nach dem engstirnigen Denken einiger Leute gegangen, praktisch bei Null angefangen werden. Die Lage wäre für viele Menschen noch schwieriger, als sie es ohnehin schon ist.

Zugegeben – die vorhandene Ignoranz, das verbreitete Unverständnis für neue Prozesse veranlassten mich manchmal zu überzogenen Schritten, um das, was erforderlich war, ins öffentliche Bewusstsein zu rücken. Jeder Erfolg, jeder Teilschritt wurde im Sinne der Propaganda, auch gegen die Miesmacher, ausgebeutet. Es gab Bestrebungen, erste Teilerfolge vorschnell an die Öffentlichkeit zu bringen. So wollte sich mancher Diskussionsredner auf Tagungen des ZK vorzeitig mit entsprechenden Lorbeeren schmücken. Ich habe in solchen Fällen darauf hingewirkt, dass vorschnelle Erfolgsmeldungen oder gar Absichtserklärungen nicht veröffentlicht wurden, obwohl das nicht immer gelang.[187]

Ich bin nach wie vor der Meinung, dass ein entwickeltes Industrieland, das Anspruch auf einen hohen Lebensstandard erhebt, ohne eigene Leistungen auf dem Gebiet der Mikroelektronik nicht die erforderliche ökonomische Leistungskraft entwickeln kann. Die Mikroelektronik ist nicht einfach ein neues Produkt, eine neue Technologie. Sie beinhaltet eine revolutionäre Umwälzung der Produktivkräfte, vergleichbar mit der ersten industriellen Revolution, aber in ihren Dimensionen viel tiefgreifender. Sie verändert die Technologie, die Arbeitsteilung, die Arbeits- und Lebensbedingungen, die sozialen Beziehungen, die Qualifikationserfordernisse, sie wirkt auf die Wissenschaft, das Gesundheitswesen, die Konsumgüter und die Kultur.

Vor allem wirkt sie auf Tempo und Niveau der Arbeitsproduktivität. Berechnungen zum ökonomischen Nutzeffekt der Mikroelektronik anstelle konventioneller Technik ergeben verblüffende Werte. Die Produktion von einer Million Chips würde im Vergleich zu herkömmlichen Bauelementen beim 64-Kilobit-Speicherschaltkreis 16 Tonnen Gold, 35 000 Tonnen Kupfer, 15 000 Tonnen Blei, 20 000 Tonnen Zinn bzw. 5,6 Milliarden Arbeitsstunden und bezogen auf den 256-Kilobit-Speicherschaltkreis 952 000 Tonnen Material bzw. 22,5 Milliarden Arbeitsstunden ersetzen. Die Größenordnung zeigt, dass ohne Mikroelektronik das heutige Produktionsniveau schon nicht mehr denkbar wäre.

Es sind wirtschaftlich jene Länder vorn, die in der Mikroelektronik vorn sind (Japan, USA). Die BRD kämpft um den Anschluss mit aller Energie und erreicht ihn.

Kaufen oder selbst produzieren, das heißt zu investieren – das ist hier die Frage. Leute mit Weitblick haben im Bereich »Mikroelektronik 2000« für die BRD dringend gefordert, eigene Anstrengungen zu unternehmen. Sie haben es nicht leicht, sich gegen manch kurzfristige Interessen der Kapitalverwertung durchzusetzen. Kernfrage ist das technologische Knowhow, das heute weitgehend nur über die Mikroelektronik realisiert werden kann, welches Produkt man auch immer nimmt. Mikroelektronik nur zu kaufen und eigene Anstrengungen zu vernachlässigen hieße, sich von vornherein in die zweite oder gar dritte Reihe zu stellen und auf den »Extragewinn«, der aus dem Besitz und der Fähigkeit zur ökonomischen Verwertung der Spitzenposition entspringt, zu verzichten.

Welch strategische Bedeutung diesem »Mithalten« auf dem Gebiet der Mikroelektronik gerade in jüngster Zeit beigemessen wird, zeigt unter anderem folgende Tatsache: Der EG-Präsident, Jacques Delors, lud die wichtigsten europäischen Elektronik-Hersteller zu einem Gespräch ein. Hintergrund war die Erkenntnis, dass die Elektronikindustrie, und hier insbesondere die Herstellung von Chips, künftig die Entwicklung der Industrie bestimmt. Wenn es nicht innerhalb der nächsten drei, vier Jahre gelinge, den Rückstand aufzuholen – so war man sich einig – »werde Europa zur technologischen Kolonie Japans«.[188]

Heute bestätigt sich, dass die Orientierung auf den Aufbau mikroelektronischer Kapazitäten in der DDR richtig war. Das ergab sich aus folgenden Faktoren:

- Die DDR war ein Land des Maschinenbaus und der Elektrotechnik. 70 Prozent der Produktion des Verarbeitungsmaschinenbaus wurden bereits durch die Anwendung der Mikroelektronik bestimmt. Internationale Expertisen besagen, dass Maschinenbauexport ohne Mikroelektronik bedeutet, hinter dem Weltniveau ständig mehr zurückzubleiben und nicht effektiv zu sein. Das gilt natürlich auch für Konsumgüter. Die Versorgung der Computerindustrie der DDR erforderte eigene Kapazitäten bei der Herstellung von Bauelementen.

- Die Zusammenarbeit auf dem Gebiet der Mikroelektronik bildete einen Hauptbestandteil der mit der UdSSR getroffenen Vereinbarungen. Sie erfolgte Anfang 1989 in verstärktem Maße in Übereinstimmung mit den Wünschen der UdSSR.
- Die Eigenentwicklung der Mikroelektronik ergab sich
  erstens aus ökonomischen Erfordernissen zur Steigerung der Arbeitsproduktivität, vor allem durch Anwendung der Automatisierungs- und Rechentechnik in der DDR selbst;
  zweitens aus der Notwendigkeit, in der DDR auf wissenschaftlichem wie auf industriellem Gebiet das erforderliche Knowhow wenigstens in einem bestimmten Maße zu besitzen, um als modernes Industrieland bestehen zu können;
  drittens aus technologischen Erfordernissen zur Entwicklung neuer weltmarktfähiger Erzeugnisse;
  viertens aus der Notwendigkeit, bestehende Embargos zu durchbrechen, um die notwendigen Bauelemente zur Verfügung zu haben;
  fünftens aus Vereinbarungen im RGW.

Es ist geradezu unseriös, um nicht zu sagen lächerlich, und zeugt von Inkompetenz, wenn ausgerechnet die Entwicklung der Mikroelektronik in der DDR als Beispiel verfehlter Wirtschaftspolitik herangezogen wird.

Die Erzeugnisse der Mikroelektronik der ehemaligen DDR bestimmten 65 Milliarden Mark Exportproduktion des DDR-Maschinenbaus. Aber gleichzeitig mußten 1988 noch für 250 Millionen Valutamark Erzeugnisse der Mikroelektronik gegen konvertierbare Währung importiert werden. Das waren damals rund eine Milliarde Mark der DDR. Dahinter stand jedoch nicht allein Geld, dahinter standen viele Erzeugnisse, Material, Ausrüstungen und Konsumgüter, die so der Verwendung in der eigenen Volkswirtschaft entzogen wurden. Das mögen sich all die »Kämpfer« an der Front gegen die Mikroelektronik in der DDR einmal in Ruhe überlegen. Dieselben, die nicht müde wurden, jeden Fortschritt auf dem Gebiet der Mikroelektronik zu erschweren, wenn nicht zu verhindern, beantragten für den Plan 1989 bereits 350 Millionen Mark für den Import an Mikroelektronik. Das bedeutet einen Betrag von 1,4 Milliarden Mark der DDR. Mehr noch: Rechnet man diese Importsummen 1988 und 1989 zusammen, so sind das rund 2,5 Milliarden Mark der DDR. Für diese 2,5 Milliarden Mark mussten einigermaßen rentable Exporterzeugnisse gefunden werden. Die dafür gekauften Bauelemente gingen in die Produktion ein. Das waren 2,5 Milliarden Mark Aufwand für reinen Verbrauch, aber nicht 2,5 Milliarden Aufwand für die Schaffung neuer Produktionsanlagen im Sinne einer Modernisierung der Industrie der DDR.

Wohnungsbauprogramm – Ziele und Möglichkeiten

Wenn vom Grundanliegen her an dem sozialpolitischen Programm etwas überzeugend war, so war es das Wohnungsbauprogramm. Die Wohnungsnot war wirklich groß, und sie zu beseitigen, erforderte große Anstrengungen. Dazu wurde nicht wenig getan. Aber: Angesichts der Dimensionen dieser Aufgabe war das Erreichte immer noch zu wenig. Keinesfalls jedoch sollte das, was damals getan wurde, in Bausch und Bogen abgewertet werden.

Jedenfalls glaube ich auch heute noch, dass ein Engagement für den Wohnungsbau kein Engagement an falscher Stelle gewesen ist. So unterstützte ich politisch die Stärkung der Leistungskraft des Bauwesens, das erhebliche Investitionen dafür erhielt, wenngleich sie immer noch nicht ausreichend waren.

Gute Kontakte gab es zu den Wissenschaftlern der Bauakademie, die ich mehrmals zu angeregtem Erfahrungsaustausch besuchte. Über die Anerkennung als Ehrenmitglied der Bauakademie habe ich mich gerade wegen meines bewussten Auftretens für das sozialpolitische Anliegen in deren Arbeit gefreut, und das sehe ich auch heute noch so.

Gleichzeitig spiegelt sich in der Durchführung des Wohnungsbauprogramms die Widersprüchlichkeit der Einheit von Wirtschafts- und Sozialpolitik wider. Die Beschlüsse dazu wurden oftmals ohne eine umfassende ökonomische Berechnung der materiellen und finanziellen Auswirkungen auf die gesamte Volkswirtschaft gefasst. Das wird gerade an der Verfahrensweise zum Wohnungsbauprogramm deutlich, dessen grundsätzliches Anliegen unbestritten ist, dessen Handhabung als ein unantastbares Dogma jedoch schwere volkswirtschaftliche Auswirkungen hatte.

Das Wohnungsbauprogramm wurde erstmalig in umfassender Weise vom damaligen Minister für Bauwesen, Wolfgang Junker[189], für die Jahre 1976 bis 1990 begründet. Das erfolgte, man beachte das Datum, bereits am 2. Oktober 1973 auf der 10. Tagung des ZK der SED. Zu diesem Zeitpunkt gab es einen Planentwurf für 1976 bis 1980 noch nicht einmal im ersten Ansatz.

Es war die Rede von rund 60 Milliarden Mark, die ausgegeben werden sollten. Niemand wusste zu diesem Zeitpunkt, was die DDR an Nationaleinkommen von 1976 bis 1980 überhaupt erwirtschaften würde, wieviel davon wofür verwendet werden könnte usw. Es gab noch keinerlei gesamtvolkswirtschaftliche Berechnungen, auch nicht darüber, welche Subventionsbelastung für den Wohnungsbau entstehen würde. Und: zu diesem Zeitpunkt hatte die erste Ölkrise bereits stattgefunden.

Der Fünfjahrplan jedoch, in den dieses Wohnungsbauprogramm fiel, wurde erst Anfang Dezember 1976, also nachdem bereits ein Jahr seines Gültigkeitszeitraumes vergangen war, dem Zentralkomitee als Entwurf vorgelegt und von Schürer begründet.

Was 1973 festgeschrieben wurde, nämlich die Fertigstellung von 750 000 Wohnungen, ist dann auch in den Fünfjahrplan aufgenommen und durchgeführt worden, es waren sogar 813 000 fertiggestellte Wohnungen, obwohl sich die äußeren Bedingungen bereits verändert hatten.

An diesen grundsätzlichen Entscheidungen war ich nicht direkt, also auf keinen Fall federführend beteiligt. Sie waren aber von kardinaler Bedeutung für die Entwicklung der DDR. Hier stand an der Spitze der Wunsch – und nicht die Analyse der objektiven ökonomischen Realität. Die volkswirtschaftliche Gesamtberechnung fehlte, obwohl hier eine Weichenstellung für die gesamte volkswirtschaftliche Entwicklung erfolgte. Die eingeschlagene Richtung hat sich dann auch fundamental auf die produktive Akkumulation, das heißt deren Senkung, ausgewirkt.

Das Wohnungsbauprogramm trug langfristigen Charakter, es war auf zwei Jahrzehnte berechnet. In einem solchen Zeitraum verändern sich natürlich ökonomische wie auch soziale Bedingungen grundlegend. Sie wurden viel zu wenig berücksichtigt. Grundsätzliche Konsequenzen in Bezug auf das Ausmaß des Programms bzw. seine zeitliche Streckung wurden nicht gezogen. Statt dessen wurden zusätzliche »Pflöcke« eingerammt, die den ökonomischen Handlungsspielraum weiter einengten. Das betraf beispielsweise die Beibehaltung der Mieten. Ja, es wurde sogar die Praxis korrigiert, für Neubaumieten einen etwas höheren Satz zu fordern. Zu den volkswirtschaftlichen Auswirkungen wurden weder durch den Vorsitzenden der Staatlichen Plankommission noch durch den Minister der Finanzen längerfristige volkswirtschaftliche Berechnungen vorgelegt. Das betraf auch die Folgen niedriger Altbaumieten, die noch aus der Vorkriegszeit stammten, auf die Reproduktion dieser Bausubstanz. Hinsichtlich dieser Fragen hatte Stoph als Vorsitzender des Ministerrates besondere Verantwortung. Obwohl seit Jahren, buchstäblich bis in die letzten Wochen vor dem Oktober 1989 darauf gedrängt wurde, ist keine Entscheidung vorbereitet worden.[190]

Die Verwirklichung des Wohnungsbauprogramms schloss vorrangig den Neubau, aber auch die Modernisierung von Wohnungen ein. Letztere erhielt eine zunehmende Bedeutung, denn es stellte sich heraus, dass es volkswirtschaftlich viel effektiver war, bestehende Wohnungen zu erhalten und auf einen entsprechenden Standard zu bringen, als auf »grüner Wiese« neu zu bauen. Der Grundsatz »Neues und Altes organisch miteinander zu verbinden« wurde von mir bereits in den 70er Jahren vorgeschlagen, weil immer deutlicher wurde, dass der Neubau nicht auf Kosten des Verfalls der vorhandenen Wohngebiete erfolgen dürfe.

In den statistischen Abrechnungen wurden der Wohnungsneubau und die Modernisierung getrennt ausgewiesen. So wurden im »Statistischen Jahrbuch« für 1988 offiziell beispielsweise 219 243 fertiggestellte Wohnungen insgesamt, darunter 110 511 Neubauwohnungen und 108 732 modernisierte Wohnungen ausgewiesen.

In manchen Reden und Presseveröffentlichungen wurde dann nur die Gesamtsumme von »neugebauten und modernisierten Wohnungen« insgesamt genannt, aber niemals wurde in offiziellen Materialien die Gesamtsumme der fertiggestellten Wohnungen mit Neubau gleichgesetzt. Diese Differenzierung war erkennbar.

Es gab auch im Laufe der Zeit Verzerrungen des Wohnungsbauprogramms, weil sein Inhalt unzulässig und entgegen seinem Hauptzweck, die Wohnbedingungen der Menschen zu verbessern, erweitert wurde: Die Staatliche Plankommission und das Ministerium für Bauwesen gingen dazu über, »Komplexen Wohnungsbau« zu planen und abzurechnen. Das bedeutete, dass auch andere Leistungen, die über den Wohnungsbau hinaus gingen, geplant, finanziert und abgerechnet wurden, also: der Bau von Schulen, Kindereinrichtungen, Polikliniken, Handelseinrichtungen, Kultureinrichtungen, Straßen usw. Die Folge war, dass dafür Baukapazitäten gebunden wurden, die bei entsprechender Planung anderweitig, das heißt auch für die

Rekonstruktion vorhandener Bausubstanz, hätten eingesetzt werden können, und dass insgesamt der materielle und finanzielle Aufwand für den Wohnungsbau zu hoch wurde.

Die Planung des Wohnungsbaus und damit auch des »Komplexen Wohnungsbaus« erfolgte nach Bezirken. Diese Pläne wurden durch das Ministerium für Bauwesen bzw. durch die Staatliche Plankommission bestätigt. Die beschleunigte Entwicklung des Wohnungsbaus in Berlin seit Ende der 70er Jahre erfolgte auf Drängen des damaligen 1. Sekretärs der Bezirksleitung der SED Konrad Naumann[191]. Krenz, damals FDJ-Vorsitzender, griff diesen Vorschlag sofort auf. Erich Honecker machte sich diese Überlegungen zu eigen und forcierte entsprechende Initiativen. Als Begründung wurden ein gewisses Zurückbleiben des Wohnungsbaus in Berlin gegenüber nicht wenigen Bezirken und die Rolle Berlins als Hauptstadt angeführt. Zur Verwirklichung des Ganzen wurde eine Arbeitsgruppe gebildet, bestehend aus Mittag, Krenz, Junker, dem Oberbürgermeister der Stadt Berlin und anderen. Diese Arbeitsgruppe hatte jedoch in den letzten Jahren ihre Tätigkeit eingestellt.

Eine Beschleunigung des Wohnungsbaus in der Stadt Berlin war in einem bestimmten Maße berechtigt. Solch eine große Stadt kann sich nicht aus sich selbst heraus reproduzieren, sondern bedarf einer gewissen Zuwanderung, auch zur Stärkung der Baukapazitäten. Das regelt sich in der Marktwirtschaft ohnehin durch die stärkere Finanzkraft eines solchen Gemeinwesens. Auch anderswo werden durch den Staatshaushalt dafür bevorzugt Mittel bereitgestellt.

Leider ist diese zunächst normale Entwicklung durch zusätzliche Unternehmungen verzerrt worden. Das betraf beispielsweise den Vorschlag zur Errichtung des Thälmannparks einschließlich eines Planetariums. Dazu war ein aufwendiger Abriss des alten Gaswerkes erforderlich. Die Wohnungen wurden großzügig gebaut, auch hinsichtlich der Flächennutzung. Jeder weiß, woher dieser Vorschlag kam. Der Bau dieses Ensembles kontrastierte natürlich zu den Möglichkeiten, Wohnsubstanz, insbesondere in Prenzlauer Berg, zu erhalten.

Überhaupt wurden unter dem Gesichtspunkt der 750-Jahr-Feier Bauprojekte initiiert, die die ökonomischen Möglichkeiten überstiegen. Das betraf auch den auf der 15. Berliner Bezirksdelegiertenkonferenz von Erich Honecker (man muss in diesem Fall sagen: als Autor) verkündeten Beschluss des Politbüros und des Ministerrates, mit dem Wiederaufbau der traditionsreichen Friedrichstraße im Stadtzentrum von Berlin zu beginnen. Das war in seiner Komplexität ein außerordentlich ehrgeiziges Vorhaben, angesichts der nicht absehbaren Kosten und äußerst begrenzten Möglichkeiten der DDR. In einigen Fällen (Wintergarten) konnte Einspruch wirksam gemacht werden, aber insgesamt wurde zu viel angefangen und ist folglich in der Endbilanz auch zu viel Unfertiges liegengeblieben.

Auch danach gab es von Seiten der Berliner Verantwortlichen (Schabowski) Bestrebungen, den Bau von neuen Wohnvierteln außer Marzahn und Hohenschönhausen weiterzuführen. Das betraf auch das Projekt »Alt Glienicke«. Trotz meiner Intervention wurde am Projekt weitergearbeitet und 1989 in größerem Umfang mit aufwendigen Baumaßnahmen begonnen, die den Unwillen der Bevölkerung hervorriefen.

Offensichtlich hatte Schabowski hier auch die Unterstützung des Ministers für Bauwesen, der daran interessiert war, die Kapazität der vorhandenen Plattenwerke zu nutzen. Obwohl es schon Jahre vorher eine Orientierung auf stärkere Rekonstruktion und Werterhaltung gab, wurde die notwendige Umprofilierung einiger Plattenwerke nur sehr zögernd betrieben.

In der Anfangsphase habe ich bestimmte Maßnahmen der zeitweiligen Zuführung von Baukapazitäten nach Berlin im Rahmen der »FDJ-Initiative Berlin«, entsprechend den dazu gefassten Beschlüssen, politisch unterstützt. Meine Hauptaufmerksamkeit erforderte jedoch das Ankämpfen gegen übertriebene Forderungen der Bezirke für die Durchführung aufwendiger Gesellschaftsbauten und ähnliches. Es gab das

Bestreben, das, was in Berlin zeitweilig erforderlich war, in jeweils kleinerem Maßstab in Bezirksstädten zu wiederholen. Das zu verhindern war jedoch außerordentlich schwer, da, wie gesagt, der Wohnungsbau in der Verantwortung der Bezirke lag und nach Bezirken und Kreisen geplant wurde. Auch die entsprechenden Baukapazitäten unterstanden den Bezirken und wurden nicht zentral geleitet. Einflussmöglichkeiten hatte lediglich das Ministerium für Bauwesen.

Die Entscheidung über dieses Wohnungsbauprogramm, das ständig erweitert wurde, war von *kardinaler* Bedeutung für die Entwicklung der DDR. Sie bestimmte weitgehend den wirklichen Anteil der *produktiven* Akkumulation an der Verwendung des Nationaleinkommens. Die ohne Rücksicht auf dringende volkswirtschaftliche Erfordernisse der Modernisierung der Industrie und anderer Volkswirtschaftszweige, der Infrastruktur und der Ökologie erfolgte Forcierung des Wohnungsbauprogramms hatte weitreichende Auswirkungen.

Es geht mir nicht darum, das soziale Anliegen dieses Wohnungsbauprogramms nachträglich in Frage zu stellen. Der Wohnungsbau in großen Dimensionen war ein notwendiges gesellschaftliches Anliegen im Interesse der Menschen, und auch heute herrscht Wohnraummangel. Der Wohnungsbau ist auch künftig erforderlich. Aber es geht um die Art und Weise seiner Verwirklichung, die in der DDR nicht genügend unter Berücksichtigung auch anderer lebens- und zukunftsnotwendiger gesellschaftlicher und ökonomischer Erfordernisse erfolgt ist. Hier hat es an dem notwendigen Augenmaß gefehlt.

Nebenbei gesagt wurde der »feine«, aber doch in der Realität sehr schwer ins Gewicht fallende Unterschied zwischen der produktiven Akkumulation und der Akkumulation ohne dieses Adjektiv übersehen. Aus der Sicht der erweiterten Reproduktion ist nur die produktive Akkumulation bedeutsam. Deren Rate an der Verwendung des Nationaleinkommens war rund 10 Prozent, die der Akkumulation insgesamt wurde mit rund 20 Prozent ausgewiesen. Letztere Zahl wurde gelesen.

Damit haben sich manche beruhigt. Aber notwendig gewesen wären 20 Prozent *produktive* Akkumulation.

Das bedenkend, bekommt die Entscheidung, einen Bunker als zentrale Führungsstelle zu bauen, eine besondere Note: Kostenpunkt 500 Millionen Mark; und das war in den 80er Jahren, als die ökonomische Situation sich schon sichtlich zugespitzt hatte. Soweit mir bekannt ist, waren bei der Abnahme dieses Objektes außer Honecker, Mielke und Krenz nur der Minister für Bauwesen anwesend. Das alles wurde vom Militärbereich der Staatlichen Plankommission sowie des Bauministeriums geplant und organisiert. Auch der Bau des Gewerkschaftshauses, der zudem noch in schnellem Tempo erfolgte, und eines komfortablen Hotels, bescheiden Bettenhaus genannt, lief als Sondervorhaben. So wurden aufwendige Bauten in einer ohnehin schon sehr angespannten Situation durchgeführt, die die schon bestehenden Mangelerscheinungen an anderer Stelle nur noch verstärkten.

Die Kirche und kirchliche Einrichtungen

Über die Jahrzehnte ist es trotz der Strangulierungen gelungen, für die Kirche etwas zu tun. Das betraf insbesondere den Bau neuer oder die Renovierung bestehender Kirchen, aber auch kirchliche Einrichtungen zur Betreuung von Kranken, Alten und Behinderten.

Viel Arbeit musste aufgewendet werden, um überhaupt materielle Unterstützung der Kirche zu ermöglichen, selbst wenn dafür auch in Devisen bezahlt worden ist. Die allgemeine Einstellung war: Was brauchen wir neue Kirchen? Besonders kraß war die ablehnende Haltung in Bezug auf Neubaugebiete. Einer der Scharfmacher war auch hier Krenz. Er hatte ebenfalls kein Verständnis für die sozialen Einrichtungen der Kirche. Auch wenn es um bestimmte Lohnerhöhungen in diesem Bereich ging, wurde an kritischen Fragen nicht gespart.

Als Krenz das Politbüro geleitet hatte, wurde aus den Reihen der 1. Sekretäre der Bezirksleitungen die Frage gestellt: Warum muss im Neubauviertel eine neue Kirche gebaut werden? Krenz machte das zu einem ganz wichtigen Gesprächspunkt mit Honecker. Niemand im Politbüro wusste, wo welche Kirchen neu gebaut werden und welche Reparaturkapazitäten für die Erhaltung von Kirchen eingesetzt werden. Es war in der Tat so, dass Erich Honecker die Zustimmung zum Bau und zu der Erhaltung von Kirchen gegeben hat.

Diese Vorschläge wurden durch staatliche Organe vorbereitet. Obwohl Jarowinsky von einem bestimmten Zeitpunkt an für die Fragen der Kirchen verantwortlich war[192], rührte er keine Hand.

So habe ich die ganze Zeit über diese Aufgaben zur Entscheidung gestellt. Dieses Engagement war ökonomisch motiviert, aber nicht allein. Es war bedingt durch eine weltoffene Grundeinstellung der Toleranz, der Ablehnung einer engstirnigen Praktizierung ideologischer Vorbehalte.

In den letzten beiden Jahren war es nicht in vollem Maße möglich, in allen anstehenden Fragen die erforderlichen Entscheidungen herbeizuführen. Eine Reihe von Vorhaben wurde von Honecker gestrichen. Die Spannungen zwischen Partei, Staat und den Kirchen hatten sich verschärft.

Heute sind diese Dinge aus der Welt geschafft, und bestehende Hindernisse sind beseitigt. So läßt sich leicht darüber schreiben, aber in den zurückliegenden Jahren war es keineswegs einfach, diesen Weg einer gewissen Unterstützung der Kirche zu gehen.

Zu wenig für produktive Investitionen – zu viel für Sicherheit und Sondervorhaben

Die Investitionspolitik in der Industrie, in anderen Bereichen der Volkswirtschaft, im Gesundheitswesen wurde durch den geringen Anteil der Mittel, vor allem für die produktive Akkumulation, von vornherein in starkem Maße begrenzt.

Deutlich wird das in folgenden Zahlen:

Die Nettoinvestitionen im produzierenden Bereich entwickelten sich von 22,6 Milliarden Mark 1970 auf 24,4 Milliarden Mark 1987. Sie stiegen also um ganze 7,9 Prozent über diesen langen Zeitraum von 17 Jahren.

Die Investitionen im nichtproduzierenden Bereich stiegen demgegenüber im gleichen Zeitraum von 11,8 Milliarden Mark auf 23,3 Milliarden Mark. Das ist eine Steigerung um fast 100 Prozent.

Diese Entwicklung muss differenziert gesehen werden. Für den Wohnungsbau musste Entscheidendes getan werden. Aber auch hier ging ein Teil der vorgesehenen Mittel über das eigentliche Anliegen des Programms weit hinaus. Auch seine Durchführung hätte effektiver gestaltet werden können. Manches, was notwendig war, wurde mit zu großem Aufwand getan. Der Zweck hätte oftmals mit weniger Mitteln schneller und besser erreicht werden können. Noch wesentlicher ist, dass im Begriff »Investitionen für nichtproduzierende Bereiche« auch sehr viel Aufwendungen für den sogenannten »Sonderbedarf« enthalten waren, hauptsächlich für Verteidigung und Sicherheit.

All das führte dann zu dem Rückgang der Rate der produktiven Akkumulation und zu einer faktischen Stagnation der absoluten Summen auf diesem Gebiet. Der gesellschaftliche Verbrauch hingegen wurde von Jahr zu Jahr auf steigendem Niveau fortgeschrieben.

Bevor die Mittel für die Investitionen in der Volkswirtschaft geplant werden konnten, war ein großer Teil der Verwendung des Nationaleinkommens bereits vorherbestimmt und stand als unverrückbare Größe fest. Das betraf

1. die sich aus dem starren Festhalten an der Preis- und Tarifstabilität von Jahr zu Jahr erhöhenden Subventionen;

2. die Aufwendungen für den Wohnungsbau, die entsprechend der Anzahl der zu bauenden bzw. zu modernisierenden Wohnungen auf nahezu zwanzig Jahre im voraus festgeschrieben waren. Das waren bis Ende 1989 rund 320 Milliarden Mark;

3. Sondervorhaben, wie den Bau des »Palastes der Republik«, bei denen Kosten keine Rolle spielten und die zusätzlich neben dem Plan verwirklicht wurden. Intervenieren konnte ich in letzter Minute gegen den geplanten und schon begonnenen Bau eines »Hauses der Jugend«, der ebenfalls Hunderte von Millionen Mark verschlungen hätte, nicht zu reden von der Baukapazität, die damit gebunden worden wäre. Aber da war es bereits zu spät, um jene Defizite in der erweiterten Reproduktion der Industrie auszugleichen, die sich durch eine auf gesellschaftlichen Verbrauch orientierte Praxis bereits angesammelt hatten. Und dieselben Leute, die nicht genug dafür ausgeben konnten, räsonierten über jede Mark für die Mikroelektronik.

4. Ausgaben für die Verteidigung und Sicherheit und die dafür durchgeführten Baumaßnahmen, die am aufwendigsten waren. Das betraf gerade auch den Zeitraum der 80er Jahre, wo jeder nun wirklich erkennen konnte, wie angespannt die Lage für die Volkswirtschaft war. Zur selben Zeit, als die Erdölpreiserhöhungen für die DDR voll durchschlugen, gab es für den Bereich der Verteidigung und Sicherheit neue, hohe Forderungen. Wie es zu erwirtschaften war, das war dann eine aus diesen Prioritäten abgeleitete Frage.

Wie kam es dazu, welcher »Mechanismus« lag dem zugrunde?[193] Zuerst wurde der »Auskunftsbericht« des entsprechenden Bereichs der Staatlichen Plankommission und des Ministeriums für Nationale Verteidigung bestätigt, in dem aus der Sicht der Militärs die Lage und die notwendigen Anforderungen beschrieben wurden. Dann erst kam die Arbeit am Volkswirtschaftsplan insgesamt. Die so bestätigten finanziellen und materiellen Mittel waren dann für den Plan bereits eine vorherbestimmte Größe. Das hatte mit der Erarbeitung eines ausgewogenen Volkswirtschaftsplanes überhaupt nichts zu tun.

Der Ausbau des großen Gebäudekomplexes »Normannenstraße« sowie der großzügige Neubau für die Bezirksverwaltung Berlin des damaligen Ministeriums für Staatssicherheit erfolgte ebenfalls in den 80er Jahren. Dafür waren mir keine Beschlüsse bekannt. Ja, es wurde sogar vermieden, dass ich und andere Mitglieder des Politbüros durch eigene Anschauung Fragen nach einem solchen Bau, seinem Zweck und Auftraggeber stellen konnten.

Nur einige waren informiert, so Egon Krenz, Konrad Naumann und Gerhard Schürer, der persönlich für die Vorbereitung des Volkswirtschaftsplanes und vor allem die Investitions- und Baumaßnahmen, die Berlin betrafen, als Leiter der »Komplexberatung« verantwortlich war. Niemand informierte, niemand intervenierte. Die wirkliche Summe aller Aufwendungen für diese Bauten, ob eine oder zwei Milliarden oder noch mehr, ist bis heute nicht bekannt.

Was haben diese riesigen Ausgaben, für die NVA waren es 1989 allein 12,7 Milliarden Mark, und für das Ministerium für Staatssicherheit und das Ministerium des Innern zusammen 3,7 Milliarden Mark, denn im Endeffekt für den Erhalt des Staates DDR bewirkt? Faktisch nichts. Sie gehen auf das Konto des Kalten Krieges, aber auch auf das Konto, unangemessen durch ein immer weiter perfektioniertes Sicherheitssystem darauf zu reagieren. Die Möglichkeiten der DDR haben diese hohen Ausgaben für Verteidigung und Sicherheit bei Weitem überstiegen.

Dieser jährliche Aufwand hat zu hohen materiellen und finanziellen, aber auch persönlichen Belastungen für jeden Bürger geführt. Der Volkswirtschaft und anderen gesellschaftlichen Bereichen wurden viele Arbeitskräfte entzogen. Vor allem wurde der für die produktive Akkumulation zur Verfügung stehende Anteil aus dem Nationaleinkommen spürbar geschwächt. In Erkenntnis dessen wurden in den letzten Jahren von mir Vorschläge zur Senkung des Aufwandes für die bewaffneten Organe unterbreitet. 1981 bereits sollte dadurch eine Einsparung an Investitionen in diesem Bereich um eine Milliarde Mark ermöglicht werden. Weiterhin war der Einsatz von Kräften aus den bewaffneten Organen für die Produktion gefordert. Diese Vorschläge wurden in der Hauptsache abgelehnt.

Aber allein zehn Prozent weniger pro Jahr hätten in den zehn Jahren seit 1980 rund 12 bis 15 Milliarden Mark bedeutet, die für die Versorgung der Bevölkerung, für die Infrastruktur, für den Umweltschutz und natürlich auch für die Stärkung der Leistungskraft der Volkswirtschaft hätten verwendet werden können. Das wäre eine wirkliche Reform gewesen, und manche Dinge hätten sich mit Sicherheit nicht in der bekannten Weise zugespitzt.[194]

Bereiche, für die ökonomische Überlegungen kaum oder gar nicht galten, waren, wenn auch nicht global, die Nationale Volksarmee (NVA), vor allem aber die Staatssicherheit, aber auch der Sport, soweit es den hochgezüchteten Leistungssport betraf. Auch die SDAG »Wismut« möchte ich dazurechnen, die beispielsweise Alfred Neumann unterstand. Diese Bereiche, die a priori als staatserhaltend angesehen wurden, banden einen Großteil des Nationaleinkommens. Sie gehörten zu den Hauptverbrauchern des Nationaleinkommens, waren aber nicht an seiner Erwirtschaftung beteiligt. Die Aufwendungen für die einzelnen Objekte verschwanden in allgemeinen »Fonds« und fehlten in anderen Bereichen, zum Beispiel im Post- und Fernmeldewesen. Ein Teil dieser Objekte wird jetzt anderen Zwecken im Interesse der Menschen zugeführt, aber um den Preis eines hohen Aufwandes. Alles ging auf Kosten der produktiven Akkumulation.

Wesentliche Entscheidungen über die Verwendung des Nationaleinkommens fielen somit vorher als politische Entscheidungen, und damit war der ökonomische Handlungsspielraum von vornherein eingeengt. Das musste die Leistungskraft der Volkswirtschaft weiter mindern, gleichzeitig wurden die Aufwendungen für den gesellschaftlichen Verbrauch munter fortgeschrieben und stiegen weiter an. Wer im Vorjahr soundso viel Milliarden erhalten hatte, konnte ja nicht im nächsten Jahr etwa weniger bekommen.

Dagegen versuchte ich anzugehen. Einiges gelang auch, insbesondere in den letzten beiden Jahren. Aber es war zu wenig, und es war zu spät. Es war mir nicht möglich gewesen, diesen verhängnisvollen Zyklus grundsätzlich zu durchbrechen. Dazu fehlte bei der überwiegenden Mehrheit des Politbüros jegliches Verständnis dafür, dass man in die Wirtschaft sehr viel investieren muss, wenn das für die Gesellschaft Notwendige im gewünschten Maße dabei herauskommen soll. Das betraf nicht nur die quantitative, sondern vor allem auch die qualitative Seite, das heißt notwendige kräftige Strukturveränderungen in Richtung auf die Schlüsseltechnologien.

Zugleich wurde durch den Ministerrat eine starke Zersplitterung der Investitionen auf zu viele Objekte zugelassen. In der Staatlichen Plankommission wurde ein gesonderter Bereich geschaffen, der eine solche Zersplitterung verhindern sollte, was jedoch angesichts der Vielzahl der Forderungen auf administrativem Wege nicht gelingen konnte. Geld war kein wirksamer Faktor. Das waren einfach »finanzielle Mittel«, die man nur zu beantragen brauchte. So wurden durch die Staatliche Plankommission die Mittel immer nur verteilt, zumeist in der Weise, dass jeder etwas abbekam. Es wurde jedoch zu wenig Wert darauf gelegt, mit der Verwendung der Investitionen eine hocheffektiv arbeitende Volkswirtschaft zu organisieren. Leider gelang es erst sehr spät, das Prinzip der Eigenerwirtschaftung der Mittel für die erweiterte Reproduktion einzuführen. Auch das war zunächst nur selektiv möglich. So blieb es bei den Investitionen bis zuletzt bei einer Verwaltung des Mangels.

Der allgemeine Mangel an Mitteln für die Akkumulation, die zum Teil formale Arbeit der Staatlichen Plankommission bei der Organisation des Einsatzes der zu knappen Fonds sowie die dabei auftretende Kurzsichtigkeit hinsichtlich der Effektivität führten dazu, dass es zu keinem Zeitpunkt eine proportionale Entwicklung der Zweige und Bereiche der Volkswirtschaft gegeben hat.

Was die zur Verfügung stehende Investitionssumme anbelangt, kommt noch folgender Fakt hinzu: Zur Sicherung der Versorgung mit Erdöl und Erdgas war eine hohe Investitionsbeteiligung in der UdSSR erforderlich. Es gab dazu im Laufe der Zeit mehrere Abkommen. Im wesentlichen hatten sie alle zum Inhalt, dass durch eine Investitionsbeteiligung der DDR zum Beispiel am Bau einer gemeinsamen Erdgasleitung die Lieferung von Erdgas in einer bestimmten Höhe bis zu einem bestimmten Zeitraum garantiert wurde. Die Aufwendungen wurden durch die Liefermenge gedeckt.

Besonderheiten dieser Investitionsbeteiligungen bestanden darin, dass es sich in jedem Falle nicht nur um den Vorschuss finanzieller Mittel, sondern um die Bereitstellung von Arbeitskräften, Ausrüstungen und Material aus eigenem Aufkommen handelte. Die DDR bekam, wie andere beteiligte RGW-Länder auch, einen bestimmten Streckenabschnitt beim Bau einer Erdgastrasse zugewiesen. Sie musste ihn selbst fertigstellen. Das ging so weit, dass sie auch Wohnungen für die Bauarbeiter errichten musste. Zum Teil wurden die dafür erforderlichen Betonplatten aus der DDR über Tausende von Kilometern hinweg in die UdSSR transportiert. Das verursachte natürlich außerordentlich hohe Kosten. Zum Teil waren zwischen 10 000 bis zu 15 000 Arbeitskräfte aus der DDR, vom Schweißer über den Projektierungsingenieur bis zum Koch und zur Krankenschwester, auf solchen Baustellen tätig. Sie alle mussten aus der DDR mit großem Aufwand versorgt werden.

Die Bauleistungen wurden nach den in der UdSSR gültigen Preisen verrechnet, die weit unter den tatsächlichen Kosten lagen. Sie betrugen auch nur vierzig bis fünfzig Prozent der im RGW dafür geltenden Preise. Alles in allem für die DDR ein riesiger Kapitalvorschuss, der insbesondere durch die materiellen Leistungen schmerzte und der die Investitionsmöglichkeiten im eigenen Land spürbar einschränkte.

Eine wichtige Frage bei der Investitionspolitik bestand immer darin, ob alles neu gebaut oder ob das Vorhandene modernisiert werden sollte.

Ich vertrat die Meinung, dass die Alternative alt oder neu nicht Antwort auf die Frage nach dem effektivsten Weg des Wachstums geben konnte.

Die entstandene hohe Überalterung der Grundfonds lässt den hier beschrittenen Weg der Modernisierung als eine Notlösung erscheinen. Heute sind viele der Meinung, dass ein Neubau der Betriebe der bessere Weg gewesen wäre. Unbestritten ist, dass viel mehr von Grund auf hätte erneuert werden müssen. Dass das nicht geschah, lag, wie bereits ausgeführt, an der ungenügenden Akkumulationsrate.

Aber das bedeutet nicht, dass der Weg der Modernisierung grundsätzlich abzulehnen ist. Er hat der Industrie der DDR auf vielen Gebieten trotz ungünstiger Bedingungen eine bestimmte Entwicklung gesichert.

Er ist auch unter normalen Umständen für jedes Unternehmen ökonomisch, wenn durch Modernisierungsmaßnahmen vorhandene, durchaus noch brauchbare Kapazitäten zu wesentlich höherer Leistung gebracht werden können, ohne dass die vorhandene Substanz völlig vernichtet wird.

Oftmals wird sowohl an materieller Substanz wie an vorhandener Produktionserfahrung viel zu viel weggeworfen. Das Alte wird abgerissen, und Neues wird oftmals noch an einen anderen Standort gebaut. Nicht Weniges ist dann unwiederbringlich verloren. Diese »gesellschaftlichen Kosten« berechnet niemand, aber sie fallen objektiv an.

Zur Importpolitik der ehemaligen DDR gab es von westlicher Seite Einschätzungen, nach der die DDR, um nicht von Importen aus westlichen Industrieländern abhängig zu werden, auch solche Produktionen aufrechterhalten musste, die bei einer vollen Integration in die Weltmärkte nicht konkurrenzfähig gewesen wären. Diese Verfahrensweise wäre zu Lasten neuer, technologieintensiver Produkte und Produktionsverfahren gegangen.

Diese Feststellung als solche ist zunächst richtig. Leider geht sie an den Ursachen vorbei. Sie sind in der technologischen Ausgrenzung der DDR von den Hochtechnologien zu suchen, die nicht von der DDR zu verantworten war. Eine große Rolle spielten aber auch die Verpflichtungen der DDR gegenüber den RGW-Ländern, vor allem um die Rohstoffbezüge zu sichern: Die Konsequenz war eine unvermeidbare einseitige Ausrichtung des Außenhandels auf die Erfordernisse im RGW, die sich in der Grundrichtung nicht in Einklang mit den modernsten Qualitäts- und Technologieerfordernissen befanden. Es war kaum möglich, eine hocheffektive Exportindustrie aufzubauen.

Trotzdem gelang es auf einigen Gebieten, gefragte und auch konkurrenzfähige Produkte herzustellen und auf dem Weltmarkt abzusetzen, zum Beispiel polygraphische Maschinen, Werkzeugmaschinen, feinmechanische und optische Geräte, Erzeugnisse aus der Palette der chemischen Industrie, der Metallurgie, der Textilindustrie. Oftmals gab es mehr Absatz- als Liefermöglichkeiten.

Der Exportplan in das nichtsozialistische Wirtschaftsgebiet wurde im übrigen nie erfüllt. Bei den in Frage kommenden Produkten wurden dafür in der Praxis diejenigen Mengen für den NSW-Export bilanziert, die nach Erfüllung aller anderen Verwendungszwecke noch übrigblieben. Auf diese Weise wurden die Probleme von heute stets auf morgen vertagt und ständig neue Anlässe für zusätzliche Kreditaufnahmen geschaffen.

Umgekehrt gab es keine genaue Übersicht über die Entwicklung der Zulieferungen. In gewisser Weise war das auch wegen der ungeheuren Vielzahl der Einzelpositionen überhaupt nicht möglich. Deshalb kam es immer wieder zu »Überraschungen«, indem ständig Meldungen aus den Betrieben über fehlende Zulieferungen eintrafen. Um die Produktion zu sichern, wurde die Forderung nach Importen gestellt, der dann in der Regel auch stattgegeben wurde. Das waren aber Importe über den Plan hinaus. Eine Hauptursache dafür war die unzureichende Entwicklung der zwar vorhandenen, aber nicht ausreichenden eigenen Kapazitäten. Man gebrauchte für solche Importe den Begriff »Kapazitätsimporte«, also Importe aus Kapazitätsgründen. Der Begriff selbst schloss die Begründung dafür ein. Auch das führte in der Regel zu zusätzlichen Kreditaufnahmen.

Von den westlichen Analytikern wurde denn auch eingeschätzt, dass die Außenwirtschaftspolitik der DDR der Sicherung der Rohstoffversorgung stets eine hohe Priorität einräumte, denn ein Drittel der Importe entfielen auf Brennstoffe, mineralische Grundstoffe und Metalle. Auch das führte dazu, dass der Import als potentiell produktivitätsfördernder Faktor zu wenig genutzt werden konnte.

Die Hauptursache für die eingetretene Situation auf dem Gebiet von Import und Export bestand – neben der Notwendigkeit, sich in zwei Systemen zu bewegen, dem des RGW und dem der Marktwirtschaft – in der nie ganz überwundenen Trennung des ökonomischen Ergebnisses der Betriebe und Kombinate vom Außenhandelsergebnis. Die eigene Verantwortung der Kombinate für die Erwirtschaftung der Valutamittel blieb auf Teilaspekte beschränkt.

Die Entwicklung der Volkswirtschaft der DDR in den 80er Jahren erfolgte unter den Bedingungen eines steigenden Umweltbewusstseins der Bevölkerung. Die Lösung von Umweltproblemen wurde zunehmend als eine Frage der Lebensqualität empfunden.

Auch in der Volkswirtschaft erlangten der Schutz und die rationelle Nutzung des Bodens und überhaupt der Schutz der Natur immer größere Bedeutung. Auf einigen Gebieten konnten Ergebnisse erreicht werden. Es wurden sowohl im Lande wie in Grenzregionen zu unseren Nachbarn in Ost und West Verbesserungen bei der Reinhaltung der Gewässer und der Luft erreicht. Sie waren, wie zum Beispiel das Abkommen mit Bayern zur Reinhaltung des Flüsschens Röden, erste Anfänge, aber Anfänge mit Perspektive. Es gab auch Aufgabenstellungen für den Landschaftsschutz, wie für das so einmalig schöne Elbsandsteingebirge.

Es erwies sich immer mehr als außerordentlich wichtig, mit der Ökonomie zugleich auch die Ökologie zu beachten, also die ökonomischen Prozesse so zu gestalten, dass die natürlichen Lebens- und Produktionsgrundlagen der Menschheit nicht gefährdet werden. Dieser generellen Notwendigkeit, der auch durch die DDR in zunehmenden Maße Rechnung zu tragen war, standen äußerst begrenzte Möglichkeiten entgegen.

Auf dem Gebiet des Wohnungsbaus schien ein Weg zur möglichst schnellen Lösung von dringlichen Wohnungsfragen die breite Anwendung der Plattenbauweise zu sein. Diese wiederum war am rationellsten zu nutzen, wenn es konzentrierte Neubaustandorte gab. Das führte zum Bau neuer Stadtviertel, was gleichzeitig jedoch den Nachteil der Inanspruchnahme neuer Flächen und eine Vernachlässigung des innerstädtischen Bauens mit sich brachte. Obwohl ich bereits versuchte, schon Ende der 70er Jahre den Gedanken zu verbreiten, das Alte mit dem neuen organisch zu verbinden, gelang es nicht, die vorherrschende Tendenz der Plattenbauweise einzuschränken.[195] Hier hatte sich im Bauwesen bereits ein Selbstlauf entwickelt. Da die Plattenwerke vorhanden waren, sollten sie auch voll genutzt werden; so war die Position von Bauminister Junker.

Die aus Mangel an Öl auf Braunkohle orientierte Energiewirtschaft brachte starke Beeinträchtigungen der Landschaft und vor allem hohe Belastungen für die in diesen Gebieten lebenden Menschen mit sich. Die damit verbundenen Fragen spiegelten sich in den ökonomischen Berechnungen der Kohleindustrie nur in viel zu geringem Maße als Aufwandsfaktor wider, was zu falschen Schlüssen über die tatsächlichen volkswirtschaftlichen und darüber hinaus gesellschaftlichen Kosten des Ausbaus der Braunkohleindustrie führen musste. Dadurch blieben die Anstrengungen zur Energieeinsparung trotz mancher Bemühungen weit hinter den eigentlichen Erfordernissen zurück. Es wurde zwar versucht, durch Rekultivierung einen gewissen Ausgleich zu schaffen, zum Beispiel durch die Nutzung von ehemaligen Kohlegruben als Erholungsgewässer. Das konnte aber nur von sekundärer Bedeutung sein, angesichts der Devastation von natürlichen Flächen und der Umsiedlung von Dörfern wegen des Tagebaus.

Sehr viel Sorge bereiteten die Großanlagen für die Tierhaltung in der Landwirtschaft. Hier war gegen die Folgen der in der Landwirtschaft der DDR in den 60er und noch in den 70er Jahren vorherrschenden Ideologie »Je größer, desto ökonomischer« anzukämpfen. Selbst Ulbricht gelang es nicht, dem damals für Landwirtschaft zuständigen ZK-Sekretär Grüneberg Einhalt zu gebieten. Grüneberg behielt sich die Entscheidung über alle Fragen auf diesem Gebiet vor. Es wurde dann viel später versucht, das Problem der Gülleverwertung durch Pipelines zu lösen. Das änderte jedoch nichts an dem Grundproblem, dass durch die strikte Spezialisierung von Pflanzen- und Tierproduktion der natürliche Kreislauf gestört war. Ich habe in all den Jahren versucht, nachdem bei den für die Landwirtschaft Verantwortlichen ein Verständnis für die schädlichen

Wirkungen des Gigantismus nicht zu erreichen war, sozusagen an ihnen vorbei Forderungen zur Überwindung der schädlichen Trennung von Pflanzen- und Tierproduktion in entsprechende Grundsatzreden zu bringen. Leider fehlte hier lange Zeit jeder Wille zur Kooperation.

Ein bedeutender Schritt, der Erleichterung brachte, war die Umstellung der Berliner Stadtbezirke auf Erdgas. Das erlaubte, das Gaswerk in der Innenstadt (Dimitroffstraße) stillzulegen und auch den Braunkohleeinsatz für die Heizung von Wohnungen zu vermindern. Es war eines der größten Umweltschutzvorhaben für Berlin.

Indem sich die Menschen der Bedeutung der Ökologie für die heutigen wie für die kommenden Generationen zunehmend bewusst wurden, wurden ihre Forderungen nach baldiger Lösung immer drängender. So summierten sich in kurzer Frist Anforderungen, die die Möglichkeiten weit überstiegen; Forderungen in Höhe von mehreren Milliarden Mark jährlich. Und das bei der äußerst angespannten Situation auf dem Gebiet der Außenwirtschaft, der ohnehin schon belasteten Zahlungsbilanz, was bereits zu beträchtlichen und eigentlich nicht mehr vertretbaren Einschränkungen der produktiven Akkumulation geführt hatte. So öffnete sich die Schere zwischen berechtigten Forderungen und ökonomischen Möglichkeiten weiter.

Für sehr wesentlich hielt ich, dass der Umweltschutz mit der Ökonomie beginnt, das heißt mit der Energieeinsparung, mit dem Recycling, der Erfassung und Verwertung aller Altrohstoffe usw. Dazu hatte ich die verschiedensten ökonomischen Maßnahmen angeregt, um mehr Interesse zur Erfassung von Altpapier, von Haushaltglas usw. durch höhere Aufkaufpreise zu wecken. Meiner Ansicht nach waren subventionierte Erfassungspreise auf diesen Gebieten immer noch billiger als die Neuproduktion, wenn man die gesellschaftlichen Kosten durch Umweltbelastung mit berücksichtigt. Auf jeden Fall war der Aufbau des SERO-Systems ein wichtiger, auch international anerkannter Schritt für ein geordnetes Recyclingwesen.

Auch die Strukturveränderungen in der Volkswirtschaft durch Entwicklung der Mikroelektronik waren aus der Sicht der Minderung der Umweltbelastung sehr wesentlich. Mit Interesse erfuhr ich, dass allein durch die aufgenommene Produktion leistungselektronischer Schaltkreise eine Kraftwerkskapazität von 500 MW eingespart werden konnte. Dieser Gesichtspunkt ist nie genügend berücksichtigt worden, denn wie erklärt sich sonst die »Verteufelung« der Mikroelektronik? Die Förderung einer Industrie sollte doch auch unter dem Gesichtspunkt möglichst geringer Umweltbelastung gesehen werden.

Das auf dem Gebiet des Umweltschutzes Erreichte kann unter keinen Umständen als befriedigend angesehen werden, auch wenn zu berücksichtigen ist, dass es kein Land in Europa und auf der Welt gibt, zu dem nicht enorme Probleme ihrer Lösung harren.

Die realen Möglichkeiten, für den Umweltschutz etwas zu tun, konnten und können wohl auch in Zukunft nicht außerhalb der möglichen Akkumulationssumme gesehen werden. Insofern waren eben die Beträge für den Umweltschutz ebenso den damaligen Restriktionen für die produktive Akkumulation unterworfen wie die Industrieinvestitionen insgesamt, die infolge falsch verstandener »Einheit von Wirtschafts- und Sozialpolitik« ja ohnehin viel zu niedrig waren.

Aber konnte und kann es Umweltschutz ohne wirtschaftliches Wachstum geben? Muss nicht hier ein Konsens zwischen dem Notwendigen und dem Möglichen gefunden werden, gerade im Interesse der in Zukunft noch weiter anwachsenden Aufgaben auf diesem Gebiet?

Allem, was erforderlich erschien, sofort und auf einen Schlag nachkommen zu wollen, drohte doch ebenfalls, die Zukunft in Frage zu stellen. Deshalb versuchte ich, das Mögliche zu tun und andererseits Panikstimmung zu vermeiden. Daraus entstand der Eindruck, und ich muss zugeben, durch eine unkluge Informationspolitik nicht zu unrecht, dass diese Probleme aus dem öffentlichen Bewusstsein verdrängt werden sollten.[196] Das führte naturgemäß zu ihrer noch stärkeren Akzentuierung, mit den sich daraus ergebenden unnötigen Konflikten. Überflüssige Geheimniskrämerei, wozu es viele Festlegungen des Ministerrates gab, förderte dies. Dort hat man diese Fragen, obwohl eine klare Verantwortung bestand, ungenügend analysiert und vor allem auch zu wenig Vorschläge für ihre Behandlung im Politbüro eingebracht.

Folgen veränderter außenwirtschaftlicher Bedingungen

Es summiert sich: neue Betonschwellen, Getreideimporte, illegaler Geldumtausch, Exportstützung

Für die DDR entstanden aus internationalen ökonomischen Entwicklungen bereits ab 1973 grundsätzlich neue internationale Bedingungen, die sich in den 80er Jahren weiter zu ihren Ungunsten vollzogen. Sie wirkten sich negativ auf die Möglichkeiten ihrer ökonomischen Entwicklung aus. Hier handelte es sich nicht um partielle Veränderungen, sondern um einen ganzen Komplex, der eine qualitativ neue Situation entstehen ließ. Zu nennen wäre:

- Die Möglichkeiten des Anschlusses an die rasante wissenschaftlich-technische Entwicklung im Weltmaßstab wurde durch das Technologie- und Wissenschaftsembargo (Cocom-Bestimmungen) substantiell eingeschränkt. Das betraf Ausrüstungen, die für die Überwindung des Rückstandes in der Arbeitsproduktivität wichtig gewesen wären, vor allem mikroelektronische Schaltkreise und Rechentechnik (bis vor kurzem stand noch der 256-Kilobit-Speicherschaltkreis unter Embargo). Dadurch mussten eigene Anstrengungen auf dem Gebiet der Mikroelektronik, des Baus von Rationalisierungsmitteln, der Robotertechnik, der Chemie und auf vielen anderen Gebieten unternommen werden, um die Versorgung der Volkswirtschaft, der Bevölkerung und um die Exportfähigkeit zu sichern. Diese Erzeugnisse waren bis auf wenige Ausnahmen im RGW-Raum ebenfalls nicht zu erhalten.
- Durch die Preisveränderungen bei Energieträgern und Rohstoffen aus dem RGW-Markt entstanden der Volkswirt-

schaft der DDR im Zeitraum 1979 bis 1988 ein Mehraufwand von 145 Milliarden Mark. Das bedeutete gleichzeitig eine erhöhte Bereitstellung vor allem von Maschinenbauerzeugnissen, um die Bezahlung zu sichern. Sie fehlten dann bei der Modernisierung der eigenen Volkswirtschaft. Das waren in etwa diesem Zeitraum für ca. 220 Milliarden Mark Produktionsausrüstungen.

- Die Bezugsmöglichkeit von Erdöl aus der UdSSR zu den vereinbarten Bedingungen verringerte sich ab 1982 von 19 Millionen Tonnen auf 17,7 und dann jährlich auf 17,1 Millionen Tonnen. Das waren bis 1988 zusammen rund 13 Millionen Tonnen weniger. Um das Defizit auszugleichen, waren zum Beispiel 14 Milliarden Mark für die tiefere Spaltung des Erdöls erforderlich.

Hohe Aufwendungen entstanden durch die notwendige Energieträgerumstellung, die auch zusätzliche Belastungen für Ökologie und Umwelt mit sich brachte. Sie waren aber aus der Sicht der damaligen Möglichkeiten im Interesse der Wärmeversorgung der Bevölkerung und des Funktionierens der Volkswirtschaft nicht vermeidbar.

Wesentliche weitere Faktoren, die dazu beitrugen, dass mehr Nationaleinkommen verwendet als erwirtschaftet wurde, sind:

- Aufwendungen für Getreideimporte von 1971 bis 1988 von rund 37 Millionen Tonnen mit einem Wert von über 11 Milliarden Valutamark = 45 Milliarden Mark.
- Investitionen der DDR zur tieferen Spaltung von Erdöl und zum Ausgleich reduzierter Erdöllieferungen der UdSSR = 22 Milliarden Mark.
- Hilfeleistungen einschließlich Regierungs- und Sonderkredite gegenüber Entwicklungsländern und weniger entwickelten sozialistischen Ländern von 1981 bis 1988 = 16,9 Milliarden Mark. Diese Hilfeleistungen enthalten 2,1 Milliarden Valutamark.
- Ausfall von Rohstofflieferungen der UdSSR gegenüber dem Niveau 1985 bei Blei, Ruß, Phenol, Zellstoff u. a. mit einem

Wert von rund 1 Milliarde Valutamark = 4,4 Milliarden Mark.

- Aufwendungen zur Auswechselung alkaligeschädigter Betonschwellen und Fahrleitungsmasten der Eisenbahn = 6,6 Milliarden Mark. Davon 1987 bis 1990 = 2,4 Milliarden Mark.
- Produktionsausfälle und Instandsetzungsaufwand infolge bedeutender Havarien 1986 und 1987 = 3,2 Milliarden Mark.
- Mehraufwendungen an Kosten, Energieträgern und Material infolge der extremen Witterungsbedingungen 1986 und 1987 = 4,6 Milliarden Mark.
- Unterstützung der Bevölkerung der VR Polen mit Getreide, Butter und Fleisch sowie Gewährung eines Geschenks in Höhe von 250 Millionen Deutsche Mark.
- Exportstützungen aus dem Staatshaushalt der DDR für Erzeugnisse der SDAG Wismut 1971 bis 1990 = 7,1 Milliarden Mark.
- Verluste an Nationaleinkommen der DDR infolge des illegalen Geldumtausches sowie von Warenabgängen durch Besucher und Touristen jährlich in Höhe von 1,1 Milliarden Mark.

Nach wie vor: mehr Ausgaben als Einnahmen

Nach dem X. Parteitag im Jahre 1981 erfolgte von sowjetischer Seite die Mitteilung über die Kürzung der Erdöllieferungen um rund zwei Millionen Tonnen jährlich. Die Parteitagsbeschlüsse jedoch basierten auf der Beibehaltung der Liefermenge. Stoph sprach zu den Wirtschaftsfragen, und die Direktive für den Fünfjahrplan 1980 bis 1985 war vom Parteitag verabschiedet. Die Staatliche Plankommission aber stand danach vor der Aufgabe, den Fünfjahrplan auszuarbeiten. Das war eine ganz komplizierte Situation, denn zwei Millionen Tonnen Erdöl weniger bedeuteten einen potentiellen Ausfall an Nationaleinkommen von weit über eine Milliarde Mark.

In dieser Zeit richtete Erich Honecker einen Brief an Breshnew mit dem Vorschlag, die angekündigte Kürzung der Erdöllieferungen nicht vorzunehmen. Es wurde betont, dass es sich hier um eine Existenzfrage für die DDR handele.[197] Diesen Brief hatte Schürer ausgearbeitet. Aber die Sowjetunion befand sich selbst in einer immer schwieriger werdenden Lage. Deshalb war die Annahme einer günstigen Antwort unrealistisch.

Es wurden in dieser Angelegenheit noch zwei weitere Briefe geschrieben. Sie waren an Andropow gerichtet, als dieser für kurze Zeit Generalsekretär der KPdSU war. Er hatte großes Verständnis für die Lage der DDR. Es erfolgten sogar vorsichtige Zusagen. Aber Andropow war krank, sonst wären vermutlich diese Fragen im Politbüro der KPdSU positiv für die DDR entschieden worden. Es muss in dem Zusammenhang natürlich auch vermerkt werden, dass die DDR jede dieser Bitten mit umfangreichen Angeboten für Gegenlieferungen an die UdSSR verband.

Die Erdöllieferungen spielten auch in den Gesprächen Erich Honeckers mit Michail Gorbatschow eine Rolle. Wie Erich Honecker informierte, wollte man von sowjetischer Seite nach entsprechenden Möglichkeiten suchen.

Es gab in der Tat in dieser für die DDR lebenswichtigen Frage viele ernsthafte Gespräche und auch Verständnis für unsere Lage. Die führenden Repräsentanten der Sowjetunion verhielten sich nie schroff oder direkt ablehnend zu den Wünschen der DDR. Das bestärkte uns in der Hoffnung, schließlich doch noch eine für die Entwicklung der DDR günstige Lösung zu finden. Tschernobyl und die Veränderung der Energiepolitik der UdSSR waren aber ein Signal, dass der Handlungsspielraum der UdSSR in diesen Fragen der Erdöllieferungen immer geringer wurde. So konnte es leider keine reale Veränderung für die DDR geben.

Hinzu kam in dieser ohnehin angespannten Situation eine zusätzliche Belastung der Volkswirtschaft der DDR durch die teilweise Umstellung einiger Betriebe auf Herstellung von Verteidigungsmitteln. Im Kombinat Carl Zeiss Jena zum Beispiel waren etwa zwanzig Prozent der Kapazität betroffen. Wichtige Produktionen auf dem Gebiet des wissenschaftlichen Gerätebaus einschließlich der Medizintechnik mussten deshalb umgestellt werden oder stagnierten. Notwendige Vorhaben für die Konsumgüterherstellung konnten nicht durchgeführt werden. Das betraf auch den Fernmeldebereich.

Diese militärischen Produktionen wurden in bedeutendem Ausmaß entwickelt, ohne dass es dazu Beschlüsse des Politbüros gegeben hatte. Erst im Sommer 1989 kam es in einigen wichtigen Betrieben und Kombinaten zur teilweisen Einstellung und Umstellung dieser Produktionsbereiche auf zivile Produktion, so auch bei Zeiss.

Der Fünfjahrplan aber wurde weiter auf der Grundlage der Beschlüsse des X. Parteitages ausgearbeitet. Die Ziele des Verbrauchs blieben auf allen Gebieten die gleichen. Hinzu kam, dass es Anfang 1980 bereits sehr schwer war, Kredite zu erhalten, um die entstandene Situation zu überbrücken. Das konnte ohnehin nicht zu einer grundsätzlichen Lösung führen. Die entscheidende Frage, Veränderungen am Kurs der Hauptaufgabe vorzunehmen, wurde negativ beantwortet.

Um dem Lieferausfall und den Preiserhöhungen für Erdöl zu begegnen, wurden Maßnahmen zur tieferen Spaltung von Erdöl getroffen. Eine größere Ausbeute von hellen Produkten sollte damit erreicht werden. Dafür mussten Investitionen in Höhe von sieben Milliarden Mark zusätzlich bereitgestellt werden. Wegen der Beibehaltung der niedrigen Akkumulationsrate bedeutete das, sie von anderen wichtigen Modemisierungsprojekten abzuziehen.

Die größten negativen Auswirkungen hatte die Umstellung der Energieversorgung auf einen höheren Anteil von Rohbraunkohle. Auch dafür mussten in nennenswertem Umfange

Investitionen umgepolt werden. Unter den gegebenen Bedingungen wäre damals eigentlich die Konsequenz gewesen, der Wirtschaft der DDR und der Bevölkerung spürbare Einschränkungen im Energieverbrauch aufzuerlegen. Betriebe hätten stillgelegt werden müssen, und die Versorgung der Bevölkerung mit Wärmeenergie wäre spürbar beeinträchtigt worden. Da ein derartig radikaler Schnitt nicht erfolgte, musste mehr exportiert werden, um die gleiche Menge Erdöl bzw. Erdgas zu erhalten. Das war der Beginn einer Spirale, die nach unten führte.

Darüber hinaus entstanden große Aufwendungen beim Transport der zusätzlichen Mengen an Rohbraunkohle. Das Schlimmste aber waren die Umweltbelastungen, die sowohl durch die Ausweitung der Förderung wie durch die Errichtung zusätzlicher Heizkraftwerke entstanden. Eine Dauerlösung konnte und durfte das nicht sein. Auch aus diesen Gründen setzte ich mich stark für den Energieverbund mit der Bundesrepublik ein.

Zum Zeitpunkt der Vorbereitung des XI. Parteitages der SED, also um das Jahr 1985, stellten sich vor allem zwei grundlegende Fragen:

- Erstens die Veränderung des politischen Lebens in Richtung auf mehr wirklich lebendige Demokratie.
- Zweitens die Stärkung ihrer ökonomischen Kraft, um mit den neuen Herausforderungen fertig zu werden. Das aber nicht als platonische Erklärung über die Wirtschaft als »Hauptkampffeld«, sondern im Sinne echter Konsequenzen. Sie hätten damals bedeutet: echte ökonomische Eigenverantwortung der Kombinate, volle Anwendung des Leistungsprinzips und neue Wege der Einbindung in die weltweite internationale Arbeitsteilung durch Kooperation, einschließlich Joint Ventures. Dazu gab es viele Vorschläge, aber all das stand wegen der erbitterten Gegnerschaft von Stoph und anderen zu einer Kooperation mit dem Westen außerhalb der möglichen Diskussion im Politbüro.

Ich akzeptiere die getroffene Feststellung, dass spätestens zu diesem Zeitpunkt eine grundsätzliche Veränderung des bisherigen Kurses erforderlich gewesen wäre. An anderer Stelle habe ich bereits ausgeführt, dass diese grundsätzlichen Veränderungen schon Anfang der 60er Jahre konzipiert worden sind, ihre Verwirklichung jedoch im Vorfeld des VIII. Parteitages 1970 gebremst, mit dessen Beschlüssen faktisch gestoppt und danach nur mit Mühe wieder teilweise aufgegriffen wurden. Das hat zu viel Zeitverlust gebracht.

In diesem Zusammenhang muss man die Fragwürdigkeit des sturen Festhaltens an der bisherigen Subventionspolitik sehen. Das bedeutete ein jährliches Ansteigen der Subventionen und damit eine immer höher werdende Belastung des Staatshaushaltes.

Auf einer Beratung im Januar 1989 im Kreise von Mitgliedern des damaligen Politbüros (Stoph, Hager, Tisch, Jarowinsky, Schürer und andere) zum Plan 1990 wurde bezüglich des Hinweises von Finanzminister Höfner auf das noch bestehende »Loch« im Staatshaushalt von Erich Honecker erklärt, dass das nicht wichtig sei.

Ein Material, das von Schürer und Halbritter zu notwendigen Veränderungen in der Verwendung des Nationaleinkommens erarbeitet worden war und dessen Vorlage ich unterstützte, wurde rundweg abgelehnt.

Mehrmals wurden von meiner Seite Vorschläge unterbreitet oder initiiert, um die wachsende Subventionslast zu mindern. Ich hatte dazu entsprechende Arbeitsgruppen gebildet bzw. Beratungen durchgeführt, an denen beispielsweise Schürer und Halbritter teilnahmen. Diese Vorschläge erwiesen sich wegen der bereits genannten »Tabus« als nicht durchsetzbar.

Ein wichtiger Schritt war auch, dass nach langem Kampf ein internes Umrechnungsverhältnis der Mark von 4,40 Mark zu einer Valutamark, das heißt D-Mark, durchgesetzt werden konnte. Es galt aber nur für Berechnungen innerhalb der Volkswirtschaft und betraf die Beziehungen der Betriebe zum

Außenhandel. Es war jedoch kein realer Wechselkurs, da die Währung nicht konvertierbar war.[198]

Die Information erfolgte insbesondere auch über die regelmäßige Vorlage der Zahlungsbilanz, gerade in Zusammenhang mit den Plandokumenten und den Stellungnahmen aus meinem Verantwortungsbereich dazu.

Dem Politbüro wurden mehrmals Stellungnahmen von Abteilungen des ZK aus meinem Verantwortungsbereich unterbreitet, die den Ernst der entstandenen und sich weiter zuspitzenden ökonomischen Lage charakterisierten.

Ich zitiere aus diesen Stellungnahmen:

1. Stellungnahme der Abteilung Planung und Finanzen des ZK der SED zum Entwurf des Volkswirtschafts- und des Staatshaushaltsplanes 1988 vom 11. November 1987: »Im NSW liegt dem Planentwurf ein Exportüberschuss von 3 Milliarden Valutamark zugrunde. Das entspricht, zu Inlandspreisen gerechnet, einem Endprodukt von 12 Milliarden Mark. Mit dieser Höhe des Exportüberschusses wird eine Bilanzierung der volkswirtschaftlichen Entwicklung noch nicht gewährleistet. Der ›Sockel‹ kann nicht, wie im Beschluss des Politbüros vom 30. Juni 1987 vorgesehen, gesenkt werden. Die Zahlungsbilanz mit dem NSW weist eine weitere Erhöhung des ›Sockels‹ von 35,5 Milliarden Valutamark Ende 1987 auf 38,5 Milliarden Valutamark Ende 1988 aus. Nach Angaben der verantwortlichen Genossen wird eine solche Entwicklung der Zahlungsbilanz und die damit verbundene Zwischenfinanzierung künftig für nicht mehr beherrschbar gehalten.

Die Ursache für das Nichterreichen der vom Politbüro gestellten Aufgabe, 1988 einen Exportüberschuß von mindestens 5 Milliarden Valutamark zu erwirtschaften, besteht darin, dass für 1988 in den Bilanzen der Staatlichen Plankommission und des Ministeriums der Finanzen materielle und finanzielle Ausgaben in Höhe von 8 Milliarden Mark Endprodukt zu Preisen der DDR zur Verteilung im Inland enthalten sind, die nicht durch Einnahmen erwirtschaftet werden können.«

2. Stellungnahme der Abteilung Planung und Finanzen zum Entwurf der staatlichen Aufgaben des Volkswirtschafts- und des Staatshaushaltsplanes 1989 vom 27. April 1988: »Das Hauptproblem des Planansatzes besteht darin, dass die mit dieser Leistungsentwicklung zur Verfügung stehenden Endprodukte für die Versorgung der Bevölkerung, für die materiell-technische Sicherung der Produktion, für die soziale und kulturelle Entwicklung und weitere Bereiche der gesellschaftlichen Konsumtion, für die Verteidigung, Ordnung und Sicherheit sowie für den Export und für die Rückzahlung eingegangener Auslandsverpflichtungen nicht bilanzieren. Die Differenz zur volkswirtschaftlichen Bilanzierung beträgt rund 8 Milliarden Mark Endprodukte.

Eine Prüfung der staatlichen Aufgaben 1989 ergibt, dass der Staatshaushalt im Zusammenhang mit der bisher konzipierten Produktion und Verwendung von Nationaleinkommen nicht bilanziert und die veranschlagten Ausgaben um 8,1 Milliarden Mark höher sind als die für möglich gehaltenen Einnahmen, der ›Sockel‹ gegenüber dem NSW um weitere 2,4 Milliarden US-Dollar, das sind 4,4 Milliarden Valutamark, auf 38,9 Milliarden Valutamark Ende 1989 ansteigen würde.

Die Durchführung der Beschlüsse des Politbüros erfordert, Maßnahmen für einen ausgeglichenen Staatshaushalt und für eine Halbierung des ›Sockels‹ zu unterbreiten. [...]

In der Information der Staatlichen Plankommission werden dazu keine Vorschläge in volkswirtschaftlichen Größenordnungen unterbreitet, auf welchen Gebieten 1989 die Leistungen weiter erhöht bzw. bisher in den Kennziffern des Fünfjahrplanes und des Planansatzes für 1989 vorgesehene materielle und finanzielle Fonds nicht zur Verfügung gestellt und mit den staatlichen Aufgaben nicht vorgegeben werden können. Wir halten es für unumgänglich, Vorschläge für die volkswirtschaftliche Bilanzierung des durch hohe Leistungen real möglichen Aufkommens und der Verwendung des Nationaleinkommens für 1989 auszuarbeiten. Vorschläge auf dem Gebiet der

Verwendung des Nationaleinkommens sollten unseres Erachtens auf solche Gebiete konzentriert werden, die nicht unmittelbar der Versorgung der Bevölkerung, der Durchführung des Wohnungsbaus und beschlossener sozialpolitischer Maßnahmen dienen und die das vorgesehene Leistungswachstum in der Wirtschaft nicht beeinträchtigen.«

Um die Situation zu verdeutlichen: Es war schon in den vorhergehenden Jahren nicht möglich, trotz vieler Vorschläge auch nur eine Preisveränderung durchzusetzen, um die Subventionen abzubauen. Alles wurde mit dem Kurs der Einheit von Wirtschafts- und Sozialpolitik als Ganzes identifiziert.

Am 9. Mai 1989 schließlich richtete ich ein persönliches Schreiben an Erich Honecker, in dem ich darauf aufmerksam machte, wie sich die ökonomische Situation der DDR hinsichtlich der Zahlungsbilanz darstellte, dass eine weitere Verschuldung nicht mehr tragbar sei und demzufolge entschiedene Maßnahmen mit der Ausarbeitung des neuen Planes getroffen werden müssten.

In diesem Schreiben versuchte ich noch einmal, grundsätzlich die sich zuspitzende Situation auf dem Gebiet der Zahlungsbilanz darzulegen. Anhand der vorliegenden Zahlen über die weitere Entwicklung der Zahlungsbilanz versuchte ich deutlich zu machen, dass bei weiterer Beibehaltung dieser Entwicklung ab 1990 eine Lage entstehen würde, die nicht mehr beherrschbar ist. Deshalb wurde in dem Schreiben auf jene Vorschläge hingewiesen, die darauf gerichtet waren, »Aufwand und Verbrauch in der Volkswirtschaft besser in Übereinstimmung zu bringen«. Dabei handele es sich »um eine politische Entscheidung«. Eine solche wäre in der Tat zu treffen gewesen.

In einer Beratung, die am 16. Mai 1989 stattfand und auf die an anderer Stelle noch ausführlicher eingegangen wird, wurde auch von Stoph und Schürer darauf hingewiesen, dass das Zahlungsbilanzproblem so angewachsen sei, dass es allein mit den bisherigen Maßnahmen nicht lösbar sein würde. Das sei der Grund, so führte zu dieser Beratung Schürer aus, dass er in einer von ihm und Halbritter unterbreiteten Vorlage Vorschläge ausgearbeitet habe, um den Warenfonds mit der Entwicklung der Nettogeldeinnahmen in Übereinstimmung zu bringen. Dieser grundsätzliche Standpunkt wurde in meinem Schreiben unterstützt. Mein Schreiben jedoch erhielt ich dann einen Tag später nach der Beratung des Planentwurfs als »erledigt« zurück. Es war nicht zum Gegenstand der Beratung gemacht worden. Schlußfolgerungen gab es keine. Zum Material von Schürer und Halbritter sagte Erich Honecker nur: »Beim Material Schürer/Halbritter habe ich alles durchgestrichen.«

Mein Schreiben an den Generalsekretär vom 9. Mai 1989, zur Kenntnis genommen am 11. Mai 1989 und mit »erledigt« zurückgeschickt am 16. Mai 1989, hatte folgenden Wortlaut:

»Lieber Genosse Erich Honecker!

Die Prüfung des von Genossen Schürer und Höfner vorgelegten Entwurfs der staatlichen Aufgaben zur Ausarbeitung des Volkswirtschaftsplanes und des Staatshaushaltsplanes 1990 ergibt, dass die vorgeschlagenen Aufgaben zur Entwicklung der Leistung in der Wirtschaft anspruchsvoll sind. Das Nationaleinkommen soll um 4 % wachsen. Die von Dir Ende Februar gemachten Vorschläge sind im Wesentlichen in die vorgelegten staatlichen Aufgaben eingearbeitet. Die Genossen Höfner und Schürer teilen mit, dass ihr Vorschlag und die ausgearbeiteten Materialien sich auch stützen auf das Ergebnis einer Beratung unter Leitung des Genossen Willi Stoph mit Genossen des Ministerrates, die auf ökonomischem Gebiet hohe Verantwortung tragen. Mit dem vorgelegten Stand der Ausarbeitung der staatlichen Aufgaben für den Plan 1990 wird der im Beschluss des Politbüros vom 28. Februar 1989 vorgesehene Exportüberschuss in das NSW in Höhe von 3,5 Milliarden Valutamark nur mit 1,8 Milliarden Valutamark erreicht. Von den Genossen Schürer und Höfner wird in dem Entwurf der staatlichen Aufgaben für 1990 dazu auf Seite 30 mitgeteilt:

›Es muss eingeschätzt werden, dass ein Exportüberschuss in Höhe von 1,8 Milliarden Valutamark nicht ausreichend ist, um die ökonomische Unangreifbarkeit der DDR zu gewährleisten.‹

Weiter ergibt die Prüfung, dass mit den vorgelegten staatlichen Aufgaben weder für das Jahr 1990 noch für den Fünfjahrplanzeitraum 1991 bis 1995 ein bilanzierbarer Plananansatz erreicht wurde.

Die vorgelegten Planaufgaben für das Jahr 1990 beinhalten, mehr Nationaleinkommen zu verbrauchen als real erwirtschaftet werden kann. So enthält der bisher erarbeitete Entwurf des Staatshaushaltes für 1990 7,2 Milliarden mehr Ausgaben als Einnahmen. Darüber hinaus bestehen noch bedeutende Differenzen zwischen dem im Material enthaltenen Standpunkt der Genossen Schürer und Höfner und des Standpunktes der Minister. Der Planvorschlag der Genossen Schürer und Höfner sieht vor, den Einsatz von Investitionen in der Industrie von 43,5 Milliarden Mark im Jahre 1989 auf 39,7 Milliarden Mark im Jahre 1990, das heißt um 3,8 Milliarden Mark zu verringern. Die Minister der Industrie halten es zur Sicherung der von ihnen vertretenen Leistungsentwicklung im Jahre 1990 für erforderlich, rund 5 Milliarden Mark mehr Investitionen einzusetzen. Als Anlage übergeben wir kurzgefasste Übersichten zum Entwurf des Volkswirtschaftsplanes 1990 nach Ministerien. Sie enthalten den Beitrag der Bereiche zum Wachstum des Nationaleinkommens und zur Inanspruchnahme von Nationaleinkommen. Aus ihnen geht weiter hervor, welche Mehrforderungen der Minister gegenwärtig noch bestehen, für die keine materiellen und finanziellen Mittel im Nationaleinkommen vorhanden sind. Diese Mehrforderungen können daher nicht Gegenstand der weiteren Planausarbeitung 1990 sein.

Es wird vorgeschlagen, dass der Vorsitzende des Ministerrates und von ihm beauftragte Stellvertreter des Vorsitzenden des Ministerrates anhand dieser Übersichten mit jedem Minister den Planvorschlag des Ministeriums durcharbeiten. Das müsste in den nächsten 14 Tagen geschehen, damit der Plan im Politbüro behandelt werden kann. In dieser Beratung müssen auch die Aufgaben behandelt werden, die in dem vorgelegten Maßnahmeplan der Genossen Schürer und Höfner enthalten sind. Die Klärung dieser grundsätzlichen Fragen ist notwendig, um eine gründliche und schöpferische Plandiskussion führen zu können.

Der ›Sockel‹ in der Zahlungsbilanz würde nach dem vorgelegten Planprojekt von 35,7 Milliarden Valutamark Anfang 1989 auf 47,4 Milliarden Valutamark Ende 1990 steigen. Diese Steigerung ergibt sich aus

- einem Import aus dem NSW von 24,1 Milliarden Valutamark
- einem Export in das NSW von 26,7 Milliarden Valutamark
- und der Zahlung von Zinsen für früher aufgenommene Kredite in Höhe von 14,3 Milliarden Valutamark für diese 2 Jahre.

Das bedeutet, dass für die Bezahlung von Zinsen und anderer Valutakosten im Jahre 1990 rund 36 Milliarden Mark des produzierten Nationaleinkommens der DDR eingesetzt werden müssen. 1995 würde der ›Sockel‹ auf 65 Milliarden Valutamark anwachsen. Die Zinsen würden 1995 44 Milliarden Mark Nationaleinkommen der DDR erfordern. Das wären 13 % des Nationaleinkommens. Wie aus den vorgelegten Materialien hervorgeht, würde 1990 und in den Folgejahren ein ›Sockel‹ entstehen, der nicht mehr beherrschbar ist.

Die planmäßige Gestaltung der Wirtschaftsentwicklung im Jahre 1990 erfordert, die staatlichen Aufgaben zur Ausarbeitung des Volkswirtschaftsplanes 1990 Mitte Juni an die Kombinate und Betriebe zu geben. Das ist erforderlich, um die Zulieferungen zu bilanzieren und Verträge für die Versorgung der Bevölkerung und den Export rechtzeitig vorzubereiten und die Planaufgaben mit den Werktätigen zu diskutieren. Damit das Aufkommen an Nationaleinkommen und seine Verwendung in Übereinstimmung kommen, der Plan bilanzierbar und die

Zahlungsbilanz besser beherrschbar wird, wäre es notwendig, gleichzeitig die beiliegenden Vorschläge zu bestätigen. Wir schlagen vor, dass diese Vorschläge durch Genossen Stoph dem Politbüro vorgelegt werden. Die jetzt vorgelegten Planaufgaben an die Minister mit den noch offenen Problemen in der Bilanz des Nationaleinkommens herauszugeben, würde zu einer Diskussion in Vorbereitung des XII. Parteitages führen, die nicht zu verantworten wäre.

Die Information zum Fünfjahrplanprojekt 1991 bis 1995 sollte jetzt nicht im Politbüro behandelt werden. Unter Beachtung der Hinweise in der Beratung in der Gruppe unter Deiner Leitung sollte der Termin nach der Behandlung der staatlichen Aufgaben für den Plan 1990 im Politbüro festgelegt werden.

Eine Kurzfassung von Faktoren, die maßgeblich die Entwicklung von Aufkommen und Verwendung des Nationaleinkommens der DDR und damit die Entwicklung des ›Sockels‹ beeinflussten, ist als Anlage beigefügt.

Die von den Genossen Schürer und Halbritter ausgearbeiteten ›Maßnahmen zur Sicherung der Übereinstimmung der Entwicklung des Warenfonds zur Versorgung der Bevölkerung und der Nettogeldeinnahmen‹ sind darauf gerichtet, Aufwand und Verbrauch in der Volkswirtschaft besser in Übereinstimmung zu bringen. Dabei handelt es sich um eine politische Entscheidung.

Für die Beratung der Gruppe unter Deiner Leitung schlagen wir vor, nur die Materialien zum Volkswirtschaftsplan 1990 zu verteilen einschließlich des Maßnahmeplanes.«

Der Wortlaut meines Schreibens an Erich Honecker war der konzentrierte Ausdruck vieler Hinweise, Bedenken und Vorschläge, die meinerseits direkt oder auf meine Veranlassung hin zum Beispiel durch die mir zugeordneten Abteilungen des Zentralkomitees bereits in den Jahren zuvor erfolgten, die aber kein Ohr fanden.

Für die politisch-ökonomische Stabilität der DDR war die weitere Gestaltung und Beherrschung der Zahlungsbilanz mit dem nichtsozialistischen Wirtschaftsgebiet (NSW) von außerordentlicher politischer Bedeutung. Von 1981 bis Ende August 1989 war der »Sockel« von 29 Milliarden Valutamark auf 38,2Milliarden Valutamark angestiegen. Der Aufwand für Zinsen und Kosten betrug in diesem Zeitraum 45 Milliarden Valutamark.

Die Entwicklung der Zahlungsbilanz mit dem NSW sowie der Anstieg des »Sockels« war mehrfach Gegenstand von Vorlagen und Beschlüssen des Politbüros insbesondere im Zusammenhang mit der Ausarbeitung von Volkswirtschafts- und Staatshaushaltsplänen. In den Vorlagen und in den Stellungnahmen von Abteilungen des ZK für das Politbüro wurde die Entwicklung des »Sockels« dargelegt. Das Politbüro wurde seit 1973 monatlich über die Entwicklung der Zahlungsbilanz informiert. Das erfolgte mit den Dokumenten zu den Jahresvolkswirtschaftsplänen, die dem Politbüro durch den Vorsitzenden des Ministerrates bzw. den Vorsitzenden der Staatlichen Plankommission vorgelegt wurden und die auch die Angaben zur Zahlungsbilanz enthielten.

Monatlich wurde das Politbüro durch den Vorsitzenden der Staatlichen Plankommission und durch den Minister der Finanzen schriftlich über den Stand der Zahlungsbilanz in Kenntnis gesetzt. Darüber hinaus hat der Vorsitzende des Ministerrates im gleichen Rhythmus über die »strategischen Reserven«, die die Zahlungsbilanz betrafen, informiert.

Hier sei nur angemerkt, dass in der Arbeitsgruppe »Zahlungsbilanz« keinerlei Festlegungen zu konkreten Objekten getroffen wurden. Für die operative Leitung der Arbeit auf dem Gebiet der Zahlungsbilanz war der Vorsitzende der Staatlichen Plankommission Gerhard Schürer verantwortlich. Die entsprechenden Informationen erhielten Mittag und Stoph.

Beschlüsse zur Halbierung des »Sockels« wurden in den Vorlagen von staatlichen Organen der Regierung nicht voll mit Entscheidungsvorschlägen untersetzt. Bestimmte Vorschläge zur Reduzierung des Einsatzes von Nationaleinkommen und damit des »Sockels« wurden im Politbüro nicht bestätigt.

Die unterbreiteten Vorschläge betrafen unter anderem:

- Verringerung des Aufwandes im Staatsapparat und nachgeordneten Einrichtungen;
- Verringerung des Aufwandes für Parteien und gesellschaftliche Organisationen;
- Veränderungen beim Wohnungsbau zugunsten einer Modernisierung der vorhandenen Altbausubstanz und die Werterhaltung;
- Verminderung der Subventionen bei den Verbrauchern;
- Überlegungen zum schrittweisen Übergang zur Konvertibilität der Mark.

Einige dieser Fragen hinsichtlich der Veränderung in der Verwendung des Nationaleinkommens zugunsten der produktiven Akkumulation wurden bereits Ende der 70er Jahre auch in der Öffentlichkeit gestellt. Letztlich wurden alle diese Vorschläge abgeschmettert. Sie waren unbequem, störten das Bild von der »Idylle«. Ihre Durchführung hätte Auseinandersetzung und Kampf erfordert. Dafür war damals schon in der Partei immer weniger Bereitschaft vorhanden.

Die Zahlungsbilanz verschlechtert sich weiter

Ein schon als dramatisch zu bezeichnender Versuch, über Informationen auf diesem entscheidenden Gebiet die Gedanken auf eine Änderung des Kurses zu richten, bestand in der Abfassung einer als »Geheime Kommandosache« behandelten Information über die Lage auf dem Gebiet der Zahlungsbilanz an den damaligen Generalsekretär.

Aus der Veröffentlichung der »Geheimen Kommandosache« *b5 – 1111/89 vom 28. September 1989* in der *taz* vom 19. März 1990:

Verfasser sind: Gerhard Schürer, Gerhard Beil, Alexander Schalck, Herta König, Werner Polze.

Unter Bezugnahme auf den »erteilten Auftrag« wird unter

anderem festgestellt, dass die DDR bereits jetzt »von kapitalistischen Kreditgebern abhängig ist«.

Die jährliche Kreditaufnahme der DDR liege bei 8 bis 10 Milliarden Valutamark.

Die bisher vorgesehenen Exporte reichen zur Finanzierung nicht aus. Sie müssten »unabdingbar notwendig« von 12,2 Milliarden Valutamark 1989 auf 24,0 Milliarden Valutamark 1995 steigen.

Dabei wird ab 1991 von einem gleichbleibendem Import in Höhe von 12,5 bis 12,8 Milliarden Valutamark ausgegangen.

Trotzdem würde, so wird weiter festgestellt, sich der »Sockel« von minus 41,8 1989 auf 52,6 1995 entwickeln.

Abschließend wird festgestellt, dass entsprechend den Größenordnungen der bereitzustellenden Exportfonds, prinzipiell wirtschaftspolitische Entscheidungen zu treffen seien. Darunter wurde vor allem die Reduzierung der gesellschaftlichen Konsumtion, und falls dies nicht ausreiche, auch die der individuellen Konsumtion bei Festlegung entsprechender Preise genannt.

Dies war ein letztes Alarmsignal in einer Kette diesbezüglicher Informationen.

Bereits am 27. Juni 1980 wurde im Politbüro für den Zeitraum 1981–1985 festgelegt, den »Sockel«, also quasi die Nettoverbindlichkeiten der DDR, der 1980 24,4 Milliarden Valutamark betrug, auf 9,8 Milliarden Valutamark zu senken.

Am 3. April 1985 wurde dann beschlossen, den zu diesem Zeitpunkt bestehenden Saldo von 29,4 Milliarden Valutamark auf 11,9 Milliarden Valutamark bis 1990 abzubauen. Das war im Grunde genauso unrealistisch wie der erste Beschluss, weil außenwirtschaftliche Entwicklungen in solchen Größenordnungen eingetreten waren, die nicht mehr beherrscht werden konnten. Vor allem aber gab es keine konkreten Maßnahmen, um Mittel dort einzusparen, wo sie eingespart werden konnten, also beim gesellschaftlichen Verbrauch, in der Verwaltung, im Sicherheitsapparat, beim Sport und anderswo, wo die Ausgaben die Möglichkeiten der DDR weit überstiegen.

Trotzdem wurden 1986 im Politbüro zwei weitere Festlegungen zur Reduzierung des »Sockels« getroffen. 1987 im Juli kam es dann zu dem Beschluss über die Halbierung des »Sockels«, der damals bereits 32 Milliarden Valutamark als Differenz aus Forderungen und Verbindlichkeiten betrug.

Die Schuldenentwicklung ging trotz all dieser Beschlüsse weiter nach oben. Nach einem vom Vorsitzenden der Staatlichen Plankommission, Gerhard Schürer, vorgelegten Papier sollte für das darauffolgende Jahr 1989 eine weitere Erhöhung der Verschuldung vor sich gehen. Nach den entsprechenden Berechnungen würde dann der »Sockel« auf 38,9 Milliarden Valutamark weiter ansteigen. Dem lag zugrunde, dass sich die Verbindlichkeiten auf 48,6 Milliarden Valutamark erhöhen würden und die Forderungen der DDR an andere Länder des NSW 9,7 Milliarden Mark betragen hätten. All das immer unter der Voraussetzung, dass der insgesamt vorgesehene Planansatz in Leistung, Export und Import realisiert werden würde, was eine kühne Annahme war.

Für 1990 wäre es darauf angekommen, im Verhältnis von Leistung, Export und Import eine tatsächliche Wende einzuleiten. Das hätte vorausgesetzt, vor allem den gesellschaftlichen Verbrauch entschieden zu verringern. Aber: Die Weiterführung des Kurses der Einheit von Wirtschafts und Sozialpolitik in bisheriger Weise wurde nicht in Frage gestellt. Das kam dem Versuch der Quadratur des Kreises gleich. Denn ebenso sollte ein Stopp der Verschuldung erreicht werden, obwohl keinerlei Aussicht auf eine Verringerung der außenwirtschaftlichen Belastungen bestand, keine Tonne mehr Erdöl aus der Sowjetunion fließen würde und keine Mark mehr an Devisenerlös durch Aufhebung des Cocom-Embargos zu erwarten war.

Aber zugleich war klar, dass die in der damaligen DDR bestehende Lebensqualität zumindest gehalten werden musste. Da nur das verbraucht werden kann, was vorher produziert worden ist, wäre eine weit höhere Produktion notwendig gewesen. Nicht nur in der Menge, sondern auch in der Qualität, um eine effektivere Struktur des Exports zu erreichen. Aus eigener Kraft war das nicht mehr möglich.

Dafür wurden in der Staatlichen Plankommission keine auch nur im Ansatz brauchbaren Konzepte erarbeitet. Zugegeben, das war sehr schwer, das hätte kühnes Denken erfordert – doch leider war trotz vieler kluger Leute der Apparat insgesamt zu schwerfällig, um wenigstens Varianten vorzulegen, die die Diskussion auf eine prinzipiellere Ebene gehoben hätte. Es wurde von den verantwortlichen Leitern in der Staatlichen Plankommission auch zu wenig berücksichtigt, dass die Mehrheit der Mitglieder des Politbüros von konkreter Ökonomie nur herzlich wenig verstand und dass man deshalb die Probleme nicht in einer »Fachidioten-Sprache« in verklausulierter Weise, möglicherweise in Fußnoten versteckt, darlegen konnte.

Durch entsprechende Stellungnahmen der zuständigen Abteilung des ZK wurde versucht, auf die Unzulänglichkeiten in den 1988, 1989 und für 1990 vorgelegten Planansätzen der Staatlichen Plankommission aufmerksam zu machen. Es wurde deutlich gesagt, was die ungelösten außenwirtschaftlichen Probleme für die DDR für 1988 im Inland bedeuten würden – nämlich 8 Milliarden Mark Endprodukt, die nicht zur Verfügung stehen würden und die deshalb auch auf der Einnahmeseite des Staatshaushaltes fehlen würden.

Zu all dem gab es keinerlei der volkswirtschaftlichen Größenordnung entsprechende Vorschläge der Staatlichen Plankommission. Der »Sockel« sollte nach ihren Berechnungen um weitere 4,4 Milliarden Valutamark ansteigen. Das wurde im Politbüro auch so bestätigt, obwohl es genügend Warnungen gab. Dazu zählt schließlich auch der eindeutige Text meines Briefes vom 9. Mai 1989 an den Generalsekretär, der, wie bereits dargelegt, der Sitzung des Politbüros von Erich Honecker erst gar nicht vorgelegt wurde.

Es wurden beispielsweise auch solche schwerwiegenden Tatsachen heruntergespielt, dass gegenüber den ursprünglichen

Planungen für den laufenden Fünfjahrplan-Zeitraum wegen der internationalen Preisentwicklung für die DDR mit einem um 4 Milliarden Valutamark geringeren Erlös aus dem Verkauf von Erdölprodukten gerechnet werden musste. Das war zu Inlandspreisen für die drei Jahre 1986 bis 1988 zusammengenommen immerhin die beachtliche Summe von 12 Milliarden Mark Nationaleinkommen, also mehr als ein Jahreszuwachs. Das ging einfach unter, und auf diese Weise wurden Illusionen über die tatsächliche Lage gestärkt, die sich eben darin ausdrückten, dass jeder immer nur mehr für seinen Bereich forderte, anstatt dass es zu einer, ich gebrauche den Begriff »konzertierte Aktion«, gekommen wäre, um das Steuer noch herumzureißen.

Diese Zahlen verdeutlichen, dass eine weitere Entwicklung der DDR unter den bisherigen Rahmenbedingungen nicht mehr möglich war.

Es konnte natürlich keine Steigerung der volkswirtschaftlichen Leistung und vor allem des Exports ohne mehr Importe geben. Um das zu erreichen, war der breite Übergang zur Unternehmenskooperation in Form von Joint Ventures dringend erforderlich. Dazu waren bereits Monate zuvor Studien in Auftrag gegeben. Es gab jedoch keine aussichtsreiche Möglichkeit, dass darauf eine positive Reaktion erfolgen würde.

Und ebensowenig war es angängig, das Lebensniveau zu senken. Das wäre mit der Bereitschaft zu den notwendigen höheren Leistungen nicht vereinbar gewesen.

Es kam jedoch zu keiner grundsätzlichen und konstruktiven Diskussion zu diesen Fragen, vorher schon nicht und auch nicht zu diesem späten Zeitpunkt.

Hoffnungen und Scheitern der Einheit von Wirtschafts- und Sozialpolitik

Mit dem Konzept der Einheit von Wirtschafts- und Sozialpolitik verbanden sich viele Hoffnungen und Erwartungen.

Die Wirtschaft sollte nicht Selbstzweck, sondern Mittel zum Zweck der immer besseren Befriedigung der materiellen und kulturellen Lebensbedürfnisse der Menschen sein.

War das ein einleuchtendes Konzept? Man muss sagen: ja. Konnte darauf eine Politik aufgebaut werden, die den Namen sozialistisch verdiente? Auch das muss man, wenn auch mit Einschränkungen, bejahen.

Und nicht nur unter dem Gesichtspunkt des Adjektivs »sozialistisch«. Jede entwickelte Wirtschaft braucht eine gewisse Übereinstimmung von Wirtschafts- und Sozialpolitik einschließlich der Befriedigung geistig-kultureller Interessen.

Der Übergang zu dieser Politik fand die Zustimmung der übergroßen Mehrheit des Volkes.

Natürlich durfte es nicht bei Losungen bleiben. Wirtschaftliche Verbesserungen mussten real spürbar werden. Das, was erarbeitet wurde, sollte den Menschen zugute kommen.

Es sollte auch schnell spürbar werden. In den 60er Jahren wurde eine Losung popularisiert, die da lautete: »So wie wir heute arbeiten, werden wir morgen leben.«[199]

Diese an und für sich richtige Losung wurde in den Hintergrund gedrängt. Wir wollen nicht erst morgen, sondern heute bereits so leben, wie wir arbeiten. So waren nun die Überlegungen. Dahinter stand: Die Verbesserung der Lebensverhältnisse durfte nicht auf den Sankt-Nimmerleins-Tag verschoben werden. Unmittelbar sollten bessere Arbeitsergebnisse für den Einzelnen spürbar werden. Von heute auf morgen lässt sich kein durchgreifender Leistungsschub organisieren. Also wieder vertrösten? Das war nicht im Sinne des damals von der gesamten Führung vertretenen Konzeptes. Das entsprach auch nicht der Stimmung breiter Kreise der Werktätigen.

Also blieb für schnelle sichtbare Erfolge nur der Weg der Umverteilung des Erarbeiteten. Das hieß, die Erhöhung des Anteils der Konsumtion gegenüber der Akkumulation. Das bedeutete aber, mehr verbrauchen auf Kosten der intensiv erweiterten Reproduktion.

Zeitweilig mochte das gehen, vor allem wenn in vorhergehenden Perioden mehr Gewicht aur die Akkumulation gelegt wurde als gesellschaftlich verkraftbar. Insofern waren die damals beschlossenen Maßnahmen vielleicht noch zu vertreten. Aber es keimte bereits, was sich später verhängnisvoll auswirken sollte: Die Konsumtion verselbstständigte sich.

Um schnell spürbare Verbesserungen im Lebensstandard zu erreichen, wurden außerplanmäßig zur Verfügung stehende Mittel auch für die Konsumtion eingesetzt. Wenn es auch anteilmäßig wenig war, so entstand doch ein Eindruck »unbegrenzter Möglichkeiten«. Zusätzliche Konsumgüter wie Jeanshosen und anderes wurden importiert. Das Warenangebot wurde reichhaltiger. Die Stimmung der Menschen, insbesondere der Jugend, verbesserte sich. Es lohnt sich zu arbeiten. Das war zweifellos eine damals gezogene Schlussfolgerung bei vielen.

Aber: Wie ein schleichendes Gift entwickelte sich ein Anspruchsdenken, losgelöst von dem Gedanken des eigenen Leistungsbeitrages.

Die Partei jedoch stand mit ihren Handlungen im Wort.

Interessant ist in dem Zusammenhang eine Äußerung, die zu einem Zeitpunkt erfolgte, als die Frage von Veränderungen längst auf der Tagesordnung stand. Unter der Überschrift »Einheit von Wirtschafts- und Sozialpolitik festgeschrieben« hieß es: »Für die DDR und in der Ära Honecker muss man aber wohl annehmen, dass an der festgeschriebenen Einheit von Wirtschafts- und Sozialpolitik nicht gerüttelt wird. Denn in diesem Fall würde zwangsläufig auch die Gesellschaftspolitik in Frage gestellt. Und dazu findet sich dieses System heute noch nicht bereit.«[200]

Hier wird der Zusammenhang zwischen der Einheit von Wirtschafts- und Sozialpolitik und der gesamten Gesellschaftspolitik ganz klar gesehen. Es wird auch deutlich, mit wessen Namen diese Politik und das Festhalten daran verbunden ist.

Im Namen der Einheit von Wirtschafts- und Sozialpolitik wurden Kredite aufgenommen, und zwar nicht nur für gezielte, genau definierte Projekte der Leistungssteigerung, sondern auch für den sofortigen Verbrauch in Form von Konsumgütern.

Dahinter stand wohl der Gedanke, dass sich dieses bessere Angebot schon in steigenden Leistungen auszahlen werde. Es ist unbestritten, dass ein ausreichendes und sich ständig verbesserndes Warenangebot eine Grundvoraussetzung für die Wirkung des Leistungsprinzips ist. Ob es sich lohnt, zu arbeiten und mehr Geld zu verdienen, hängt von dem Warenangebot ab, das dem Geldwert gegenübersteht. Das ist eine Binsenweisheit. Aber dieses wachsende Warenangebot muss auf Dauer in eigener Leistung fundiert sein. Und für wachsende Leistungen mussten die erforderlichen materiell-technischen wie bildungsmäßigen Voraussetzungen geschaffen werden. Und dieser Punkt wurde bereits damals vernachlässigt.

Zu gern ließen sich die Protagonisten der vom VIII. Parteitag 1971 eingeleiteten »Wende« für soziale Verbesserungen feiern, und die Folge war, mehr zu versprechen und mehr auszugeben, als real erarbeitet wurde. Man gewöhnte sich an diese Praxis und vergaß ökonomische Erfordernisse. Es gab zunehmend Forderungen nach mehr Ausgaben, zum Beispiel bei der Kultur, im Sozialwesen, beim Sport, aber zu wenig Angebote für mehr abrechenbare Leistung. Ausgeben ist natürlich immer populärer als Leistungen einfordern.

Diese Situation wurde dann ganz problematisch, als internationale Bedingungen eintraten, die das gesamte Konzept der Einheit von Wirtschafts- und Sozialpolitik zutiefst bedrohten, wie die Ölkrise.

Um also die Frage zu beantworten, ob oder inwieweit die Fortführung der Einheit von Wirtschafts- und Sozialpolitik unter sich verändernden innen- und außenwirtschaftlichen Bedingungen der 80er Jahre möglich war, soll die Antwort auf diese Frage in zwei Teile getrennt werden:

Erstens, was den prinzipiellen Kurs auf eine Einheit von Wirtschafts- und Sozialpolitik überhaupt anbelangt: Bis zum heutigen Tag und in absehbarer Zukunft ist es keinem entwickelten Industrieland in Europa möglich sein, eine von gesellschaftlichen Erschütterungen freie Entwicklung zu nehmen, wenn diese nicht darauf beruht, eine Verknüpfung von Wirtschafts- und Sozialpolitik als prinzipielle Orientierung anzustreben.

Die Bezeichnungen, Wege und Erfahrungen dahin können unterschiedlich sein. In der Bundesrepublik spricht man von der sozialen Marktwirtschaft, die darauf gerichtet ist, dass die Menschen in Abhängigkeit vom realen Leistungszuwachs wachsende soziale Leistungen (Lohnsteigerungen, Rentenerhöhungen) erhalten.

Es gab also weder aus innerer Sicht noch aus äußeren Gegebenheiten zu keinem Zeitpunkt objektive wie subjektive Voraussetzungen, die ein Abgehen von der Einheit von Wirtschafts- und Sozialpolitik als Prinzip, als Handlungsmaxime ermöglicht hätten.

Aber sowenig es erforderlich und richtig gewesen wäre, wegen der veränderten Bedingungen mit dem Prinzip der Einheit von Wirtschafts- und Sozialpolitik radikal zu brechen, so notwendig war eine gründliche Analyse und eine Modifizierung dieses Prinzips, unter Beachtung äußerer und innerer Möglichkeiten. Zu ihnen hätte eine engere Kooperation mit der BRD ebenso gehört wie eine konsequentere Orientierung auf die Modernisierung der Wirtschaft im Sinne produktivitätssteigernder Schlüsseltechnologien.

Zweitens: Eine andere Sache ist das *Wie* der konkreten Ausgestaltung und Verwirklichung des Prinzips der Einheit von Wirtschafts- und Sozialpolitik.

Dieses Prinzip wurde in der DDR in Formen gegossen, die seit 1971 einfach nur fortgeschrieben wurden. Ein typisches

Beispiel ist das Festhalten am Grundsatz, stabile Preise für Waren des Grundbedarfs, für Dienstleistungen, Tarife und Mieten beizubehalten. Jeder Preis für eine konkrete Ware wurde so fälschlicherweise zum Maßstab für die Bewahrung der Einheit von Wirtschafts- und Sozialpolitik als Ganzes gemacht.

Es wurden Tabus aufgestellt, und diese haben es unmöglich gemacht, die Verwirklichung der Einheit von Wirtschafts- und Sozialpolitik den veränderten Bedingungen anzupassen.

Solche Tabus waren:

- Gewährleistung hoher und, bis auf das letzte Jahr, steigender Ausgaben für Sicherheit und Verteidigung. Sie durften nicht angetastet werden.
- Keine Änderung der Verbraucherpreise für Waren des Grundbedarfs, bei Mieten und Tarifen. Dabei war es so, dass bis auf Exquisit und Delikat faktisch alle Waren zum Grundbedarf gerechnet wurden.
- Beibehaltung der Subventionen, ohne Rücksicht auf ihre Höhe und ihr ständiges Ansteigen. Die Zahlung von staatlichen Subventionen für den Verbrauch wurde zu einem Prinzip des Sozialismus hochstilisiert.
- Der Wohnungsbau war bis auf die letzte zu bauende Wohnung festgeschrieben. Die Bereitstellung der Mittel war eine abgeleitete Frage.
- Für den Sport, eine Prestigefrage der DDR, wurde alles getan, was gefordert wurde.
- Kooperation oder gar Joint Ventures durfte es nicht geben.
- Ein echtes Leistungsprinzip, das hervorragenden Einsatz systematisch begünstigte und Leistung deutlich vom allgemeinen Durchschnitt abhob, und das andererseits erlaubt hätte, wirksam gegen Nachlässigkeit und Bummelei vorzugehen, durfte nicht verwirklicht werden.
- Es musste, auch im RGW, gegen eine Konvertibilität der Mark aufgetreten werden.

Von mir wurden zu den verschiedensten Zeitpunkten zahlreiche Vorstöße unternommen, um die konkrete Ausgestaltung der Einheit von Wirtschafts- und Sozialpolitik, ohne sie als Ganzes in Frage zu stellen, den grundsätzlich veränderten ökonomischen Bedingungen anzupassen. Das betraf Preisveränderungen und Senkung der gesellschaftlichen, nicht der Produktion dienenden Kosten der Betriebe. Das betraf Vorschläge zur Eindämmung des Abkaufs subventionierter Waren zu spekulativen Zwecken. Das betraf vor allem aber Vorschläge zum Abbau des Verwaltungsapparates im Staatsapparat sowie in den nachgeordneten Einrichtungen und in den Kombinaten und Betrieben. Das betraf Vorschläge zur Verringerung des Aufwandes bei den Parteien und den Massenorganisationen.

Sie wurden alle abgelehnt oder zumindest bis zur Wirkungslosigkeit abgeschwächt. Sie wurden – ob das so ausgesprochen wurde oder nicht – letztlich als Angriff auf die Einheit von Wirtschafts- und Sozialpolitik insgesamt umgedeutet. Niemand war bereit, die mit der Verwirklichung solcher Vorschläge verbundenen zeitweilig unangenehmen politischen Konsequenzen mitzutragen.

So kam es, dass zwar die Einheit von Wirtschafts- und Sozialpolitik ständig beschworen wurde, sie aber in Wirklichkeit bereits durchbrachen war, weil die wirtschaftlichen Leistungen hinter dem Verbrauch zurückblieben.

Die Sozialpolitik oder das, was darunter verstanden wurde, hatte sich längst verselbstständigt. Es war nicht möglich, einen Konsens über notwendige Veränderungen zu erreichen. Anfänge dazu scheiterten in dem Moment, wo für den eigenen Verantwortungsbereich Konsequenzen drohten.

Das Ganze lässt sich in folgender Grundaussage konzentrieren:

Das Konzept der Einheit von Wirtschafts- und Sozialpolitik wurde in Form bestimmter Tabus gekleidet. Die Einhaltung dieser Tabus bedeutete – obwohl sich das wohl kaum jemand in dieser Konsequenz eingestanden hatte – den absoluten Vorrang der Ausgaben gegenüber den Einnahmen. Seit Mitte der 70er Jahre, als sich die außenwirtschaftlichen Bedingungen in gravierender Weise für die DDR zu ändern begannen, wurden keinerlei Schlussfolgerungen in Bezug auf die Tabus gezogen. Sie wurden noch schärfer betont als zuvor. Nach 1980 entstanden die großen Bauten für die Nationale Volksarmee, erfolgte eine Modernisierung der Bewaffnung, gab es viele neue Gebäude für die Staatssicherheit, wurde alles für den Sieg bei der Olympiade 1988 getan, wurde das Wohnungsbauprogramm durch kostspielige Varianten (siehe Berliner Friedrichstraße) »bereichert«, wurde zugelassen, dass selbst beim Exquisithandel Subventionen zu zahlen waren usw. usf. Für die Volkswirtschaft blieb dann immer weniger übrig, ihre Reproduktion war nicht mehr gewährleistet. So wurde die Einheit der Wirtschafts- und Sozialpolitik untergraben, indem die Leistungsfähigkeit der Volkswirtschaft durch politische Entscheidungen, die angeblich alle im übergeordneten Interesse der DDR lagen, systematisch geschwächt wurde.

Die Ursache für die sinkende Akkumulationsrate liegt also nicht bei der Wirtschaft, sondern bei der vorhergehenden Umverteilung großer Summen des erwirtschafteten Nationaleinkommens für gesellschaftliche Zwecke. Diese Entscheidungen wurden nicht innerhalb, sondern außerhalb der Wirtschaftspolitik gefällt. Für die Wirtschaft waren sie Gegebenheiten, die sie hinzunehmen hatte. Das muss als der Kardinalfehler der gesamten Gesellschaftspolitik damals ganz eindeutig festgestellt werden.

Wie wurden wirtschaftspolitische Fragen im Politbüro behandelt?

Planungsabläufe und Kompetenzen

Die Direktive zum Fünfjahrplan 1986–1990 wurde, wie es seit Langem üblich war, durch den damaligen Vorsitzenden des Ministerrates Willi Stoph ausgearbeitet und vor dem XI. Parteitag begründet.

Die Jahresvolkswirtschaftspläne wurden ebenfalls unter Leitung des Vorsitzenden des Ministerrates ausgearbeitet, dem Politbüro zur Bestätigung vorgelegt und dann der Volkskammer unterbreitet. Von Seiten des Parteiapparates erfolgte für die Behandlung im Politbüro eine Stellungnahme entsprechend der damals geltenden Arbeitsordnung des ZK, die mir vorher zur Kenntnis gegeben wurde. Es gab jedoch keine Kompetenz für die Ausarbeitung der Pläne selbst.

Die Ausarbeitung der volkswirtschaftlichen Bilanzen lag in voller Verantwortung der Staatlichen Plankommission. Dort wurden auch die Entscheidungen zu ihrer Veränderung getroffen. Die wichtigsten Bilanzen, also die sogenannten Staatsplanpositionen, wurden dem Ministerrat zur Entscheidung vorgelegt. Durch die Staatliche Plankommission erfolgte keine umfassende volkswirtschaftliche Analyse, zu der sie entsprechend ihrem Statut verpflichtet war.

Von Seiten der Abteilungen des ZK gab es gegebenenfalls Vorschläge zur Erschließung weiterer Reserven, über deren Berücksichtigung die jeweils zuständigen staatlichen Organe endgültig die Entscheidung trafen.

Die Ausarbeitung der Konzeption des Wohnungsbauprogramms erfolgte direkt durch den Minister für Bauwesen im Auftrage des damaligen Generalsekretärs.

Was aber machte die Wirtschaftskommission beim Politbüro?

Die Wirtschaftskommission hatte keinerlei Entscheidungsbefugnis. Durch sie wurden keinerlei verbindliche Beschlüsse gefasst. Ihre Arbeit hatte vorbereitenden Charakter. Sie konnte die Ausarbeitung von Vorschlägen anregen, die gegebenenfalls dem Politbüro unterbreitet wurden.

Ihre Aufgabe galt der Verwirklichung der gegebenen politisch-ideologischen Orientierung, und es erfolgte gegebenenfalls eine im damaligen Statut der SED festgelegte Parteikontrolle über die Durchführung der gefassten Beschlüsse durch die für die einzelnen Aufgaben jeweils verantwortlichen Genossen, wozu vor allem die Wahrnehmung ihrer Verantwortung für die Durchführung des Volkswirtschaftsplanes gehörte.

Es wurden keinerlei Entscheidungen zu inhaltlichen Fragen getroffen. Dies erfolgte durch Beschlüsse des ZK, des Politbüros und des Ministerrates.

Mitglieder der Wirtschaftskommission waren Wemer Krolikowski bzw. Günter Kleiber jeweils als Erste Stellvertreter des Vorsitzenden des Ministerrates, sowie Gerhard Schürer, Vorsitzender der Staatlichen Plankommission. Bei der Diskussion über die ihre Arbeit betreffenden Probleme waren die jeweiligen Minister anwesend. Soweit staatliche Festlegungen erforderlich wurden, entschied dies der Ministerrat in eigener Verantwortung.

Es muss, um der Wahrheit willen, hier weiter festgestellt werden:

Den Konzentrationspunkt der Machtfülle auf ökonomischem Gebiet, bedingt durch ein Übermaß an Zentralisation von Information und Entscheidung, zumindest von Vorentscheidung, bildete die Staatliche Plankommission.[201] Diese Situation bestand in der ganzen Zeit, und sie wurde ständig in Richtung auf eine immer größere Zentralisation fortentwickelt. Das geschah unter dem Deckmantel der Gewährleistung der Planwirtschaft, insbesondere der Bilanzierung der volkswirtschaftlichen Prozesse. Diese Bilanzierung jedoch war nicht in erster Linie eine Bilanzierung der wirklichen volkswirtschaftlichen Verflechtungen, obwohl es Ansätze dazu gab, sondern eher eine Verteilung der immer zu knapp vorhandenen Fonds. Auf diesem Gebiete erfolgte eine derartige Perfektionierung des Systems, dass es nicht mehr zu überblicken war. Andererseits wurden auftretende Probleme durch den Ministerrat oder auch das Politbüro nicht behandelt, mit der Begründung, »sie stünden nicht auf der Tagesordnung«.

Die Qualität der vorgelegten Planentwürfe

Bei allen Anstrengungen vieler daran beteiligter Mitarbeiter muss man trotzdem zu der Feststellung gelangen, dass die Volkswirtschaftspläne, aber besonders auch die Fünfjahrpläne, unzureichend ausgearbeitet waren. Sie hatten nicht jene erforderliche Qualität, um die wirklichen Konsequenzen, die sich aus den gesetzten Planzielen in Produktion wie Verbrauch ergaben, deutlich werden zu lassen. Die Entwürfe gaben, von einigen Ausnahmen abgesehen, auch nicht die Möglichkeit, über Varianten zu entscheiden.

Im Staatshaushaltsplan war keine selbstständige Position über die Geldeinnahmen und -ausgaben enthalten. Durch die Verschiebung der offenen Geldprobleme in die Kreditbilanz erfolgte eine Verschleierung der wirklichen Situation. So wurde auch der Zusammenhang zwischen materiellem und finanziellem Aufwand nicht erkennbar. Die Kreditbilanz wurde aus dem Politbüro verbannt und die volle Verantwortung dafür der Regierung auferlegt.

Gleichzeitig gab es laufend Planänderungen, die im Ministerrat behandelt und dem Politbüro dann vorgelegt wurden. Es erfolgte beispielsweise eine Senkung der materiellen Leistungsziele für bestimmte Ministerien, ohne dass über die finanziellen Auswirkungen entschieden wurde. Darüber wurde dann später entschieden. Das wiederum hatte zur Folge, dass eine klare Einschätzung der ökonomischen Lage in den Betrieben und Kombinaten nicht möglich war. Vor allem entstanden Konflikte hinsichtlich der ökonomischen Stimulierung. Die Kombinate wurden in diesen für sie entscheidenden Fragen von den Ministerien, aber auch von der Staatlichen Plankommission sowie vorn Ministerrat vernachlässigt.

Auf Grund vorgelegter Materialien zum Volkswirtschaftsplan 1989 machte ich in einer Sitzung des Politbüros am 10. Mai 1988 unter anderem folgende Bemerkungen an die Adresse der Staatlichen Plankommission:

»Solche globalen Vorstellungen haben in keinem Jahr zur Lösung eines Problems geführt. Unsere Arbeit ist aufgebaut darauf, dass wir für jedes Ministerium und jedes Kombinat wissen müssen, was erforderlich ist.

Es ist von entscheidender Bedeutung, dass wir eine Analyse bekommen, um daraus abzuleiten, welche Aufgaben von jedem Kombinat, von jedem Ministerium zu lösen sind. Es zeigt sich, dass es notwendig ist, dass wir die Kombinate durcharbeiten und uns auch die Betriebe ansehen, weil bereits eine Reihe Problerne entstanden sind, die nur an Ort und Stelle geklärt werden können. Die Methode der globalen Behandlung geht nicht.

Würde man den Vorschlägen von Gerhard Schürer folgen, auch dann würde sich der Plan noch nicht schließen lassen. Wenn man aber dreißig bis vierzig Prozent Lösungsvorschläge dem Politbüro unterbreitet hätte, wären wir ein ganzes Stück weiter.

Hinzu kommt, dass es in Wirklichkeit vielfach anders aussieht, als es von Gerhard Schürer dargelegt ist. Es zeigt sich als Grundmangel, dass verschiedene Punkte in ihrem volkswirtschaftlichen Zusammenhang völlig ungenügend analysiert werden. Ökonomische Berechnungen erfolgen aus volkswirtschaftlicher Sicht nicht gründlich genug. Vorausschauende Vorschläge werden nicht genügend konkret durchgearbeitet.

Das steht aber als Aufgabenstellung im Statut der Staatlichen Plankommission.«

Hier ging es also um die Frage, und das war einer meiner Hauptkritikpunkte, dass die staatlichen Organe, insbesondere auch die Staatliche Plankommission ihre Verantwortung nur unvollständig wahrgenommen hatten und nach der Methode handelten, dem Politbüro alle ungelösten Probleme auf den Tisch zu schieben, in der Erwartung, dass dort jemand ein Zaubermittel wüßte. Dagegen insbesondere hatte ich mich gewehrt. Hinterher hat man das so interpretiert, ich hätte alles an mich ziehen wollen.

Auch hier kam es zu Auseinandersetzungen um die Mikroelektronik, die in der Frage kulminierten: Import von Bauelementen oder auch Eigenproduktion?

Meine Kritik an die Adresse der Staatlichen Plankommission richtete sich dagegen, dass für den Import von Bauelementen Valuta ausgegeben werden sollte, für die Eigenproduktion keine Mittel zur Verfügung standen. Hier, wo es um die Stärkung der Leistungskraft der Industrie der DDR ging, wurde der Rotstift angesetzt.

Ich wies in der oben schon angeführten Beratung auf Folgendes hin: »Gerade durch den Einsatz der Mikroelektronik tritt doch zum Beispiel eine große Verringerung des Energieverbrauchs ein. Es zeigt sich, dass so grundlegende neue Voraussetzungen für die Einsparung von Material entstehen, dass Voraussetzungen für die Erhöhung des Exports in das NSW und SW und eine hohe Devisenrentabilität geschaffen werden. Es kann hier nicht um ein Abbremsen gehen.«

Ich machte deutlich, dass die qualitativen Fragen in den Mittelpunkt der Volkswirtschaftspläne gestellt werden müssen, dass es also nicht vordergründig und einzig und allein um globale Zahlen gehen dürfe, um Mengen und Prozente, sondern um die gezielte Bestimmung derjenigen Punkte, die den Anschluss an das wissenschaftlich-technische Niveau sicherten und die die wirkliche Ökonomie brächten.

Ich sprach über die qualitativen Veränderungen, die über die Intensivierung der Produktion mit Hilfe von Wissenschaft und Technik durchzusetzen sind. Dann legte ich noch einmal meine Eindrücke von dem Besuch der Hannover-Messe dar: »Die Hannover-Messe hat gezeigt, [...] unsere Produktionskosten liegen zu hoch. Darin liegt eine Grundfrage für jedes einzelne Kombinat und für jeden einzelnen Betrieb. Es geht um Kostensenkung. Das bedeutet Zuwachs an Nationaleinkommen. [...] Den Begriff der Erneuerungsrate sehen wir nicht als eine quantitative Frage. Erneuerungsrate muss in der Planung bedeuten, dass damit eine größere Material- und Energiesenkung, eine höhere Qualität und ein höherer Gebrauchswert und Wert erreicht werden.

In diesen qualitativen Fragen brauchen wir echte inhaltliche Veränderungen. Das bedeutet, den Weg der Veredlung zu gehen. Mit der Veredlung wird Geld gemacht.

Die Einheit von materieller und finanzieller Planung muss hergestellt werden. Das darf nicht nebeneinanderstehen. Man muss Aufwand und Ergebnis im Zusammenhang sehen. Wie ist das Ergebnis für unsere Volkswirtschaft? Solche Rechnungen über Aufwand und Ergebnis liegen hier nicht vor.«

Selbst Willi Stoph bekannte sich zur Chance, die in der Anwendung der Mikroelektronik für die Erhöhung der Leistungsfähigkeit der Volkswirtschaft der DDR lag:

»In Hinblick auf ansehnliche wissenschaftlich-technische Leistungen: das ist bei der Mikroelektronik der Fall, wo wir in kurzer Zeit viel erreicht haben. Mit den 1987 zugeführten CAD/CAM-Anlagen wurden im vergangenen Jahr durchaus beachtliche ökonomische Resultate erzielt. So wurde zum Beispiel eine Nettoproduktion von 500 Millionen Mark, ein Zuwachs des einheitlichen Betriebsergebnisses von 700 Millionen Mark und eine Einsparung von 44,9 Millionen Arbeitsstunden erzielt.

Das erfordert, in verstärktem Maße CAD/CAM-Arbeitsstationen in den Produktionshaupt- und -hilfsprozessen sowie in der Produktionsvorbereitung zum Einsatz zu bringen.«

So stellt sich zu Recht die Frage, inwieweit es von Seiten der Staatlichen Plankommission eine realistische Einschätzung der Lage gegeben hat?

Es gab eine ständige Darlegung und Auflistung von ungelösten Problemen, allerdings kaum brauchbare Lösungsvorschläge. Aber das hat noch nichts mit einer realistischen Einschätzung der Lage zu tun. Sie muss ja vor allem die zukünftigen Entwicklungsperspektiven berücksichtigen. Und hier ist vielleicht die Aufzeichnung einer Replik von Interesse, mit der ich mich in der Beratung am 10. Mai 1988 an Gerhard Schürer wandte:

»Ich kann auch der These nicht folgen, dass es nach 1990 leichter wird. Verhandlungen mit den sowjetischen Genossen weisen darauf hin, dass bisherige Erdöllieferungen durch Erdgaslieferungen ersetzt werden sollen; für Lieferungen an metallurgischen Erzeugnissen werden Probleme angekündigt. Die Losung ›Im nächsten Jahr wird es leichter‹ kann man nur als Witz bezeichnen.

Über die Verhandlungen gibt es eine Information von sieben Seiten. Vorn steht nur, wie schön alles ist, und die Grundfragen und Probleme kommen erst auf Seite sieben. Es hat doch keinen Sinn, auf diese Weise die Darstellungen des Planes zu machen.«

Die Meinung des Vorsitzenden des Ministerrates

Willi Stoph: »Die vorgelegten Materialien zu den Staatlichen Aufgaben 1989 zeigen, dass noch kein gangbares Konzept für die Ausarbeitung des Volkswirtschaftsplanes 1989 vorliegt.

Ich bin dafür, dass wir 1989 Aufgaben beschließen, die sichern, dass die Beschlüsse des XI. Parteitages unter Berücksichtigung der neuen Erfordernisse weiterhin verwirklicht werden.«

Weiter: »Die staatlichen Aufgaben für 1989 müssen anspruchsvolle Ziele stellen. Diese müssen jedoch real sein, bilanzieren und den Kollektiven in der Volkswirtschaft Ansporn sein, sich die übergebenen Aufgaben und Ziele zu eigen zu machen sowie durch die Erschließung aller erkennbarer Reserven die vorgegebenen Leistungskennziffern zu erreichen und wenn möglich, sie noch zu überbieten. Ich bin vollkommen dafür, in jedem Kombinat, in jedem Betrieb und in Produktionseinheiten bis zum letzten Kollektiv alle Möglichkeiten zu untersuchen. Die Kapazität ist keine statische Größe, sondern eine dynamische, und wir müssen prüfen, wie wir sie erweitern und vergrößern. Das im Material der Staatlichen Plankommission dargestellte Loch muss natürlich weggebracht werden. Das heißt eine höhere Steigerung der Arbeitsproduktivität und Effektivität. Wir brauchen also eine weitere Steigerung der Produktion, ein höheres verteilbares Endprodukt bei viel geringerem Aufwand, vor allem bei Proportionalität und Kontinuität der Produktion und durch Senkung des Produktionsverbrauchs. Ich muss doch die Frage stellen: Mit welchem konkreten Effekt haben wir die Milliarden Investitionen in den letzten Jahren durchgeführt? Bringen sie die geplanten Leistungen? Als die wichtigste Aufgabe der gesamten Volkswirtschaft sehe ich die Produktion des verteilbaren Endprodukts.«

Das war natürlich auch eine Frage an sich selbst, an seine Verantwortung als Vorsitzender des Ministerrates. Aber das hat er offenbar gar nicht bemerkt, sondern sich mehr als Beobachter in der Szene gefühlt. Wir sehen das dann auch an Hand der folgenden Ausführungen:

»Wenn ich mir die Frage vorlege, was stört am meisten die Durchführung der vom XI. Parteitag beschlossenen Direktiven zum Fünfjahrplan 1986–1990, dann ist das die wachsende Verschuldung gegenüber dem Westen.«

Aber hier wird bereits vergessen, dass in der Direktive selbst schon die wachsende Verschuldung angelegt war, weil sie nämlich nicht von der realen Lage und von den Erfordernissen einer konsequenten Senkung des gesellschaftlichen Verbrauchs, vor allem also auch der überproportional großen Verteidigungs- und Sicherheitsausgaben, ausging. Das war aber die Direktive, die Willi Stoph selbst dem Parteitag einreichte und wozu er das Referat hielt.

Es ist interessant, was weiter zu diesem Thema vom damaligen Vorsitzenden des Ministerrates gesagt wurde:

»Vor ein paar Wochen habe ich dich, Erich, davon informiert, dass in der von Genossen Schürer geleiteten Zahlungsbilanzgruppe von einem Genossen darauf hingewiesen wurde, dass der Schuldendienst der DDR nur noch für 1988 beherrschbar ist. [...]

Meiner Meinung nach muss die Staatliche Plankommission einen Plan für das Jahr 1989 vorlegen und für 1990 ausarbeiten, der in dieser Frage eine Wende einleitet. Es muss das Konzept sein, das die Weiterführung der Politik des Kurses der Hauptaufgabe in der Einheit von Wirtschafts- und Sozialpolitik bei einem Stopp der Verschuldung und ihres allmählichen Abbaus gewährleistet. Die in der DDR bestehende Lebensqualität muss gehalten werden. Wir können nur das verbrauchen, was wir vorher produziert haben, das heißt die Produktion muss hoch. Dafür haben wir Reserven. [...] Notwendig ist, die Industrieinvestitionen zu verstärken. Von der Staatlichen Plankommission muss ein Vorschlag kommen, wie in den nächsten Jahren schrittweise die produktive Akkumulation erhöht wird. Die Leistungen der Investitionsgüterindustrie und des Industriebauwesens müssen erhöht werden, um die gebrauchswertmäßigen Bedingungen für die Realisierung der Investitionen zu schaffen. Wie notwendig das ist, spiegelt sich in der Tatsache wider, dass 1987 die geplanten Industrieinvestitionen nach Objekten nicht vollständig realisiert wurden und der Vertragsabschluss für die Industrieinvestitionen des Planes 1988 immer noch nicht abgeschlossen werden konnte.«

Man fragt sich hier, wie nun wirklich die Leitung der Volkswirtschaft durch den Vorsitzenden des Ministerrates erfolgte. Das konnte doch nicht mit Aufforderungen an die ihm unterstellten Organe geschehen.

Wie die Lage sich bei diesem Leitungsstil entwickelte, wird dann in den abschließenden Bemerkungen von Stoph ganz deutlich:

»Abschließend möchte ich noch einmal bekräftigen, dass wir einen kampferfüllten und realen Plan 1989 machen müssen. Das ist auch eine wichtige Lehre aus der bisherigen Durchführung des Fünfjahrplanes, wo es in den Jahren 1986 und 1987 zu bedeutenden Reduzierungen des Planes kam und wir deswegen noch nicht den für diese Jahre gestellten Aufgaben des Fünfjahrplanes entsprechen.

Meiner Meinung nach muss jetzt unverzüglich eine stabsmäßige Arbeit durch die Staatliche Plankommission, gemeinsam mit den Ministern, geleistet werden, um den Planansatz zu qualifizieren. [...] Neben der Weiterführung des großen Wohnungsbauprogramms muss die wichtigste sozialpolitische Aufgabe darin bestehen, die Versorgung der Bevölkerung zu stabilisieren und die Versorgungslücken zu beseitigen.

Ich bitte das Politbüro, mich zu beauftragen, eine entsprechende Auswertung im Ministerrat vorzunehmen.«

Erich Honecker dazu: »Mein Vorschlag ist, dass wir das entsprechende Material Genossen Stoph übergeben und dass die Staatliche Plankommission aus den Beiträgen, die hier gemacht wurden, und aus den Stellungnahmen, die vorliegen, die staatlichen Aufgaben für den Volkswirtschaftsplan 1989 ausarbeitet.«

Bezeichnend für den Arbeitsstil im Ministerrat sind in dem Zusammenhang auch die Ausführungen von Stoph auf einer dieser Beratungen.

»Erich Honecker hat auf der 7. Tagung des ZK prinzipielle Bemerkungen gemacht, dass es notwendig ist, eine wachsende Entwicklung der produktiven Akkumulation vorzusehen, und man kann deshalb mit dem vorliegenden Planansatz für 1990 nicht zufrieden sein. [...]

Wir haben nach wie vor eine Zersplitterung der Investitionen auf zu viele Vorhaben und ein Anwachsen der unvollendeten Investitionen. Tatsache ist, dass an zu vielen Stellen gleichzeitig investiert wird. Nach den mir vorliegenden Unterlagen sind 32 000 Investitionsobjekte 1989 in Durchführung. Ein Drittel der Betriebe haben den geplanten Leistungszuwachs aus Investitionen nicht erreicht.«

Mit dieser Schilderung war für ihn die Sache erledigt – aber die Hauptverantwortung dafür, gerade diese Dinge zu ändern, lag beim Vorsitzenden des Ministerrates selbst. Die Staatliche Plankommission, ihr Vorsitzender Schürer sowie weitere leitende Mitarbeiter waren natürlich in die Verantwortung zur Lösung dieser Fragen mit eingebunden. Sie war entscheidend für das Leistungswachstum – denn 75 bis 80 Prozent des Produktionszuwachses mussten aus der qualitativen und termingerechten Realisierung der Investitionen kommen.

Frühsommer 1989 – Zuspitzung der Widersprüche bei der Volkswirtschaftsplanung

Nun einige Monate weiter, zu einer Beratung, die am 16. Mai 1989 stattfand. Sie wird zeigen, dass es nicht gelungen war, den Teufelskreis zwischen dem Festhalten an den alten Prämissen und den objektiven Erfordernissen der Leistungserhöhung in der Volkswirtschaft zu durchbrechen.

Diese Beratung fand auf Einladung des Generalsekretärs der SED und Vorsitzenden des Staatsrates Erich Honecker statt.

An ihr nahm der Kreis jener teil, die auf wirtschaftspolitischer Ebene Verantwortung trugen, Politbüromitglieder und Minister sowie der Vorsitzende des FDGB. Sie werden hier namentlich genannt, um ein Bild von der Vielzahl der Personen zu vermitteln, die sich in der Zentrale maßgeblich mit ökonomischen Fragen befassten und die von unterschiedlichen Positionen aus, oft als »Interessenvertreter« ihrer Bereiche, ihre Auffassungen darlegten. Eingeladen waren: Günter Mittag, Willi Stoph, Egon Krenz, Günther Kleiber, Werner

Jarowinsky, Werner Krolikowski, Harry Tisch[202], Kurt Hager, Gerhard Schürer, Günter Ehrensperger[203], Ernst Höfner[204], Heinz Klopfer[205].

Erich Honecker eröffnete: »Wir sind heute hier in diesem Kreis zusammengekommen, um die Probleme des Planes 1990 zu besprechen, wobei es selbstverständlich ist dass die Fragen zum Plan 1989 im Ministerrat gestellt wurden.«

Zunächst erhielt der Vorsitzende der Staatlichen Plankommission Gerhard Schürer das Wort: »Wir haben entsprechend dem Auftrag des Politbüros des ZK vom 28. Februar gearbeitet. Die Vorschläge des Genossen Honecker, des Genossen Mittag sowie der wirtschaftspolitischen Abteilungen, die damals beschlossen wurden, haben wir eingearbeitet.

Das Material wurde, wie festgelegt, Mitte März im Ministerrat beraten und anschließend Beratungen mit jedem Minister in Anwesenheit der Genossen Rauchfuß[206], Höfner, Weiz[207], Beil und Kaminsky[208] durchgeführt.

Zum Ergebnis der Ministerberatungen fand unter Leitung des Genossen Stoph eine Beratung mit Genossen des Ministerrates statt, die auf ökonomischem Gebiet hohe Verantwortung tragen.

Die dort gegebenen Hinweise wurden eingearbeitet, und dieses Material liegt heute zur Beratung vor.

Da die Widersprüche zur Grundlinie des Fünfjahrplanes 1991–1995 noch sehr groß sind und das Material noch nicht reif für eine Beratung ist, haben wir uns heute in dem Material auf den Entwurf des Volkswirtschaftsplanes und des Staatshaushaltsplanes 1990 konzentriert.«

Im Einzelnen verwies Gerhard Schürer dann auf Folgendes (hier seien nur einige wesentliche, die Lage und die Denkweisen kennzeichnende Punkte hervorgehoben):

Wohnungsbau:

»Wir bitten zu berücksichtigen, dass wir auch Beschlüsse haben im Zusammenhang mit der Verlagerung des Wohnungsbaus auf die innere Gestaltung der Städte, den Anteil der Modernisierung zu Lasten des Wohnungsneubaus zu erhöhen. Diese Linie ist vernünftig und sollte wie beschlossen weitergeführt werden.«

Investitionen:

»Die Differenzen mit den Ministern betreffen aber in bedeutendem Umfang Mehrforderungen von Investitionen (6,7 Milliarden) und an materiellen Fonds im Zusammenhang mit den Zielen der Materialökonomie.

Entsprechend einer Entscheidung des Genossen Honecker liegt jetzt auch die Erhöhung der Investitionen für die Landwirtschaft um 600 Millionen Mark zugrunde, um den Beschluss des Politbüros über die Bereitstellung von Landtechnik in Übereinstimmung mit dem Bauernkongress durchzuführen.«

Versorgung der Bevölkerung:

»Zur Versorgung der Bevölkerung bei einem Wachstum der Nettogeldeinnahmen und des Warenfonds um 3,6 Prozent gibt es mit dem Minister für Handel und Versorgung und den Industrieministern Übereinstimmung. Gegenwärtig sind davon 2,9 Prozent bilanziert. Bei einer Reihe von Positionen hält der Minister für Handel und Versorgung höhere Versorgungsgrößen für notwendig und ist damit einverstanden, dass wir in der Planausarbeitung an der weiteren Erhöhung der Bereitstellung arbeiten.«

Nichtsozialistisches Wirtschaftsgebiet (NSW):

»Für das nichtsozialistische Wirtschaftsgebiet erfüllen wir trotz der hohen vorgesehenen Exportsteigerung und der Begrenzung von Importen nicht die Anforderungen, die sich aus der Zahlungsbilanz ergeben. Der von der Staatlichen Plankommission vorgesehene Exportüberschuss von 1,8 Milliarden ist vom Standpunkt der Zahlungsbilanz zu niedrig. Dennoch erheben bereits gegen diese Zielstellung einige Minister Einspruch.

Im Februar hatten wir im Politbüro als Mindestzielstellung einen Exportüberschuß von 3,5 Milliarden Valutamark berechnet. Die Differenz zu den 1,8 Milliarden Valutamark liegt in Folgendem begründet:

a) Zur Sicherung der materiellen Verflechtung haben die Minister Mehrforderungen von 1,3 Milliarden Valutamark gestellt, wovon die Staatliche Plankommission auch bei höchsten Forderungen an die Materialökonomie 650 Millionen Valutamark unausweichlich anerkennen muss.

b) Zur Gewährleistung der Versorgung der Bevölkerung und zur Vermeidung von Rückständen gegenüber 1989 nach Positionen waren Entscheidungen im Umfang von 750 Millionen Valutamark erforderlich.

c) Zur materiell-technischen Sicherung der landwirtschaftlichen Produktion mit Düngemitteln, Pflanzenschutzmitteln und zur Ausstattung mit Technik im Umfang des Politbürobeschlusses waren 260 Millionen Valutamark erforderlich.«

Zahlungsbilanz:

»Die Zahlungsbilanz mit dem nichtsozialistischen Wirtschaftsgebiet ist ja ein Problem der ganzen Volkswirtschaft und nicht nur ein Außenwirtschaftsproblem.

Die eingeleiteten Schritte zur Stärkung der Akkumulation im produzierenden Bereich, zur Verminderung der Investitionen im nichtproduzierenden Bereich, zur Senkung des Verbrauchs im gesellschaftlichen Bereich und zur Reduzierung der Ausgaben im Sonderbedarf sind unbedingt richtig und hilfreich. Aber das Zahlungsbilanzproblem ist so angewachsen, dass es allein auf diesem Weg nicht lösbar sein wird.«

Es geht nicht ohne Subventionsabbau

Gerhard Schürer führte dazu aus:

»Für das NSW erfüllen wir trotz der hohen vorgesehenen Exportsteigerungen und der Begrenzung von Importen nicht die Anforderungen, die sich aus der Zahlungsbilanz ergeben. Meines Erachtens müssen die Maßnahmen zur Erhöhung der

Leistung und Effektivität, die eingeleiteten Maßnahmen zur Profilierung der Produktion auf exportrentable Erzeugnisse und zu den Kürzungen im nichtproduzierenden Bereich, gesellschaftlichen Verbrauch und Sonderbedarf verbunden werden mit einer Reihe ökonomischer Maßnahmen im Bereich der Konsumtion.

Wenn mehr als 80 Prozent des Nationaleinkommens ständig in die Konsumtion gehen, werden wir die erforderlichen Exportüberschüsse von 8 bis 10 Milliarden Valutamark nicht erreichen. Allein in den 18 Prozent Akkumulation am Nationaleinkommen finden wir nicht in diesem Umfange solche Quellen. Es besteht zudem die Gefahr, dass das vorgesehene Produktionstempo wegen Mangels an Akkumulationsmitteln im produzierenden Bereich nicht gehalten werden kann.«

Das ist der Grund, weshalb darüber hinaus eine Vorlage mit dem Titel »Maßnahmen zur Sicherung der Übereinstimmung des Warenfonds zur Versorgung der Bevölkerung und der Entwicklung der Nettogeldeinnahmen« erarbeitet worden ist. Hier ging es bereits um Subventionsabbau und Senkung des gesellschaftlichen Verbrauchs, was dringend erforderlich gewesen wäre.

Schürer führte dann weiter aus: »Wir können – und ich muss für die produzierenden Bereiche sagen leider – nicht mehr Investitionen zur Verfügung stellen, da uns sonst wieder die Ausrüstungen im Export fehlen, um einen Überschuss im Interesse der Zahlungsbilanz zu erreichen.

Wenn es irgend geht, müssen wir auch noch mehr Investitionen freisetzen, die nicht mit der Leistungsentwicklung verbunden sind, im Interesse der Stärkung der produktiven Akkumulation.

Die Minister der bewaffneten Organe müssen zum Beispiel ihren Bedarf und ihre Investitionsobjekte mir gegenüber nicht begründen. Ich erlaube mir dennoch die Frage zu stellen, ob es denn richtig ist, in dieser Situation mit dem Neubau von Kasernen zu beginnen. Ich persönlich glaube nicht, dass wir auf dem Gebiet der Investitionen mit den Ministern Übereinstimmung erreichen können. Ich habe das bisher auch nicht ein einziges Mal für den Jahresplan melden können. (1949 – 4 Milliarden Investitionen, 1990 – 71,2 Milliarden Investitionen.)

Wir müssen auch Forderungen zur Leistungssteigerung aus den vorhandenen Grundfonds stellen, die ja immerhin in der Volkswirtschaft 1,2 Billionen Mark betragen.

Abschließend möchte ich noch darauf hinweisen, dass mit dem Planentwurf 1990 bedeutende Maßnahmen zur Weiterentwicklung der Produktions- und Exportstruktur eingeleitet werden. Das betrifft insbesondere die Umprofilierung von Kapazitäten der Wismut und in einer Reihe von Industriezweigen sowie Kapazitäten der Militärproduktion.

Zusammenfassend möchte ich noch sagen, dass alle die Probleme auch in den Minusdifferenzen des Staatshaushaltes von 7,2 Milliarden Mark ihre Widerspiegelung finden. Obwohl eine hohe Beauflagung für die Steigerung des Nettogewinns mit 12,6 Prozent vorgesehen ist, bilanziert der Staatshaushalt in diesem Umfang noch nicht.«

Dieser Beschreibung der Situation ist kaum etwas hinzuzufügen, außer die Tatsache, dass die letztgenannten Überlegungen zur Umstellung der Militärproduktion bzw. zur Reduzierung des Baus von Kasernen usw. bereits vor Jahren hätten getroffen und verwirklicht werden müssen.

Mahnungen, Warnungen – aber keine Lösungswege

Willi Stoph berichtete dazu: »Unter meiner Leitung wurde mit den Genossen des Ministerrates, die für die Wirtschaft verantwortlich sind, am 10. April 1989 eine Beratung durchgeführt.

Was die jetzt vorliegenden Materialien betrifft, so muss ich feststellen, dass der Ansatz sich gegenüber Anfang April nicht verändert hat.

Nach meiner Auffassung müssen wir jetzt darüber entscheiden, ob wir die Weisung des Generalsekretärs und die

Beschlüsse des XI. Parteitages und der 7. Tagung des ZK durchführen wollen, oder ob wir weiter gegenüber dem NSW verschulden.«

Seine Ausführungen zeigen, dass man auch unter Leitung des Vorsitzenden des Ministerrates in der Arbeit am Plan, die offenbar vor allem in einer Beratung bestand, im Grunde keinen Schritt weitergekommen war. Vor allem wurden keine echten Alternativen, sondern nur Scheinlösungen genannt, wie das in den zuletzt zitierten Sätzen von Stoph ganz deutlich wird. Gerade die Durchführung dieser Beschlüsse des Parteitages wie des Plenums mit dem Ziel der strikten Beibehaltung des Kurses, ohne auch nur die geringste Änderung, musste zwangsläufig zur weiteren Verschuldung führen. Hieran zeigt sich die Unaufrichtigkeit der Sprache bereits im Politbüro bzw. sogar eines engsten Kreises. Niemand nannte die Dinge wirklich beim Namen. Alles wurde verklausuliert vorgetragen. Das waren eindeutige Zeichen mangelnder Wahrnehmung politischer Verantwortung und Zivilcourage. Erst als sich eine entsprechende Gelegenheit bot, wie nach dem 7. Oktober 1990, wurde auf kleinlichste Art und Weise Revanche genommen, um die eigene Haut zu schonen und von der eigenen Verantwortung abzulenken. Dass damit der ganze Staat wirklich in eine tiefe Krise gestürzt wurde, spielte offensichtlich bei den Motiven ebensowenig eine Rolle wie vordem beim Verschweigen wirklicher Alternativen.

An anderer Stelle führte Stoph aus: »Ich bin dafür, dass wir die Beschlüsse der 7. Tagung konsequent verwirklichen. Es ist notwendig, ein Anwachsen der Entwicklung der produktiven Akkumulation vorzusehen. Wir haben nach wie vor eine Zersplitterung der Investitionen. Nach den mir vorliegenden Unterlagen sind 32 000 Investitionsobjekte 1989 in Durchführung.

Von grundlegender Bedeutung ist die volle Wiederherstellung des sozialistischen Leistungsprinzips. Die negative Entwicklung des Verhältnisses der Steigerung der Arbeitsproduktivität zur Entwicklung des Durchschnittslohnes der letzten Jahre muss korrigiert werden. Das Arbeitseinkommen muss wieder zur wichtigsten Quelle des Einkommens der Werktätigen werden. Wir müssen den Zuwachs zum Warenfonds für die Versorgung der Bevölkerung voll sichern, und der Nachweis muss mit der Ausarbeitung des Planes gegeben werden. Für neue Konsumgüter und Dienstleistungen muss eine höhere Beteiligung der Bevölkerung an diesen Leistungen geprüft werden.

Die Vorschläge des Genossen Halbritter muss man noch einer wirklichen Prüfung unterziehen. Man muss vorher eine politische und ökonomische Gesamtkonzeption für die Parteiführung ausarbeiten. Wir müssen eine Umverteilung des im Inland verwendbaren Nationaleinkommens zugunsten der produzierenden Bereiche vornehmen.«

Kommentar dazu: Prüfung, aber keine Entscheidung durch den Vorsitzenden des Ministerrates.

Zum brisanten Problem der Zahlungsbilanz gab es Mahnungen und Warnungen und ebenfalls keine Vorschläge für neue Lösungswege.

Willi Stoph dazu:

»Auf keinen Fall dürfen wir ein Anwachsen des Sockels und der Zinsbelastung akzeptieren.

Der Außenhandel außerhalb des Planes hat eine Größenordnung erreicht, die rund 50 Prozent der des Planes entspricht. Der Außenhandel sollte deshalb optimal geplant und geleitet werden. Ich meine keine Organisationsänderungen, sondern das Zusammenwirken, um volkswirtschaftlich bessere Ergebnisse zu erzielen. Vor allem muss die Devisenrentabilität steigen. Erich Honecker hat wiederholt gesagt, eine Mark muss eine Mark sein! Das ist nicht der Fall. Ich könnte Beispiele anführen, wo unsere Waren verschleudert werden.

Der Auftrag, einen ausgeglichenen Staatshaushalt vorzulegen, wurde bisher nicht erfüllt.

In der Direktive kommt das Wort Sparsamkeit nicht ein einziges Mal vor. Wir dürfen aber keine falschen Hoffnungen erwecken. Jeder muss seine Verantwortung so wahrnehmen, dass für unser Land das Beste herauskommt.«

Auch durch die Arbeit des Vorsitzenden kam es jedoch zu keinen grundlegenden Lösungsvorschlägen.

Leistungsdefizit aus Mangel an Investitionen

Zu diesem Thema sprach insbesondere Günther Kleiber. Er wies darauf hin, dass allein 1988 2674 Investitionsvorhaben von volkswirtschaftlicher Bedeutung nicht erfüllt worden waren und dass es Realisierungszeiten von vier und mehr Jahren gibt. Per 31. Dezember 1988 gab es für 71,5 Milliarden Mark unvollendete Investitionen (das war so viel wie eine gesamte Jahressumme des Investitionsfonds). Kleiber bekräftigte: »Es darf uns nicht wieder passieren, dass bei den Schlüsseltechnologien nur 97,4 Prozent erfüllt werden und es dort über eine Milliarde Rückstände gibt.« Kleiber verwies weiter darauf, dass der Generaldirektor vom Kombinat Haushaltsgeräte geforderte Exportzahlen von Partnern aus westlichen Ländern nicht zusagen konnte, weil die Investitionen dafür nicht vorhanden waren. Er forderte, konkret die Investitionsvorhaben durchzuarbeiten, um Erzeugnisse für den Export zu gewinnen. Diese Position fand meine Unterstützung, denn nur so konnte Leistung organisiert werden und der Widerspruch zwischen Exporterfordernissen einerseits und mangelndem Leistungsvermögen bei Absatzchancen andererseits überwunden werden.

Günther Kleiber kritisierte, dass die Einführung neuer Erzeugnisse mit guten ökonomischen Ergebnissen für die Material- und Energieeinsparung nicht Gegenstand der Leitungstätigkeit in den Ministerien sei. Wir brauchten diese neuen Erzeugnisse auch für den NSW-Export, und deshalb müsse man für jedes Kombinat klären, auf welche neuen Erzeugnisse man sich konzentriert. Wir brauchten Ware mit hoher Devisenrentabilität gerade vom Maschinenbau und auch von der Konsumgüterindustrie.

Ein solches auf konkrete Arbeit in der staatlichen Leitung orientiertes Herangehen schien mir sehr wichtig, aber leider war dort, wo die Verantwortung lag, Günther Kleiber auch nicht mehr als ein Rufer in der Wüste.

Kleiber hatte auch in anderer Hinsicht einen realistischen Blick. Er erkannte, dass man nicht ständig mit der Drohung leben könne, die Unangreifbarkeit der DDR zu sichern, weil das den möglichen Handlungsspielraum noch mehr einengte. Ich hatte mich im Vorhergehenden bereits zu dieser Frage geäußert.

Auf dem Gebiet des Wohnungsbaus unterstützte auch Kleiber die von mir seit Längerem vertretene Auffassung, der Modernisierung einen größeren Stellenwert einzuräumen. Das bedeute, so führte er aus, 50 000 Bauarbeiter »umzuorientieren«. Mit »umorientieren« allein allerdings dürfte es nicht getan sein, denn aus einem Anlagenfahrer im Plattenwerk oder einem Montierer von Großplatten einen Maurer zu machen, dazu bedurfte es schon einer Qualifizierung. Vor allem aber hatte der Bauminister Angst um seine Produktivität, die beim Neubau natürlich höher war. Aber leider wies Honecker gerade in dieser Beratung darauf hin, dass man am Verhältnis von Neubau und Modernisierung nichts ändern solle, und er unterstützte damit den Bauminister in seiner falschen Position.

Auch Werner Krolikowski hielt es für wichtig, die Frage zu stellen, welcher Leistungszuwachs aus den Investitionen kommt. Er kritisierte Zersplitterung, Verteuerung und verwies darauf, dass wir über die Durchführung der Investitionen nicht richtig informiert werden. »Wir sind uns in der Einschätzung einig«, so sagte er weiter, »dass die Akkumulationsrate nicht ausreicht.« Er verwies auf die Frage der Verwertung der Schlüsseltechnologien, insbesondere der Mikroelektronik. Er forderte durchgreifende Maßnahmen bezüglich der nichtproduzierenden Bereiche. »Mit ein paar Prozent weniger Verwaltungskräften von Jahr zu Jahr werden wir das nicht lösen.«

Ein Musterbeispiel dafür bot das Auftreten von Tisch, des Vorsitzenden des FDGB. Er sprach über sozialpolitische Erwartungen der Bevölkerung und fragte: »Können wir in der gesellschaftlichen Konsumtion einsparen? Ja! Aber zu glauben, dass dadurch die Volkswirtschaft gerettet wird, ist ein Irrtum!« Er berichtete von beabsichtigter Reduzierung einiger durch die Betriebe bezahlter Funktionärsstellen. Damit ließen sich keine Millionen einsparen. Und bei Kinderferienlagern oder beim Feriendienst ging es ohnehin nicht. Damit war für ihn die Frage der gesellschaftlichen Konsumtion erledigt. Er machte es sich zu leicht, wenn er dann zu dem Schluss kam: »Man darf das mit den Schulden auch nicht übertreiben. Ich weiß gar nicht, ob es ein Land auf der Welt gibt, das schuldenfrei ist.«

Wie, so frage ich mich, sollte man unter diesen Bedingungen eine ernsthafte Diskussion über eine notwendige Wende auf dem Gebiet von Wirtschafts- und Sozialpolitik führen.

Auch der Beitrag von Werner Jarowinsky machte das nicht besser: »Generell die Frage zu stellen, wir leben über unsere Verhältnisse, ist nicht richtig. Wir müssen die Frage stellen: Wir nutzen noch nicht alle unsere Möglichkeiten.«

Und als mit Hinweis auf die Differenz zwischen der Entwicklung des Nationaleinkommens, der Nettogeldeinnahmen und dem Wachstum der Einkommen aus gesellschaftlichen Fonds eingeworfen wurde, das bedeute doch, dass wir über unsere Verhältnisse leben, gab es die Zwischenbemerkung von Erich Honecker: »Das stimmt überhaupt nicht. Alle diese Berechnungen sind falsch!«

Und also schloss er messerscharf, dass nicht sein kann, was nicht sein darf. Es tut mir leid um diese Polemik, aber sie ergibt sich aus einem sich weiter verschärfenden Mangel an Verständnis und Realitätssinn bei Erich Honecker in Bezug auf die ökonomischen Tatsachen.

Ich verwies auf dieser Beratung am 16. Mai 1989 auf die großen Möglichkeiten, die sich durch die Umstellung der militärischen Produktion ergeben würden. Sie müsse sich aber schneller und zielgerichteter vollziehen.

Es müsse überall Schluss damit gemacht werden, dass sich die Produktionsumstellungen verzögern. Auch dürfe man sich nicht am Schluss, sondern jetzt über den Export verständigen. Es müsse die Übersicht über die Devisenrentabilität in jedem Kombinat geschaffen werden, um Anhaltspunkte für die Strukturpolitik zu bekommen. Solche Berechnungen hätten ja der bisherigen Arbeit nicht zugrunde gelegen. Nur an Hand solcher konkreten Unterlagen der Kombinate und nicht nach globalen Zahlen müsse der Plan vorbereitet und über die Struktur der Produktion entschieden werden.

In der öffentlichen Politik dürften wir aber nicht so tun, als ob alles möglich sei. Wir müssen sagen, dass die Subventionen erarbeitet werden müssen. Ich wandte mich gegen eine bürokratische Handhabung der Subventionen. Bei Blumen hatte ich vorgeschlagen, praktisch eine freie Preisbildung zwischen Produzenten und Händlern zu vereinbaren. Aber da führte kein Weg rein.

Damals verlangte ich, dass die Subventionen so gestaltet werden, dass sie im Sinne der Einheit von Wirtschafts- und Sozialpolitik richtig wirkten. Das war durchaus etwas anderes als die bisherige Praxis. Die Höhe der Subventionen ergab sich im Selbstlauf. Für jedes Erzeugnis führten steigende Kosten automatisch zu höheren Subventionen. Das summierte sich zu einer für die Volkswirtschaft untragbaren Größe, die die 50 Milliarden-Grenze erreichte. Ihre Entwicklung wurde sozusagen als gottgegeben hingenommen.

Wir hatten zur Senkung des gesellschaftlichen Verbrauchs und zur Erhöhung der Leistungen einen konkreten Maßnahmeplan erarbeitet. Ich forderte deshalb, diesen Maßnahmeplan zum Bestandteil des Planes zu machen, damit er in seinem Sinne verbindlich wird. Das stand den Auffassungen des

Vorsitzenden des Ministerrates entgegen. Ich sagte dazu: »Bei der Beratung bei dir, Willi, am 10. April, war alles richtig, bis auf eine Bemerkung. Ich bin dafür, dass der Maßnahmeplan Bestandteil des Planes wird. Er darf nicht neben dem Plan stehen.«

Hier scheint mir eine Erläuterung angebracht. Gerade die letzten beiden Sätze machen das Problem noch einmal deutlich: Niemand wollte die Konsequenzen tragen. Ohne diese Maßnahmen, die eine Umverteilung von der Konsumtion auf die Produktion vorsahen, musste der Plan von vornherein unrealistisch sein. Das aber musste ich dem Vorsitzenden des Ministerrates doch sagen, der ja den Plan dann auch der Volkskammer zur Beschlussfassung vorzulegen hatte.

Auch in Bezug auf den Wohnungsbau wandte ich mich gegen die globale Behandlung dieser sozial wie volkswirtschaftlich wichtigen Angelegenheit, gegen Selbstlauf und Selbstzufriedenheit. Teilweise wissen wir nicht genau, was uns der Wohnungsbau kostet. Über Standorte und Kosten, auch Wasser, Strom und anderes wird im Ministerium für Bauwesen entschieden. Wir müssen diese Fragen, die eine Rolle bei den Aufwendungen spielen, gründlich durchdenken, damit wir keine falsche Direktive herausgeben. Wir müssen wissen, was uns die Sache kostet und wie die Realisierung vor sich gehen soll, wobei man nicht davon ausgehen dürfe, dass das für 1990 Vorgesehene nicht zu ändern sei. Genosse Junker müsse Vorschläge ausarbeiten, wie die Kapazitäten für die produktive Akkumulation entwickelt werden können.

Das war ein Angriff auf den Selbstlauf im Wohnungsbauprogramm, wo nur die Zahlen über die geschaffenen bzw. modernisierten Wohnungen interessierten, koste es, was es wolle. Ich sprach vor tauben Ohren. Erich Honecker interessierte nur die Gesamtzahl der Wohnungen, und der Bauminister wollte sich den leichtesten Weg ihrer Realisierung sichern. Volkswirtschaftliche Überlegungen spielten da keine Rolle. Darüber hinaus ging es Erich Honecker bei Weitem nicht mehr nur um die Zahl der fertiggestellten Wohnungen. Er interessierte sich zunehmend für Fragen der städtebaulichen Gestaltung und nahm darauf in Zusammenarbeit mit dem Bauminister Einfluss, ohne die ökonomischen Möglichkeiten immer genügend zu berücksichtigen.

Aus den Bemerkungen von Tisch und Jarowinsky mag man erkennen, wie schwer es war, selbst bei Leuten, bei denen man ökonomische Kenntnis eigentlich voraussetzen durfte, Verständnis für die wahre Situation und vor allem Bereitschaft zu wecken, die politischen Konsequenzen für notwendige Maßnahmen mitzutragen. Das trifft eben letztlich auch auf den damaligen Vorsitzenden des Ministerrates zu, der zwar beschwörend über die Zahlungsbilanz redete, aber von notwendigen Konsequenzen im Plan nichts wissen wollte. Er war also, entgegen der eigenen Darstellung, wohl über die Situation informiert, sprach das auch aus, hatte aber weder den Mut noch die Fähigkeit, einen Ausweg aus der Lage zu konzipieren. Statt dessen verlegte er sich aufs Intrigieren.

Es ist doch nicht ohne Interesse, was Krenz damals im Mai 1989 bei der Diskussion dieser wirklich brisanten und lebensentscheidenden Fragen sagte: »Unreale Beschlüsse darf man nicht fassen, aber es fehlt noch eine klare Konzeption für den Weg. Ich halte den Vorschlag von Günter für richtig, zu überlegen, wie gezielt die Investitionen erhöht werden können, und zwar, wo Effekte für die Volkswirtschaft erreicht werden. Jetzt soll die produktive Akkumulation zurückgehen. Das kann sicher hinsichtlich der Perspektive nicht richtig sein.«

Schürer: »Wir müssen das Material entsprechend der Aussprache überarbeiten. Wir werden mit bestimmten Ministern Entscheidungen vorbereiten, die wir dann Genossen Stoph bzw. Genossen Kleiber vorlegen.«

Nun die Zusammenfassung durch Honecker, die deutlich macht, wie eng bereits das Gesichtsfeld in Bezug auf die grundsätzlichen ökonomischen Probleme war und dass immer mehr Detailfragen, die überhaupt nicht auf diese Ebene gehörten, eine Rolle spielten:

»Man muss entscheiden: machen wir zwei oder drei Typen Mähdrescher. Also nur diese bestimmten Gruppen durcharbeiten, wie Polygraph, Textima, Nagema. Ihr müsst also herausziehen, was mit den Ministern zu besprechen ist und dann das Material wieder vorlegen.

Auch die Direktive muss entsprechend überarbeitet werden.

Die Zahlungsbilanz ergibt sich dann ja neu.

Leistungsorientierte Lohnpolitik soll fortgeführt werden. Das ganze Problem steht aber so, wie Genosse Harry Tisch hier gesagt hat.

Der Planentwurf wird dann diskutiert, und die Betriebskollektivverträge müssen zum tragenden Dokument für den Betrieb werden. Man muss das Modell ausarbeiten. Dadurch kommen wir zu einer größeren Verantwortung der Belegschaften für den Plan.

Zum Dokument Industriepreisänderungen gibt es keine Einwendungen.

Beim Material Schürer/Halbritter zu den Preisen habe ich alles durchgestrichen. Wenn ein neues Sportboot produziert wird und dafür mit der Erhöhung des Gebrauchswertes ein neuer Preis gefordert wird, ist das in Ordnung, aber bei allen Preiserhöhungen hat das nichts gebracht.

Durch Leistungserhöhung und mit wirklich neuen Erzeugnissen auch neue Preise machen. Das ist der einzige Weg.

Die Pläne der Minister sind also dementsprechend durchzuarbeiten, und wenn sie eine begründete Sache haben, muss man sich damit beschäftigen.

Warum sollen Kinderkrippen, Kinderhorte und Schulen verringert werden?

Also entsprechend der Aussprache alles durcharbeiten und so machen, wie Genosse Kleiber das vorgeschlagen hat, bei einer guten Zusammenarbeit der Staatlichen Plankommission mit den Abteilungen.

Wir sollten wirklich konzentriert die 30 000 Arbeitskräfte einsetzen, denn der bisherige Einsatz der Armee hat sich gelohnt.

Habt ihr ernsthafte Einwände, Staatliche Plankommission?«

Gerhard Schürer: »Einverstanden!«

Im Grunde genommen konnte ich die Bemerkung zum Material Schürer/Halbritter auch auf meinen, vor der Beratung an den Generalsekretär geschriebenen Brief beziehen, der ja im Grundsätzlichen die von Schürer und Halbritter bezogenen Positionen unterstützte. Ich war es, der bereits in Vorbereitung dieser Beratung nach gründlicher Analyse der Situation auf die Notwendigkeit grundsätzlicher Veränderungen aufmerksam gemacht hatte. Mein Schreiben wurde jedoch nicht zum Gegenstand der Beratung gemacht.

Wie schwer es war, die wirklichen ökonomischen Realitäten sichtbar zu machen, belegt eine Äußerung Erich Honeckers auf einer dieser Beratungen: »Von vornherein eine Abwertung der Mark vorzusehen für den Handel halte ich nicht für richtig. Und wenn man das dann mit dem Haushalt ausgleichen will, dann geht eben kein Haushalt zu. Ich werde im PB die Aufhebung des Beschlusses beantragen, um den Beschluss auf die alte Regelung zurückzuführen.«

Hier ging es um die realen Austauschverhältnisse für die Betriebe im Außenhandel von 1: 4,4. Es spiegelte ökonomische Tatsachen wider, und diese sollten dort wirken, wo sie eintraten.

Deshalb versuchte ich, die Situation zu retten, indem ich, wenn auch nicht völlig korrekt, argumentierte: »Das ist nicht im Haushalt, das ist völlig ausgeklammert.«

Ernst Höfner, der mir beisprang: »Das Hauptproblem ist, wir geben mehr aus, als wir einnehmen.«

Diese schwerwiegende Feststellung jedoch wurde mit folgenden Worten Erich Honeckers vom Tisch gewischt: »Die 10,8 Milliarden Mark müssen uns keine Sorgen machen. Was uns Sorgen machen muss, ist unsere Zahlungsbilanz.«

Stoph zu diesem Thema: »Ich weiß auch noch nicht, wie wir im Punkt 15 zu den 3 Prozent Einsparungen im Staatsapparat kommen können.«

Diese Äußerung charakterisiert die Schwierigkeiten des

damaligen Vorsitzenden des Ministerrats, um zu notwendigen konzeptionellen Überlegungen zu gelangen. Damit wird unterstrichen, wie gerade auf ökonomischem Gebiet diesem Gremium, das aus Personen unterschiedlichster Herkunft und Lebenserfahrung zusammengesetzt war, die notwendige hohe Sachkompetenz fehlte.

So traten viele nur als Fordernde gegenüber der »Wirtschaft« auf, ohne sich genügend gerade um deren Gedeihen zu kümmern. All das wirkte sich dahingehend aus, dass es das Treffen notwendiger Entscheidungen entsprechend objektiver Erfordernisse erschwerte, wenn nicht gar verhinderte.

In Verantwortung von Regierung und Staatlicher Plankommission

Der Verfassungsgrundsatz kann unter keinen Umständen in Zweifel gezogen werden. Staatliche Macht kann nur von staatlichen Organen ausgeübt werden.

Dementsprechend sind in der Volkswirtschaft der DDR alle Aufgaben durch den Ministerrat bzw. die verantwortlichen Minister gegenüber den Kombinaten und Betrieben durch entsprechende Weisungen, deren Hauptform die Staatlichen Planaufgaben und die Festlegungen zu ihrer Durchführung waren, umgesetzt worden.

Es hat in der Volkswirtschaft der DDR kein zweites System der Leitung neben den staatlich festgelegten Unterstellungsverhältnissen gegeben.

Ein Hauptproblem in der gesamten Arbeit war, zu bewirken, dass die Minister ihre staatliche Verantwortung wirklich wahrnehmen. Es war eine der größten Sorgen, das zu erreichen, und gerade in diesem erzieherischen Sinne wurde das Gremium der Wirtschaftskommission genutzt.

Für diese Arbeit waren eindeutige Rahmenbedingungen gesetzt:

1. Laut Verfassung der DDR war deren Volkswirtschaft als Planwirtschaft definiert. Das schloss nach der damals geltenden Gesetzgebung verbindliche staatliche Planaufgaben für die Betriebe ein.

2. Im Gesetz über den Ministerrat war festgelegt, dass dieser »unter Führung der Partei der Arbeiterklasse im Auftrage der Volkskammer die Grundsätze der staatlichen Innen- und Außenpolitik« ausarbeitet.

Diese grundsätzlichen Festlegungen, nach denen der Staatsapparat die Beschlüsse der Partei auszuführen hatte, gehen, wie der Historiker Professor Dr. Siegfried Prokop von der Humboldt-Universität Berlin im *Neuen Deutschland* vom 18./19. November 1990 nachwies, von einem grundsätzlichen Beschluss des Politbüros vom 12. Juli 1960 bzw. einem entsprechenden Beschluss des Ministerrates vom 14. Juli 1960 aus. Das waren, nebenbei gesagt, die Gegebenheiten, in die ich in meiner Verantwortung als Wirtschaftssekretär der SED hineingestellt war.

3. Nach dem Statut der SED gehörte die Kontrolle der Durchführung von Parteibeschlüssen zu den Obliegenheiten auch des Wirtschaftssekretärs der SED, entsprechend seinem Verantwortungsbereich. Die Aufgabe der Wirtschaftskommission diente dieser Parteikontrolle.

Man muss bei all dem natürlich stets von den entsprechend dem damals in der Verfassung festgeschriebenen Grundsatz der führenden Rolle der Partei ausgehen. Für die Beurteilung des Verhältnisses zur Verfassung können nur die damals, nicht die heute geltenden Maßstäbe zur Grundlage genommen werden.

Jeder Entwurf des Volkswirtschaftsplanes wurde in der Regel mehrmals durch den Vorsitzenden des Ministerrates oder den Vorsitzenden der Staatlichen Plankommission dem Politbüro vorgelegt. Das erfolgte entsprechend dem vom Politbüro beschlossenen Arbeitsplan und auf Grund von Festlegungen des Generalsekretärs über die Tagesordnung des Politbüros.

Der Vorsitzende des Ministerrates und die Ersten Stellvertreter des Vorsitzenden des Ministerrates sowie der Vorsitzende der Staatlichen Plankommission waren Mitglieder bzw. Kandidaten des Politbüros und hatten somit alle Möglichkeiten der Meinungsäußerung.

Die Aufgabe des Wirtschaftssekretärs in diesem Prozess war es, mit darauf Einfluss zu nehmen und dahingehend unterstützend zu wirken, dass beschlussreife Vorlagen zustande kamen. Dazu gab es auch persönliche Beratungen mit dem Vorsitzenden der Staatlichen Plankommission und gegebenenfalls auch mit Ministern. In Ausnahmefällen wurden auch Generaldirektoren der Kombinate hinzugezogen. All dies geschah zur Unterstützung des Vorsitzenden der Staatlichen Plankommission. Die Planentwürfe wurden stets in seiner persönlichen Verantwortung fertiggestellt und eingereicht.

Zu diesen Entwürfen erfolgte eine unabhängige Stellungnahme durch den Leiter der Abteilung Planung und Finanzen in meinem damaligen Verantwortungsbereich, die zusammen mit dem Planentwurf dem Politbüro vorgelegt wurde.

Dann wurde der bestätigte Entwurf einem Plenum des ZK der SED zur Beschlußfassung vorgelegt. Bei Fünfjahrplänen erfolgte diese Beschlussfassung durch einen Parteitag. Die Rede dazu hielt der Vorsitzende des Ministerrates.

Erst danach wurden die Planentwürfe als Gesetzesentwürfe der Volkskammer der DDR zur Beschlußfassung durch den Vorsitzenden des Ministerrates eingereicht.

Nach dieser Beschlußfassung durch die Volkskammer erfolgte die endgültige Herausgabe der staatlichen Planauflagen an die Minister und, im Falle der Industrie, an die Kombinate und an jeden einzelnen Betrieb als verbindliche Arbeitsgrundlage.

Da alle wirtschaftlichen Prozesse nur über den Plan und *staatliche* Weisungen realisiert werden konnten, verhinderte *das ganze System* von seinem Funktionsmechanismus her von vornherein, dass etwa von Seiten des Wirtschaftssekretärs eine »Leitung« der Volkswirtschaft erfolgte, wie das manchmal behauptet wird.

Natürlich habe ich im Sinne der Verwirklichung der Parteitags- und ZK-Beschlüsse strategische Grundlinien zu unterstützen versucht. Das betraf beispielsweise auch die Mikroelektronik. Jedes Vorhaben der Mikroelektronik bedurfte der Bestätigung und der »Einordnung« durch die Staatliche Plankommission. Mir wurden durch die verantwortlichen Leiter aus der Elektronik oftmals Klagen vorgetragen, dass entscheidende Objekte nicht, wie es notwendig gewesen wäre, in die Pläne aufgenommen worden sind oder dass bereits im Plan enthaltene Vorhaben nicht termingemäß durchgeführt werden. Das unterstreicht nur, wo wirklich letztendlich die Entscheidungen zur Verwirklichung strategischer Aufgaben getroffen wurden.

Natürlich waren die objektiven Möglichkeiten der DDR begrenzt. Die Verteilung der viel zu knappen Investitionsmittel glich, wie es zutreffend hieß, dem »Zerren von allen Seiten an einer viel zu kurzen Decke«. Aber es gab zu wenig Mut und zu wenig Konsens, sich einer Priorität zu stellen: Alles zu tun, um den Rückstand in der Arbeitsproduktivität und im Qualitätsniveau nicht größer, sondern kleiner werden zu lassen.

Diese unbequeme Aufgabe hat man nur zu gern anderen überlassen, um sie für ein gewisses Maß an Konsequenz im nachhinein noch öffentlich zu verurteilen. Wenn ich mir in diesem Zusammenhang einen Vorwurf zu machen habe, dann den, dass es mir nicht gelang, andere genügend zu überzeugen, und dass ich diese Fragen nicht mit ausreichender Härte und um den Preis persönlicher Konsequenzen in der damaligen Führung gestellt habe, im Sinne von »entweder – oder«. Ich glaube, dass es im Interesse der Sache besser war zu versuchen, was möglich war. Denn ich befürchtete, dass durch Unverständnis gegenüber den harten Erfordernissen des internationalen Wettbewerbs das industrielle und wissenschaftlich-technische Niveau der DDR in kürzester Zeit völlig stagnieren würde und wir selbst im RGW zurückfallen.

Wirtschaftssekretär und Wirtschaftskommission – Grenzen des Handelns

Die Wirtschaftsstrategie wurde auf den Parteitagen der SED beschlossen. Als Parteitagsbeschluss war sie für alle Mitglieder der Partei verbindliche Arbeitsgrundlage. Nach dem Statut der Partei waren sie zur Durchführung der gefassten Beschlüsse verpflichtet. Das galt natürlich insbesondere für die Genossen, die auf dem betreffenden Gebiet Verantwortung trugen, aber, das sei ausdrücklich hervorgehoben, nicht nur für sie.

Die wirtschaftsstrategischen Orientierungen spiegelten sich dann in den Arbeitsplänen des ZK wider, die ihrer Verwirklichung dienten. Das betraf auch die Arbeitspläne des Ministerrates, die in diesen Fragen nahezu identisch waren. Zu alldem gab es dann Vorlagen für das Politbüro und den Ministerrat, die durch die Minister bzw. den Vorsitzenden des Ministerrates eingereicht wurden. Das betraf 80 bis 90 Prozent der Vorlagen. Aus der Gesamtheit der im Politbüro bzw. Ministerrat behandelten Vorlagen wurde nur der weitaus geringere Teil im Politbüro bzw. Sekretariat des ZK behandelt. Der Großteil der Beschlüsse wurde vom Ministerrat völlig selbständig gefasst.

Vorlagen für das Politbüro wurden auch von Regierungsmitgliedern und Abteilungsleitern des ZK gemeinsam eingereicht und unterschrieben. Das war jedoch nicht der Regelfall. Zumeist gab es gesonderte Stellungnahmen der Abteilungen des ZK zu eingereichten Vorlagen der Minister.

Diese Vorlagen wurden vorher nicht mit mir »abgestimmt«. Das hätte weder meiner Auffassung von persönlicher Verantwortung noch dem Parteistatut entsprochen. Ich selbst musste mir die Möglichkeit erhalten, bei der Beratung solcher Vorlagen meinen eigenen Standpunkt zu äußern.

Natürlich habe ich in entsprechenden Beratungen und Gesprächen gegenüber dem Vorsitzenden der Staatlichen Plankommission meine Meinung zu einzelnen Fragen auch des Volkswirtschaftsplanes gesagt. Ich habe auch Vorschläge gemacht, um zum Beispiel materielle und finanzielle Mittel bei Investitionen für die bewaffneten Organe einzusparen, insbesondere in den letzten Jahren, als es darum ging, konkrete Schlussfolgerungen aus der von Gorbatschow eingeleiteten Politik mit erkennbarem Nutzen für die DDR zu ziehen. Diese Vorschläge wurden zum Teil in Gesprächen als Anregung diskutiert, zum Teil auch direkt an Gerhard Schürer übersandt.

In wichtigen Fragen der Ausarbeitung des jeweiligen Jahresvolkswirtschaftsplanes bzw. des Fünfjahrplanes wurden Vorgespräche geführt. Sie wurden vom Vorsitzenden der Staatlichen Plankommission Schürer beim Generalsekretär beantragt. Über diese Gespräche hat Schürer im Politbüro berichtet.

Die durch das Politbüro bestätigten Vorlagen waren dann Gegenstand der Behandlung und Beschlussfassung im Ministerrat und wurden so für die staatliche Arbeit verbindlich. Zugleich dienten die im Politbüro beschlossenen Vorlagen der politisch-ideologischen Arbeit und der Parteikontrolle durch die zuständigen Abteilungen des ZK sowie die betreffenden Bezirks- und Kreisleitungen der SED.

Aus dieser Beschlusslage ergab sich auch die Verantwortung des Wirtschaftssekretärs und der ihm unterstellten Abteilungen des ZK. Sie bestand darin, dafür zu sorgen, dass die Genossen im Verantwortungsbereich ihre Arbeit so einrichteten, dass diese Beschlüsse auch durchgeführt wurden.

In diesem Sinne bestand die Hauptarbeit darin, den Inhalt der Beschlüsse zu erläutern; dafür zu sorgen, dass daraus die entsprechenden Schlußfolgerungen gezogen und Vorschläge zu ihrer Umsetzung unterbreitet wurden, sowie die Parteikontrolle über die Umsetzung auszuüben.

Methodisch erfolgte diese Arbeit so:

- Für den Arbeitsplan des Politbüros bzw. des Sekretariats des ZK wurden Vorschläge unterbreitet, die die Konkretisierung bestimmter komplexer Aufgaben aus der Wirtschaftsstrategie beinhalteten. Dieser Arbeitsplan wurde vom Politbüro beschlossen.

- Die Abteilungen übten die Kontrolle über die Einhaltung des Arbeitsplanes aus. Das betraf die termingerechte Vorbereitung, die inhaltliche Qualität der vorzulegenden Dokumente. Dazu erfolgten gegebenenfalls Gespräche mit den verantwortlichen Ministern.
- Durch den Wirtschaftssekretär erfolgte in diesem Sinne die Anleitung der Abteilungen.
- Machte es das Gewicht der Probleme erforderlich, gab es auch Beratungen der verantwortlichen Abteilungsleiter und der mit der Ausarbeitung der Dokumente beauftragten Genossen am Tisch des Wirtschaftssekretärs, um die Übereinstimmung mit den von den Parteitagen bzw. den Tagungen des ZK gegebenen Orientierungen zu sichern.

In diesem Rahmen oblag es mir, bestimmte Forderungen an die Qualität der Ausarbeitungen und der darin unterbreiteten Analysen und Schlußfolgerungen zu stellen. Ich räume ein, hier sehr anspruchsvoll aufgetreten zu sein und vielleicht auch manchmal zu wenig Geduld hinsichtlich der Überzeugung aufgebracht zu haben. Das hat bei dem einen oder anderen auch zu Verunsicherung geführt, und er sah aus seiner Sicht unbillige Härte anstatt Hilfe. Allerdings hingen solche Reaktionen natürlich auch vom Vermögen der Betreffenden ab, selbst in den Kern der jeweiligen Probleme einzudringen und konstruktiv zu reagieren.

Gerhard Schürer versucht nachzuweisen, dass er bereits im Mai 1988 eine grundsätzliche Änderung des Kurses verlangt hätte. Ich hätte dies jedoch durch eine negative Stellungnahme zu dem Material verhindert. Diese Angelegenheit ist auch in Zusammenhang mit einem Beitrag von Klopfer für das Wirtschaftsmagazin *Forbes* vom Juni 1990 von Interesse. Klopfer behauptet nämlich, dass alle Schreiben Schürers nur über meinen Tisch an den Generalsekretär gelangt seien. Das ist natürlich nicht wahr, denn ich erhielt gerade dieses im Nachhinein als so wichtig eingestufte Papier von Erich Honecker zur Stellungnahme. Das Material enthielt nicht etwa ein anderes wirtschaftspolitisches

Konzept, sondern zehn bis zwölf einzelne Punkte unterschiedlichen Gewichts. Eine Reihe davon erschien mir richtig. Zu einigen gab es eine andere Meinung, zum Beispiel zu der Vorstellung, den Maschinenbau nicht mit, sondern faktisch auf Kosten der Mikroelektronik zu entwickeln. Im Gegensatz zu Schürer vertrat ich die Meinung, dass durch eine Drosselung des ohnehin zu geringen Tempos in der Anwendung der Mikroelektronik, wofür die Eigenproduktion eine unabdingbare Voraussetzung war, die Exportfähigkeit des Maschinenbaus weiter absinken würde.

Ein weiterer Streitpunkt betraf die Forderung des Abbaus der Subventionen vor allem bei den Mieten. Bei dieser sensiblen Frage verwies ich auf fehlende Berechnungen über die möglichen Auswirkungen.

So trug dieser extreme Vorschlag Schürers in der damaligen Situation dazu bei, die unbedingt notwendige Diskussion über die Frage der Subventionen überhaupt zu ersticken, anstatt sie zu fördern. Sein auf die Mieten zielender Vorschlag nämlich berührte den empfindlichsten Punkt der ganzen Subventionspolitik im Denken Erich Honeckers, der kein Freund der Streichung von Subventionen war.

Wegen der fehlenden konzeptionellen Ansätze und wegen der nicht zu Ende gedachten Lösungswege entstandener Probleme hielt ich das Material für wenig nützlich, denn es war nicht grundsätzlich genug und auf falsche Schwerpunkte orientiert. Es sollte jedoch nach den Vorstellungen des Autors Ausgangspunkt für den Fünfjahrplan sein. Deshalb nahm ich ausführlicher dazu Stellung. Von Erich Honecker wurde entschieden, beide Materialien, die Vorschläge und die Stellungnahme, im Politbüro und auch im Ministerrat zu verteilen.

In den darauffolgenden Monaten wurde jedoch an vielen grundsätzlichen Fragen zur Vorbereitung des neuen Plankonzeptes gearbeitet, auch an solchen »heißen Eisen« wie der Subventionsfrage. Das geschah oftmals an meinem Tisch, gemeinsam mit Gerhard Schürer, mit Walter Halbritter, Günter Ehrensperger und anderen. Das betraf auch die Fragen, wie mehr Mittel zur

Erhöhung der produktiven Akkumulation freizubekommen wären und wie eine höhere Leistung überhaupt und insbesondere eine höhere Exportrentabilität erzielt werden könnte.

All das betraf nicht nur die letzten beiden Jahre, sondern auch die Jahre zuvor. Es gab viel Diskussion, Übereinstimmung, aber auch unterschiedliche Standpunkte. Manches wäre besser gelaufen, wenn von Seiten der Staatlichen Plankommission der analytischen Arbeit in grundsätzlichen volkswirtschaftlichen Zusammenhängen und Fragen mehr Bedeutung beigemessen worden wäre. Das betraf auch und gerade die Zeit der Vorbereitung des XI. Parteitages. Man beschränkte sich jedoch darauf, mehr oder weniger diese oder jene Einzelfrage aufzuwerfen, anstatt den Gesamtzusammenhang darzulegen, und zwar in verständlicher Weise.

Aus heutiger Sicht und nach vielem Nachdenken muß ich sagen, dass ich dazu mehr Initiative hätte ergreifen, dass ich das Notwendige hätte drängender einfordern müssen. Diese gesamte Arbeit hätte in einem gemeinsamen Schulterschluss zur Lösung der anstehenden grundsätzlichen Fragen auf »Biegen und Brechen« erfolgen müssen, auch und vielleicht gerade in der Gewißheit, dass es darüber heiße Debatten, auch mit ungewissem Ausgang für die Autoren, gegeben hätte.

Die Verantwortung für den Inhalt der einzureichenden Dokumente trugen stets die dafür namentlich festgelegten Genossen, die dann die Vorlagen auch im Politbüro bzw. Sekretariat zu vertreten hatten.

Nach dem XI. Parteitag der SED habe ich eine Arbeitsgruppe zur Auswertung der gefassten Beschlüsse gebildet. Das waren ca. zwanzig Genossen die gebeten wurden, ihre Vorschläge zu unterbreiten. Darunter war vieles, was aus der Sicht des ökonomisch Erforderlichen gut und überlegenswert war. Bei allen Entscheidungen aber, die die Wirtschaftsentwicklung betrafen, gab es eine Grundprämisse – das Primat der Politik. Wir müssten politisch entscheiden, so hieß es – und dabei wurden zwangsläufig ökonomische Notwendigkeiten in den Hintergrund gedrängt.

Leitungsfragen

Mangelnde Befugnis – oder Selbsteinschränkung?

Während der ganzen Zeit, in der ich als Kandidat und später als Mitglied des Politbüros politische Verantwortung getragen habe, also von 1962 bis 1989, war Willi Stoph Vorsitzender des Ministerrates.

Selbst nach jenen drei Jahren 1973 bis 1976, in denen ich Erster Stellvertreter des Vorsitzenden des Ministerrates war und Horst Sindermann Vorsitzender, hat schließlich nicht Mittag, sondern Stoph die Funktion als Vorsitzender übernommen.

Willi Stoph hatte in dieser Funktion alle Vollmachten und eine hohe Verantwortung. Welche Macht in den Händen des Vorsitzenden des Ministerrates konzentriert war, welche Verantwortung dieser besaß, konnte ich gerade während meiner dreijährigen Tätigkeit an der Seite von Horst Sindermann recht gut ermessen.

Wenn in der zurückliegenden Zeit berichtet wurde, Stoph hätte nichts zu sagen gehabt oder die betreffenden Fragen seien in der Wirtschaftskommission beim Politbüro behandelt worden, so stimmt das nicht. So wurde zum Beispiel bis 1973 das Politbüro durch Stoph über die Zahlungsbilanz nicht informiert. Es kostete viel Kraft und Auseinandersetzungen, um diesen Zustand zu verändern. Nunmehr wurde jeden Monat die Zahlungsbilanz im Politbüro behandelt. Vorgelegt wurde sie von den zuständigen Verantwortlichen in der Regierung.

Wenn jemand in einem Interview sagte, dass die Regierung die Zahlungsbilanz nicht kannte, so stimmt das insoweit, als sie dem Ministerrat als Gesamtgremium nicht vorlag. Aber der Vorsitzende, also Stoph, seine Stellvertreter Neumann, Krolikowski, Kleiber, Schürer, Rauchfuß, der Finanzminister, der Außenhandelsminister, der Verteidigungsminister und der Minister für Staatssicherheit kannten diese Zahlungsbilanz. Andererseits standen zu keiner Zeit diese Fragen in der Wirtschaftskommission auf der Tagesordnung.

Innerhalb des gesamten, mit der Zahlungsbilanz verbundenen Fragenkomplexes war jedoch die sogenannte »strategische Devisenreserve« die entscheidende Frage. Hierüber wurde im Politbüro informiert. Der Berichterstatter war jeweils der Vorsitzende des Ministerrates. Dieser Bericht war so geheim, dass das Material im Politbüro nicht verteilt worden ist. Die Information erfolgte durch Stoph mündlich. Zu dieser Berichterstattung waren auch keine Gäste zugelassen. Die Berichte wurden ohne Diskussion zustimmend zur Kenntnis genommen.

Stoph gab eine unzusammenhängende Darlegung von Zahlen. Für einen Nichteingeweihten war es außerordentlich schwer, sich ein Bild zu machen. Mich fragte nicht nur einmal mein Nachbar, ob ich denn das verstehen würde. Meine Antwort war immer: Das, was ich heute gehört habe, verstehe ich nicht, aber ich habe die Zahlen gelesen. Auch diese Fragen wurden nicht in der Wirtschaftskommission beim Politbüro behandelt.

Bei der öffentlichen Behandlung dieser kardinalen Fragen wird jetzt bewusst lanciert, der Ministerpräsident habe nichts zu sagen gehabt. Wie sich zeigt, ist das eine bewusste Manipulierung der öffentlichen Meinung. Die »strategische Devisenreserve« verantwortete und verwaltete Stoph als Vorsitzender des Ministerrates, niemand anders, nur Stoph alleine.

Wenn also behauptet wurde, der Vorsitzende des Ministerrates sei in seinen Befugnissen eingeschränkt gewesen, so war das wohl eher eine Selbsteinschränkung. Das wird auch dadurch deutlich, wie Stoph zu anderen Fragen im Politbüro Bericht erstattete, zum Beispiel über die monatliche Planerfüllung. Seine mündliche Begründung zur vorgelegten Information verlas er Wort für Wort an Hand schriftlicher Ausarbeitungen, die durch die Staatliche Plankommission vorbereitet waren. Mehrere Teilnehmer der Beratung verfügten über die Durchschläge dieses Manuskriptes.

Man muss sich einmal vorstellen, welche Situation dadurch entstand: Grundsätzliche Probleme aus der Sicht seiner persönlichen Verantwortung wurden auf diese Weise wohl kaum aufgeworfen.

Oder betrachtet man folgenden Fakt: Zehntausende von Fernsehzuschauern konnten während der Übertragung von Volkskammersitzungen mit eigenen Augen verfolgen, dass sich der Vorsitzende des Ministerrates nach seinem Referat in das Präsidium setzte – und fest einschlief. Da zum Glück die Sitzungen des ZK im Fernsehen nicht übertragen wurden, hatten bei dieser Gelegenheit nur die Mitglieder des ZK den Genuss, den schlafenden Ministerpräsidenten zu sehen. Ich habe mich nie mit diesem Zustand abgefunden und dazu sowohl gegenüber Erich Honecker als auch gegenüber Egon Krenz meine Meinung gesagt. Es erübrigt sich, darauf hinzuweisen, dass derartiges der Autorität des Ministerrates sehr geschadet hat, obwohl viele Minister mit hohem Einsatz darauf bedacht waren, die ihnen übertragenen Aufgaben zu erfüllen.

Wem ein solches Amt als Vorsitzender des Ministerrates übertragen wurde, dem schenkte man ein hohes, um nicht zu sagen nahezu unbegrenztes Vertrauen. Eine andere Frage ist, wie der Betreffende seiner hohen Verantwortung auch gerecht wird.

Honecker hat Stoph offenbar dieses hohe Maß an Vertrauen entgegengebracht. Das beweist die Tatsache, dass Stoph 1976 – damals Vorsitzender des Staatsrats – erneut zum Vorsitzenden des Ministerrates berufen wurde; eine große Chance. Aber Honecker mußte auch, wie aus Äußerungen von Horst Sindermann hervorgeht, dessen Drang zur Macht berücksichtigen. Danach bestand Stoph darauf, »wieder Regierungschef zu werden«.

Stoph wurde also wieder Vorsitzender des Ministerrates, aber nicht aus Gründen von Sachkompetenz. Schließlich wurde er ja nicht ohne Grund auf den damals recht einflusslosen Posten des Staatsratsvorsitzenden gesetzt. Hinzugelernt hatte er in diesen drei Jahren wohl auch nichts. Dass sich dann sein Zorn gegen jene kehrte, die ihm an Sachkunde und Kompetenz überlegen waren, ist zwar menschlich mit Einschränkungen verständlich, kann aber aus der Sicht verantwortungsbewussten politischen Verhaltens nicht toleriert werden. Hier fehlte Erich Honecker die Kraft, sich gegen Stoph durchzusetzen, und das war es, was aus der Sicht der personellen Besetzung wirklich verhängnisvoll war. Diese Inkompetenz von Stoph und Neumann führte dazu, dass einerseits Honecker zu viel an sich zog, und dass andererseits die Regierung ihre eigentliche Verantwortung ungenügend wahrnahm, so dass sich später dieser unüberbrückbare Dissens auftat.

Diese Tatsachen beweisen, dass Honecker sein Verhältnis zu Stoph stets selbst bestimmt hat. Es war zu keiner Zeit problemlos. Mehr noch, Stoph wollte Honecker schon längst stürzen, wie aus den bereits angeführten Informationen von Krolikowski erkennbar ist.

Schließlich wurde im Jahre 1973 Stoph auf Veranlassung Honeckers in seiner Funktion als Vorsitzender des Ministerrates durch Sindermann ersetzt, das heißt aber auch, Differenzen zwischen Honecker und Stoph haben damals bereits bestanden. Das Verhältnis zu Stoph hat Honecker bereits zu einem Zeitpunkt selbst bestimmt, als von einer Zusammenarbeit mit mir nun wirklich nicht die Rede sein konnte.

Erich Honecker hat die politische Verantwortung übernommen. Damit ist klar gesagt, dass er sein Recht, Direktiven zu geben bzw. Weisungen zu erteilen, auch tatsächlich und in vollem Bewußtsein dessen, was er tat, ausgeübt hat. Darin eingeschlossen ist natürlich auch, mit wem er sich beriet, ob und inwieweit er überhaupt Ratschläge anderer bei seinen souveränen Entscheidungen berücksichtigte.

Es sind sehr viele Legenden verbreitet worden über Absprachen zwischen mir und Erich Honecker auf gemeinsamen Jagdausflügen usw. Aber es gab eine klare Übereinkunft – oder besser gesagt eine Direktive Honeckers –, bei solchen Gelegenheiten keinerlei Entscheidungen zu treffen.

Es ist eine große Unterstellung von Krenz, wenn er öffentlich behauptete, dass die Vorlagen von Erich Honecker vorher mit mir abgestimmt worden seien. Manchmal hätte ich gern bei persönlichen Zusammenkünften in der »freien« Zeit ein mir dringlich erscheinendes Problem besprochen, weil eben die Zeit eine Rolle spielte. Aber hier gab es eben keine Möglichkeit, grundsätzliche ökonomische Fragen zu behandeln. Er nahm das mit der Freizeit, verständlicherweise auch auf Grund seines Alters, sehr wörtlich und war in diesen Fragen sehr konsequent. Er konnte zeitweilig die Probleme beiseite schieben, auch als die politischen Ereignisse drängten. Ich sage das nicht, um dieses Verhalten als nachteilig zu charakterisieren, sondern nur, um Legenden richtigzustellen.

Ich hatte, wie jedes andere Politbüromitglied auch, die Pflicht, alle meinen Verantwortungsbereich betreffenden Entscheidungen dem Politbüro vorzulegen. Waren es Entscheidungen, die nicht auf dieser Ebene behandelt werden mussten, so habe ich schriftlich die offizielle Zustimmung des Generalsekretärs eingeholt.

Um die Frage zu beantworten, ob und wo es jemals einen Machtkampf gab, muss man einen anderen Zusammenhang kennen. Dazu ist es notwendig, nochmals auf die Zeit Walter Ulbrichts als Generalsekretär zurückzukamen.

Ulbricht und Neumann standen Honecker und Stoph gegenüber. Stoph sollte bereits damals abgesetzt werden. Ulbricht stützte sich hauptsächlich auf Neumann. Als Beleg mag folgender Umstand gelten: Es gab eine Liste, in die sich Mitglieder und Kandidaten des Politbüros eingetragen haben, die für die Ablösung von Ulbricht waren. Neumann war nicht einbezogen.

Auch als in der sowjetischen Botschaft bei Abrassimow eine Besprechung stattfand, war Neumann nicht vertreten. In dieser Beratung wurde vorgeschlagen, Honecker an die Spitze der Partei zu wählen.

»Sie sollen das zusammenbinden« – die Arbeit der Staatlichen Plankommission

Die Wirtschaftspolitik wurde als erklärtes »Mittel zum Zweck« der Gesamtpolitik nicht aus der Sicht der Produktion, sondern der der Verwendung des Nationaleinkommens festgelegt. Über die Verwendung des Nationaleinkommens wurde vorher in anderen Gremien bereits entschieden.

Viele Entscheidungsträger haben Aufgabe und Inhalt der Wirtschaftspolitik nicht verstanden. Die Wirtschaft galt als notwendiges Übel: Sollen die doch nur anständig arbeiten – so war vielfach die Meinung.

Daraus ergibt sich, dass die eigentlichen Probleme der Volkswirtschaft niemals richtig behandelt wurden. Nach dem Motto, »irgendwie werden die das schon schaffen«, hat man sie beiseite gedrängt.

Alles, was im Ministerrat nicht ausdiskutiert und geklärt wurde, ging als Auftrag an die Staatliche Plankommission. »Sie sollen das zusammenbinden«, hieß es dann sehr oft. Die Staatliche Plankommission war mit einer solchen Aufgabenstellung ohne klare Direktiven durch den Ministerrat natürlich überfordert. Sie war im Grunde, trotz vieler faktischer Einflussmöglichkeiten insbesondere über die Handhabung der Bilanzen, kein Entscheidungs- sondern ein Stabsorgan.

Einige leitende Mitarbeiter dieses Organs waren so mit für sie unlösbaren Aufgabenstellungen total überlastet – sie konnten nicht lösen, was auf ihrer Ebene nicht lösbar war. Trotzdem waren sie jederzeit bereit und stellten das auch vielfach unter Beweis, bis an die Grenze ihrer physischen Erschöpfung zu arbeiten. Es waren zumeist dieselben Personen. Sie arbeiteten nachts, sonnabends und zum Teil auch an Sonntagen.

Es wurde spürbar, dass der Vorsitzende der Staatlichen Plankommission selbst mit den Angelegenheiten nicht immer genügend vertraut war. Es kam zu Widersprüchen in den Aussagen über die Lage und das, was erforderlich war. Das wirkte sich naturgemäß auf das Image der Plankommission aus, und es kam so zu aufwendigen Diskussionen und Auseinandersetzungen.

Zu Gerhard Schürer gehörte ein engerer Kreis, der über alle Fragen informiert war. Dann gab es noch offiziell eine sogenannte Leitung der Staatlichen Plankommission, in der die Aufgaben verteilt wurden. Es existierten darüber hinaus in dem großen Apparat viele »Randgebiete« von nicht unbeträchtlichem Umfang, die in den aktiven Prozess der Planausarbeitung schon von der konzeptionellen Lösung her nicht von vornherein einbezogen waren.

Nicht wenige Bereiche der Staatlichen Plankommission, die von jeweiligen Stellvertretern des Vorsitzenden geleitet wurden, arbeiteten nahezu autark. Es bestand gerade in diesem Apparat, der die gesamtvolkswirtschaftlichen Interessen wahren und transparent machen sollte, ein kaum glaublicher Ressortgeist. Dieser und das Nebeneinander waren bedingt in der Anlage der Arbeit und der Führung durch den Vorsitzenden. Die Stellvertreterbereiche fungierten in erster Linie als Organe der Interessenvertretung der in ihrem Bereich befindlichen Zweigminister und nicht umgekehrt.

Statistik

Die Staatliche Zentralverwaltung für Statistik hat auf der Grundlage von Beschlüssen des Ministerrates in eigener Verantwortung Analysen und Berichte über die volkswirtschaftliche Entwicklung ausgearbeitet. Dazu gehörten die Monatsberichte über die volkswirtschaftliche Entwicklung in der Plandurchführung. Berichterstatter war der Vorsitzende des Ministerrates Stoph. Darüber wurde im Politbüro dann beraten.

Die volkswirtschaftlichen Monatsberichte, die auf Ergebnisse und kritische Punkte hinwiesen, wurden dem Politbüro und den Ministern übergeben. Sie waren Gegenstand der Auswertung.

Die Halbjahres- und Jahresberichte, die im Wortlaut veröffentlicht wurden, wurden dem Politbüro vorgelegt und vom Ministerrat beschlossen.

Es entspricht nicht den Tatsachen, was Professor Donda behauptete, dass von meiner Seite nach der Beschlussfassung, also nachträglich, Veränderungen vorgenommen worden seien.[209]

Über ausgewählte Ergebnisse der Planerfüllung wurde monatlich eine Presseerklärung herausgegeben. Diese Presseerklärung wurde entsprechend den vom Leiter der Staatlichen Zentralverwaltung für Statistik gelieferten Zahlen durch den Abteilungsleiter des ZK für den Bereich Planung und Finanzen vorbereitet. Dieser Entwurf wurde von mir dem Generalsekretär zur Entscheidung über die Veröffentlichung vorgelegt.

Die *Berliner Morgenpost* veröffentlichte am 29. Oktober 1989 den Beitrag »Zahlen wurden nicht bewusst manipuliert«. Dr. Doris Cornelsen stellte darin fest: »Ich glaube, dass die Staatliche Zentralverwaltung für Statistik die Zahlen nicht bewusst verfälscht oder manipuliert. Aber da sind zwei Dinge anzumerken. Die Zahlen, die der Zentralverwaltung gemeldet werden, sind im Prinzip die betrieblichen Planerfüllungsberichte, und die Betriebe haben natürlich ein gewisses Interesse an der Einschätzung ihrer Tätigkeit. Sicher werden die betrieblichen Meldungen geprüft und kontrolliert, aber eine gewisse Schönung ist nicht auszuschließen.

Das zweite Problem liegt in der Preisbereinigung. [...] Die Preisbereinigung erfolgt in der Regel so, dass man alle Produkte mit den Preisen einer bestimmten Basisperiode bewertet. Das wird schwierig bei neuen Produkten, für die nichts Vergleichbares in der Basisperiode vorhanden ist. [...] In der DDR verlässt man sich auf die Angaben der Betriebe. Es ist ziemlich sicher, dass die preisbereinigten Zuwachsraten der DDR nicht wirklich ›real‹ sind, sondern einen Preiseffekt enthalten.«

Damit entkräftet eine BRD-Expertin die Mär von der bewussten Fälschung von Zahlen und weist nach, dass mögliche

Abweichungen im System der Berechnung durch die Statistik selbst liegen sowie in der betrieblichen Zahlenbasis. Von der Zentrale aus wurden des öfteren Betriebsleiter wegen Zahlenmanipulationen zum Zweck der Vortäuschung hoher Planerfüllungsergebnisse, auch im Interesse entsprechender Prämien, zur Rechenschaft gezogen.

Gab es eine »Kommandowirtschaft«?

Bei der Gegenüberstellung zur Marktwirtschaft ist in jetzigen Betrachtungen sehr viel von »Kommandowirtschaft« die Rede, die für die DDR typisch gewesen sei. Ja, das stimmt in dem Sinne, wie »Planwirtschaft« mit dem Begriff »Kommandowirtschaft« umschrieben wird.

Was würde denn eine »Kommandowirtschaft« im engen Wortsinn bedeuten? Letztlich eine militärisch, befehlsmäßig organisierte Wirtschaft.

So etwas gab es in ausgeprägter Form in der Tat nach 1945 in Gestalt der »Produktionsbefehle« der damaligen SMAD, also kurz nach dem Krieg zur Besatzungszeit. Diese »militärische Variante« der Kommandowirtschaft verschwand dann nach Übergabe der Rechte an die neu gegründete DDR. Aber sie hinterließ ihre deutlichen Spuren. Das betraf die Arbeitsweise der ehemaligen »Deutschen Wirtschaftskommission«, später der Plankommission und auch der Ministerien.

Es gab also immer starke Tendenzen, administrative Leitungsmethoden zuungunsten ökonomischer Leitungsmethoden zu bevorzugen. Ich habe mich gerade solchen Tendenzen entgegengestemmt. Als nach dem VIII. Parteitag unter missbräuchlicher Benutzung des Begriffs der »planmäßig proportionalen Entwicklung« die ersten schüchternen Keime ökonomischer Eigenverantwortung rigoros abgeschafft wurden, die Naturalkennziffern das Übergewicht erhielten, durch die Zentrale jeder Fehlposition nachgejagt werden musste, habe ich trotzdem versucht, durch Bildung der Kombinate den Druck der Administration auf die Betriebe zu mindern. Das geschah durch die Abschaffung der »Vereinigungen Volkseigener Betriebe« als Administrativorgane und verlängerter Arm der Ministerien. Das Wichtigste aber war meine Konzeption, dass die Kombinate selbst nach der wirtschaftlichen Rechnungsführung arbeitende Einheiten sein sollten, ausgestattet mit zunehmender volkswirtschaftlicher Eigenverantwortung.

Leider vollzog sich die Kombinatsbildung als langer Prozess über ein Jahrzehnt. Ihre qualitative Ausgestaltung im Sinne volkswirtschaftlicher Eigenverantwortung dauerte noch länger. Quälend vollzog sich der bereits Ende der 60er Jahre begonnene und dann abrupt unterbrochene Prozess der Eigenerwirtschaftung der Mittel. Bei meiner Initiative wurde ich von einigen unterstützt, aber viele andere standen beiseite, solche, denen der Zentralismus bis ins Detail niemals weit genug gehen konnte. Das ist die Wahrheit.

Das Wort von der »Kommandowirtschaft« wurde durch Gorbatschow populär, der damit wohl einen deutlichen Akzent gegen die außerordentlich starre Planung und Leitung in der UdSSR setzen wollte. Er wandte sich dagegen, dass die Betriebe mehr oder weniger formal ökonomisch selbständig waren und faktisch in allen wesentlichen operativen Fragen von den Ministerien geleitet wurden, also Befehlsempfänger waren.

Nunmehr dient das so einprägsame Wort von der Kommandowirtschaft als Synonym für die »sozialistische Planwirtschaft« und wird damit als Charakterisierung für das ganze System benutzt.

Bereits in früheren Jahren sprachen Wissenschaftler im westlichen Ausland, insbesondere in der BRD, zum Beispiel Professor Thalheim, in Bezug auf die DDR-Wirtschaft von einer »Zentralverwaltungswirtschaft«. Uns hat dieser Begriff natürlich nicht gefallen, aber er spiegelte trotzdem eine bestimmte Seite der Realität wider: nämlich dass die Volkswirtschaft der DDR laut Verfassung, Gesetz und in der Praxis zentral durch den Ministerrat und dessen Mitglieder geleitet wurde. Dass es auch in der Volkswirtschaft der DDR ökonomische Beziehungen auf der Basis der Warenproduktion gab, blieb dabei unbeachtet. In diesem Sinne war die Wirtschaft auf der Basis einheitlichen Eigentums und staatlicher Leitung mit verbindlichen Weisungen ein staatliches Unternehmen von großen Ausmaßen.

Die Entwicklung der Planwirtschaft der DDR war immer ein Kampf zweier Elemente: des Elements der Administration und damit der Kommandowirtschaft und des Elements der Entwicklung ökonomischer Beziehungen zwischen eigenverantwortlich arbeitenden Betrieben. Die Waage neigte sich in verschiedenen Perioden unterschiedlich. Überwogen hatte immer das Element der Administration. Ökonomische Methoden ließen sich nur sehr schwer durchsetzen. Es gelangen Einzelerfolge, es gelang aber niemals eine Reformierung des gesamten Systems im Sinne der Dominanz ökonomischer Methoden.

Die Ware-Geld-Beziehung

Die Ware-Geld-Beziehungen spielten weder in der Theorie noch in der Praxis die ihnen zukommende Rolle.

In der Praxis wurden oftmals wesentliche Entscheidungen getroffen, ohne den Faktor »Geld« zu beachten. Es zu beschaffen wurde als eine sekundäre Frage behandelt. Entschieden wurde nach dem politischen Primat. Wer über Geld in solchen Zusammenhängen sprach, wurde nicht selten als »kleinkariert« bezeichnet.

Das hatte tiefgehende Ursachen. Die ideologische Einstellung oder, wie man auch sagte, das ideologische Bewusstsein wurde dem Verhalten zum Geld gegenübergestellt. Damit gab es immer eine tiefe Kluft zwischen Ideologie und realen ökonomischen Erfordernissen. Sie zu überbrücken, darum ging es bei all den Diskussionen über das »Neue Ökonomische System«.

Eine Grunderkenntnis ist, dass man das materielle Interesse nicht durch das Halten von Reden erreichen kann. Mögen diese Reden noch so überzeugend klingen und noch so anfeuernd wirken – als Stimulus für harte, disziplinierte und auch kreative Arbeit im industriellen Zeitalter sind Reden allein nicht geeignet, dauerhaft leistungsorientiertes Verhalten hervorzubringen. Das gilt für den Gesamtkomplex der sogenannten politisch-ideologischen Arbeit. Sie hat aus der Sicht, politische Anschauungen und Überzeugungen herauszubilden, schon ihren Platz. Sie »ist aber kein Ersatz für dauerhaften Leistungsanreiz. Leider wurde sie in dieser Hinsicht überbewertet und die richtige Anwendung des Leistungsprinzips unterschätzt. Während der Pfingsttreffen der FDJ wurde viel über die Arbeit und über ökonomische Initiativen geredet, aber um die Treffen durchzuführen, hat man Hunderttausende von der materiellen Produktion ferngehalten, nicht wenige schon Monate zuvor. So musste ja bei jedem ernsthaft denkenden Teilnehmer solcher und anderer Veranstaltungen der Eindruck entstehen, dass es mit der Leistung schließlich doch nicht so ernst gemeint sein konnte.

Die Ideologie, das ihr entsprechende Bewusstsein, stand immer an der Spitze, nicht jedoch die Beurteilung der objektiven Erfordernisse und Gesetzmäßigkeiten. Letzteres wurde zwar immer wieder betont, aber wenn es um praktische Entscheidungen in der Führung ging, wurde mit dem Hinweis auf die politische Notwendigkeit das ökonomisch Erforderliche oder Mögliche in den Hintergrund gerückt. Auch ich konnte mich in bestimmten Situationen dieser in der gesamten Partei vorherrschenden und verlangten Denkhaltung nicht immer entziehen, und davon war auch manche meiner Positionen für zu treffende Entscheidungen bestimmt.

Mit der Bildung der Kombinate wurde versucht, den Einfluss der territorialen Parteiorgane auf die Kombinate zu mindern und eine höhere Sachkompetenz zu erreichen. Zunächst musste ein Kampf ausgefochten werden, um zu verhindern, dass Generaldirektoren der Kombinate, die zumeist mit ihren Betrieben über das ganze Territorium der DDR verteilt waren, durch das Sekretariat einer Kreisleitung kontrolliert und beeinflusst wurden. Es gelang nicht in Bezug auf die Bezirksebene. Als ein gewisses Gegengewicht mit eingeschränkten Befugnissen wurde die Institution eines »Parteiorganisators des ZK« für jedes Kombinat geschaffen. Er sollte versuchen, den Parteisekretären in den einzelnen Betrieben wichtige Gesamtaufgaben des Kombinats nahezubringen und somit volkswirtschaftliches Verständnis zu fördern, was aber nur zum Teil gelang.

Für die Verwirklichung ökonomischer Aufgaben im strengen Sinne des Wortes fehlte sowohl vor 1971 als auch danach jegliche politisch-geistige Atmosphäre. Vor 1971 hatte Walter Ulbricht versucht, das ökonomische System zu propagieren und dem ökonomischen Denken in der Parteiarbeit einen größeren Stellenwert einzuräumen. Doch gleichzeitig hatte er für eine geistige Enge und Verarmung gesorgt, wodurch wiederum die Auseinandersetzung mit den wirklichen gesellschaftlichen Entwicklungsproblemen in der DDR in spürbarem Umfang behindert wurde.

Der aufgeblähte Planungsapparat – Kennziffern statt Eigenverantwortung

Das in der DDR bestehende Planungssystem bildete die Grundlage für die gesamte Arbeit auf ökonomischem Gebiet.

Es hatte sich bereits in den 50er Jahren entwickelt und beinhaltete die zentrale staatliche Planung und Bilanzierung der volkswirtschaftlichen Verflechtungen und die Herausgabe staatlich verbindlicher Aufgaben für die Arbeit der Betriebe in Form von Kennziffern für alle Seiten der Wirtschaftlichkeit in Menge und Wert.

Im Laufe der Jahre wurde dieses Kennziffersystem immer mehr ausgebaut. Verantwortlich dafür war die Staatliche Plankommission. Seinen verbindlichen Ausdruck fand dies in der sogenannten »Planungsordnung«, die immer umfangreicher wurde. Zuletzt bearbeitete die Staatliche Plankommission etwa 5000 Bilanzen bei einer Zahl von 2000 Mitarbeitern. Dieses Planungssystem sowie der ganze Planungsapparat hatten ein Eigenleben entwickelt, mit der Tendenz seiner ständigen weiteren Aufblähung. Von Seiten der Leitung der Staatlichen Plankommission wurde im Grunde, trotz periodischer Anläufe, nichts Wirksames dagegen unternommen. Man war bereits Gefangener des eigenen Systems.

Es hatte verschiedene Versuche gegeben, die bürokratischen Auswüchse des Planungssystems abzuschaffen oder wenigstens zu mindern. Eine große Chance eröffnete sich mit dem »Neuen Ökonomischen System«. 1963 wurde hier bereits von einer Selbständigkeit der Betriebe gesprochen. In theoretischen Veröffentlichungen wurde der Charakter des Betriebes als »sozialistischer Warenproduzent« hervorgehoben. Die entschiedene Verringerung der Kennziffern wurde gefordert.

Mit dem VIII. Parteitag wurde zwar in Worten das Ökonomische System des Sozialismus noch erwähnt, in der Praxis jedoch weitgehend totgemacht. Es gab mehr denn je eine vordergründige Orientierung auf die Mengenplanung für einzelne Positionen bis ins Detail. Das wurde vor allem mit der Verantwortung für die Versorgung der Bevölkerung begründet. So befassten sich die Führungsorgane des Staates und der Partei immer öfter mit einzelnen Defizitpositionen und immer weniger mit der Frage, die Verantwortung der Betriebe für ökonomisch effektives Wirtschaften zu erhöhen. Die bereits erwähnte Planung nach Preisgruppen für Konsumgüter erschwerte eine bedarfsgerechte und flexible Versorgung. Diese Methode wurde in breitem Maße publiziert. Sie förderte ein Anspruchsdenken und erschwerte die geringste Preis- und Sortimentsveränderung. Die Einhaltung starrer, vorgegebener

Prozentanteile für die Preisgruppen machte eine wirklich bedarfsgerechte Versorgung unmöglich.

Obwohl es bereits seit Längerem eine von mir vorgeschlagene Orientierung auf vier Hauptkennziffern der Leistungsbewertung der Arbeit der Betriebe gab, bestanden daneben Hunderte weiterer Kennziffern – und daran wurde nichts geändert. Erst auf einer Volkskammertagung im Herbst 1989 bekundete Gerhard Schürer die Absicht, die Zahl der Kennziffern auf die Hälfte zu verringern.

Abgesehen davon, dass dies nicht ausreichen konnte, wurde die Frage notwendiger qualitativer Veränderungen im gesamten Planungssystem überhaupt nicht gestellt. Entsprechenden Anregungen wurde nicht gefolgt.

So musste der Versuch, wirkliche ökonomische Beziehungen durch höhere volkswirtschaftliche Eigenverantwortung der Kombinate und schließlich der Betriebe herzustellen, zunächst steckenbleiben. Das Beharrungsvermögen war zu groß; man bewegte sich weiter im Rahmen des bestehenden Planungssystems. Ein entsprechender Konsens wurde im damaligen Politbüro nicht erreicht.

Wie vieler Mühe und wie vieler Anläufe bedurfte es, um endlich von der Warenproduktion als Hauptkennziffer der Planung und vor allem der Leistungsbewertung der Betriebe wegzukommen, wenngleich sich die Tendenz dazu wie ein Unkraut immer wieder bemerkbar machte. An Hand zahlreicher Untersuchungen wies ich nach, dass die Orientierung auf die Warenproduktion zu einer großen Materialverschwendung, zu einer uneffektiven Organisation der Produktion führte.

Je materialintensiver die Erzeugnisse, desto höher der Produktionswert, desto leichter die Planerfüllung nach der Kennziffer »Industrielle Warenproduktion«. Natürlich wurden die Betriebe durch andere Kennziffern, insbesondere durch die Kostenvorgabe, angehalten, mit Material zu sparen. Da aber die »Industrielle Warenproduktion« die ausschlaggebende

Kennziffer war, blieben die anderen »Begleitkennziffern« zumeist wenig wirksam.

Mindestens genauso schlimm wie der Versuch, durch viel bzw. teuren Materialeinsatz eine zu hohe Warenproduktion zu bringen, waren Praktiken, durch Verlagerung von Teilen der Produktion auf andere Betriebe mehr Fertigproduktion ohne eigene Leistung zu erreichen. Ich meine hier nicht eine sinnvolle Arbeitsteilung und Kooperation, sondern ein nicht durch ökonomische Vorteile veranlaßtes Hin- und Herschieben von Baugruppen, nur um am Ende ein hohes wertmäßiges Produktionsergebnis vorweisen zu können.

Besonders negativ waren die Auswirkungen, wenn das unter dem Begriff einer »Spezialisierung« im Rahmen des RGW geschah. Material und Baugruppen wurden über große Entfernungen und mit langen Lieferzeiten hin- und hertransportiert. Große Kosten und Valutaaufwendungen entstanden – aber der Enderzeuger wies ein hohes Volumen der Warenproduktion nach. Das hat nichts mit einer sinnvollen Kooperation zu tun, die auf soliden ökonomischen Grundlagen beruht; die hat uns wie unseren Partnern viel Nutzen gebracht. Ich wandte mich aber gegen jene Auswüchse, die entstanden, weil solchen Projekten keine wirklichen Nutzensberechnungen, sondern die Erzielung von Scheinvorteilen zugrunde lagen.

All das beschäftigte mich die ganzen Jahre. Bei vielen Gelegenheiten bin ich gegen diese Praktiken aufgetreten. Es musste doch eine grundsätzliche Lösung geben.

Angeregt durch Diskussionen und Experimente in der UdSSR, die dort jedoch letztlich nur halbherzig verwirklicht wurden, versuchte ich, die »Nettoproduktion« als Kennziffer der Leistungsbewertung ins Spiel zu bringe. Die »Nettoproduktion« leitet sich ab aus der »Industriellen Warenproduktion«, abzüglich Material- und Energieverbrauch sowie der anteiligen Abschreibungen. Sie enthält im Wesentlichen nur die eigenen Leistungen des Betriebes. Sie kann nicht übererfüllt werden, indem man mehr Material verbraucht oder die

Kooperation aufbläht. So gesehen war das einleuchtend. Merkwürdigerweise aber nicht für den Vorsitzenden der Staatlichen Plankommission und für einige andere leitende Genossen, so für Alfred Neumann. Die entsprechenden Beschlüsse zur Ablösung der »Industriellen Warenproduktion« als Maßstab für die Leistungsbewertung der Betriebe durch Einführung der »Nettoproduktion« wurden schließlich nach langem Wenn und Aber gefasst. Dennoch ließen die Angriffe gegen diese Art der Leistungsbewertung, auch durch den damaligen Vorsitzenden der Staatlichen Plankommission, nicht nach. Es gab interne Diskussionen und auch Briefe.

All das waren natürlich verhältnismäßig schwache »Reformversuche«, soweit sie diesen Namen überhaupt verdienen. Aber wie schwer und wie langwierig war es doch, selbst solchen Ansätzen zum Leben zu verhelfen.

Es gab in all diesen Fragen nur sehr wenig konstruktive Mitarbeiter. Das Beharrungsvermögen war zu groß und die Risikobereitschaft zu gering. So konnte ich mich mit vielen Dingen im Politbüro nicht durchsetzen, oder es dauerte zu lange, ehe endlich eine Entscheidung möglich wurde, die hinterher oft wieder unterlaufen wurde.

Noch bis April 1990 war die Staatliche Plankommission die dominierende Stelle, um die Wirtschaft bis in alle Einzelheiten zu reglementieren. Hier war die Zentrale für wichtige Übersichten und Entscheidungen – für alle Bereiche der Volkswirtschaft. Es war ein kleiner Kreis, intern bezeichnet als die »engere Leitung«, von dem die »Konstruktion des Planes« vorgenommen wurde; eine äußerst wichtige Phase in der Gesamtarbeit der Planausarbeitung. Das geschah, ohne die vielen klugen Mitarbeiter, einschließlich des vorhandenen eigenen Forschungsinstitutes, einzubeziehen, und unter Inkaufnahme des damit verbundenen Informationsverlustes. Besonders schwerwiegend wirkte sich diese Abkapselung unter dem Gesichtspunkt der für die DDR so lebenswichtigen Außenwirtschaftsbeziehungen aus.

Folgendes sei noch angemerkt: Die Planwirtschaft in der von der DDR praktizierten Form wurde im Zuge der Übernahme sowjetischer Erfahrungen aufoktroyiert. Das zuerst von der Sowjetischen Militäradministration in Deutschland (SMAD) praktizierte System wurde in Grundelementen übernommen. Wir waren natürlich von der Richtigkeit des Prinzips überzeugt und glaubten uns durch die theoretischen Schriften von Marx, Engels und Lenin bestärkt. Allerdings haben wir übersehen, dass es zwar für das Prinzip gesellschaftlicher Kontrolle und Leitung der Wirtschaft Hinweise in diesen Schriften gab, nicht aber für die Art und Weise seiner Verwirklichung. Da verließen wir uns auf die Erfahrungen der Sowjetunion, und die waren gleichbedeutend mit dem, was in Stalins Schriften stand. Wir haben uns bemüht, das System zu verändern – auch in Widerspruch zu den sowjetischen Auffassungen. Das galt in Bezug auf Wertkategorien und Warenproduktion: Allerdings genügte das nicht, um zu einem effizienten Planungssystem zu kommen, das der DDR, einem hochindustrialisierten Land, entsprochen hätte.

Bilanz und Ausblick

War also alles umsonst?

Mein bisheriges Wirken war mit der DDR verbunden. Sie war ein Staatsgebilde, das im Gefolge der Beendigung des Zweiten Weltkrieges entstanden und das mit dem Verlauf der Weltpolitik untergegangen ist. Sie war ein Kind des Kalten Krieges, und der Tag der Vereinigung mit der Bundesrepublik zu einem Gesamtdeutschland wurde auch der Tag der Beendigung des Kalten Krieges in Europa.

Jeder, der aktiv für diese DDR gewirkt hat, die nunmehr Teil des einheitlichen Deutschland geworden ist, stellt sich natürlich die Frage nach dem Sinn seiner Arbeit und Kraftanstrengung. Was einstmals erträumt wurde, ist nicht erreicht worden – konnte auch nicht erreicht werden, wie sich heute zeigt. Bewegen musste ich mich mit meinen Vorstellungen, Konzepten und auch Irrtümern in einem Spannungsfeld äußerer Bedingungen und innerer Hemmnisse.

Ich selbst, von der eigenen ehemaligen Partei politisch verfemt, in der Öffentlichkeit durch Verdächtigungen verschiedenster Art übel beleumdet, des Hochverrats beschuldigt und trotz schwerer gesundheitlicher Beeinträchtigungen über Monate in Untersuchungshaft gehalten, bis die längst fällige Freilassung kam, möchte trotzdem nicht sagen, dass ich umsonst gelebt habe. Geschont habe ich mich nie, das werden selbst meine ärgsten Widersacher einräumen müssen. Mein Arbeitstag im Büro begann 7.30 Uhr und währte oftmals sehr lange, wenn es in dem großen Gebäude des ZK, mit seiner Vielzahl von Angestellten, allgemein schon still war. Von den Papierbergen, die ich an den Wochenenden bewältigte, will ich nicht reden. Politische Verantwortung wahrzunehmen habe ich niemals als Repräsentation, sondern vor allem als die Forderung an mich selbst verstanden, hart zu arbeiten. So gesehen, hätte ich, würde ich mancher Stimmung folgen, nicht wenig Grund, mit dem Schicksal zu hadern. Ich lasse das und beuge mich dem Urteil der Geschichte.

Es ist eine eigenartige Situation. Ich habe mit der DDR und für die DDR, einen sozialistischen Staat, gelebt. Ich fühle mich auch nicht als ein von der Geschichte betrogener Mensch, obwohl ich mich heute öffentlicher Kritik ausgesetzt sehe und mit den von mir aktiv vertretenen politischen Zielen und Idealen gescheitert bin. Aber: War es falsch, für Wirtschaftlichkeit und Effektivität in der Volkswirtschaft einzutreten? War es falsch, eine enge ökonomische Zusammenarbeit mit der Sowjetunion anzustreben? War es falsch, für gegenseitig vorteilhafte Handelsbeziehungen mit den westlichen Industriestaaten einzutreten? Und war es etwa falsch, in den Beziehungen zur Bundesrepublik mehr und mehr auf Kooperation anstelle von Konfrontation hinzuwirken? War und ist das alles ohne Bedeutung für den heutigen Verlauf der Geschichte? Sie letztlich wird diese Fragen beantworten.

Ich muss das, was geschehen ist, als Realität anerkennen. Ich möchte weder alten Träumen nachhängen, noch neue Illusionen wecken.

Wenn es einen bereits jetzt zu benennenden großen theoretischen und politischen Fehler der Sozialismustheorie gab, dann war es der, die Potenzen der kapitalistischen Marktwirtschaft und die darauf beruhende Dynamik in der Entwicklung der Produktivkräfte und vor allem in der Entfaltung menschlicher Kreativität unterschätzt zu haben. Es geht hier nicht um Mängel oder Vorzüge, sondern um den historischen Fakt, der für alle Welt sichtbar eingetreten ist. Das zwingt zum Nachdenken.

Aber ich möchte nicht einen Augenblick eine neue Philosophie eröffnen. Mein Ziel war, der Öffentlichkeit einen weiteren Mosaikstein zu bieten, um sich ein Bild von den Abläufen,

Geschehnissen, Gründen, Motiven und auch menschlichen Verhaltensweisen aus der Sicht meiner Tätigkeit machen zu können.

Es sollte auch keine Rechtfertigung werden. Selbst wenn es manchmal anders schien – und Legenden um mich wurden wahrlich genug verbreitet –, konnte auch ich in meinem begrenzten Verantwortungsbereich, um im Wort des Historikers Gall zu bleiben, den Strom der Geschichte nicht umleiten, sondern war in ihm eingebunden. Das auszusprechen, bedeutet natürlich auch zugleich, eine Lehre gezogen zu haben.

Eine hypothetische Frage

Angesichts der geballten sozialen wie ökonomischen Probleme des Übergangs zur Marktwirtschaft in der ehemaligen DDR möchte ich die hypothetische Frage stellen: Was wäre heute, wenn die Einheit Deutschlands nicht gekommen wäre?

Eine mögliche Antwort darauf könnte lauten:

Die DDR war infolge der ungelösten Probleme der Nachkriegsära zwischen der Sowjetunion einerseits und den Westalliierten andererseits entstanden. Ihre Bildung war eine Reaktion auf den Kalten Krieg.

Abgeschnitten von wichtigen Rohstoff- und Energieressourcen war die DDR ökonomisch allein nicht lebensfähig. Ihre Einbindung in den RGW sicherte ihr bis in die erste Hälfte der 70er Jahre ein gewisses Fundament beim Bezug von Rohstoffen, Energieträgern und, wenn auch in stark eingeschränktem Maße, von Produktionsausrüstungen und Konsumgütern. Der »Preis« dafür war eine Abschottung von der internationalen weltweiten Arbeitsteilung, die trotz aller Bemühungen auch meinerseits, den Westhandel auszubauen, die einseitige Orientierung der Wirtschaft der DDR auf den RGW nicht entscheidend zu mindern vermochte. Die DDR-Wirtschaft war insgesamt gesehen nicht weltmarktfähig.

Dieser Widerspruch zwischen Einbindung in den RGW und stark eingeschränkter Teilnahme am weltweiten Handelsaustausch brach in all seiner Dramatik in dem Moment auf, als bestimmte Vorteile des RGW nicht mehr wirksam waren. Das betraf die niedrigen Preise für Öl und andere Energieträger und vor allem den Umfang der Erdöllieferungen durch die UdSSR. All das änderte sich infolge objektiver Prozesse, die sich auf die DDR ungünstig auswirkten.

Auf Dauer ein steigendes Wirtschaftswachstum bei drastisch sinkenden Rohstofflieferungen aufrechtzuerhalten ist unmöglich. Allein dieser Umstand reicht aus, um einen wirtschaftlichen Niedergang herbeizuführen.

Des Weiteren brachte die Umstellung des RGW-Handels auf konvertierbare Devisen einen Rückgang in den gegenseitigen Lieferungen und Bezügen. Damit sind Schwierigkeiten in der Bezahlung vorprogrammiert. Das bedeutet eine Einengung des RGW-Marktes, wie sie jetzt spürbar wird.

Ohne die Integration der Wirtschaft der früheren DDR in das marktwirtschaftliche System der Bundesrepublik auf dem Wege der Vereinigung wäre es zu einer wirtschaftlichen Katastrophe mit unübersehbaren sozialen Folgen gekommen und wäre überhaupt keine wirtschaftliche und soziale Perspektive abzusehen.

Der weitgehend durch die »Kommandowirtschaft« und die Einbindung der DDR in den RGW bedingte Produktivitätsrückstand zur BRD, der zwischen 40 und 50 Prozent betrug, kann nicht von heute auf morgen aufgeholt werden. Aber jetzt bestehen durch die weltweite Einbindung in die internationale Arbeitsteilung auf der Grundlage einer der stärksten Währungen der Welt reale Chancen, diese Rückstände wettzumachen.

Den Erkenntnisprozess habe ich mir nicht leichtgemacht. Ich glaube, niemand wird dem aus dem Wege gehen können.

Anmerkungen

1 Alfred Neumann (1909–2001), Tischler, KPD-Mitglied 1929, seit der Rückkehr aus sowjetischer Kriegsgefangenschaft 1947 im SED-Apparat tätig, u. a. von 1953 bis 1957 1. Sekretär der SED-Bezirksleitung Berlin. Er gehörte dem Politbüro von 1958 bis 1989 an. 1990 Ausschluss aus der SED-PDS. Vgl. Siegfried Prokop: Ulbrichts Favorit. Auskünfte von Alfred Neumann, edition ost, Berlin 2009

2 Heinz Keßler, Jahrgang 1920, Maschinenschlosser, trat am 15. Juli 1941 zur Roten Armee über, Mitbegründer des Nationalkomitees »Freies Deutschland« 1943. Nach dem Krieg Jugendfunktionär, seit 1950 bei den Bewaffneten Organen. Nach Besuch der Generalstabsakademie in Moskau 1955/57 Chef der DDR-Luftstreitkräfte, später Stellvertretender, seit 1985 Verteidigungsminister der DDR. Mitglied des Politbüros von 1986 bis 1989, 1990 Ausschluss aus der SED-PDS

3 Egon Krenz, Jahrgang Jahrgang 1937, Lehrer, Jugendfunktionär seit 1959, von 1971 bis 1974 Vorsitzender der Pionierorganisation »Ernst Thälmann«, danach – bis 1983 – 1. Sekretär des FDJ-Zentralrats. Seit 1984 gehörte er dem Politbüro an, am 18. Oktober 1989 wurde er zum Generalsekretär, sechs Tage später zum Staatsratsvorsitzenden gewählt. Rücktritt von allen Ämtern am 3. bzw. 6. Dezember, 1990 Ausschluss aus der SED-PDS

4 Günter Schabowski, Jahrgang 1929, Diplomjournalist, nach Studium an der Parteihochschule in Moskau erst Stellvertretender, dann Chefredakteur des *Neuen Deutschland* bis 1985. Danach 1. Sekretär der Bezirksleitung Berlin der SED, seit 1986 Sekretär des ZK der SED, 1990 Ausschluss aus der SED-PDS

5 Erich Honecker (1912–1994), Dachdecker, KPD 1929, Inhaftierung als antifaschistischer Widerstandskämpfer von 1935 bis 1945. Nach dem Krieg Jugendfunktionär, von 1946 bis 1955 Vorsitzender der FDJ, danach im Parteiapparat tätig, u. a. Politbüromitglied seit 1958, seit 1971 zunächst Erster, dann Generalsekretär und seit 1976 auch Vorsitzender des Staatsrates der DDR. Am 17. Oktober 1989 von seinen Funktionen abgelöst und später aus der SED ausgeschlossen

6 Joachim Herrmann (1928–1992), Journalist, Chefredakteur der FDJ-Zeitung *Junge Welt* (von 1954 bis 1960), später der *Berliner Zeitung* (1962–1965) und des *Neuen Deutschland* (1971–1978). Er gehörte dem Politbüro von 1973 bis 1989 an und war als ZK-Sekretär seit 1978 für die Informationspolitik verantwortlich. 1990 Ausschluss aus der SED-PDS

7 Michail S. Gorbatschow, Jahrgang 1931, Jurist, Parteifunktionär seit 1952, u. a. seit 1978 ZK-Sekretär für Landwirtschaft und Politbüro-Mitglied. Von 1985

bis 1990 Generalsekretär, 1990/91 Staatspräsident der UdSSR. Mit seinem Rücktritt am 25. Dezember 1991 endete die Sowjetunion

8 Neues Ökonomisches System der Planung und Leitung: Auf dem VI. Parteitag der SED 1963 beschlossenes Reformkonzept des Sozialismus, das Walter Ulbricht initiiert hatte. Da es nicht den Intentionen der Führungsmacht entsprach, wurde es sukzessive revidiert Ulbricht 1970/71 abgelöst

9 Vorsitzender des Ministerrates war seit 1976 Willi Stoph, zuvor hatte Horst Sindermann diese Funktion inne. Tatsache jedoch ist, dass der Ministerrat inklusive dessen Vorsitzender in der Praxis ausschließlich Erfüllungs- und Vollzugsorgan des ZK-Sekretärs für Wirtschaftsfragen war. Hätte man dort eigene »Ideen« entwickelt, wäre dies von Mittag als Abweichen vom bewährten Kurs der Politik der Hauptaufgabe schwer attackiert worden

10 Gerhard Schürer (1921–2010), Maschinenschlosser, seit 1952 im Parteiapparat tätig. Von 1965 bis 1989 Vorsitzender der Staatlichen Plankommission, Kandidat des Politbüros sein 1973. 1990 Ausschluss aus der SED-PDS

11 Die Nationale Front des Demokratischen Deutschland (seit 1973 der DDR) war der Zusammenschluss der Parteien und Massenorganisationen. Mittags Bemerkung ist insofern absurd, als die Nationale Front allenfalls zu Wahlen, aber nie zu gesellschaftlichen Veränderungen oder Reformen aufgerufen hat

12 Willi Stoph (1914–1999), Maurer, nach Flucht aus sowjetischer Kriegsgefangenschaft im Parteiapparat seit 1945 tätig. Von 1952 bis 1955 Innen-, danach (bis 1960) Verteidigungsminister. Von 1964 bis 1989 Ministerpräsident – zwischenzeitlich, von 1973 bis 1976 – Staatsratsvorsitzender, Mitglied des Politbüros von 1953 bis 1989, am 3. Dezember 1989 Ausschluss aus der SED

13 Tatsache ist, dass bei jenen in Rede stehenden Kommunalwahlen am 7. Mai 1989 Wahlleiter Krenz zuvor Honecker schriftlich ersucht hatte, vom üblichen Wettbewerb der einzelnen Wahlkreise um das beste und am schnellsten erzielte Wahlresultat Abstand zu nehmen. Aus diesem Grunde sollten auch tagsüber keine Wahlberichte im Fernsehen gezeigt werden. Ausgerechnet Mittag aber intervenierte, weil in seinem Erfurter Wahlkreis bereits am Vormittag alle Wähler in die Wahllokale geeilt waren, und dies von Adlershof ignoriert worden war. Daraufhin ordnete Herrmann TV-Übertragungen an. Es steht zu vermuten, dass auch unter anderen Umständen die Wahlergebnisse »freundlich« gestaltet worden wären. Aber die Unwissenheit Mittags und sein angebliches Unbeteiligtsein an diesen Vorgängen sind eine Fama

14 Pressekampagnen in der DDR wurden vom Politbüro, konkret vom zuständigen ZK-Sekretär Herrmann, inszeniert, dazu nutzte man insbesondere die »Argu« genannte Anleitungsrunde der Chefredakteure an jedem Donnerstag. Der Leiter der ZK-Abteilung Heinz Geggel (1921–2000) oder einer seiner zahlreichen Stellvertreter gab die Themen vor, die das ZK in der kommenden Woche in den DDR-Medien behandelt wissen wollte – oder auch nicht. (Analoges erfolgte für die Presse der Blockparteien über die Pressestelle des Ministerrates). Diese Anleitung schaffte Krenz ab, die Redaktionen entschie-

den selbst, worüber sie berichteten, die Medien waren für wenige Monate wirklich frei und unabhängig, bis sie von westdeutschen Medienkonzernen übernommen wurden

15 Eduard A. Schewardnadse (1928–2014), Komsomol- und Parteifunktionär seit 1948, von 1972 bis 1985 Erster Sekretär des ZK der KP Georgiens, von 1985 bis 1990 sowjetischer Außenminister, später (bis 2003) Präsident Georgiens

16 Wjatscheslaw I. Daschitschew, promovierter Historiker und bis 1990 Abteilungsleiter am Institut für Internationale wirtschaftliche und politische Studien der Russischen Akademie der Wissenschaften. Mit Beginn der Perestroika wurde er auch Professor an der Diplomatischen Akademie des sowjetischen Außenministeriums. Nach dem Untergang der Sowjetunion gerierte er sich als Gorbatschows außenpolitischer Berater und reüssierte damit als Gastprofessor an der TU Berlin, in München und Mannheim. Nach Einschätzung des Hamburger Landesamtes für Verfassungsschutz vom April 2008 ist Daschitschew eine »internationale Größe des Rechtsextremismus«

17 Fußnote im Mittag-Buch: »Dass in der sowjetischen Politik der unvermeidbare Weg zur deutschen Vereinigung bereits 1986/87 vorgedacht wurde, bestätigt auch der frühere Außenminister der UdSSR Schewardnadse in einem Gespräch mit dem *Stern* vom 11. April 1991: ›Ich war schon früh von der Unvermeidbarkeit der deutschen Vereinigung überzeugt. Eine Nation, und noch dazu eine so große, konnte die Teilung nicht auf Dauer hinnehmen. Gorbatschow hat damals betont, es handle sich um einen historischen Prozess. Und jeder Versuch, diesen Prozess mit Gewalt zu beeinflussen, hätte eine Katastrophe zur Folge gehabt. Wir hatten uns entschlossen, diesen Prozess nicht zu stören, uns nicht einzumischen.‹

Professor Daschitschew äußerte sich in ähnlicher Richtung. Als Vorsitzender des wissenschaftlichen Beirats des Außenministeriums habe er dargelegt, so in einem Gespräch mit dem *Spiegel* (Nr. 4/1991), ›dass die Änderung unserer Position zum Nachkriegs-Status quo eine Wende in unserer Einstellung zum geteilten Europa und zum geteilten Deutschland erfordert, eine neue Sicht der sowjetischen Dominanz in Osteuropa. Unsere Deutschlandpolitik entsprach nicht mehr der Realität. In der DDR wuchsen die Gefahren sozialer und nationaler Spannungen. Zur Lösung empfahl ich mehrere Varianten, darunter eine Konföderation der beiden deutschen Staaten, wie auch eine Vereinigung.‹

Wie problematisch und risikoreich eine solche Haltung war, verdeutlicht Schewardnadse in einer anderen Äußerung (*Literaturnaja Gaseta* vom 10. April 1991 laut *Berliner Zeitung* vom 11. April 1991): ›Uns hat man ziemlich aktiv zur Anwendung von Gewalt gedrängt, das heißt, zur Wiedergeburt jener Doktrin, nach der eine Machtkrise in einem Land der sozialistischen Gemeinschaft durch bewaffnete Einmischung anderer Länder überwunden wird. Mit anderen Worten, man hat uns vorgeschlagen, nach den Szenarien von 1953, 1956 und 1968 zu handeln.‹«

18 Fußnote im Mittag-Buch: »Die Pfingsttreffen der FDJ, die als Massenaufmärsche inszeniert wurden, dienten vorwiegend der Selbstdarstellung, nicht nur von Erich Honecker, sondern auch der von Egon Krenz. Er nutzte dabei die traditionelle Verbundenheit Erich Honeckers zur FDJ aus, um seine Position als Kronprinz zu festigen. Deshalb hatte Krenz ein Interesse an möglichst großen und effektvollen Veranstaltungen, koste es, was es wolle. Krenz hatte keine innere Beziehung zur Ökonomie. Er kannte sie nur von der Ausgabenseite, nicht aber von der Seite der Erwirtschaftung. Das interessierte ihn nicht sonderlich. Als skandalös empfand ich es – nachdem diese Dinge jetzt bekannt geworden sind –, dass aus den Mitteln für das Pfingsttreffen Aufwendungen für die Sicherheitsorgane bezahlt wurden. Hierfür wurde ohnehin viel zuviel Geld aufgewandt, wogegen ich mich immer gewandt hatte.«

19 Fußnote im Mittag-Buch: »Rudolf Herrnstadt, Das Herrnstadt-Dokument. Das Politbüro der SED und die Geschichte des 17. Juni 1953, Rowohlt, Hamburg 1990«. Es ist schon erstaunlich, dass ein langjähriges Mitglied der SED-Führung erst im Jahr 1990 aus einer Publikation eines Westverlages die Zusammenhänge und Hintergründe des 17. Juni 1953 erfahren haben will

20 Fußnote im Mittag-Buch: »Peter Przybylski, Tatort Politbüro. Die Akte Honecker, Rowohlt Berlin 1991«. Kommentar: s. Fußnote 19

21 Werner Krolikowski, Jahrgang 1928, Verwaltungsangestellter, Parteifunktionär seit 1946, u. a. 1. Sekretär der Bezirksleitung Dresden der SED von 1960 bis 1973, Mitglied des Politbüros seit 1971, von 1973 bis 1976 und von 1988 bis zum Rücktritt ZK-Sekretär für Landwirtschaft. Ausschluss aus der SED am 3. Dezember 1989

22 Leonid I. Breshnew (1906–1982), Metallarbeiter, Politkommissar im Großen Vaterländischen Krieg, Parteifunktionär, u. a. Erster Sekretär des ZK der KP Moldawiens von 1950 bis 1952, danach Kasachstans. Mitglied des Politbüros seit 1956 und ZK-Sekretär in Moskau. Von 1964 (bzw. 1966) Generalsekretär bis zu seinem Tode

23 Fußnote im Mittag-Buch: »Ebenda Seite 341«. Siehe »Tatort Politbüro«

24 Fußnote im Mittag-Buch: »Ebenda Seite 341«. Siehe »Tatort Politbüro«

25 Fußnote im Mittag-Buch: »E. H. hat z. B. dem PB nicht gesagt, dass L. I. Breshnew ihm dringend geraten hat, Mittag aus der Führung herauszunehmen, so sagte Mielke zu W. Stoph, aber nach Mielkes Meinung wird EH dies GM persönlich gesagt haben, um ihn unter Druck zu setzen und sich GM gefügig zu machen.« Quelle: Przybylski Seite 345 bis 348

26 Erich Mielke (1907–2000), Speditionskaufmann, 1925 Eintritt in die KPD, Exil in der Sowjetunion seit 1932, Spanienkämpfer von 1936 bis 1939. Bei Gründung des MfS 1950 Eintritt als Staatssekretär. Minister für Staatssicherheit von 1957 bis 1989, seit 1976 Mitglied des Politbüros. Ausschluss aus der SED am 3. Dezember 1989

27 Fußnote im Mittag-Buch: »Ebenda Seite 352«. Siehe »Tatort Politbüro«

28 Fußnote im Mittag-Buch: »Ebenda Seite 343«. Siehe »Tatort Politbüro«

29 Fußnote im Mittag-Buch: »Ebenda Seite 341«. Siehe »Tatort Politbüro«

20 Stoph war nicht »Auftraggeber« Krolikowskis, sondern gehörte dem Vernehmen nach mit diesem, Mielke und Verteidigungsminister Heinz Hoffmann zur sogenannten »Moskau-Fraktion«, die den Kreml laufend über Interna aus der DDR-Führung versorgt haben soll

31 Die Breshnew-Doktrin war die im November 1968 – nach der militärischen Intervention in der Tschechoslowakei im Sommer – erklärte Absicht, dass es kein Abweichen von der Moskauer Linie geben dürfe. »Die Souveränität der einzelnen Staaten findet ihre Grenze an den Interessen der sozialistischen Gemeinschaft.«

32 Fußnote im Mittag-Buch: »Über meine Position berichtet Krolikowski am 16. Dezember 1980: ›Dann tritt GM vor dem 13. Plenum auf, um den BRD-Imperialismus nicht anzugreifen und nicht zu verurteilen, ja, er wiederholt nicht einmal die Geraer Forderungen, damit sie nicht im ZK bestätigt werden, ja, er spricht in weichen Tönen, dass man gleichberechtigte Beziehungen zwischen der DDR und der BRD pflegen müsse.‹« Quelle: Przybylski Seite 342

33 Fußnote im Mittag-Buch: »Ebenda Seite 326«. Siehe »Tatort Politbüro«

34 Die Sowjetunion hatte ihre Öllieferungen an die DDR um etwa zwei Millionen Tonnen reduziert, was nicht mit den gestiegenen Weltmarktpreisen zusammenhing, sondern weil ihre Förderanlagen und Pipelines verschlissen waren, was dazu führte, dass die DDR wie andere sozialistische Staaten auch einen Teil – 518 Kilometer – der 2750 Kilometer langen Erdgasleitung »Sojus« in der Westukraine verlegte. Es handelte sich um die größte Auslandsinvestition der DDR, an der bis zu 10 000 Arbeiter aus der DDR tätig waren

35 Der Rat für Gegenseitige Wirtschaftshilfe (RGW), im Westen Comecon genannt, war 1949 als sozialistisches Pendant zum Marshallplan und zur Organisation für europäische wirtschaftliche Zusammenarbeit (OEEC) gegründet worden. Die Auflösung erfolgte 1991

36 Fußnote im Mittag-Buch: »Ebenda Seite 331«. Siehe »Tatort Politbüro«

37 Juri W. Andropow (1914–1984), Matrose, Komsomolfunktionär, dann im diplomatischen Dienst, von 1967 bis 1982 Vorsitzender des Komitees für Staatssicherheit, seit 1967 Kandidat bzw. Mitglied des Politbüros, von 1982 bis 1984 Generalsekretär des ZK der KPdSU

38 Nikolai A. Tichonow (1905–1997), Metallurgieingenieur, von 1965 bis 1976 sowjetischer Vizepremier, von 1979 bis 1985 Mitglied des Politbüros, von 1980 bis 1985 Vorsitzender des Ministerrates

39 Nikita S. Chruschtschow (1894–1971), Maschinenschlosser, Parteifunktionär seit 1925, 1933 Vorsitzender des Moskauer Gebietsparteikomitees, Mitglied des Politbüros von 1939 bis 1964. Von 1938 bis 1949 Erster Sekretär in der Ukraine, danach (bis 1953) ZK-Sekretär in Moskau, anschließend, bis zu seinem Sturz 1964, Erster Sekretär und seit 1958 sowjetischer Premierminister

40 Erich Apel (1917–1965), Schlosser, von 1946 bis 1952 Leiter eines Versuchsbetriebes in der Sowjetunion, von 1955 bis 1958 Minister für Schwermaschi-

nenbau, danach Leiter der Wirtschaftskommission beim Politbüro, 1961 ZK-Sekretär und Kandidat des Politbüros sowie Vorsitzender der Staatlichen Plankommission. Einer der Väter des Neuen Ökonomischen Systems der Planung und Leitung. Erschoss sich mit seiner Dienstwaffe im Büro

41 Fußnote im Mittag-Buch: »Ulbricht hielt sich des öfteren am Dölln-See in der Schorfheide auf. Er ließ mir einige Kilometer entfernt ein kleineres Haus zur Nutzung auf Mietbasis zuweisen. Ein Motiv war wohl dabei, mich gegebenenfalls schnell erreichen zu können.«

42 Heinz Hoffmann (1910–1985), Motorenschlosser, Mitglied der KPD 1930, Besuch der Leninschule in Moskau und der Offiziersschule in Rjasan, Spanienkämpfer 1937/38, Rückkehr nach Deutschland 1945. Bewaffnete Organe seit 1950, Studium an der Generalstabsakademie der UdSSR, von 1961 bis 1985 Verteidigungsminister. Seit 1973 gehörte er dem Politbüro an

43 Gerd Schulz, Jahrgang 1947, Industriekaufmann, FDJ-Funktionär seit Beginn der 70er Jahre, von 1980 bis 1985 Sekretär des Zentralrats der FDJ, danach, bis 1989, Leiter der ZK-Abteilung Jugend, später Hotelier auf Usedom

44 Hans Modrow, Jahrgang 1928, Maschinenschlosser, nach vierjähriger sowjetischer Kriegsgefangenschaft FDJ-Funktionär, anschließend Parteiarbeiter, u.a. Leiter der ZK-Abteilung Agitation (1967–1972), danach 1. Sekretär der Bezirksleitung Dresden der SED. Von November 1989 bis April 1990 Ministerpräsident der DDR. Abgeordneter des Landtages von Mecklenburg-Vorpommern, der Volkskammer, des Bundestages und des Europa-Parlaments

45 Kranzniederlegung in Friedrichsfelde: Am Donnerstagvormittag, am Vorabend des 40. Jahrestages der DDR am 7. Oktober 1989, legte die Staats- und Parteiführung Kränze nieder. »Am Mahnmal für die Opfer des Faschismus und Militarismus Unter den Linden, in der Gedenkstätte der Sozialisten in Friedrichsfelde, am Ehrenmal für die gefallenen sowjetischen Helden in Treptow und am Denkmal des polnischen Soldaten und des deutschen, Antifaschisten im Volkspark Friedrichshain gedachten sie der Vorkämpfer für Frieden und Sozialismus sowie der Opfer des antifaschistischen Widerstandskampfes«, hieß es dazu am 6. Oktober 1989 im *Neuen Deutschland*

46 Wolfgang Herger, Jahrgang 1935, promovierter Philosoph, Sekretär des FDJ-Zentralrats von 1964 bis 1976, danach, bis 1985, Leiter der ZK-Abteilung Jugend. Von 1985 bis 1989 leitetete er die Abteilung Sicherheit, Mitglied des Politbüros von 8. November bis 3. Dezember 1989

47 Fritz Streletz, Jahrgang 1926, nach Rückkehr aus sowjetischer Kriegsgefangenschaft 1948 Eintritt in die Deutsche Volkspolizei, 1959 Studium an der Generalstabsakademie der UdSSR, von 1971 bis 1989 Sekretär des Nationalen Verteidigungsrates, seit 1979 Stellvertreter des Oberkommandierenden der Vereinten Streitkräfte des Warschauer Vertrages und Stellvertretender Verteidigungsminister der DDR, ZK-Mitglied

48 Rudi Mittig (1925–1994), Maurer, seit 1952 beim MfS, Leiter der für die Volkswirtschaft zuständigen HA XVIII seit 1963, Stellvertretender Minister von 1975 bis Dezember 1989, ZK-Mitglied seit 1986

49 Karl-Heinz Wagner (1928–2011), Eintritt in die Deutsche Volkspolizei 1948, von 1977 bis Dezember 1989 Stellvertretender Innenminister der DDR und Chef des Stabes

50 Kurt Masur, Jahrgang 1927, Elektriker, Musikstudium, von 1970 bis 1997 Gewandhauskapellmeister in Leipzig, Nationalpreisträger der DDR

51 Krenz' China-Reise Ende September 1989 war ein offizieller Staatsbesuch zum 40. Jahrestag der Gründung der Volksrepublik. Im Nachgang wurde diese Visite als demonstrative Zustimmung für den »Zwischenfall vom 4. Juni« auf dem Platz des Himmlischen Friedens interpretiert. Damals war es zu blutigen Zusammenstößen zwischen Demonstranten und der Staatsmacht gekommen. Gegen die Behauptung, er habe nach seiner Rückkehr den DDR-Demonstranten mit der »chinesischen Lösung« gedroht, setzte sich Krenz juristisch erfolgreich zur Wehr

52 Fußnote im Mittag-Buch: »Befehle und Lageberichte des MfS Januar–November 1989, herausgegeben von Armin Mitter und Stefan Wolle, Basis Druck Verlagsgesellschaft mbH. Berlin 1990, Seite 126«

53 Honecker visitierte zwischen Parteitag und Volkskammerwahlen am 8. Juni drei Produktionsstandorte, die mit dem von Mittag forcierten Mikroelektronik-Programm zu tun hatten. Auf der Wahlkundgebung in Sömmerda, so das *Neue Deutschland* am 23. Mai 1986, nahmen über 20 000 Menschen teil. In Sprechchören und auf Spruchbändern hätten sie zum Ausdruck gebracht, was sie bewegte: »Lieber Genosse Honecker! Wir danken für Dein unermüdliches Wirken für Frieden und Sozialismus!«

54 Fritz Pleitgen, Jahrgang 1938, Journalist, von 1970 bis 1977 Auslandskorrespondent der ARD in Moskau, danach, bis 1982, in der DDR, anschließend in den USA. In der Wendezeit war Pleitgen, inzwischen Chefredakteur des WDR, in der DDR unterwegs

55 Die 1945 in der Sowjetischen Besatzungszone zugelassenen bzw. neu gegründeten Parteien bildeten den Demokratischer Block, eine neue Form des politischen Zusammenwirkens aller demokratischen Kräfte. Er hörte mit dem Austritt der LDPD und der CDU am 5. Dezember 1989 auf zu existieren

56 Manfred Gerlach (1928–2011), Justizangestellter, Mitglied der Liberaldemokratischen Partei (LDPD) und der FDJ 1945 bzw. 1946, Parteivorsitzender von 1967 bis 1990, seit 1960 Stellvertretender Staatsratsvorsitzender und nach dem Rücktritt von Krenz am 6. Dezember 1989 für einige Monate amtierendes Staatsoberhaupt der DDR

57 Generalmajor a. D. Horst Vogel, von 1978 bis 1989 Leiter des Sektors Wissenschaft und Technik (SWT) im MfS, dazu in dem 2008 erschienenen Buch »Die Industriespionage der DDR«: »Wir beschafften mit mehreren Kundschaftern [...] bei Siemens die notwendigen Technologie-Unterlagen, die der

Konzern in Japan bei Toshiba gekauft hatte, und reichten diese an das Dresdner Zentrum für Forschung und Technologie der Mikroelektronik weiter, das dem Kombinat Carl Zeiss Jena unterstand. Unsere Fachleute besaßen damit technische Beschreibungen, Schablonen, Maschinen, Materialien und Spezialausrüstungen, die ausnahmslos unter Embargo standen. So machten sie sich an die Arbeit. Biermann nahm sie unter persönliche Kontrolle, es war Chefsache.
Anfang September 1988 rief mich Wolfgang Biermann an und teilte mir erfreut mit, dass sie drei Muster eines 1-Megabit-Chips nunmehr fertiggestellt hätten. Für die Übergabe an Honecker, die für den 12. des Monats vorgesehen sei, fehle ihm aber ein entsprechendes Schaltkreisgehäuse. Ob wir nicht ...?
Wir besorgten über Nacht das Schaltkreisgehäuse. [...] Wenige Tage später, inzwischen hatte Biermann unter Ausschluss der Öffentlichkeit in Berlin den Chip übergeben, meldete er sich telefonisch erneut bei mir. Er war sehr erregt. Honecker fliege am 27. September nach Moskau, erklärte Biermann, und wolle Gorbatschow den Chip überreichen. Das solle im Fernsehen gezeigt werden.
Sind die bescheuert, rief ich in die Muschel. Biermann hatte wie ich sofort erkannt, dass dies mehr als fatal war. Jeder vom Fach wusste, dass die DDR aus eigener Kraft nie in der Lage gewesen wäre, einen solchen Speicher zu entwickeln. Es mussten Anleihen genommen worden sein. Mich als Geheimdienstmann interessierte dabei weniger die politische Peinlichkeit, sondern vor allem die Sicherheit unserer Kundschafter. Toshiba und Siemens waren weltweit die einzigen, deren Vorarbeiten soweit gediehen waren. In diesen beiden Konzernen würden doch sofort die Alarmglocken schrillen, wenn Honecker den Chip selbstbewusst strahlend in Moskau in die Kamera hielte.
Biermann hatte begriffen, ich hatte begriffen. Das musste unbedingt verhindert werden.
Ich informierte Mielke und bat ihn inständig, auf Honecker einzuwirken, dass er das unterließe. Der Minister biss auf Granit.
Mielke versuchte es dann bei Günter Mittag, der Honecker als Wirtschaftssekretär nach Moskau begleiten würde. Mittag ließ Mielke mit der Bemerkung abblitzen, er solle sich um seine Sachen kümmern, das gehe ihn nichts an.
Honecker und Mittag hatten sich in den aberwitzigen Gedanken verbissen, Gorbatschow mit diesem Präsent vorzuführen, ihn zu demütigen. Die kleine DDR zeigte der großen Sowjetunion, wie man es machen musste. Seht her, wozu wir in der Lage sind! Ihr quatscht von Glasnost und Perestroika – wir arbeiten unterdessen angestrengt und stoßen in die Weltspitze vor!
Ja, natürlich, dass taten wir. Kundschafter, Fachleute vom Sektor Wissenschaft und Technik des MfS, Forscher in Dresden und Jena und viele andere hatten sich in eine Riesenaufgabe gekniet und diese mit Respekt erfüllt. Das verdiente Beifall und den Dank nicht nur des Vaterlandes, sondern des gesamten Warschauer Vertrages. Doch mit dieser gleichermaßen hochmütigen wie überzogenen Geste machte man alles klein und kaputt.
Der gefährliche Unsinn nahm seinen Lauf.«

58 Fußnote im Mittag-Buch: »Reinhold Andert, Wolfgang Herzberg, Der Sturz. Erich Honecker im Kreuzverhör, Aufbau Verlag, Berlin und Weimar 1990«

59 Die »Raketenkrise« trat erst zu Beginn der 80er Jahre ein, als die NATO einerseits ihren sogenannten Nachrüstungsbeschluss fasste (in Westeuropa wurden in der Folge atomar bestückte Mittelstreckenraketen Pershing II und Cruise Missiles stationiert), und die UdSSR intervenierte militärisch in Afghanistan und führte dort zehn Jahre lang Krieg. Das zusammen führte nach einer Phase relativer Entspannung im Gefolge der KSZE-Konferenz in Helsinki 1975 zu einer Verschärfung der globalen Auseinandersetzung

60 Walter Halbritter (1927–2003), Leiter des Amtes für Preise im Ministerrang von 1965 bis 1989

61 Angehörige der NVA und VP-Bereitschaften wurden regelmäßig etwa zur Sicherung der Braunkohleförderung und Energieerzeugung eingesetzt. Bei wachsendem Arbeitskräftemangel bediente sich die Volkswirtschaft zunehmend der Soldaten. Im letzten Drittel der 80er Jahre waren bis zu 20 000 Mann langfristig in der Volkswirtschaft tätig. »Selbst die Offiziershochschulen blieben davon nicht verschont. Die Effizienz dieser Einsätze stand kaum in einem vertretbaren Verhältnis zum Aufwand und den moralischen Folgen. Die Wehrpflichtigen konnten nicht einsehen, dass sie zur Armee einberufen wurden, um dort für den geringen Wehrsold und nicht ihrer Qualifikation entsprechend in anderen Betrieben zu arbeiten. Die Motivation der Berufs- und Zeitsoldaten litt beträchtlich unter der Tatsache, als ›industrielle Reservearmee‹ missbraucht zu werden. Das schränkte den Organismus und die Funktionsfähigkeit der NVA mehr ein als die im Januar 1989 verkündete einseitige Truppenreduzierung der DDR um sechs Panzerregimenter und ein Jagdfliegergeschwader.« Wolfgang Herger, Leiter der ZK-Abteilung Sicherheit, in: Das Große Haus, edition ost, Berlin 1995/2014, S. 168

62 Fußnote im Mittag-Buch: »Erich Honecker vor den Kreissekretären am 18. Februar 1978: ›Vom Wachstum und absoluten Umfang unseres Nationaleinkommens hängt ab, wie wir unser sozialpolitisches Programm durchführen, zugleich die lebenswichtigen Aufgaben der weiteren Stärkung der materiell-technischen Basis für unsere künftige Entwicklung lösen und darüber hinaus mit den außenwirtschaftliehen Bedingungen fertig werden.‹«

63 Fußnote im Mittag-Buch: »Vor der Parteihochschule 1978: ›Was die Akkumulation angeht, so haben wir dafür vor allem die im Plan festgelegten Investitionsobjekte. Es muss alles getan werden, um zu sichern, dass Gelder und materielle Mittel des Staates für die im Plan festgelegten Ziele verwendet werden [...]. Im Vordergrund muss stehen, das weitere materielle Leistungswachstum der DDR im Interesse der Hauptaufgabe zu sichern.‹«

64 Fußnote im Mittag-Buch: »Vor der Parteihochschule 1978: ›Die Erzeugnisse unserer Industrie müssen sich aufgrund ihrere höheren Qualität, ihres Gebrauchswertes, ihres höheren Nutzens für den Anwender auf dem Weltmarkt durchsetzen. Wichtig ist, dass sie es ermöglichen, günstige Preise und hohe

Exportergebnisse für die DDR zu erzielen. Das vor allem ist der springende Punkt.‹«

65 Fußnote im Mittag-Buch: »Ebenfalls vor der Parteihochschule 1978: ›Ob wir ein wissenschaftlich-technisches Niveau erreichen oder nicht, ob wir eine bestimmte moderne Technologie anwenden oder nicht – das ist keine Frage, die man so oder so beantworten kann, das ist auch keine Aufgabe, die man tun oder auch unterlassen kann. Hier geht es um grundsätzliche objektive Erfordernisse unseres ökonomischen und damit auch gesellschaftlichen Fortschritts. Von dieser Warte her ist es notwendig, ständig den eigenen Stand mit dem internationalen Niveau zu vergleichen und daraus die Schlussfolgerungen zu ziehen. Wir sollten uns daran erinnern, was Karl Marx bereits dazu im *Kapital* schrieb: *Der industrielle Kapitalist hat beständig den Weltmarkt vor sich, vergleicht, und muss beständig vergleichen, seine eigenen Kostpreise mit den Marktpreisen nicht nur der Heimat, sondern der ganzen Welt.*‹«

66 Und offenkundig gab es auch eine unterschiedliche Moral. »Anfang der 80er Jahre, als die DDR schon hoch verschuldet war, die Zinsen international steil anstiegen und einige sozialistische Länder schon zahlungsunfähig waren, wandte sich Günter Mittag mit der Feststellung, dass es für die DDR um ›Sein oder Nichtsein‹ geht, an Erich Honecker und bat um Zustimmung zum Export von Waffen aus DDR-Beständen in das Nichtsozialistische Wirtschaftsgebiet. Ferner wurde besprochen, auch den Export von Kunst und Antiquitäten zu erhöhen, der durch Beschluss des Politbüros und des Ministerrats bereits 1973 geregelt und mit einer Verfügung des Ministerpräsidenten in Kraft gesetzt, aber bisher auf niedrigstem Niveau gehalten worden war. Es war also nicht Schalck-Golodkowski und sein Bereich, die von sich aus beide Bereiche für den Export erschlossen hatten, die zwar moralisch anrüchig sind, aber international ohne Skrupel in einem viel größeren Umfang betrieben wurden, als es die DDR in allen Jahren ihrer Existenz je konnte.« Gerhard Schürer, Gewagt und verloren. Eine deutsche Biografie, edition ost, Berlin 2014, S. 185

67 Fußnote im Mittag-Buch: »G. Naumann, E. Trümpler: Von Ulbricht zu Honecker; Dietz-Verlag, Berlin 1990, S. 6«

68 Ulbricht wie Honecker war diese Tatsache sehr wohl bewusst, zumal ihnen jeder sowjetische Parteichef das mehr als einmal gesagt hatte. Und auch Krenz war sich dessen bewusst: Nicht grundlos forderte er im Herbst 1989 bei Gorbatschow die Verantwortung der Sowjetunion für ihr Kind, die DDR, nachdrücklich ein

69 Hier verwechselt Mittag Ursache und Wirkung. Ulbricht hatte von Chruschtschow – im Übrigen der einzige Moskauer Parteichef, der zur DDR-Führung ein normales Verhältnis pflegte – Prokura erhalten, Reformen an dem an seine Grenzen stoßenden sowjetischen Modell vorzunehmen. Die Sowjetunion, so Chruschtschows Ansage, sei für notwendige gesellschaftliche Experimente einfach zu groß. Daraus entwickelte sich das auf dem VI. Parteitag der SED

1963 beschlossene Neue Ökonomische System der Planung und Leitung, das einzige realistische und realisierbare Reformkonzept des Sozialismus sowjetischer Prägung in den 75 Jahren seiner Existenz. Chruschtschow wurde 1964 vom Militärisch-Industriellen Komplex gestürzt, der konservative Breshnew wurde auf seinen Stuhl gesetzt, es begannen Jahrzehnte der Stagnation und des Niedergangs. In der Folge des Machtwechsels im Kreml wurde auch Ulbricht und sein Reformkonzept ausgeschaltet. Der erste Generalangriff auf das NÖS erfolgte auf dem 11. ZK-Plenum 1965 durch Erich Honecker

70 Gerhard Schürer, Chef der Staatlichen Plankommission, sah das auch ein wenig anders: »Gewundert habe ich mich damals nur darübet, dass Günter Mittag, der als engster Vertrauter Walter Ulbrichts eine Reihe von Fehlentscheidungen zu verantworten hatte und der sowohl in der Partei als auch in der Wirtschaft jeden Kredit verspielt hatte, den Absprung in der letzten Minute noch schaffte und auf den Zug Erich Honeckers aufsprang, dann auch noch sein Favorit wurde und eine beispiellose Hatz gegen Ulbricht organisierte. Sein Vertrauter ließ mir z. B. einmal, längere Zeit nach Honeckers Aufstieg zur Nummer Eins, den Unwillen Mittags übermitteln, dass in meinem Arbeitszimmer noch immer das Bild von Walter Ulbricht hing und nicht das von Erich Honecker. Als ich später im Schalck-Golodkowski-Untersuchungsausschuss des Bundestages gefragt wurde, was ich danach gemacht habe, und antwortete, dass ich das Bild von Karl Marx aufgehängt habe, wurde im Protokoll ›Heiterkeit‹ vermerkt.« (Siehe Gerhard Schürer, Gewagt und verloren, a. a. O., S. 159)

71 Das Grenzregime inklusive Minenfelder war verbindliche Vorgabe der Führungs- und Besatzungsmacht Sowjetunion. Wiederholte Vorstöße in Moskau zum Abbau etwa der Minenfelder – man lese die Erinnerungen des langjährigen Chefs der Grenztruppen der DDR Klaus-Dieter Baumgarten – wurden dort regelmäßig abgeblockt. Es war nicht Strauß, sondern Honecker, der in einer eigenmächtigen Entscheidung den Abbau der Minenfelder erklärte. Baumgarten erfuhr davon aus dem Rundfunk. Die Sowjetunion nahm es hin, weil man ihr ersatzweise die Installation – nicht die Demontage – der Selbstschussanlagen anbot

72 Erstens handelte Strauß keineswegs altruistisch, er wollte u. a. seinen Konkurrenten Kohl, der seit 1982 Bundeskanzler in Bonn war, ärgern; zweitens war das »Wiedervereinigungsgebot« Verfassungsauftrag in der BRD, woran sich alle Bundesregierungen und Geheimdienste hielten, und drittens ist schon erstaunlich, wie ein ehemals führender DDR-Politiker in dieser Frage urteilte

73 Der sogenannte Grundlagenvertrag, eigentlich Vertrag über die Grundlagen der Beziehungen zwischen der Bundesrepublik Deutschland und der Deutschen Demokratischen Republik, wurde am 21. Dezember 1972 geschlossen und regelte erstmals die Beziehungen zwischen beiden deutschen Staaten. Dem waren Verträge der BRD mit der Sowjetunion und Polen vorausgegangen

74 Anknüpfend an Anmerkung 71, Punkt drei: Die USA hatten beschlossen, die UdSSR nicht militärisch zu besiegen, sondern totzurüsten. Die Führungsmacht des Warschauer Vertrages ließ sich auf diese Strategie ein, was am Ende zum mehrfachen Overkill und zum Zusammenbruch ihrer Wirtschaft führte. Die DDR als treuer Bündnispartner und ihre Volkswirtschaft litten unter dieser Vorgabe folglich auch. Mittag verweist wiederholt, bisweilen sogar polemisch, auf die internationale Einbindung der DDR und deren Folgen. Hier aber tut er so, als wäre die DDR Herr im eigenen Hause gewesen und nur darum gescheitert, weil sie nicht auf ihn gehört habe

75 Fußnote im Mittag-Buch: »›Sockel‹: Finanztechnischer Begriff zur Umschreibung der Nettoverschuldung«

76 F. J. Strauß starb am 3. Oktober 1988

77 Otto Wolf von Amerongen (1918–2007) war einer der einflussreichsten Unternehmer in der Bundesrepublik und wurde als heimlicher »Osthandelsminister« bezeichnet: Er leitete von 1955 bis 2000 den Ost-Ausschuss der Deutschen Wirtschaft

78 Gerhard Beil (1926–2010), Bauschlosser, FDJ- und Parteifunktionär, seit 1956 im Ministerium für Außenhandel tätig, seit 1969 Staatssekretär und von 1986 bis 1990 Minister für Außenhandel

79 Otto Graf Lambsdorff (1926–2009), Jurist, FDP-Politiker, von 1977 bis 1984 Bundeswirtschaftsminister, von 1988 bis 1993 Parteivorsitzender. 1987 wurde er wegen Steuerhinterziehung verurteilt

80 Martin Bangemann, Jahrgang 1934, Jurist, FDP-Politiker, 1974/75 Generalsekretär der Partei, von 1985 bis 1988 Parteivorsitzender. Von 1984 bis 1989 Bundesminister für Wirtschaft, von 1993 bis 1999 EU-Kommissar

81 Helmut Haussmann war von 1984 bis 1988 Generalsekretär der FDP, von 1976 bis 2002 Mitglied des Bundestages. Im Kohl-Kabinett war er Wirtschaftsminister von 1988 bis 1990

82 Berthold Beitz (1913–2013), Generalbevollmächtigter Alfried Krupp von Bohlen und Halbachs und einflussreicher Industrieller der Bundesrepublik. Ab 1970 war er Aufsichtsratsvorsitzender im Krupp-Konzern, seit 1989 Ehrenvorsitzender des Aufsichtsrates

83 Ernst Pieper (1928–1995), Vorstandsvorsitzender der bundeseigenen Salzgitter AG seit 1979 und seit 1990 der Preussag AG

84 Carl Hahn, von 1982 bis 1993 Vorstandsvorsitzender der Volkswagen AG

85 Helmut Schmidt, Jahrgang 1918, Hamburger Innensenator, von 1967 bis 1969 SPD-Fraktionschef in Bonn, von 1969 bis 1972 Bundesverteidigungsminister, danach Finanzminister, von 1974 bis 1982 Bundeskanzler

86 Eine echter Marxist, der an Kismet, also das vorbestimmte Schicksal, und daran glaubt, dass man ihm weder als Staat noch als Person entrinnen kann

87 Der Vertrag über die Grundlagen der Beziehungen zwischen der Bundesrepublik Deutschland und der Deutschen Demokratischen Republik (Grundlagenvertrag) wurde am 21. Dezember 1972 geschlossen und umfasste 10 Arti-

kel. Egon Bahr, der ihn mit DDR-Staatssekretär Michael Kohl ausgehandelt und unterzeichnet hatte, übergab vor Unterzeichnung ein Schreiben, in welchem festgestellt wurde, dass der Vertrag »nicht im Widerspruch (stehe) zu dem politischen Ziel der Bundesrepublik Deutschland [...], auf einen Zustand des Friedens in Europa hinzuwirken, in dem das deutsche Volk in freier Selbstbestimmung seine Einheit wiedererlangt«.

88 Alexander Schalck-Golodkowski, Jahrgang 1932, Feinmechaniker, 1952 Eintritt ins Ministerium für Außenhandel und innerdeutschen Handel, seit 1966 Chef der Arbeitsgruppe Kommerzielle Koordinierung (KoKo) und Offizier im besonderen Einsatz (OibE) des MfS. Von 1967 bis 1975 stellvertretender Minister und danach Staatssekretär im Ministerium für Außenhandel. Einer der wichtigen Unterhändler zwischen Berlin und Bonn

89 Fußnote im Mittag-Buch: »Willy Brandt, Erinnerungen, Propyläen-Sonderausgabe für die DDR, Februar 1990, Seite 229«

90 Paul Verner (1911–1986), Maschinenschlosser, 1929 KPD, Spanienkämpfer, nach dem Krieg Mitbegründer der FDJ, 1949 Mitarbeiter im ZK, seit 1963 Mitglied des Politbüros, von 1959 bis 1971 1. Sekretär der Bezirksleitung Berlin der SED, von 1971 bis 1983 Leiter der Jugendkommission beim Politbüro des ZK der SED

91 Hermann Axen (1916–1992), KJVD, bis 1945 KZ Auschwitz, 1946 Mitbegründer der FDJ, Sekretär des Zentralrats, von 1958 bis 1966 Chefredakteur des *Neuen Deutschland*, von 1970 bis 1989 Mitglied des Politbüros und dort für internationale Beziehungen zuständig

92 Kurt Nier, Jahrgang 1927, seit 1951 im Außenministerium tätig, Stellvertretender Außenminister von 1973 bis 1989, zuständig für Westeuropa, BRD, Westberlin, USA, Kanada, Australien und Japan

93 Fußnote im Mittag-Buch: »Auf Grund mancher Unterstellungen bleibt mir nichts anderes übrig, als in diesem Zusammenhang auch zu erwähnen, dass ich hinsichtlich der Versorgung von ›Wandlitz‹ auch mit Importwaren keinerlei Entscheidungen zu treffen hatte und solche auch nicht getroffen habe, weil ich dafür nicht zuständig war.«

94 Krenz war vom 18. Oktober bis 3. Dezember 1989 Generalsekretär, also 50 Tage, und Modrow wurde am 13. November 1989 zum Ministerpräsidenten berufen. Schalck setzte sich am 3. Dezember 1989 nach Westberlin ab. Zudem: »Mitte der 70er Jahre nahmen die Geschäfte (Schalcks) eine solche Dimension an, dass sie mit den Planaufgaben kollidierten. Zu diesem Zeitpunkt häuften sich die Stimmen, die sagten, dass der KoKo-Bereich den planmäßigen Wirtschaftsablauf eher störe als unterstütze, obwohl ich bei allen auftretenden Problemen diese These so nicht bestätigen kann. Günter Mittag, der entgegen seiner Aussagen nach der Wende immer der Vorgesetzte von Schalck-Golodkowski war (weder Willi Stoph, Erich Mielke noch Gerhard Beil waren seine Chefs), reagierte auf meine Beschwerden sofort und beauftragte ihn und mich, zwischen der Staatlichen Plankommission und dem Be-

reich Kommerzielle Koordinierung feste Arbeitsbeziehungen im Interesse der DDR herzustellen. Um das zu unterstreichen, wurde von Honecker zugleich entschieden, dass die Staatliche Plankommission von den durch die KoKo erwirtschafteten Devisen jährlich einen ›Einschuss‹ in die Zahlungsbilanz zur Finanzierung planmäßiger Aufgaben erhielt, die zunächst 700 Millionen Valutamark betrugen und später auf jährlich zwei Milliarden erhöht wurden.« Gerhard Schürer, Gewonnen und doch verloren, a. a. O., S. 182

95 Fußnote im Mittag-Buch: »Gestattungsproduktion: Produktion von Markenerzeugnissen westdeutscher Firmen nach deren Technologien und Qualitätsstandards unter Verwendung des Firmennamens durch Betriebe der DDR für den Verbrauch im eigenen Lande. Das ersparte Importkosten und trug gleichzeitig zur Modernisierung von DDR-Betrieben bei.«

96 Fußnote im Mittag-Buch: »Helmut Schmidt in seinem Buch ›Die Deutschen und ihre Nachbarn‹, erschienen im Siedler Verlag Berlin 1990: ›Die DDR-Delegation einschließlich ihres versierten Wirtschaftsexperten Mittag hat mich klar verstanden: Ohne wesentliches Entgegenkommen der DDR in Sachen Mindestumtausch wird mit uns über die Ausweitung der Swing-Vereinbarung nicht zu reden sein. Aber gerade an einem neuen längerfristigen Swing-Abkommen musste besonders der DDR gelegen sein. Mittag bezifferte den Wirtschaftsaustausch zwischen unseren beiden Staaten auf 8 Prozent des Außenhandels der DDR und auf 1,6 Prozent des Außenhandels der Bundesrepublik.‹ (S. 70/71) Helmut Schmidt verdeutlicht aber auch die Kompliziertheit, um nicht zu sagen Brisanz der Materie. Für die DDR war zur damaligen Zeit die Zustimmung Breshnews wichtig. Auch von innen gab es Bremsversuche. So ist nachzulesen, wie er die Rolle von Stoph vor diesem Besuch einschätzte, der eine Woche zuvor unannehmbare Forderungen aus der ›Geraer Rede‹ wiederholt habe und die Erwartungen der DDR-Bürger an den Besuch offenbar dämpfen und außerdem die Rolle Honeckers am Werbellinsee herunterspielen wollte. Schmidt stellt in seinem Buch fest, dass ›Honecker weder im Ministerrat noch im Politbüro eine Mehrheit für größere Zugeständnisse an uns‹ hatte. (S. 67)«

97 Björn Engholm, Jahrgang 1939, SPD-Bundesminister 1981/82, von 1988 bis 1993 Ministerpräsident von Schleswig-Holstein, SPD-Vorsitzender von 1991 bis 1993

98 Eberhard Diepgen, Jahrgang 1941, Regierender Bürgermeister von Berlin von 1984 bis 1989 und von 1991 bis 2001

99 Walther Leisler Kiep, Jahrgang 1926, von 1971 bis 1992 Bundesschatzmeister der CDU. 2001 wurde er wegen Steuerhinterziehung, 2004 wegen Falschaussage in der CDU-Spendenaffäre verurteilt

100 Gerhard Stoltenberg (1928–2001), 1965 bis 1969 Bundesforschungsminister, von 1971 bis 1982 Ministerpräsident von Schleswig-Holstein, von 1982 bis 1989 Bundesfinanzminister und von 1989 bis 1992 Bundesverteidigungsminister, Rücktritt wegen umstrittener Panzerexporte

101 Heinz Riesenhuber, Jahrgang 1935, von 1982 bis 1993 Bundesminister für Forschung und Technologie in der Kohl-Regierung

102 Richard von Weizsäcker, Jahrgang 1920, von 1981 bis 1983 Regierender Bürgermeister von Berlin, von 1984 bis 1994 Bundespräsident. Er war der erste Bundespräsident, der am 8. Mai 1985 im Bundestag vom »Tag der Befreiung« sprach und den Beitrag der Kommunisten im antifaschistischen Widerstand explizit erwähnte

103 Dies darf bezweifelt werden. Gerhard Beil beschrieb im Vorwort zu seinem Buch »Außenhandel und Politik«, edition ost 2010, seine Sicht auf das Verhältnis der DDR zur Bundesrepublik: »Diese Situation verlangte fortgesetzt von der DDR, speziell vom Außenhandel, Lösungen zu finden, um trotzdem das Gemeinwesen DDR stetig zu entwickeln und die Lebenslage der Menschen zu verbessern. Denn dieser Staat war nicht Selbstzweck. Er war angetreten, die Menschen von Ausbeutung und Unterdrückung zu befreien und für ihre Wohlfahrt und ein befriedigendes Dasein zu sorgen. Deshalb waren die tradierten kapitalistischen Eigentums- und Machtverhältnisse schrittweise umgestürzt worden. Insofern richteten sich die politischen Attacken der Bundesrepublik unmittelbar gegen alle Bürger der DDR, auch wenn dies bis heute bestritten wird.

Die Selbstbehauptung der DDR war mit hohen Kosten, vielen Einbußen und Verlusten verbunden. Die Partnerschaft mit der UdSSR und den im RGW zusammengeschlossenen Ländern und ihre Unterstützung kompensierten die von der BRD verfolgte Absicht geraume Zeit und nur zum Teil. Es drängt sich bei der Analyse der 40-jährigen Existenz der DDR der Eindruck auf, dass die Hallstein-Doktrin, 1955 als politischer Grundsatz formuliert, sich 1990 erfüllte. In diesem Sinne war sie erfolgreich. Wie es eben der Widerstand der DDR auch war. Allerdings eben nur über eine vergleichsweise historisch kurze Zeit. Unsere Erblast – die wirtschaftlichen Probleme als maßgebliche Folge historisch bedingter Umstände wie auch die mentalen – war zu gewaltig, um sie in vier Jahrzehnten abschütteln zu können.«

104 Ewald Moldt, Jahrgang 1927, von 1953 bis 1989 im Außenministerium der DDR tätig, Botschafter in Polen und Rumänien, von 1970 bis 1978 Stellvertretender Außenminister, danach, bis 1988, Leiter der Ständigen Vertretung in Bonn

105 Fußnote im Mittag-Buch: »Interessant ist in dem Zusammenhang eine kurze Bemerkung Schabowskis in seiner Broschüre ›Das Politbüro‹. Schabowski widmet in seinen Auslassungen den Fragen der Beziehungen zur BRD bezeichnenderweise ganze sechs Zeilen. Eher beiläufig verweist er dann auf Auffassungen, die Gerhard Beil damals geäußert habe, dass die DDR nur überlebensfähig sei, wenn schnellstens konföderative Beziehungen zur BRD hergestellt würden. Dazu war ja nun das Telefongespräch von Krenz denkbar ungeeignet, es war bestimmt von der alten Linie der Abgrenzung der 70er Jahre. Die Beil in den Mund gelegte Auffassung ist im Grund richtig, denn

Beil war seit mehr als einem Jahrzehnt an vielen politischen Gesprächen, die in Bonn mit Kohl, mit Schmidt, mit Strauß, mit Lambsdorff, mit Bangemann, mit von Amerongen, Beitz, Hahn, Pieper, Spethmann und anderen maßgeblichen Politikern und Konzernchefs geführt worden sind, beteiligt. Das trifft auch auf Begegnungen in Berlin und Leipzig zu.«

106 Die sogenannte Westberlin-Frage hieß, dass der Westteil Berlins nicht Bestandteil der Bundesrepublik war und folglich von ihr auch nicht regiert werden durfte. Darum wurden etwa Westberliner Abgeordnete auch nicht direkt in den Bundestag gewählt. Für Berlin (West) galt unverändert der Viermächte-Status, es war eine besondere politische Einheit. Darum mussten alle Westberlin berührenden Probleme im Ost-West-Verkehr nur mit dem Senat und nicht mit der Bundesregierung erörtert und beschlossen werden

107 Fußnote im Mittag-Buch: »Auszüge aus der Rede des Vorsitzenden des Vorstandes der Volkswagen AG, Dr. Carl H. Hahn, vor der 30. Hauptversammlung am 19. Juli 1990 in Berlin. Anzeige in *Capital*, September 1990«

108 Fußnote im Mittag-Buch: »Neue Ansätze ergaben sich mit dem Besuch von Lothar Späth zu Beginn des Jahres 1989 in Richtung auf eine enge Kooperation von mittleren Betrieben, wozu feste Vereinbarungen besprochen worden sind.«

109 »In dem Zusammenhang erinnere ich mich an einen Auftritt von Günter Mittag in der Akademie. Mitglieder des Politbüros mussten bekanntlich regelmäßig vor dem Plenum der Akademie der Künste Rede und Antwort stehen. Das gab es in keinem anderen Land. Dort waren alle Fragen zugelassen. Am besten, nimm's mir nicht übel, gefiel uns Armeegeneral Heinz Hoffmann, der als Verteidigungsminister sich einmal zu Tucholskys Feststellung, Soldaten sind Mörder, sehr überzeugend äußerte. Er machte auf die Dialektik aufmerksam, dass dies eine Frage des politischen Systems sei. Günter Mittag nun hatte eine Heidenangst und glaubte, uns gnädig zu stimmen, in dem er drei Computer übergab. Peter Hacks, davon ungerührt, meldete sich. ›Herr Mittag, ich habe da mal eine Frage: Warum führen Sie in der DDR wieder den Kapitalismus ein?‹ Mittag kriegte einen roten Kopf. Hacks begründete seine Frage unter anderem mit dem Hinweis, dass sich die wirtschaftlichen Vorgaben und Prämissen in der DDR immer nur an den kapitalistischen Vorgaben orientierten. Wir würden nur den Westen kopieren, statt uns unserer eigenen Maßstäbe zu bedienen.« Manfred Wekwerth im Gespräch mit Egon Krenz in dem von ihm herausgegebenen Buch »Walter Ulbricht«, Das Neue Berlin 2013

110 Michail T. Jefremow war von Oktober 1971 bis März 1975 Botschafter der UdSSR in der DDR. Zuvor war neun Jahre lang Pjotr A. Abrassimow auf diesem Posten, er übernahm die Funktion 1975 erneut für acht Jahre. Honecker erreichte 1983 in Moskau die Ablösung des selbstherrlich und anmaßend auftretenden »Regierenden Botschafters«, als der er sich selbst sah

111 Die Auseinandersetzungen in der seit 1969 in Bonn regierenden sozialliberalen Koalition spitzten sich 1982 zu, am 17. September traten die FDP-Minister

aus der Regierung aus, Helmut Schmidt wurde durch ein konstruktives Misstrauensvotum am 1. Oktober durch eine Mehrheit im Bundestag gestürzt und Helmut Kohl von CDU/CSU und FDP zum Kanzler gewählt. Er sollte bis 1998 Regierungschef bleiben

112 Leonid I. Breshnew war am 10. November 1982 verstorben

113 Nach dem Beginn der NATO-Nachrüstung verließ die Sowjetunion alle Gesprächsgremien und Verhandlungsrunden und installierte ihrerseits atomar bestückte Mittelstreckenraketen in der DDR und in der Tschechoslowakei. Honecker, der die Auffassung vertrat, dass nicht geschossen werde, so lange man miteinander rede (»Jetzt erst recht!«), machte diese Abschottungspolitik nicht mit und warb für eine »Koalition der Vernunft«. Moskau bestellte ihn ein. Generalsekretär Tschernenko, Verteidigungsminister Ustinow und ZK-Sekretär Gorbatschow ziehen ihn des Revisionismus und untersagten neuerlich die Reise nach Bonn. Der unlängst zum ZK-Sekretär berufene und für die Westarbeit zuständige Herbert Häber wurde, gleichsam als Bauernopfer, »aus Krankheitsgründen« aus dem Verkehr gezogen. »Auf eigenen Wunsch« wurde er am 22. November 1985 aus dem Politbüro entlassen

114 Günter Gaus (1929–2004), Chefredakteur des *Spiegel* von 1969 bis 1973, danach Staatssekretär im Bundeskanzleramt und von 1974 bis 1981 Ständiger Vertreter der Bundesrepublik bei der DDR. Nach einem kurzzeitigen Zwischenspiel als Senator in Westberlin wieder Journalist, 2001 demonstrativer Austritt aus der SPD wegen der Erklärung von Bundeskanzler Schröder zur »uneingeschränkten Solidarität« mit der US-Regierung

115 Fußnote im Mittag-Buch: »Deutlich wird das aus einer von Krolikowski angefertigten Information über ein Gespräch zwischen W. Stoph und E. Mielke am 13.11.80: ›E. Mielke: Er (Erich Honecker) habe weitere Äußerungen zu G. Gaus getan, die gegen die Interessen der Sowjetunion und der DDR sind und Bonn begünstigen. EH hat sich mit GM (Günter Mittag) zuvor über das unterhalten, was er mit G. Gaus besprechen will. EH hat G. Gaus gesagt, dass er hoffe, dass es mit den deutsch-deutschen Beziehungen bald wieder so weitergehen kann wie zuvor!‹ Przybylski, a. a. O., Seite 345«

116 Fußnote im Mittag-Buch: »Krolikowski: ›Hinter den immer wieder von EH ausgehenden politischen Offerten an Bonn steckt die Verschuldung der DDR an die BRD von über 4 Mrd. VM, die Abhängigkeit und Erpressbarkeit der DDR durch die BRD, die Untreue von EH zum außenpolitischen Kurs der Sowjetunion und der sozialistischen Gemeinschaft gegenüber der BRD und die Absichten von EH, die BRD weiter als Geldgeber und Warenlieferer für die Gesundung der kranken DDR-Wirtschaft zu gebrauchen. Alles das sind Abweichungen vom Marxismus-Leninismus, zeigt sein Abgleiten in den Sumpf des Nationalismus.‹ In: Peter Przybylski, a. a. O., Seite 354«

117 Fußnote im Mittag-Buch: »Ebenda Seite 353«

118 Fußnote im Mittag-Buch: »Krolikowski: ›Gestern (15.12.80) in der Rede EH's aus Anlass der Auszeichnung von Gautier mit dem Karl-Marx-Orden erklärte

er, dass die DDR keine Abgrenzungspolitik gegenüber der BRD betreibt, was ein unverantwortliches politisches Gewäsch ist.‹ Ebenda Seite 342«

119 Fußnote im Mittag-Buch: »Ebenda Seite 353«

120 Fußnote im Mittag-Buch: »Krolikowski: ›Die politische Erklärung, die EH auf dem westdeutschen Messestand Mannesmann abgegeben hat zu den Beziehungen beider deutscher Staaten ist völlig ungenügend und defensiv. Lediglich würdigte er die Höhe des Warenumsatzes von 14 Mrd. VM in einer Weise, dass er sich erhöhen soll; völlig deckungsgleich mit einer Erklärung des Präsidenten des Deutschen Industrie- und Handelstages, Wolff von Amerongen, die er wörtlich im *Neuen Deutschland* hat abdrucken lassen (ohne Kommentar). Das ist politisch geschmacklos und indifferent. In der Frage des Friedens hat EH die Stirn gehabt, einfach die demagogische Losung von Kohl zu übernehmen: Frieden schaffen mit immer weniger Waffen.‹ Ebenda Seite 352«

121 Fußnote im Mittag-Buch: »Ebenda Seite 342«

122 Hermann Klare (1909–2003), Chemiker, von 1968 bis 1979 Präsident der Akademie der Wissenschaften der DDR, Nationalpreisträger

123 1991

124 Nikolai N. Sljunkow, Kandidat bzw. Mitglied des Politbüros des ZK der KPdSU und ZK-Sekretär, zuständig für Wirtschaftsfragen und Angelegenheiten des RGW

125 Fußnote im Mittag-Buch: »In einem Artikel im *Handelsblatt* vom 10. Oktober 1989 ist zu lesen: ›Werkzeugmaschinen zählen gerade deshalb zu den hochtechnologischen Gütern, weil die Produktionssteuerung vielfach Computern übertragen ist, die sich umprogrammieren lassen.‹ Hier wird zugegeben, dass mit der Begründung der universellen Nutzbarkeit der Computer keine hochproduktiven Werkzeugmaschinen zur Modernisierung der Wirtschaft sozialistischer Länder, also auch der DDR, geliefert wurden.«

126 Fußnote im Mittag-Buch: »Das wird jetzt nach den politischen Umwälzungen in Osteuropa ganz deutlich. ›Die USA sehen Handelskontrollen als außenpolitische Waffe‹, heißt es im *Tagesspiegel* vom 20. Mai 1990. Es gibt hier einen verschärften Streit zwischen den USA und ihren Verbündeten. Dabei werden grundsätzlich unterschiedliche Positionen sichtbar. ›So betrachte Europa die Förderung des Handels als Mittel für mehr politischen und wirtschaftlichen Einfluss, die USA sähen Handelskontrollen als außenpolitische Waffe.‹ Unter Bezugnahme auf einen Bericht der unabhängigen Londoner Forschungsgruppe Economic Intelligence Unit (EIU) heißt es weiter, ›dass die USA die Cocom dominierten und zudem ein eigenes System von Kontrollen für Ost-Exporte anwenden, zwar den Handel auf von ihnen beherrschten Gebieten erlauben, sich aber auf Feldern, auf denen europäische und japanische Firmen stark sind, querstellen.‹«

127 Fußnote im Mittag-Buch: »In diesem Sinne hatte ich 1978 und 1979 beispielsweise Unterredungen mit dem französischen Premierminister Barre. Einige Jahre später traf ich auch mit Mauroy (1984) und Fabius (1985) zu-

sammen. 1988 hatte ich Gelegenheit, den französischen Präsidenten Mitterrand beim Besuch Erich Honeckers sowie Premier Chirac kennenzulernen. Es gab zu den verschiedensten Zeitpunkten Begegnungen mit den für Wirtschafts- und Finanzfragen verantwortlichen Ministern der französischen Republik, wie mit Frau Edith Cresson, Herrn Delors, Herrn Monory und weiteren Persönlichkeiten aus dem politischen Leben Frankreichs. Sehr gute Kontakte bestanden auch zu führenden Persönlichkeiten des französischen Wirtschaftslebens wie den Herren Ravenel, Sudreau, Bernstein und weiteren Herren des Unternehmerverbandes. Sie alle setzten sich engagiert für den Handel mit der DDR ein, der sich dynamisch entwickelte. Es kam auch zu mehreren bedeutenden Projekten, wie beispielsweise zum Aufbau des modernen Gelenkwellenwerkes bei Zwickau in Kooperation mit Citroën.«

128 Fußnote im Mittag-Buch: »Dazu gab es Gespräche mit den Ministerpräsidenten Bruno Kreisky, Fred Sinowatz und Franz Vranitzky. Sehr bedeutsam war die Unterstützung durch den Präsidenten der Bundeskammer für gewerbliche Wirtschaft, Herrn Rudolf Sallinger, und weiterer Persönlichkeiten. Eine intensive Kooperation entwickelte sich mit der VOEST Alpine, der lange Zeit Herr Rudolf Apfalter vorstand, und mit der große Projekte wie das Konverterstahlwerk in Eisenhüttenstadt verwirklicht worden sind.«

129 Fußnote im Mittag-Buch: »Ein interessantes Gespräch hatte ich dazu beispielsweise mit dem damaligen Ministerpräsidenten Nakasone, einem weitblickenden Politiker, wie sie typisch sind für dieses aufstrebende Land. Große Unterstützung wurde der Entwicklung unserer Wirtschaftsbeziehungen durch die Präsidenten des Keidanren, des bedeutenden Unternehmerverbandes in Japan, Inayama und später Saito zuteil. Sie förderten die Arbeit des bestehenden Wirtschaftsausschusses Japan–DDR, deren erster Vorsitzender Herr Anzai war, nach Kräften. Vor der Tokai-Universität führte ich 1984 aus: ›Die gegenseitige ökonomische und wissenschaftlich-technische Zusammenarbeit in ihrem heutigen Ausmaß darf man als eine der großen Errungenschaften der menschlichen Zivilisation in der zweiten Hälfte unseres Jahrhunderts betrachten. Ökonomische Beziehungen zwischen den Staaten bilden ein Gerüst des Friedens. Das ist eine der großen Erfahrungen, die die Menschheit heute sammelt.‹«

130 Die fortgesetzte Steigerung der militärischen Aufwendungen der DDR entsprang nicht einem besonderen Militarismus der DDR-Führung, sondern resultierte einzig aus den Forderungen der Führungsmacht des Warschauer Vertrages, dass die Bündnispartner ihre Beiträge zur Verbesserung der Verteidigungsbereitschaft anheben sollten. Im Kern bedeutete dies den Import von Rüstungsgütern aus der Sowjetunion. Erstaunlich, dass das alles ohne Wissen des ZK-Sekretärs für Wirtschaftsfragen erfolgte. – Die DDR versuchte sich diesem Zwang partiell dadurch zu entziehen, indem sie beispielsweise bestimmte Waffengenerationen »übersprang«, etwa bei Panzern. Sie stattete ältere Modelle mit eigener Elektronik aus und sparte sich den Neukauf

131 Der 48-jährige Erich Apel erschoss sich am 3. Dezember 1965 mit der Dienstwaffe in seinem Büro im Haus der Ministerien

132 Gerhard Grüneberg (1921–1981), Maurer, nach britischer Kriegsgefangenschaft Parteifunktionär seit 1947, 1959 Kandidat, 1966 Mitglied des Politbüros, von 1960 bis 1981 ZK-Sekretär für Landwirtschaft. Er war maßgeblich für die Industrialisierung der DDR-Landwirtschaft zuständig

133 Kurt Hager (1912–1998), Journalist, 1930 KPD, Spanienkämpfer, Exil in Großbritannien. Nach Rückkehr Lehrer an der Parteihochschule und Professor an der Humboldt-Universität, 1955 ZK-Sekretär, 1959 Kandidat, 1963 Mitglied des Politbüros, im Westen verpasste man ihm das Etikett »Chefideologe«, 1990 Ausschluss aus der SED

134 Werner Jarowinsky (1927–1990), Studium der Wirtschafts- und Rechtswissenschaft, 1959 Staatssekretär im Ministerium für Außenhandel, 1963 Kandidat, 1984 Mitglied des Politbüros, dort verantwortlich für Handel und Versorgung, später auch für Kirchenfragen. 1990 Auschluss aus der SED-PDS

135 Günter Kleiber, Jahrgang 1931, Elektriker, SED-Funktionär seit 1962, von 1966 bis 1971 Staatssekretär, 1967 Kandidat, 1984 Mitglied des Politbüros, von 1973 bis 1986 Minister für Allgemeinen Maschinen-, Landmaschinen- und Fahrzeugbau, danach ständiger Vertreter der DDR beim RGW. Ausschluss aus der SED am 3. Dezember 1989

136 Fußnote im Mittag-Buch: »Weitere Autoren des Buches ›Politische Ökonomie‹: Gerd Baron, Herbert Baum, Siegfried Eckardt, Waltraud Palk, Eugen Faude, Gerd Friedrich, Manfred Füger, Rudolf Gerisch, Rolf Goldschmidt, Günther Grosser, Fritz Haberland, Günter Heinitz, Richard Heinrich, Peter Hoß, Lotbar Hummel, Friedmar Jobn, Götz Jordan, Willi Kunz, Herbert Kusicka, Paul Liehmann, Wulf Lindow, Hans Luft, Harry Milke, Hans Müller, Harry Nick, Rolf Pieplow, Dieter Sachse, Gerhard Schulz, Hans-Jürgen Schulz, Horst Steeger, Klaus Steinitz, Karl-Heinz Stiemerling, Richard Struck, Heinz Wachowitz, Hermann Wagener, Heinz Zacharias.«

137 Siegfried Böhm (1928–1980), seit 1966 bis zu seinem Tod Finanzminister der DDR und ZK-Mitglied. Böhm und dessen Frau waren durch Kopfschüsse getötet worden. Die vom MfS verbreitete Darstellung geht von einem Eifersuchtsdrama aus: Die Frau habe erst ihn und dann sich mit der Dienstwaffe des Ministers getötet. Die Bundesanwaltschaft ermittelte 2003 in Richtung Auftragsmord, kam aber über Zweifel an der offiziellen Darstellung nicht hinaus

138 Fußnote im Mittag-Buch: »Unter dem Namen von Liberman, eines Ökonomen aus Charkow, erschien ein Artikel in der *Prawda*, der erstmalig wieder die Frage der Rentabilität der Betriebe und des Gewinns als Leistungsmaßstab aufwarf.«

139 Gemeinhin gehen Marxisten von der Annahme aus, dass jede Gesellschaft – auch die sozialistische – Menschenwerk und nicht Gottes Werk ist

140 Egon Winkelmann, DDR-Botschafter in Moskau von 1981 bis 1987, erinnerte sich, dass Mittag keine hohe Meinung vom RGW hatte und ihn abfällig »Rat

für Gegenseitige Missverständnisse« nannte. (vgl. Egon Winkelmann, »Moskau, das war's«, edition ost, Berlin 1997, S. 77). Und weiter: »Mittag war in Moskau nicht sehr beliebt. Ganz offen sagte man mir im ZK der KPdSU, dass man seine Art des Herangehens an die Lösung wirtschaftlicher Aufgaben nicht mochte. In seinen Anfangszeiten als Wirtschaftssekretär hatte er sowjetischen Institutionen großen Respekt entgegengebracht, was man dort mit großer Zufriedenheit registrierte. In dem Maße aber, wie Mittag eigene Wege ging – getrieben von Selbstüberschätzung und Arroganz –, traute man ihm in Moskau im Laufe der Zeit immer weniger. Ganz offen wurde ich gefragt, ob Mittag mehr nach dem Westen neige als andere in der DDR-Führung. Was sollte ich darauf antworten? Ich kannte ihn kaum, wusste aber aus eigener Erfahrung (*Winkelmann war vor seiner Berufung als Botschafter ZK-Abteilungsleiter – d. Verl.*), dass er mit seinen Untergebenen gnadenlos umging, wenn er meinte, dass einer in seinen Augen einen Fehler gemacht hatte. Nach Auffassung sowjetischer Partner widmete Mittag aktuellen Entscheidungen mehr Aufmerksamkeit als der Planung und scheute Risiken.« (a. a. O., S. 65)

141 Am 20. April 1986, am Rande des XI. Parteitages der SED, hatte es ein Treffen zwischen Gorbatschow und Honecker gegeben, an dem auch Botschafter Winkelmann teilnahm. »Als Gorbatschow Honecker nun auch noch vorwarf, dass er zwar ausführlich über internationale Fragen gesprochen habe, wie sie auf dem Moskauer Parteitag behandelt worden waren, aber nicht über dessen Bedeutung für den Sozialismus, wiederholte der SED-Chef seinen Vorwurf, den er Gorbatschow schon nach dessen Ankunft auf dem Berliner Flugplatz im Auto gemacht hatte, er habe ›ja auch nichts über den Kurs der SED von der Einheit der Wirtschafts- und Sozialpolitik gesagt‹. Daraufhin Gorbatschow: ›Die KPdSU orientiert auf die Beschleunigung der sozialökonomischen Entwicklung auf der Grundlage des wissenschaftlich-technischen Fortschritts. Die SED spricht ja auch von der Beschleunigung der sozialökonomischen Entwicklung, dem Schöpfertum des Volkes. Aber bei Ihnen, Genosse Honecker, ist eine bestimmte Reserviertheit gegenüber den inneren Fragen des XXVII. Parteitages zu spüren.‹

Das war Honecker endgültig zuviel. ›Ich möchte offen zum Ausdruck bringen‹, meinte er schon etwas ärgerlich, ›dass ich persönlich zum XXVII. Parteitag keine Vorbehalte habe, was nicht ausschließt, dass es Leute gibt, die welche haben. Außerdem habe ich bereits von Genossen Andropow gehört, dass Veränderungen notwendig seien.‹

Gorbatschow lenkte ein: ›Ich würde nicht so offen sprechen, wenn ich nicht ein solches Vertrauen zu Ihnen hätte!‹ Er sei sehr daran interessiert, ›vertrauensvolle Beziehungen mit der SED zu entwickeln, denn die DDR ist doch ein Kind der SED und der KPdSU‹.

Danach sprachen beide über ihre Zusammenarbeit. Keiner dürfte vor dem anderen etwas geheimhalten. Honecker habe sicher viel für die Zusammenarbeit getan, aber Mittags ›Büro für Fragen der ökonomischen Beziehungen‹ sei zu einer ineffektiven, amorphen Einrichtung geworden, hatten Gorbatschows Mitarbeiter ihm aufgeschrieben. Diese Einschätzung traf völlig zu. Ich erinnere mich genau der Instruktionen Mittags, auch ›gegenüber den Freunden‹ nichts auszuplaudern. Ich konnte es gar nicht, denn ich wusste weitaus weniger über Interna als Moskaus KGB-Truppe in der DDR.« (Winkelmann, Moskau, das war's ..., a. a. O., S. 231f.)

142 Fußnote im Mittag-Buch: »Die Wiedergabe der Ausführungen Michail Gorbatschows im Gespräch mit Erich Honecker am 7. Oktober 1989 im Schloss Niederschönhausen erfolgt anhand der angefertigten offiziellen Niederschrift.«

143 Fußnote im Mittag-Buch: »Prof. Dr. Eugen Faude im *Neuen Deutschland* vom 11. Februar 1991: ›Krisengeschüttelte sowjetische Wirtschaft am Scheidewege: Der ökonomische Zustand des Landes zu Beginn des Jahres 1991 muss schon als überkritisch bezeichnet werden [...]. In vielen Regionen des Landes führte die Desorganisation von Kooperations- und Lieferbeziehungen, von Transport und Handel zu regelrechten Versorgungskatastrophen [...]. Seit 1986 hatte sich die Wachstumsrate des realen Sozialprodukts der UdSSR verringert. Im Jahre 1989 trat ein Rückgang im Vergleich zum Vorjahr um 1 Prozent ein. 1990 ist eine Reduzierung gar um 4,5 Prozent zu verzeichnen. Laut Statistischem Zentralamt der UdSSR verringerte sich das Nationaleinkommen gegenüber 1989 um 4 Prozent. Die Arbeitsproduktivität sank um 3 Prozent. Demgegenüber stiegen die Geldeinnahmen der Bevölkerung um 16,9 Prozent, die Geldemission nahm um 50 Prozent zu. Obwohl mehr als 14 Millionen Familien – fast ein Viertel der Stadtbevölkerung – auf eine Wohnung warten, wurden 340 000 Quadratmeter Wohnfläche weniger bereitgestellt als im Vorjahr. Erstmalig in der Nachkriegsgeschichte ist 1990 ein absoluter Rückgang der Industrieproduktion eingetreten. Die Förderung von Erdöl und Kohle verringerte sich um 5 Prozent und brachte spürbare Versorgungsengpässe. Die Maschinenbauproduktion stagnierte ebenso wie die Nahrungs- und Genussmittelproduktion. Starke Produktionseinbußen traten auch in der chemischen Industrie ein. Einzig die Leichtindustrie und der Leicht- und Lebensmittelmaschinenbau verzeichneten mit 4,5 bzw. 17 Prozent ein Produktionswachstum, das zum Teil Ergebnis einer Rüstungskonversion ist [...]. Da sich der Export gleichzeitig um 12 Prozent verringerte, kam es zu einer weiteren gravierenden Verschlechterung des äußeren Gleichgewichts der Volkswirtschaft. Der erstmalig im Jahre 1989 aufgetretene negative Handelsbilanzsaldo (3,4 Mrd. Devisenrubel) erhöhte sich 1990 auf 9 Milliarden. Im Handelsverkehr gab es auch erstmalig beträchtliche Zahlungsrückstände. Es mussten verstärkt internationale Staats- bzw. staatlich garantierte Bankkredite in Anspruch genommen sowie Gold- und Diamantenverkäufe getätigt werden. Die Bruttoverschuldung in konvertierbarer Währung stieg von 48,9 Mrd. Dollar Ende 1989 auf 61,4 Mrd. im Dezember 1990. Ein weiterer Schuldenberg von über 6 Mrd. Transferrubeln erwuchs im Handel mit Ost-

deutschland und z. T. auch mit anderen osteuropäischen Ländern. Neue Kredite im Umfang von 20 Mrd. Dollar wurden bereits für 1991 mit Geldgebern hauptsächlich in Deutschland, Frankreich, Südkorea, Japan, Italien und den USA vereinbart.«

144 Verräterische Sprache: Mittag erarbeitete die Strategie, um diese nach Gutsherrenart auf den SED-Parteitagen »beschließen zu lassen«. Vom Parteivolk, dem Stimmvieh

145 Gerhard Schürer: »In der zweiten Hälfte der 80er Jahre wurden die geplanten Wachstumsraten von vier Prozent nicht mehr erreicht. Da die planmäßigen Geldeinnahmen der Bevölkerung und der Warenfonds jedes Jahr um vier Prozent und die Subventionen im Selbstlauf jährlich um sieben Prozent stiegen, verschärften sich die Disproportionen. Die Exportaufgaben in das Nichtsozialistische Wirtschaftsgebiet wurden nicht mehr erfüllt, und die Verschuldung galoppierte in Richtung von 20 Milliarden Dollar. Schulden sind Schulden und müssen bezahlt werden. Wir mussten auf die Notbremse treten. Aber wie? Eine interne Berechnung der Plankommission hatte ergeben, dass die DDR bei gleichbleibendem Import den Export gegen freie Devisen von zwölf auf 25 Milliarden Valutamark hätte erhöhen müssen, um liquide zu bleiben, und das mit einer auf neun Prozent abgesunkenen Rate der produktiven Akkumulation. Eine unlösbare Aufgabe. Schon jetzt reichte der gesamte Export eines Jahres nicht mehr aus, um die im gleichen Jahr anfallenden Zinsen und fälligen Kredite zu tilgen.« Schürer, a. a. O., S. 247

146 Im Zusammenhang mit der durch eine Kolik erzwungenen Abreise Honeckers vom Gipfel im Bukarest schrieb Egon Krenz: »Zu keiner Zeit gab es einen Stellvertreter des Generalsekretärs. Jede Nachricht in westlichen Medien, die mich in den Rang des ›Kronprinzen‹ erhob, mehrte Honeckers Misstrauen. Er will sich von niemandem diktieren lassen, wer einmal an seine Stelle tritt. Zudem hat sich unser Verhältnis seit 1985/86 merklich verschlechtert. Als Ratgeber favorisiert er Günter Mittag, der Ambitionen hat, Honecker politisch zu beerben. Mit diesem Mann an der Spitze ist eine Korrektur unserer Politik unmöglich.« Egon Krenz, Herbst '89, edition ost, Berlin 2014, S. 79f.

147 Honecker sah das offenkundig anders. »Freitag, 11. August: Erich Honecker beendet seinen Jahresurlaub. Er kommt für einige Stunden in das ZK«, so erinnert sich Krenz. »Seit fünf Jahren mache ich Ferien, wenn Honecker aus dem Urlaub zurück ist. Jetzt, da ich von der bevorstehenden Operation weiß, schicke ich meine Familie allein an die Ostsee. Ich streiche den Urlaub. Mein Platz ist in Berlin. Ich rechne damit, dass Honecker die Sitzung des Politbüros am Dienstag noch leiten werde. Herger hat mit der Abteilung für Sicherheitsfragen eine Vorlage ausgearbeitet. Sie enthält eine Analyse der Gründe, warum so viele Bürger die DDR verlassen haben bzw. verlassen wollen. In der Analyse werden Sofortmaßnahmen für die politisch-ideologische Arbeit der Kreis- und Bezirksleitungen der SED vorgeschlagen. Die Sache ist so wichtig, dass sie unbedingt in Anwesenheit des Generalsekretärs behandelt

werden sollte. Ich gehe mit der Analyse zu Honecker. Er betrachtet das Titelblatt, liest und fragt: ›Was willst du damit erreichen?‹ «. Krenz erläutert die Gründe. »Ich bitte Honecker, die Vorlage auf die Tagesordnung des Politbüros zu setzen. Er steht auf, greift sich die Vorlage, geht wortlos zu seinem Panzerschrank und schließt sie weg. Dann dreht er sich wieder um und sagt zu mir: ›Du kannst in Urlaub gehen. Ich wünsche dir gute Erholung!‹ « Am 15. August tritt das Politbüro zusammen. Honecker verliert kein Wort über die Vorlage. »Er entzieht mir vor dem Politbüro sein Vertrauen und verabschiedet mich in den Urlaub. Er lässt beschließen, dass Günter Mittag ihn vertreten werde. Damit setzt er außer Kraft, was seit 1984/85 gilt: Wenn er nicht im Amt ist, vertrete ich ihn. Sein Vertrauter ist jetzt Mittag.« Krenz, a. a. O., S. 111f.

148 Fußnote im Mittag-Buch: »Günter Schabowski, a. a. O., Seite 130«

149 Fußnote im Mittag-Buch: »Ebenda Seite 100«

150 Fußnote im Mittag-Buch: »Ebenda Seite 83«

151 Fußnote im Mittag-Buch: »Nachdem ich nach der ersten Beinamputation meine Arbeit im Frühjahr 1984 wieder aufgenommen hatte, sagte Erich Honecker im Politbüro, dass ich meine Arbeit so einteilen soll, wie es meine Gesundheit zulässt. Was insbesondere das Laufen anbelangt, so solle ich selber entscheiden, an welchen Veranstaltungen und anderen politischen Aktivitäten ich teilnehme. Er erwähnte gleichzeitig, dass er mit den Ärzten gesprochen habe und dass es nach deren Meinung zweckmäßig wäre, auch den Urlaub für eine Kurbehandlung zu nutzen. Nach dieser Sitzung sprach mich Harry Tisch an und schlug mir dazu den Aufenthalt im Kur- und Erholungsheim des FDGB Graal-Müritz vor. Dessen Einrichtungen wären seiner Meinung nach gut geeignet. Ich habe mich für dieses Angebot bedankt, und dieses Zeichen der Hilfsbereitschaft hat mich sehr bewegt. So sagte ich Harry Tisch, dass ich seinen Vorschlag den Ärzten übermitteln werde. Es gab auch andere Vorschläge, um die Kuren im In- oder auch im Ausland durchzuführen. Die Prüfung ergab aber, dass Graal-Müritz die günstigste Variante darstellt, vor allem aus der Sicht der klimatischen Bedingungen. Darüber habe ich Harry Tisch verständigt. Er sagte, ich solle ihn so rechtzeitig wie möglich über die Termine informieren. Meinerseits habe ich Erich Honecker gesagt, dass durch Harry Tisch die Einladung für die Kuren für mich und meine Familie vorliegt. Harry Tisch und auch seine Frau haben dann in Graal-Müritz mit meiner Frau und den Kindern gesprochen.
Sie brachten ihnen gegenüber zum Ausdruck, wie wichtig es ist, dass die Familie mich im Genesungsprozess unterstützt, nicht nur moralisch, sondern durch direkte Hilfe. Von der Art der Verbuchung der entstandenen Kosten durch das Büro von Tisch hatte ich keine Kenntnis. Da die Aufenthalte in Graal-Müritz mit Zustimmung des Regierungskrankenhauses erfolgten, musste ich davon ausgehen, dass die Kosten dafür durch die Sozialversicherung getragen werden, die dem FDGB unterstand.«

152 »Gestern ließ Helmut Kohl anfragen, ob er mich heute zwischen 8 und 10 Uhr anrufen könne. Ich bestätigte den Termin. Die Art und Weise, wie solche Gespräche laufen, kenne ich aus der Vergangenheit. Wenn Kohl und Honecker miteinander telefonierten, hat Honecker mich manchmal hinzugezogen«, erinnert sich Krenz in »Herbst '89« an den 26. Oktober. An einer Stelle des Telefonats heißt es: »Ich teile dem Bundeskanzler mit, dass ich bewusst von einer ›Wende‹ und nicht von einem ›Umbruch‹ in der DDR gesprochen habe. ›Ich nehme an, Sie stimmen mit mir überein, dass eine sozialistische DDR auch im Interesse der Stabilität in Europa ist.‹ Kohl geht daraufhin auf den Zusammenhang zwischen der deutschen und europäischen Frage sowie der Weltprobleme ein. ›Wir werden eine vernünftige Entwicklung der Abrüstung und Entspannung nur bekommen, wenn wir regionale Spannungen nicht verstärken, sondern versuchen zu minimieren. Und in diesem Sinne will ich schon sagen, dass das, was Sie angekündigt haben, von ganz großer Bedeutung ist, und dass wir auch in diesem Sinne – glaube ich – eine vernünftige Lösung finden müssen, wenn Probleme auftreten.‹« Krenz, a. a. O., S. 232f.

153 Hans Modrow schreibt dazu: »Honecker schickte das Politbüromitglied Mittag nach Dresden, das Gründe finden sollte, mich in die Wüste zu schicken. Das Orakel in auswärtigen Zeitungen, ich sei Gorbatschows Vertrauter und in dessen Augen Honeckers Nachfolger, war hinlänglicher Grund für Honeckers Fazit, nachdem er Mittags Bericht vernommen hatte: ›Wer in der DDR die Perestroika unterstützt, will sie auf das Niveau von 1948 zurückführen, denn auf diesem Niveau steht die Sowjetunion – vor allem durch die Wirkung der Perestroika von Gorbatschow.‹« Hans Modrow, Die Perestroika. Wie ich sie sehe, edition ost, Berlin 1997, S. 85

154 »Während der gesamten Zeit als Politbüromitglied von 1966 bis 1989 oder als Sekretär des ZK (1976 bis 1989) vertrat Mittag bedingungslos das jeweilige wirtschaftspolitische Konzept des Ersten Sekretärs bzw. des Generalsekretärs. Und er vertrat sie nicht nur, häufig überzog er maßlos. Deutlich wird das an der Geschichte des Neuen Ökonomischen Systems der Planung und Leitung. Unter Walter Ulbricht ließ er sich noch als einer der Väter ›dieses Kindes‹ feiern. Dabei trieb er die ›strukturkonkrete Planung‹, das heißt die Errichtung gigantischer Großvorhaben, in solche Dimensionen, die alle volkswirtschaftlichen Proportionen sprengten. Nach der Ablösung von Walter Ulbricht und dem Machtantritt von Erich Honecker 1971 riss er das Steuer um 180 Grad herum und wurde zum Wortführer einer Überzentralisierung der Planung und aller Entscheidungsprozesse in Wirtschaftsfragen. Auch in den Jahren der ›Einheit von Wirtschafts- und Sozialpolitik‹ war Günter Mittag ein treuer Paladin des Generalsekretärs, selbst dann noch, als Anfang der 80er Jahre bekannt wurde, dass die DDR mehr verbrauchte als sie produzierte, dass die Auslandsverschuldung in nicht mehr zu beherrschenden Größen zunahm und volkswirtschaftliche Disproportionen zu ernsten Produktionsstörungen und politisch brisanten Versorgungsmängeln führten.

Das Negieren der Missstände oder das Abschieben der Verantwortung auf die untere Leitungsebene war Flucht aus der Wirklichkeit und seiner eigenen Verantwortung. Letztlich ging es Günter Mittag stets darum, sich gegenüber dem Ersten Sekretär bzw. Generalsekretär unentbehrlich zu machen und ihm zu suggerieren, dass er alle Fragen lösen könne und für alle Probleme den einfachen, punktuellen Ausweg parat habe.« Erhard Meyer, Sektorleiter in der ZK-Abteilung Planung und Finanzen, in: Das Große Haus, edition ost, Berlin 1995, S. 127f.

155 »Grundprobleme und strategische Fragen der Entwicklung von Industrie, Bauwesen, Verkehrswesen, Finanzen, Planung und Leitung standen nicht im Mittelpunkt von Mittags Aufmerksamkeit. Nur sporadisch, dann jedoch völlig überzogen, wie etwa bei dem Mikroelektronikprogramm, engagierte er sich persönlich. Mehr und mehr zog er Detailentscheidungen an sich, engte er den Handlungsspielraum der Regierungsinstitutionen systematisch ein und verzettelte sich in Tagesfragen. Damit war für Mittag ein großes Arbeitspensum verbunden. Ob wochentags oder sonntags und selbst im Urlaub prüfte und bewertete er Briefe, Vorschläge, Konzepte, führte Telefongespräche mit Abteilungsleitern und Ministern. Seine Allgegenwart war und sollte jederzeit zu spüren sein. Allerdings blieb vor allem in den letzten Jahren, sicherlich auch krankheitsbedingt, viel unerledigt, darunter grundsätzliche Entscheidungen mit weitreichenden Folgen. Dieser Arbeitsstil hatte gravierende Auswirkungen auf die Arbeit der Abteilungen.« Meyer, a. a. O., S. 128

156 »Als in den 80er Jahren die Schwierigkeiten bei der Instandsetzung der Gebäude, bei der materiellen Sicherung der Alltagskultur, des Bildungswesens und weiterer Bereiche zunahmen, gelang es durch die aktive Arbeit von Ausschüssen der Nationalen Front, so manche Lösung zu finden. Der Aufruf der Nationalen Front zur freiwilligen, unentgeltlichen Mitarbeit der Bürger richtete sich vor allem auf Werterhaltung und Reparaturen an Wohngebäuden, Schulen, Kitas, Jugendklubs, Sportanlagen und Altersheimen sowie anderer kommunaler Einrichtungen, auf die Anlage und Pflege von Grünflächen, Parks, Kinderspielplätzen und vieler anderer örtlicher Objekte. Das Ausmaß der Mitarbeit Hunderttausender veranlasste Günter Mittag zu der Forderung im Politbüro, man müsse diese Initiative einschränken, da sie die Planwirtschaft, insbesondere die staatlichen Bilanzen, gefährde.« Werner Kirchhoff, Vizepräsident des Nationalrats der Nationalen Front der DDR, in: Das Große Haus, edition ost, Berlin 1995, S. 187

157 »Die Werktätigen in den Betrieben waren nicht mehr gestaltende Subjekte, sondern wurden zu Objekten; Volkseigentum war praktisch zum entfremdeten Staatseigentum geworden. Günter Mittags Charaktereigenschaften entsprachen dieser Art von Machtausübung. Sie waren geprägt von dem bekannten Grundsatz preußischer Drillmeister, dass der Soldat seinen Vorgesetzten mehr fürchten müsse als den Feind. Demütigungen, Drohungen und Arroganz charakterisierten ihn. Er duldete keinen Widerspruch in größeren Bera-

tungen, wagte es dennoch jemand zu widersprechen, war er nachtragend und ungehalten. Wendigkeit und Prinzipienlosigkeit um des Machterhalts willen bestimmten Mittags politisches Taktieren. So wurde 1988 mit seiner Zustimmung und Befürwortung vom Leiter des Amtes für Preise eine Politbürovorlage über Preiserhöhungen für Erzeugnisse außerhalb des Grundbedarfs mit dem Ziel, Subventionen abzubauen, eingereicht. Als Erich Honecker in der Politbürositzung diese Vorschläge kategorisch ablehnte, wechselte Günter Mittag schnell die Front und fiel in rüden Worten über den Verfasser der Vorlage her.« Meyer, a. a. O., S. 130f.

158 Eine derartige Geschichtsinterpretation ist frei von jeglichem Anflug eines dialektischen, marxistischen Denkens. Das ist noch nicht einmal eine bürgerliche Geschichtsbetrachtung. Halten wir fest: Geschichte hat immer Alternativen. Folglich war die Nachkriegsgeschichte in Deutschland, wie sie denn gelaufen ist, nicht zwingend. Bei anderen Kräfte- und Klassenkonstellationen wären andere Optionen möglich gewesen. In Deutschland setzten die Siegermächte – im Bündnis mit ihren jeweiligen Klassengenossen – ihre Klasseninteressen durch

159 Volksaufstand? Manfred Wekwerth, der unter Brecht arbeitete, erinnerte sich an den 17. Juni 1953: »Brecht rief die Rülicke, Palitzsch und mich nach der Parteiaktivtagung im Friedrichstadtpalast am 16. Juni nach Weißensee in seine Wohnung und meinte: Das fängt jetzt erst an! Die Partei habe von den Arbeitern eine Ohrfeige bekommen, sagte er später, aber eine Backpfeife sei auch eine Berührung. Für ihn war das also nicht negativ, sondern eine Art Verfremdung, ein Aufbruch, eine neue Sicht auf etwas. Deshalb schrieb er diesen Satz, an dem ihm sehr gelegen war, welcher jedoch gestrichen wurde, dass die Partei eine große Volksaussprache über die Errungenschaften – die Bodenreform, die Bildungsreform, die Wirtschaftsreform etc. – führen müsse, um diesen gesellschaftlichen Fortschritt zu sichten und zu sichern. Man solle deutlich sagen, dass hier ein Bruch mit der kapitalistischen Vergangenheit erfolgt ist. Wir erklärten stattdessen, dass wir Traditionen fortsetzten, dass wir die bürgerlichen Traditionen bewahrten, um die Leute nicht zu verschrecken. Nein, die DDR war ein Bruch in der deutschen Geschichte. Und das, so Brecht, müsse den Menschen bewusst gemacht werden. Man hätte sie erschrecken müssen und eben nicht beruhigen sollen! Brecht wollte nach dem 17. Juni bei den Menschen durchaus Schuldbewusstsein wecken. Die kapitalistische Nazizeit war ideologisch keineswegs zu Ende.« Manfred Wekwerth in: Walter Ulbricht, Das Neue Berlin, Berlin 2013, S. 325

160 Mátyás Rákosi (1892–1971), Mitglied der ungarischen Räteregierung 1919, von 1924 bis 1940 in Ungarn inhaftiert, danach Mitglied der Führung der Komintern in Moskau, Rückkehr mit der Roten Armee nach Budapest und Generalsekretär der Partei der Ungarischen Werktätigen, von 1952 bis 1953 Ministerpräsident, 1956 auf Druck Moskaus auch Rücktritt als Generalsekretär und Exil in der Sowjetunion bis zum Lebensende

161 Lásló Rajk (1909–1949), ungarischer Kommunist, Spanienkämpfer, antifaschistischer Widerstandskämpfer in Ungarn. Nach dem Krieg Mitglied des Politbüros, von 1946 bis 1948 Innenminister, 1949 Außenminister. Auf Betreiben Berijas als »imperialistischer Agent« und »Titoist« in einem Schauprozess zum Tode verurteilt und hingerichtet, 1956 rehabiliert

162 Für wen?

163 Fußnote im Mittag-Buch: »Abgedruckt im *Neuen Deutschland* vom 10. Mai 1990«

164 »Hitlersche Aggression«? Es war der Versuch des deutschen Imperialismus, die 1917 entstandenen Machtverhältnisse umzustürzen und Besitz zu ergreifen von Territorium und Bodenschätzen Russlands. Hitler war nicht Aggressor, sondern Werkzeug

165 9. Mai – der in der Sowjetunion gefeierte Tag des Sieges über den deutschen Faschismus, hier 9. Mai 1990

166 Fußnote im Mittag-Buch: »*Die Welt* vom 17. April 1990«

167 Die Mittag wie kein Zweiter in der DDR-Führung beherrschte. »De facto nahm Mittag eine Stellung ein, die ohne Übertreibung als ›Oberster Wirtschaftsleiter‹ bezeichnet werden kann. Das führte zum Teil zu grotesken Praktiken. So musste von den Abteilungen auf Verlangen von Günter Mittag jeden Morgen die Planerfüllung des Vortages – nach Ministerien aufgeschlüsselt – vorgelegt werden; ein enormer Aufwand ohne jeglichen Wert für das praktische Leben, nur von Wert für ihn selbst. Er wollte damit dem Generalsekretär beweisen, dass er ›alles im Griff‹ hatte. Als Mitte der 80er Jahre ein Jahresplanprojekt von den Regierungsorganen nicht fertiggestellt werden konnte, weil Leistungshöhe und die dafür notwendigen materiellen Voraussetzungen – wie so häufig – weit auseinanderklafften, hatte er den Einfall, diesen gordischen Knoten selbst zu zerschlagen. In einer Drei-Tage-Aktion wurden alle Minister sowie die Generaldirektoren und Parteiorganisatoren des ZK der Kombinate in das ZK bestellt und von Mittag persönlich zurechtgewiesen und diszipliniert. Am Ergebnis selbst änderte das jedoch nichts, was allen Beteiligten von vornherein klar war.« Meyer, a. a. O., S. 129f.

168 Der Marshall-Plan, benannt nach US-Außenminister George C. Marshall, war ein Wirtschaftswiederaufbauprogramm nach dem Zweiten Weltkrieg für Europa. Zwischen 1948 und 1952 lieferte die USA Lebensmittel, Rohstoffe, Waren und Kredite für knapp 14 Milliarden Dollar nach Westeuropa und stellte damit dauerhafte Abhängigkeit her. Später nannte man die Gründe für dieses vermeintliche Hilfsprogramm: Hilfe für die notleidende und teilweise hungernde Bevölkerung, Eindämmung der Sowjetunion und des Kommunismus (Containment-Politik) sowie Schaffung eines Absatzmarktes für die US-amerikanische Überproduktion. Deutschland bekam davon etwa anderthalb Milliarden Dollar (Frankreich 2,8 und Großbritannien 3,5 Milliarden)

169 Fußnote im Mittag-Buch: »*Neues Deutschland* vom 15. Februar 1990, *Berliner Zeitung* vom 15. März 1990

170 Fußnote im Mittag-Buch: »Georg Donath, DDR zahlte Reparationen für die BRD, in: *Neues Deutschland* vom 15. Februar 1990«

171 Fußnote im Mittag-Buch: »*Berliner Morgenpost* vom 24. Juni 1990«

172 Fußnote im Mittag-Buch: »Nach IWF-Berechnungen im *Handelsblatt* vom 7./8. April 1989«

173 Das vermeintliche Dogma war keine ideologisch motivierte Erfindung, wie Mittag glaubte bzw. den Lesern glauben machen möchte. »Im Oktober 1949 schuf das Frankfurter Abkommen zwischen den beiden in jenem Jahr gegründeten Staaten kurzfristig neue Voraussetzungen für normale innerdeutsche Handelsbeziehungen. Doch schon wenige Monate später, im Februar 1950, verhängte das Bundeswirtschaftsministerium in Bonn faktisch ein Stahlembargo gegen die DDR, weil es Warenbegleitscheine für Eisen und Stahl verweigerte. Die westdeutschen Lieferungen gingen von Januar bis Juni 1950 von 12 500 Tonnen Roheisen und 22 500 Tonnen Walzstahlerzeugnissen auf 1800 bzw. 4 500 Tonnen zurück«, erinnerte sich Gerhard Beil. »Der innerdeutsche Handel war im Kalten Krieg zur Waffe gemacht worden. 1950 wurden nicht einmal zehn Prozent des Handelsumfangs zwischen diesen Gebieten vor dem Zweiten Weltkrieg erreicht. Im Spätsommer 1951 verboten die Hohen Kommissare in der Bundesrepublik die bereits vereinbarten Lieferungen von Blechen und anderen Walzwerkerzeugnissen. Am 30. September 1960 kündigte die BRD das seit 1951 laufende Handelsabkommen auf.« Gerhard Beil, Außenhandel und Politik, edition ost, Berlin 2010, S. 17

174 »Im Kalten Krieg zeigte sich immer stärker die Absicht des Westens, die sozialistischen Länder und damit auch die DDR wirtschaftlich zu erdrosseln und sie mittels Embargomaßnahmen von den Ergebnissen der internationalen Arbeitsteilung zu isolieren. Die DDR wurde nicht mit Streicheleinheiten des Westens verwöhnt«, heißt es bei Hans Eltgen, der mit den wirtschaftlichen Maßnahmen des Westens unmittelbar zu tun hatte und z. B. Zuchttiere, die ebenfalls indiziert waren, über die Grenze brachte. »Wir mussten die eingefahrenen Gleise des Welthandels um ein paar besondere Schienen erweitern, um nicht völlig ins Hintertreffen zu geraten. So erreichte ein Großteil der benötigten 16-Bit- und später 32-Bit-Rechentechnik auf solchen Umwegen die DDR. Mancher 30-Fuß-Container wurde von den aus englischen Häfen meist leer zurücklaufenden kleinen Schüttgut-Küstenmotorschiffen englischer Reedereien auf den Inseln Jersey oder Guernsey übernommen. In Wismar, bevor die Pötte zweimal die Woche Kali bunkerten und nach England zurückschipperten, wurden die Container entladen. Absender: Firma XY & Co., Vaduz; Empfänger: Finnland, Zwischenlager Zollfreihafen Wismar; Ladung: Toilettenpapier, Servietten, mittendrin die Kartons mit dem Rechner. Selbstverständlich war der Zollverschluss für uns kein Problem. Eine Plombenzange kostete auf Jersey nur etwas über 1 000 DM.« Hans Eltgen, Ohne Chance, edition ost, Berlin 1995, S. 186

175 Mittag hielt erkennbar an der zu DDR-Zeiten üblichen Praxis des Politbüros fest: Aussagen in West-Medien wurde grundsätzlich und kritiklos geglaubt, den eigenen Analysen hingegen keine Bedeutung beigemessen

176 Fußnote im Mittag-Buch: »Peter Przybylski, a. a. O., Seite 341«

177 Diese Aussage Mittags ist nicht falsch, kaschiert aber seine eigene Bremserrolle in Sachen Umweltschutz. DDR-Umweltminister Hans Reichelt, Stellvertretender Vorsitzender der Demokratischen Bauernpartei, berichtete über die Vorschläge der DBD zum geplanten XII. SED-Parteitag. »Veraltete und ökologisch bedenkliche Pflanzenschutzmittel waren abzulösen, die materiell-technischen Bedingungen für den Umweltschutz in der Landwirtschaft generell zu verbessern, Verstöße gegen Rechtsvorschriften zum Schutz der Umwelt konsequent und wirksam zu ahnden. Erneut wurde – trotz mehrfacher Ablehnung durch Günter Mittag – ein Ausschuss für Umweltschutz bei der Volkskammer vorgeschlagen.« Hans Reichelt, Blockflöten – oder was?, edition ost, Berlin 1997, S. 262

178 Wojciech Jaruzelski (1923–2014), Berufssoldat, Zwangsarbeiter in der Sowjetunion, 1943 Teilnehmer der Befreiung Polens in der Roten Armee, 1947 Mitglied der Polnischen Vereinigten Arbeiterpartei, 1968 Verteidigungsminister, 1981 Ministerpräsident (bis 1985) und Erster Sekretär der PVAP. Von 1985 bis 1989 Staatsratsvorsitzender, danach Staatspräsident bis Dezember 1990.

179 Mittag offenbart einmal mehr, dass er von vielen politischen Fragen keine Ahnung hatte oder sich unwissend zeigte, um für Fehlentscheidungen nicht in Haftung genommen zu werden. Die DDR hatte mit der VR Polen als einzigem Nachbarn bis zum Ende der 80er Jahre ein offenes Grenzproblem. Das betraf die Zufahrt zum Hafen von Świnoujście, des größten westlichen sowjetischen Flottenstützpunktes in der Ostsee auf der Insel Usedom. Die SED-Führung hatte sich in den 40er Jahren wiederholt in Moskau darum bemüht, dass die gesamte Insel der Sowjetischen Besatzungszone zugeschlagen würde. Das lehnte die Sowjetunion eben wegen dieses Hafens aus militärstrategischen Erwägungen ab, da zu jenem Zeitpunkt nicht absehbar war, was aus Deutschland werden würde. Polen hingegen wähnte Moskau als Verbündeten sicher. In den 70er Jahren erschien dieser Bundesgenosse jedoch zunehmend als unsicherer Kantonist. Das 1982 beschlossene Seerechtsübereinkommen der Vereinten Nationen bestimmte die bereits Mitte der 70er Jahre angenommene Ausdehnung der Hoheitsgewässer von 3 auf 12 Seemeilen völkerrechtlich als verbindlich. Dadurch überlappten sich an einer neuralgischen Stelle, nämlich der Zufahrt nach Świnoujście, DDR- und polnische Unterwasserterritorien. Zudem befand sich dort die polnische Reede, durch die das Hauptkabel der Nachrichtenverbindung zwischen der in der DDR stationierten Westgruppe der Sowjetischen Streitkräfte und dem Mutterland lief. Moskau fürchtete nunmehr um die Sicherheit dieser Verbindung und schickte, ohne den eigentlichen Grund zu benennen, die DDR in einen Konflikt mit Polen, denn so lange über den Grenzverlauf in der Stettiner Buch gestritten wurde,

war die Nachrichtenverbindung sicher. Über diesen Hintergrund waren nur wenige eingeweiht, etwa Mielke und Honecker. Selbst Krenz, der später in diese Verhandlungen involviert war, hatte von diesen Details keine Kenntnis, nur den generellen Hinweis von Mielke, dass er Vorsicht walten lassen solle, das sei vermintes Gelände. Am Ende setzte sich Honecker – sicherlich auch bedingt durch die Kontroverse mit Gorbatschow – über Moskauer Vorgaben hinweg und beendete am 22. Mai 1989 mit der Unterzeichnung eines völkerrechtlich verbindlichen Vertrages über die Abgrenzung der territorialen Seegebiete in der Stettiner Bucht diesen Stellvertreterkrieg. Dieser Vertrag floss in den 2+4-Vertrag am 12. September 1990 mit ein, eine Voraussetzung für die Herstellung der staatlichen Einheit Deutschlands. Am 14. November 1990 wurden in einem bilateralen Grenzvertrag zwischen der BRD und Polen alle Abkommen, die die Unverletztlichkeit der polnischen Westgrenze fixierten, bekäftigt: das Görlitzer Abkommen zwischen der DDR und der VR Polen vom 6. Juli 1950 und der Vertrag vom 22. Mai 1989 sowie der Warschauer Vertrag zwischen der BRD und der VR Polen vom 7. Dezember 1970

180 Fußnote im Mittag-Buch: »Welch prinzipielle Gegnerschaft es im Politbüro zur Zusammenarbeit mit der EG gab und wie schwer es demzufolge war, hier voranzukommen, belegt eine weitere Notiz von Krolikowski: ›Was die Haltung von EH zum RGW anbetrifft, so hält er die Europäische Gemeinschaft dem RGW für überlegen. Diese Position von EH ist antikommunistisch, unwahr, verleumderisch und müsste in geeigneter Weise zerschlagen werden durch die richtige Würdigung der Geschichte des RGW und die gründliche Entlarvung der imperialistischen EG.‹ (Ebenda Seite 351) Hier bleibt anzumerken, dass zwei bis drei Jahre nach der Abfassung dieser ›Notizen‹ im RGW laut über die EG als Vorbild wirklicher Integration nachgedacht wurde.«

181 Fußnote im Mittag-Buch: »Statistisches Jahrbuch 1989, Seiten 101 und 105«

182 Fußnote im Mittag-Buch: »Das Produktivitätsniveau der DDR-Wirtschaft beträgt […] gegenwärtig 40 % der bundesdeutschen Produktivität. Im Konsumgüterbereich liegt sie noch weit niedriger, in den exportorientierten Branchen erreicht sie bis zu 80 Prozent des westlichen Maßstabes.« *Tagesspiegel* vom 4. März 1990 nach Angaben von Cord Schwartau, DIW

183 »Walter Ulbricht hatte eine ›Antenne‹ für die unverzichtbare und wachsende Rolle von Wissenschaft und Hochschulbildung für die Verwirklichung seiner Vorstellung von Sozialismus, vor allem der Ökonomie des Sozialismus. Und er pflegte auch eine – allerdings oft selektive – Kommunikation mit Wissenschaftlern. Ulbricht beriet sich mit Wissenschaftlern«, erinnert sich Gregor Schirmer. »Er war sich ziemlich klar darüber, dass sich systemübergreifend eine wissenschaftlich-technische Revolution vollzog, die gemeistert werden musste, wenn der reale Sozialismus den welthistorischen Wettbewerb mit dem Kapitalismus gewinnen wollte. Ulbricht hörte allerdings zu sehr auf den wendigen Günter Mittag, für den die Hochschulen eher wissenschaftlich-technische Dienstleistungsunternehmen für die Industrie, das Bauwesen

und den Verkehr waren. Wer wen bei subjektivistischen Übertreibungen bestärkt hat, wie ›Großforschungszentren‹, Vertragsbindung der Hochschulforschung, ›marxistisch-leninistische Organisationswissenschaft‹, Verdoppelung der Absolventenzahlen, muss ich dahingestellt sein lassen.« Gregor Schirmer, Ja, ich bin dazu bereit, edition ost, Berlin 2014, S. 236

184 Fußnote im Mittag-Buch: »›Fragen des Neuen Ökonomischen Systems der Planung und Leitung der Volkswirtschaft‹, Berlin 1963, Seite 29«

185 Über Mittags Eingriffe in die Informationspolitik berichtete Otfrid Arnold, Mitarbeiter in der Abteilung Agitation des Zentralkomitees: »In den 70er Jahren und vor allem im letzten Jahrzehnt der DDR änderten sich Methoden und Tonart immer mehr zum Negativen. Wirtschaftssekretär Mittag betätigte sich ganz besonders als Zuträger und Scharfmacher. Auf der einen Seite ließ er durch Herrmann oder die Agitabteilung ständig neue Tabus verkünden: nicht über Selbstkosteneinsparung in der Industrie berichten (mit der albernen Begründung, das könnte Exportkunden der volkseigenen Betriebe eine Handhabe zum Herunterhandeln von Preisen bieten), nichts über Neuentwicklungen von Produkten außer mit ausdrücklicher Genehmigung (wegen angeblicher Gefahr des Geheimnisverrats), nichts über Industriezweig X, dann nichts über Industriezweig Y (meist ohne Begründung), nichts über die Autoproduktion, keine Bilder über neue Fußgängerzonen (»Wir müssen alle Kraft auf den Wohnungsbau konzentrieren«) usw. Der Spielraum für die Journalisten wurde von Jahr zu Jahr kleiner. Andererseits lief Mittag mit annähernd realistischen Beiträgen über die Wirtschaft zu Herrmann oder zu Honecker und verlangte, die Verantwortlichen zur Rechenschaft zu ziehen, was gewöhnlich geschah. So hielt er es auch mit Beiträgen in den SED-Bezirkszeitungen, was dann oft dazu führte, dass nicht nur die verantwortlichen Redakteure, sondern auch die für die Zeitung zuständige Bezirksleitung mit ihrem 1. Sekretär Honeckers Zorn zu spüren bekam. Nach und nach wurde jeder kritische Geist in den Medien erstickt und der Wirtschaftsjournalismus – von Ausnahmen abgesehen – langweilig, eintönig, unwahr.« Otfrid Arnold in: Das Große Haus, edition ost, Berlin 1995, S. 105

186 »Die ökonomischen Schwierigkeiten der DDR nahmen gerade in der Zeit ständig zu, da sich ihre außenpolitische Position festigte. Den Medien aber wurden Informationen über eben diese Schwierigkeiten vorenthalten oder zu publizieren untersagt. So war es ihnen weder möglich, ein realistisches und differenziertes Bild der Außenhandelssituation zu erhalten noch dem öffentlichen Betrug entgegenzuwirken, den Honecker und Mittag mit angeblichen Spitzenleistungen der Mikroelektronik inszenieren ließen. Geschönte und gefälschte Statistiken (mit denen auch mancher Korrespondent aus der Bundesrepublik und dem Ausland irregeführt werden konnte) gehörten ebenso zum publizistischen Rüstzeug à la Mittag wie die bei offiziellen Betriebsbesuchen errichteten Potemkinschen Dörfer, die eine heile Wirtschaft vorgaukelten.« Otfrid Arnold, a. a. O., S. 104

187 »Mittag forderte, dass zu jedem Frühjahrsseminar von allen Kombinaten Verpflichtungen zur Mehrproduktion über den Plan abgegeben werden mussten, detailliert nach Erzeugnissen, und zur Rückgabe von bilanzierten Roh- und Brennstofffonds, von Material und Zuliefererzeugnissen oder zur höheren Selbstkostensenkung. All das wurde in einem Brief an Erich Honecker als Ergebnis des Seminars übermittelt, um unübersehbar zu dokumentieren: Mittag hat alles im Griff, die offenen Probleme des Planes werden gelöst, die Löcher gestopft.« Erhard Meyer, a. a. O., S. 132

188 Fußnote im Mittag-Buch: »*Der Spiegel* 19/1991«

189 Wolfgang Junker (1929–1990), Maurer, 1952/53 Bauleiter an der Berliner Stalin-Allee, von 1961 bis 1963 Stellvertretender und von 1963 bis 1989 Minister für Bauwesen der DDR, seit 1967 Kandidat, seit 1971 Mitglied des ZK der SED. Junker war das erste Mitglied der DDR-Regierung, das 1979 der BRD einen offiziellen Besuch abstattete und Gespräche in Bonn mit Bundesbauminister Haack und Staatsminister Wischnewski führte. Am 9. April 1990 beging Junker Selbstmord

190 »Das dogmatische Festhalten an viel zu niedrigen Mieten (im Durchschnitt 3,6 Prozent des Familieneinkommens) bot keinerlei Anreiz, zu große Wohnungen gegen kleinere zu tauschen. Die staatlichen Subventionen kamen in erster Linie den Bewohnern zum Teil unterbelegter Neubauwohnungen zugute und nicht denen, die in heruntergekommenen Altbauwohnungen hausten. Das war bei Lichte besehen eine soziale Ungerechtigkeit gegenüber Wohnungssuchenden und Familien mit Kindern. Etwa seit Mitte 1988 lagen in der Bauakademie, im Ministerium für Bauwesen und in der Abteilung Bauwesen des Zentralkomitees kritische Analysen über diese Situation vor, an Lösungen wurde intensiv gearbeitet.« Rolf Kühnert, Stellvertretender Leiter der ZK-Abteilung Bauwesen, in: Das Große Haus, a. a. O., S. 159

191 Konrad Naumann (1928–1992), Funktionär der FDJ, von 1952 bis 1967 mit Unterbrechungen Sekretär des Zentralrats. Kandidat (seit 1963) und Mitglied des ZK der SED (von 1966 bis 1986), von 1971 bis 1985 1. Sekretär der Bezirksleitung Berlin der SED. Dem Politbüro gehörte er seit 1973 (als Kandidat und ab 1976 als Mitglied) an, 1984/85 war er auch Sekretär des ZK. Vermutlich wegen Alkoholproblemen wurde er Ende 1985 abgelöst und ins Staatsarchiv nach Potsdam abgeschoben. Er starb während eines Urlaubs in Ekuador

192 »Die Zuordnung der Abteilungen zu den Sekretären war nicht immer logisch, sondern ergab sich in manchen Fällen aus rein persönlichen Entscheidungen. So war Werner Jarowinsky verantwortlich für die Abteilung Handel, Versorgung und Außenhandel – was durchaus seiner fachlichen Qualifikation entsprach –, aber auch für die Arbeitsgruppe Kirchenfragen. Die hatte ihm Honecker aus irgendwelchen Gründen nach dem Ausscheiden Paul Verners aus dem Politbüro übertragen.« Otfrid Arnold, a. a. O., S. 37f.

193 »Viele Partei- und Staatsfunktionäre bis hin zum Politbüro waren in der Vorstellung befangen, dass jegliche oppositionelle Äußerung oder Aktivität

(oder was sie dafür hielten) Teil der komplexen Bedrohung des Sozialismus sei. Sobald westliche Medien tatsächliche oder scheinbare oppositionelle Forderungen oder Betätigungen aufgriffen, wurden deren Urheber der Feindtätigkeit bezichtigt. Sicher hat es diese auch gegeben. Selten jedoch waren jene, die die Verhältnisse in der DDR kritisierten, auch Feinde des Sozialismus. Unter dem Vorzeichen, Politik in der DDR diene nur dem Wohle des Volkes, wurden Kritik an dieser Politik und Veränderungsvorschläge zwar wahrgenommen, aber nur selten waren sie Anlass zu öffentlicher Diskussion oder gar von Veränderungen: Meist wurden sie verharmlost, beiseite geschoben oder gar bekämpft. Der Selbstzufriedenheit und Anmaßung der politischen Führung stand wachsende Unzufriedenheit in der Bevölkerung und in der Partei, in politischen Führungskreisen und in der Intelligenz gegenüber. [...] Die starren Positionen des Generalsekretärs zur inneren Sicherheit verhärteten sich zunehmend. Statt auf Flexibilität wurde auf Verharmlosung der spürbar wachsenden Unzufriedenheit einerseits und auf die bekannten administrativen Wege und Methoden andererseits gesetzt, wurden Überwachung und Restriktion ausgebaut. Gesundbeterei generell führte zur sich selbst eingeredeten Nichtexistenz innerer Spannungen. Vom MfS wurde erwartet, alles zu kennen, alles zu regeln, ›es darf nichts passieren!‹ Dem entsprach das Ausmaß der Kontrolle und Überwachung. Das MfS bekam und übernahm stets mehr Aufgaben, wurde als Apparat aufgebläht, schuf reale Machtkonzentration, erschien auch so in der Öffentlichkeit und trug zur Deformation des politischen Systems des Sozialismus bei.« Wolfgang Herger, Leiter der ZK-Abteilung Sicherheit, in: Das Große Haus, edition ost, Berlin 1995, S. 174f.

194 »In der Führungstätigkeit von Politbüro und Sekretariat des ZK spielten Fragen der Verteidigung und der äußeren Sicherheit nicht jene Rolle, die ihnen heute zugeschrieben wird. Das unumgänglich Notwendige wurde behandelt, mehr nicht. Einerseits wurden verbal Aussagen zur Landesverteidigung getroffen, andererseits aber die konkreten Festlegungen dort, wo es Geld kostete, immer zurückhaltender, wenn es um Forderungen des Vereinten Oberkommandos ging, immer widerstrebender entschieden. Hieraus erklärt sich auch, dass viele Forderungen der Militärs auf dem Papier bleiben mussten. Zunehmend setzten sich die ökonomischen Zwänge durch: Investitionen wurden hinausgeschoben, gekürzt oder völlig gestrichen. Ein großer Teil dieser Kürzungen führte jedoch auch zu Einschränkungen in den Dienst- und Lebensbedingungen der Angehörigen der bewaffneten Kräfte.« Wolfgang Herger, a. a. O., S. 167f.

195 »Nicht zu übersehen ist dabei auch, dass das starre Festhalten am Wohnungsneubau auf grüner Wiese ebenso wie die vorzugsweise Realisierung von Großvorhaben in der Industrie (Energieerzeugung vor Energieeinsparung) den Materialbedarf in die Höhe trieb. Und das, obwohl sich durch alle Parteibeschlüsse gebetsmühlenhaft die Forderung nach ›vertiefter‹ Intensivierung

zog. Insbesondere seit Mitte der 80er Jahre gelang es immer weniger, auf die berechtigten Klagen der Bauarbeiter und der Handwerksbetriebe über die mangelhafte materiell-technische Absicherung des Bauens befriedigende Antworten zu geben. Solche in Parteibeschlüssen und in den Formblättern zu den Leipziger (Mittag-)Seminaren formulierten Patentrezepte, wie ›Erneuerungsstrategien‹, ›Zweites Leben der Maschinen‹, ›Eigenbau von Rationalisierungsmitteln‹, Produktion und Einsatz von Mikroelektronik und Industrierobotern, stießen zunehmend auf Hohn und Spott der Bauarbeiter (›Ich brauche keine Mikrochips, sondern eine anständige Kelle!‹).« Rolf Kühnert, stellvertretender Leiter der ZK-Abteilung Bauwesen, in: Das Große Haus«, a.a.O., S. 160

196 »Die Informationspolitik war ein wesentliches Element Mittagscher Machtausübung. Für Günter Mittag war wesentlich, wer wann welche Information über wirtschaftliche Prozesse, Tatbestände und Probleme erhielt. Das betraf besonders die Statistik. Prof. Arno Donda, der Chefstatistiker der DDR, beschrieb anschaulich, wie der Wirtschaftssekretär mit seinem Apparat dirigistisch eingriff. Mittag behielt sich vor, den Verteilerschlüssel für alle statistischen Materialien auf wirtschaftlichem Gebiet selbst festzulegen. Das betraf nicht nur sensible Gebiete wie etwa Umweltstatistiken, sondern ging bis zu den Planerfüllungsabrechnungen. Gängige Praxis war auch, dass die Berichte der Zentralverwaltung für Statistik über die Planerfüllung ›veröffentlichungsreif‹ gemacht wurden, indem Kritisches herausgestrichen und insgesamt die Lage geschönt dargestellt wurde. Es war deshalb nicht verwunderlich, dass Arno Donda wie auch andere leitende Genossen jegliche eigene Publikation Mittag zur Genehmigung vorlegen mussten.« Erhard Meyer, Das Große Haus, a.a.O., S. 134

197 »Am 31. August 1981 teilte Breshnew in einem Brief Honecker lakonisch mit, dass die UdSSR nicht länger imstande sei, der DDR 19,1 Millionen Tonnen Erdöl pro Jahr zu liefern. Am 4. September antwortete Honecker, ›daß die DDR äußerst arm an natürlichen Ressourcen‹ sei, was man in Moskau durchaus als bekannt hätte voraussetzen können. ›Wir verfügen lediglich über Braunkohle und Uran. Aus Polen erhalten wir nur die Hälfte der vertraglich vereinbarten Menge an Steinkohle und Koks. Die dadurch notwendigen Käufe im Westen führen zu einer weiteren Erhöhung der ökonomischen Abhängigkeit [...] vor allem von der BRD.‹ Wenig später tauchte der ›Regierende Botschafter‹ Abrassimow bei Honecker auf und bekräftigte die Moskauer Ablehnung. Am 2. Oktober schrieb Honecker erneut und machte – wenn auch sehr verklausuliert – die Konsequenzen einer Erdölkürzung deutlich: ›Unsere Republik (kann) die Aufgaben ihrer ökonomischen Entwicklung nicht zufriedenstellend lösen.‹

Danach zog zunächst Funkstille ein. Weder in Berlin noch in Moskau rührte sich etwas. Sodann wurden der Handelsrat sowie Außenhandelsminister Sölle – Mittag direkt unterstellt – und ich vorgeschickt. ZK-Sektorenleiter

Martynow versuchte mir klarzumachen, dass auch die DDR ihren Teil tragen müsse. Woran? An der erneuten Missernte in der Sowjetunion? [...]
Auf dem Krim-Treffen am 3. August 1981 hatte Breshnew Honecker zwar über diese Lage informiert, mit keinem Wort jedoch erwähnt, dass seine Regierung eine Kürzung der Öllieferungen in die DDR um 2,168 Millionen Tonnen plante. Breshnew hatte es wohl Honecker nicht ins Gesicht sagen wollen. Er war gesundheitlich schwer angeschlagen, und das Krim-Treffen sollte wie stets ›in Harmonie‹ verlaufen. Eine echte Diskussion gab es sowieso nicht mehr, man las sich gegenseitig Informationen vor.« Egon Winkelmann, Moskau, das war's, a. a. O., S. 91ff.

198 Fußnote im Mittag-Buch: »Was die Frage der Konvertierbarkeit der Währung anbelangt, so gab es in den letzten Jahren dazu Diskussionen im RGW. Es war aber eine Illusion anzunehmen, dass die sozialistischen Länder alle gemeinsam zur Konvertierbarkeit der Währung gelangen könnten. Dazu waren die Voraussetzungen zu unterschiedlich. Es genügt nicht, die Konvertierbarkeit als Absicht zu verkünden, um sie wirklich zu erreichen. So vertrat die DDR hier einen zurückhaltenden Standpunkt. Er war aber auch durch die Tatsache bedingt, dass der Handel DDR–BRD, der im Rahmen der EG einen Sonderstatus hatte, sich auf der Grundlage von Verrechnungseinheiten vollzog. Eine Konvertierbarkeit der Mark hätte hierfür Probleme geschaffen. Deshalb blieb nur der Weg, intern einen einigermaßen realen Umrechnungssatz zu haben, damit die Betriebe Aufwand und Ergebnis im Außenhandel kennen.«

199 Diese Losung wurde von Frida Hockauf, einer Zittauer Weberin, im September 1953 kreiert oder von ihr popularisiert. Sie hatte sich verpflichtet, bis Jahresende 45 Meter Stoff über den Plan zu produzieren. Diese Selbstverpflichtung wurde von anderen als Frida-Hockauf-Methode übernommen

200 Fußnote im Mittag-Buch: »*Handelsblatt* vom 7./8. April 1989«

201 »Die Staatliche Plankommission war das zentrale Organ des Ministerrates zur Ausarbeitung und Durchführung der Fünfjahres- und Jahrespläne der Volkswirtschaft, einschließlich der Planung und Sicherstellung des materielltechnischen Bedarfes der Nationalen Volksarmee, der Staatssicherheit, der Volkspolizei, der Gruppe der sowjetischen Streitkräfte in Deutschland sowie der Parteien und gesellschaftlichen Organisationen. Neben dem Vorsitzenden gab es zwei Erste Stellvertreter, die als Staatssekretäre der Regierung angehörten, und zwölf Stellvertreter. [...] Insgesamt wurden 2 000 Mitarbeiter beschäftigt, davon arbeiteten 1 200 in der SPK direkt, weitere 800 Mitarbeiter im Ökonomischen Forschungsinstitut, in der Staatlichen Inspektion für Investitionen, im Rechenzentrum und in den Wirtschaftspolitischen Abteilungen der Auslandsvertretungen der DDR.« Gerhard Schürer, Gewagt und verloren, a. a. O., S. 136ff.

202 Harry Tisch (1927–1995), Bauschlosser, FDJ- und Gewerkschaftsfunktionär, von 1959 bis 1961 Vorsitzender des Rates des Bezirkes Rostock, danach 1. Sekretär der SED-Bezirksleitung (bis 1975). Kandidat des Politbüros seit 1971,

Mitglied von 1975 bis 1989. In dieser Zeit auch Vorsitzender des FDGB. Im Dezember 1989 Ausschluss aus der SED und dem FDGB

203 Günter Ehrensperger, Jahrgang 1931, Industriekaufmann, seit 1956 im Ministerium für Finanzen, nach 1962 Wissenschaftlicher Mitarbeiter im Büro des Ministerrates der DDR sowie der Staatlichen Plankommission, von 1974 bis 1989 Leiter der Abteilung Planung und Finanzen des ZK der SED, Mitglied des ZK von 1981 bis 1989. Ausschluss aus der PDS am 10. Februar 1990

204 Ernst Höfner (1929–2009), Glasbläser, von 1955 bis 1970 Abteilungsleiter im Finanzministerium, danach (bis 1976) Stellvertretender Finanzminister, von 1981 bis 1989 Finanzminister

205 Heinz Klopfer, Staatssekretär und Stellvertretender Vorsitzender der Staatlichen Plankommission, Mitglied des Ministerrates

206 Wolfgang Rauchfuß (1931–2005), Mechaniker, FDJ-Funktionär, Tätigkeit im Außenhandel, von 1961 bis 1965 Stellvertreter des Ministers für Außen- und Innerdeutschen Handel, 1965 Staatssekretär und Mitglied des Ministerrates, seit 1974 Minister für Materialwirtschaft und Leiter der Zentralen Energiekommission beim Ministerrat, Mitglied des Politbüros vom 8. November bis 3. Dezember 1989, bis März 1990 Staatssekretär in der Regierung Modrow, danach Mitarbeiter der Treuhandanstalt

207 Herbert Weiz, Jahrgang 1924, kaufmännische Lehre, Studium, ab 1955 Leiter der Hauptverwaltung Leichtmaschinenbau im Ministerium für Maschinenbau, bis 1962 stellvertretender Werkleiter im VEB Carl Zeiss Jena und danach, bis 1967, Staatssekretär für Forschung und Technik. Von 1974 bis 1989 Minister für Wissenschaft und Technik und seit 1976 Vizepremier

208 Horst Kaminsky, Jahrgang 1927, Industriekaufmann, Mitarbeiter der Staatlichen Plankommission und des Volkswirtschaftsrates, von 1964 bis 1974 Erster Stellvertretender Minister und Staatssekretär im Ministerium der Finanzen, von 1974 bis 1990 Präsident der Staatsbank im Range eines Ministers

209 »Im Parteiapparat war die Unterstellung von Planung und Statistik unter einen Sekretär eine jahrelange Praxis, so dass der Druck auf die Statistiker von dort aus sehr groß war, und wenn sich Arno Donda querlegte, formulierte man den Bericht eben selbst, allerdings unter Verwendung der Zahlen der Zentralverwaltung für Statistik, denn eigene hatte der Parteiapparat nicht. Besonders mit Prozent- und Durchschnittszahlen konnten ›schöne‹ Bilder vermittelt werden, ohne die Zahlen zu verfälschen. Das hat der auf internationale Reputation bedachte Erich Honecker bis weit über die Grenze des Erträglichen genutzt«, erinnerte sich Gerhard Schürer. »In den letzten Jahren der DDR wurden nicht nur Daten einseitig verwendet und schöngefärbt, sondern gegen den Einspruch der Statistiker auch Definitionen geändert und Zahlen uminterpretiert. Der Begriff eines Industrieroboters wurde im Auftrag Mittags so weitgehend gefasst, dass auch eine Melkmaschine dazu gezählt wurde.« Gerhard Schürer, Gewagt und verloren, a. a. O., S. 125ff.

ISBN 978-3-360-02179-3

Umschlaggestaltung: Buchgut, Berlin,
unter Verwendung eines Fotos von ullstein bild – Mehner
Druck und Bindung: Opolgraf, Polen

Die Bücher des Verlags Das Neue Berlin
erscheinen in der Eulenspiegel Verlagsgruppe

www.eulenspiegel-verlagsgruppe.de